工业和信息化高职高专"十三五"规

高等职业教育财经类**名校精**

FINANCE AND ECONOMICS
COMPREHENSIVE FOUNDATION

# 财经
# 综合基础

贺旭红 戴文琛 何万能 主编
汪肖 副主编
陈春泉 吴刚 主审

人民邮电出版社

北 京

## 图书在版编目（CIP）数据

财经综合基础 / 贺旭红，戴文琛，何万能主编. --
北京：人民邮电出版社，2016.8
高等职业教育财经类名校精品规划教材
ISBN 978-7-115-42841-7

Ⅰ. ①财… Ⅱ. ①贺… ②戴… ③何… Ⅲ. ①经济学
－高等职业教育－教材 Ⅳ. ①F0

中国版本图书馆CIP数据核字(2016)第142136号

## 内 容 提 要

　　本书以培养高职学生的职业综合能力、复合型技能及拓宽知识面为目标，以经济生活中所涉及的财经金融领域的基础知识和基本现象为主线进行编写，内容包括经济常识、财务管理、税收、经济法律、财政金融、创业 6 个方面。本书着重从培养学生的动手能力出发，理论上力求简明扼要，且附有职业道德与素养、小结、职业能力训练、学习评价等。

　　本书可作为高职院校相关专业的教材，也可作为初涉财经领域相关人员的入门参考用书。

♦ 主　　编　贺旭红　戴文琛　何万能
　　副主编　汪　肖
　　主　　审　陈春泉　吴　刚
　　责任编辑　李育民
　　责任印制　焦志炜
♦ 人民邮电出版社出版发行　　北京市丰台区成寿寺路 11 号
　　邮编　100164　电子邮件　315@ptpress.com.cn
　　网址　http://www.ptpress.com.cn
　　固安县铭成印刷有限公司印刷
♦ 开本：787×1092　1/16
　　印张：19.25　　　　　　　　2016 年 8 月第 1 版
　　字数：471 千字　　　　　　2016 年 8 月河北第 1 次印刷

定价：46.00 元
读者服务热线：(010)81055256　印装质量热线：(010)81055316
反盗版热线：(010)81055315

# 前　言
## Preface

　　《中国制造 2025》和"互联网+"的全面推进，引发了新一轮对企业信息化复合型人才的强势需求。越来越多的非经济管理专业的学生需要认识经济、了解经济，进而理解居民个人消费选择、家庭理财投资决策、厂商生产决策以及当前我国政府实施的宏观经济政策。编者根据高职学生的特点，以"基础性、实用性"为原则编写了本书。本书的主要特点有：

　　**1．内容上突出实用性**

　　本书注重理论与实践的结合，以"理论必需、够用为度，能力本位"为原则，使学生掌握基本理论，注重体现经济理论与生活中方方面面的相关性，以理论来解释现实社会中客观经济现象，以增加学生的学习兴趣，提高学生的实践能力。

　　**2．结构上突出创新性**

　　本书采用最新的模块化教材编写体例，每个模块设有职业能力目标和主要概念、相关项目职业道德与素质、小结、职业能力训练和学习评价等栏目。

　　**3．形式上突出生动性**

　　本书力求语言简明扼要、深入浅出、通俗易懂、易学好教，使教学更加生动。

　　本书由湖南财经工业职业技术学院贺旭红、戴文琛、何万能、汪肖、肖建元、刘会平、杨道衡、谭玲、谭丹凤、刘萍、李慧及衡阳雁能集团财务部长丁友林共同编写，其中贺旭红、戴文琛、何万能任主编，汪肖任副主编，最后由湖南财经工业职业技术学院陈春泉教授、湖南天翼会计师事务所所长吴刚高级会计师审定。

　　由于我们水平有限，书中不足之处请读者批评指正。

编　者

2016 年 5 月

# 目 录
Contents

# 模块一
# 经济常识

## 职业能力目标及主要概念

### 1. 专业能力

了解西方经济学发展的过程和学习经济常识的意义；熟悉相关的经济学理论知识；掌握基本的经济学概念和经济学原理；了解当前宏观经济政策。

### 2. 职业核心能力

运用所学理论和方法分析当前国际经济和中国特色社会主义市场经济发展的重大问题；提高自己参与经济活动的能力；自觉规范自己在经济生活中的行为。

### 3. 主要概念

政治经济学、经济学原理、微观经济学、宏观经济问题。

## 项目一　经济学概论

【引例与分析】春秋时期，齐国有3位著名的勇士：公孙接、田开疆、古冶子。他们力大无比，武艺高强，有万夫不当之勇，因意气相投三位还结为异姓兄弟，而且都为齐景公立下了汗马功劳。但是因为他们不懂得君臣大义和朝廷礼仪，对齐景公也不放在眼里，以至让众大臣及景公对他们产生了反感。于是，齐景公想除掉他们。但是因为他们战功赫赫而且勇猛无比，齐景公也很无奈。于是，晏子给齐景公出了个计策，赐给三位勇士两个鲜桃，让他们比功劳，谁的功劳大，谁吃。拿到桃子后，三位勇士开始争夺，竞相陈述自己对国家的功劳。最后，两个人得到桃子，另外一个人因羞愧而自杀。得到桃子的两个人见同伴因自己而死，便也羞愧得自杀了。

——《晏子春秋》

问题：（1）上述"二桃杀三士"的故事反映了经济学中的什么原理？

（2）若资源无限，人们的生活是否更美好呢？试用经济学原理进行分析。

分析：（1）"二桃杀三士"的故事反映了经济学中的稀缺性原理，只给两个桃子，三个人无论如何也分不好，杀死三个勇士的不是两个桃子，而是稀缺性，因为稀缺才产生互相之间的竞争和争夺，最后在争夺中死亡。"稀缺"二字，代表着两层不同的含义：一层是稀有的，另一层是紧缺的。在经济学里，"稀缺"被用来描述资源的有限可获得性，是相对于人们无穷的欲望而言的。人的欲望是无限的，但资源是有限的，相对于欲望的无限性，资源的有限性引起了竞争与合作。竞争就是争夺对稀缺资源的控制，是社会配置资源，即决定谁得到多少稀缺资源的方式。所谓合作就是与其他人共同利用稀缺资源、共同工作，以达到一个共同的目的。通过合作的形式是为了以有限的资源生产出更多的产品。合作是解决资源稀缺性的一种途径。

（2）稀缺性导致了竞争和选择，促进了社会的发展。因为稀缺我们才去竞争，才会积极创造未来，推动社会进步；因为稀缺，所以我们必须要每天学习、进步，以适应这个适者生存的社会；因为资源总是有限的，我们如果想得到更多，就必须得努力！

## 一、西方经济学的主要观点

经济学是一门研究稀缺资源的配置与利用的社会学科。它是研究人和社会如何进行选择，使用具有多种用途的资源来生产各种产品，并在现在或将来将产品分配给各个社会成员以供消费的一门学科。也就是说，经济学主要研究解决生产什么、生产多少、如何生产、为谁生产及谁做出经济决策等一系列问题。

### 1．经济学的分类

（1）微观经济学和宏观经济学。经济学按照研究对象进行分类，可分为微观经济学和宏观经济学。

微观经济学以单个经济单位的经济行为为研究对象，进而研究整体的行为及其后果。微观经济学有三大基本前提假设，即理性人假设、完全信息假设和市场出清假设。在三大假设的基础上，采用个量的研究方法，以价格理论为中心理论研究单个经济单位的资源合理配置问题。

宏观经济学以国民经济整体的运行为研究对象，进而研究整体的行为及其后果。宏观经济学的基本假设为市场失灵、政府有效。在此假设的基础上，采用总量的研究方法，以国民收入决定理论为中心理论解决资源的充分利用问题。

微观经济学与宏观经济学是互相补充的，而且都是采用实证的分析方法。微观经济学是宏观经济学的基础。

（2）规范经济学和实证经济学。经济学按照研究方法进行分类，可分为规范经济学和实证经济学。规范经济学和实证经济学是现代经济学的两个重要分支，是学术界因研究方法的不同而对经济学的一种划分。

规范经济学是指依据一定的价值判断，提出某些分析和处理经济问题的标准，并以此树立起经济理论的前提，作为经济政策制定的依据。

规范经济学注重人与人的关系研究，它关心人们的经济行为"应该是什么"，研究经济学中涉及道德规范与价值判断的问题，以一定的价值判断原则来评价人们经济行为的是非善恶。换言之，它从一定的价值判断出发,提出人们经济行为的规范(即标准),并探讨和制定满足这些行为规范的行动步骤和政策建议。它的重点在于如何建立规范,以及如何运用规范于经济行为。

实证经济学是不涉及价值判断,仅描述、解释、预测经济行为的经济理论部分。实证经济学在做出与经济行为有关的假定后,研究现实经济事物运行的规律,并分析和预测这些规律下人们经济行为的后果。它力求说明"是什么"的问题,或回答如果做出某种选择,以及将会带来什么后果的问题,而不回答是否应该做出某种选择的问题,研究的内容具有客观实在性。

实证经济学和规范经济学二者并不是绝对排斥的。在现实经济分析中,两种方法是经常混合使用的。

**2.西方经济学的发展阶段**

西方经济学的发展主要分为三个阶段,即古典经济学、新古典经济学与现代经济学。

(1)古典经济学从 17 世纪中期开始到 19 世纪 70 年代为止,主要人物有英国经济学家亚当·斯密、李嘉图、西尼尔、穆勒、马尔萨斯,法国经济学家萨伊。这一阶段以亚当·斯密为代表,其 1776 年出版的《国富论》被称为经济学上的第一次革命,建立了以自由主义为中心的经济学体系,这标志着经济学的诞生。

古典经济学分析了自由竞争的市场机制,将其视为一只"看不见的手"支配着社会经济活动,认为不要对资产阶级的经济活动加以任何限制和干扰,因为经济生活是由"自然规律"支配的。古典经济学关心的是国家经济问题,着重经济总量研究,涉及经济增长、国际贸易、货币经济和财政问题等方面。虽然那时候的学者也非常强调个人利益必须尊重,但他们更强调的是如何使个人利益与社会利益保持协调。古典经济学同时分析了国民财富增长的条件、促进或阻碍国民财富增长的原因,反对国家干预经济生活,提出自由放任原则。

古典经济学的理论核心是经济增长产生于资本积累和劳动分工相互作用的思想,即资本积累进一步推动了生产专业化和劳动分工的发展,而劳动分工反过来通过提高总产出使得社会生产出更多的资本积累,让资本流向最有效率的生产领域,形成发展的良性循环。因此,顺从市场对资源的配置,保持资本积累的良性循环,会更好地促进经济增长。

(2)新古典经济学从 19 世纪的"边际革命"开始到 20 世纪 30 年代为止,代表人物有英国经济学家杰文史、马歇尔,法国经济学家瓦尔拉斯等。瓦尔拉斯"边际效应价值论"的提出被称为经济学上的第二次革命,标志着新古典经济学的开始。马歇尔在 1890 年发表的《经济学原理》代表着微观经济学的形成。

古典经济理论以"劳动价值论"为线索,主要强调了生产和成本,却忽视了效用和需求;新古典主义经济学通过对需求和效用的认识,继承了古典经济的自由主义的同时,以"边际效应价值论"代替了古典经济学的"劳动价值论",以需求为核心的分析代替了古典经济学以供给为核心的分析,并建立了"边际效应"和"均衡价格论"。

新古典经济学用边际效应理论说明了需求价格和需求规律,即"需求数量随着价格的下跌而增加,随着价格的上涨而减少",又运用边际生产费用理论说明了供给价格和供给规律,即"供给与需求相反,价格高则供给多,价格低则供给少"。最后,把需求规律和供给规律结合起来形成均衡价格规律,即"当供给价格和需求价格相一致时,需求量和供给量也相一致,就会形成均衡价格"。

古典经济学受数学方法限制，主要采用总量分析。而新古典时期，数学有了巨大的进步，而且以法国的学者们为代表的一大批工程人员开始从事经济学研究，使得数学的使用渗透到经济研究中，分析方法也从古典时期的总量分析转变为新古典的边际分析。

（3）现代经济学开始于 20 世纪 30 年代的凯恩斯主义，代表人物包括英国经济学家凯恩斯、琼·罗宾逊、斯拉法，以及美国经济学家萨缪尔森、弗里德曼和卢卡斯。其中，凯恩斯在 1936 年出版的《就业、利息和货币通论》标志着现代经济学的产生。从凯恩斯以后又有其他流派产生，有的是从凯恩斯主义发展分化出来的，有的是从凯恩斯的对立面提出的，但都与凯恩斯主义有关，其中影响较大的有新古典综合派、新剑桥派、现代货币主义和新制度学派等。

① 凯恩斯经济学派是 20 世纪 30 年代资本主义空前严重的经济危机的直接产物，是符合统治阶级和统治集团愿望的新经济学，是国家垄断资本主义的必然产物。

凯恩斯经济学批评了新古典经济学里面的就业理论，其经济政策观点的核心是反对自由放任，主张国家干预，扩大政府职能，主要是指扩大政府调节消费倾向和投资引诱的职能。调节消费倾向，目的在于刺激消费。调节投资引诱，目的在于刺激投资。刺激消费和投资，可以采用货币政策和财政政策。凯恩斯认为，仅仅依靠货币政策很难奏效，主要应当依靠财政政策。关于财政政策，凯恩斯不同意传统经济学保持国家预算平衡的观点，而是认为赤字财政有益。关于货币政策，凯恩斯不同意传统经济学保持国内价格水平稳定的观点，而是认为温和的通货膨胀无害。

② 新古典综合派是在萨缪尔森为代表的一批美国经济学家的努力下逐渐形成的宏观经济学。新古典综合派的主要贡献如下。

- 新古典综合派对凯恩斯的理论做了自己的解释，认为国家干预经济的主要理论依据是在一定条件下出现的有效需求不足。

- 新古典综合派吸收了哈罗德和多马的经济增长理论，从而在宏观经济学中增加了动态的和长期的研究。

- 新古典综合派对总需求进行了专门研究，包括对消费函数和投资函数的研究。对消费函数的研究增加了持久收入理论和生命周期理论。投资需求理论则重点对预期收入的分析和投资成本的分析做了更深入的研究。

- 宏观经济政策的研究也是新古典综合派的一个重要贡献，其继承了凯恩斯的理财思想，强调赤字财政对消除失业的积极影响，并将政府借新债还老债视为一种基本无害的游戏。在货币政策方面，其强调利息率对投资的调节作用，强调货币供给量对利息率的控制作用，并形成了一整套宏观经济政策，用以调节总需求。这就是所谓的需求决定论指导下的宏观经济政策。

③ 新剑桥派是英国经济学家马歇尔创建的一个学派，集 19 世纪资产阶级庸俗经济学之大成，以新的融合折中的理论，掩盖资本主义的剥削和矛盾，这是它在西方经济学界得以广泛流行的背景。剑桥学派所传播的核心内容是均衡价格论。他们用边际效应递减规律决定的不同需求量和相应需求的价格所构成的需求曲线，与用边际生产费用递增规律决定的不同供给量和相应的供给价格所构成的供给曲线，说明一种商品的均衡价格的产生。他们用均衡价格衡量商品的价值，从而

以均衡价格论代替价值论。

在均衡价格论的基础上，剑桥学派还建立了自己的分配论，他们认为国民收入是各种生产要素共同创造的，各种生产要素在国民收入中所占份额的大小，取决于它们各自的供求状况所决定的均衡价格。

④ 现代货币主义学派由美国经济学家弗里德曼于 20 世纪五六十年代创建。现代货币主义学派创建的背景是，第二次世界大战后，美英等发达资本主义国家，长期推行凯恩斯主义扩大有效需求的管理政策，虽然在刺激生产发展、延缓经济危机等方面起了一定作用，但同时也引起了持续的通货膨胀。对于剧烈的物价上涨与严重的失业同时并存的"滞胀"现象，凯恩斯主义理论无法做出解释，于是货币学派开始流行起来。

货币学派在理论上和政策主张方面，强调货币供应量的变动是引起经济活动和物价水平发生变动的根本的和起支配作用的原因。货币需求函数是一个稳定的函数，意指人们经常自愿在身边贮存的平均货币数量，与决定它的为数不多的几个自变量之间，存在着一种稳定的，并且可以借助统计方法加以估算的函数关系。

货币主义认为，引起名义国民收入发生变化的主要原因，在于货币当局决定的货币供应量的变化。假如货币供应量的变化会引起货币流通速度的反方向变化，那么，货币供应量的变化对于物价和产量会造成什么影响将是不确定的、无法预测的。在短期内，货币供应量的变化主要影响产量，部分影响物价；但在长期内，产出量完全是由非货币因素（如劳动和资本的数量、资源和技术状况等）决定的，货币供应只决定物价水平。

⑤ 新制度学派是 20 世纪 50 年代西方经济学的一个主要流派，它既反对后凯恩斯主义各派，又反对货币主义、自由主义各派，以"批判者"的面目出现，重要代表人物有加尔布雷思、博尔丁、缪达尔等。新制度学派的经济学家们，继承了过去的制度学派的传统，以研究"制度"和分析"制度因素"在社会经济发展中的作用为标榜，强调非市场因素对社会经济生活的影响，并主张在资本主义现存生产资料所有制基础上进行改革；另一方面，又根据第二次世界大战结束以后的新的政治经济条件，比过去的制度学派更加注意资本主义的现实问题，批判资本主义的缺陷，并提出更为具体的政策建议。

新制度学派强调采取制度分析、结构分析方法，其中包括权力分析、利益集团分析、规范分析等，认为资产阶级经济学正统理论惯于使用的数量分析具有较大的局限性，这种数量分析只注意经济中的量的变动，而忽视了质的问题，忽视了社会因素、历史因素、政治因素、心理文化因素在社会经济生活中所起的巨大作用。

新制度学派认为现代资本主义国家的当务之急是改变权力分配的不平等，即限制大公司的权力，提高小企业和个体生产者在经济中的地位，使得大公司不能再利用手中的权力来剥削小企业和个体生产者。

新制度学派对现代资本主义社会的经济状况的描绘是不符合实际的，它用垄断与非垄断的矛盾、大资本与小资本的矛盾等来取代资产阶级与无产阶级的矛盾。它企图在不触动资本主义经济基础和不变更资本主义政治制度的条件下，用所谓结构方面的调整和改革来消除资本主义社会的各种尖锐矛盾，这些观点，反映了资产阶级改良主义的政治倾向。

当今的新制度学派是历史上的制度学派在新历史条件下的继续与发展。一般来说，制度学派从它产生开始就是一个观点复杂、争论激烈的经济学家的大杂烩。但是，他们在理论观点、研究方法和政策主张方面有某些共同的特点，所以能被作为一个学派：把经济学研究的对象确定为制度；用演进的整体的分析法来研究制度问题；对资本主义社会弊病进行一定的揭露与批判，并主张用结构改革的方法去解决这些问题。他们认为，凯恩斯主义没有从制度结构问题入手，因此就无法从根本上解决资本主义社会的问题。

---

**业务 1-1-1**

资源的稀缺性是指（　　）。

A. 资源的绝对数量的有限性

B. 相对于人类社会的无穷欲望而言，资源总是不足的

C. 生产某种物品所需资源的绝对数量的有限性

D. 资源必须保留给下一代

【答案】B

【解析】经济学研究的基础就是资源的稀缺性，如果不存在资源的稀缺性也就不会产生经济学，而资源的稀缺性是相对于人类社会的无穷欲望而言的。

---

**业务 1-1-2**

微观经济学解决的问题是（　　）。

A. 资源配置　　　B. 资源利用　　　C. 单个经济单位的经济行为　　D. 价格理论

【答案】A

---

## 二、马克思政治经济学的主要观点

### 1. 马克思政治经济学导论

（1）马克思政治经济学的研究对象。马克思政治经济学的研究出发点是物资资料的生产。生产就是人们利用生产工具改变自然以适合自己需要的过程。生产活动是最基本的实践活动，是决定其他一切活动的基础。人们在生产过程中，要同自然产生关系即形成了生产力，也要同其他人产生关系即形成了生产关系。生产力即人们改造自然、征服自然的现实能力，生产关系是一切社会关系中最基本的关系，包括生产资料所有制、人们在生产过程中的地位及相互关系以及产品分配形式三个方面。

马克思主义政治经济学的研究对象是生产关系，是从生产力与生产关系、经济基础与上层建筑的相互作用和矛盾运动中来考察生产关系的。

（2）马克思政治经济学的研究任务。马克思政治经济学的任务是揭示人类社会在各个发展阶段生产关系的变化发展规律。人类社会存在两大最基本的矛盾。一方面的矛盾是生产力与生产关系的矛盾。生产力决定生产关系，生产力发展了，就会引起生产关系的变更和发展，从而引起整个社会制度的变更和发展。有什么样的生产力就有什么样的生产关系，一定的生产关系总是和一定的生产力相适应。另一方面的矛盾是经济基础和上层建筑的矛盾。经济基础是一定社会生产关系的总和，上层建筑是建立在经济基础之上，并与经济基础相适应的政治、法律制度和社会意识

形态。经济基础决定上层建筑，上层建筑反作用于经济基础，并具有相对的独立性。当上层建筑适应经济基础时，它促进经济发展；反之，则阻碍经济发展。

经济规律是社会经济现象和经济发展过程中的内在的、本质的、必然的联系，具有历史性和阶级性。它不以人的意志为转移，人们能够认识和利用客观经济规律，但不能创造、改造和消灭客观经济规律。

（3）马克思政治经济学的研究方法及意义。马克思政治经济学的研究方法是唯物辩证法和历史唯物主义方法。研究生产关系的发展变化规律时，要从实际出发，理论要密切联系实际，要把逻辑的方法和历史的方法结合起来，运用科学的抽象法，根据社会经济现象的历史发展过程来进行研究。

学习马克思政治经济学，可以帮助我们认识资本主义的发生、发展和必然灭亡的规律，认清帝国主义的本质和矛盾，掌握反对帝国主义和霸权主义的思想武器，帮助我们更好地理解我们党依据客观规律制定的路线、方针和政策，自觉地为实现社会主义现代化而奋斗，帮助我们树立共产主义世界观，更好地为无产阶级革命事业奋斗到底。

### 2．劳动价值理论

劳动价值理论，是马克思主义政治经济学体系的出发点，在马克思主义政治经济学中占有重要地位。劳动价值理论由商品理论、货币理论和价值规律理论三部分组成。

（1）商品理论。商品是用来交换的劳动产品，是价值和使用价值的统一体。商品首先是一个物，它能满足人们的某种需要。商品的这种有用性就是它的使用价值。使用价值是交换价值的物质承担者，同时也是商品的自然属性，没有使用价值的东西是不能够作为商品来交换的，实际上也就没有交换价值。而凝结在商品中的一般人类劳动则形成了商品价值，体现着商品生产者之间交换劳动的社会生产关系，是商品的社会属性。价值是交换价值的基础，交换价值是价值的表现形式，价值是商品最本质的因素。

---

**业务 1-1-3**

下列物品中，属于商品的有（　　）。

A．自然界的空气　　　　　　　　B．回收的啤酒瓶

C．朋友送的生日礼物　　　　　　D．雪山上代售的氧气

【答案】B，D

【解析】商品是使用价值和价值的统一体。自然界的空气虽然有使用价值，但没有凝结一般人类劳动，不具有价值，即不是劳动产品，也不用于交换，所以不是商品；朋友送的生日礼物虽然具有价值和使用价值，但并不用于交换，所以也不是商品；回收的啤酒瓶和雪山上代售的氧气同时具有价值和使用价值，而且是用于交换的，所以它们都是商品。

---

**业务 1-1-4**

一种劳动产品要成为商品，首先必须（　　）。

A．能满足人们的某种需要　　　　B．具有一定的价值

C．凝结无差别的人类劳动　　　　D．耗费人的体力和脑力

---

【答案】A

【解析】一种劳动产品要成为商品，首先要能满足人们的某种需要即要具有使用价值，这是商品的自然属性。

人们在一定形式下进行的具体劳动创造了商品的使用价值，具体劳动千差万别，创造的使用价值也多种多样。撇开具体形式的劳动，各种劳动都要还原为体力和脑力的消耗，即为无差别的一般人类劳动，也叫抽象劳动。它形成了商品价值，是创造价值的唯一源泉，这就是劳动的二重性原理。

商品价值的表现由体现在商品中的劳动量来计算。劳动的数量由劳动时间来衡量，但决定价值量的不是生产者个别的劳动时间，而是社会必要劳动时间，即在现有的社会正常生产条件下，社会平均劳动熟练程度和劳动强度下制造某种使用价值所需要的劳动时间。商品的价值量与生产商品的社会必要劳动时间成正比，与劳动生产率成反比。在这种情况下，如果企业率先减少生产商品的劳动时间，使其小于社会必要劳动时间，那么它就有较大的可能在竞争中取得优势。现代企业要在市场经济中立足，更需要通过改进技术，改善经营和管理以提高劳动生产率。这样才能在激烈的市场竞争中取得优势，取得有利的地位。

业务 1-1-5

下列关于商品价值量的说法正确的是（　　　）。

A．是由个别劳动时间决定的　　　　　B．是由社会必要劳动时间决定的

C．与个别劳动生产率成正比　　　　　D．与社会劳动生产率成反比

【答案】B，D

 想一想

经济学中，商品、劳动产品、物品的关系是什么？

（2）货币理论。商品的价值形式经历了一个漫长的发展历程，由简单偶然的价值形式，到扩大的价值形式，再到一般的价值形式，最终发展到货币形式。当一种商品固定地充当一般等价物时，这种商品便成了货币商品，这种价值形式就是货币形式。

在货币形式中，由一种商品固定地充当一般等价物，表现其他一切商品的价值。货币具有价值尺度、流通手段、支付手段、储藏手段和世界货币的职能。其中，价值尺度和流通手段是货币的两个基本职能。货币的出现，解决了商品与商品直接交换的困难，使物与物之间直接的商品交换变成以货币为媒介的商品流通，极大地促进了商品交换的发展。货币本身是商品，但又是固定地充当一般等价物的特殊商品。它作为一般等价物，直接被社会所承认，是社会价值的代表。

随着现代科学技术的发展，货币正逐渐实现由有形向无形的转化。例如，信用货币、电子货币的产生，给人们的交易活动提供了越来越大的方便，其价值的凸显也为市场经济的发展做着积极有益的贡献。

（3）价值规律理论。价值规律是商品经济的基本规律，商品的价值量是由生产商品的社会必要劳动时间决定的，商品必须按照等价交换原则进行交换。

价值决定价格，价格是价值的外在表现形式，价格不会无限制地上涨，也不会无限制地下跌，价格围绕价值上下波动。同时在交换中，价格受市场供求关系的影响会时涨时落，但价格与供求是相互制约的，因此从长期来看，商品的价格与价值基本相符。

商品经济中，价值规律是客观的，它的存在和发生作用也是客观的。商品价值量由生产商品的社会必要劳动时间决定。这一规律决定了价值规律的三个作用：①自发调节资源配置和经济活动；②刺激商品生产者改进技术，提高劳动生产率，推动社会生产力的发展；③在经济活动中形成优胜劣汰的机制，同时也产生公平和效率的矛盾。价值规律的作用下，市场的调节具有自发性、盲目性和滞后性的弱点和缺陷，这需要政府采取措施，把市场经济下价值规律的调节机制的消极影响减小到最低限度。

归根结底，劳动价值论是关于商品生产与交换的历史理论。

**业务 1-1-6**

价格受供求关系的影响，围绕价值上下波动，不是对价值规律的否定，而是价值规律作用的表现形式，这是因为（　　）。

A．商品交换都是按等价交换原则进行的

B．各种商品价格的变动，是以各自的价值为基础的

C．从商品交换的总体看，价格总额与价值总额是相等的

D．从商品交换的较长时间看，价格与价值是趋于一致的

【答案】B，C，D

### 3．剩余价值理论

剩余价值是马克思主义政治经济学中的一个核心概念，是指雇佣工人创造的、被资本家无偿占有的超过劳动力价值的那部分价值，它体现了资本家剥削雇佣工人的关系。

马克思科学地揭示了剩余价值的起源和本质，关键在于把"劳动力"与"劳动"区分开来，并且依据价值规律阐明了劳动力这个商品的特殊性质。资本家购买到劳动力这一特殊商品后，同生产资料结合起来进行生产。工人在生产过程中，不仅能再生产出劳动力的价值，并且能创造出比劳动力自身价值更大的价值，实现了价值增值，这样资本家才有利可图。于是，剩余价值的起源和性质也就昭然若揭了，剩余价值无非是由雇佣工人剩余劳动创造的并被资本家无偿占有的价值。在资本主义社会中，剩余价值被资本家无偿占有，体现了资本家与雇佣工人之间剥削与被剥削的关系。因此，剩余价值也就是雇佣工人剩余劳动时间的凝结，是物化的剩余劳动。

按照剩余价值的生产方法，可将其分为绝对剩余价值和相对剩余价值。绝对剩余价值是指通过延长工作时间从而增加剩余劳动时间而生产的剩余价值；相对剩余价值是指通过提高劳动生产率，压缩必要劳动时间，相对延长剩余劳动时间来加强对工人的剥削而生产的剩余价值。

在早期资本主义社会，没有创造出相应的物质技术基础，不得不靠手工工艺的生产方法，资本家要加强剩余价值的生产，就只能采取比较原始的剥削手段，延长工作日，即依靠延长绝对劳动时间来加强剩余价值的生产。随着资本主义机器大工业的产生和发展，手工劳动逐步被取代，依靠技术进步和加强劳动管理，在一定的工作日时间内降低劳动力的价值，即缩短必要劳动时间，以相对延长剩余劳动时间，变为以获取相对剩余价值为主。绝对剩余价值的生产构成资本体系的

一般基础，并且是相对剩余价值的起点。而相对剩余价值是以特殊的资本主义生产方式为前提的，这种剥削方法更隐蔽、更巧妙、更具有资本主义特征。

资本家雇佣工人，并支付给工人工资，似乎工人的全部劳动都得到了报酬，实质上工资只是劳动力价值的转化形式，是资本家用于购买劳动力的资本，而这部分资本在资本主义的生产过程中不仅可以再生产出自己的价值，而且可以生产出一个剩余价值，所以工资并不能掩盖资本主义剥削的事实。

> ┃ 业务 1-1-7 ┃
>
> 绝对剩余价值和相对剩余价值都是依靠（　　）。
>
> A．增加资本量而获得的　　　　　B．提高劳动生产率而获得的
>
> C．节约资本使用量而获得的　　　D．增加剩余劳动时间而获得的
>
> 【答案】D

### 4．资本积累理论

资本积累就是把剩余价值再转化为资本，即剩余价值资本化。资本家剥削雇佣工人的剩余价值并将其用于再生产。资本主义再生产是物质资料再生产和生产关系再生产的统一，包括资本主义简单再生产和资本主义扩大再生产。资本主义简单再生产是资本家把工人创造的剩余价值全部用于个人消费，生产只是在原有的规模上重复；资本主义扩大再生产是资本家把工人创造的剩余价值的一部分转化为资本，使生产在扩大的规模上进行。扩大再生产是资本主义再生产的特征。

剩余价值是资本积累的唯一源泉，资本积累又是扩大再生产的重要源泉。资本积累不仅是资本家剥削雇佣工人的结果，而且是资本家扩大再生产对工人剥削的手段。资本家用无偿占有工人创造的剩余价值来积累自己的资本，并以此为基础，进一步扩大和加强对工人的剥削手段，不断地榨取更多的剩余价值，这就是资本积累的实质。资本积累所揭示的商品是生产的所有权的规律转为资本主义的占有规律，是资本主义剥削关系发展的突出表现。

资本积累量取决于剩余价值的绝对量，一切影响剩余价值的因素都会影响资本的积累规模，因此资本积累量的影响因素主要有工人受资本家的剥削程度、社会劳动生产率的水平、所用资本和所费资本之间的差额以及预付资本量的大小。

在资本积累过程中，个别资本是通过资本的积累、积聚和集中这些形式增大的，从而使社会财富有利于集中在少数资本家手中，加剧了社会财富的集中。而且，由于机器的广泛使用或者采用新的技术设备，资本对劳动力的需求还会绝对减少，必然出现相对过剩人口，造成大批工人失业，使无产阶级陷于贫困。

资本积累的一般规律，是指由资本积累引起的资产阶级的财富积累和无产阶级的贫困积累的内在必然联系。它是对资本积累理论的科学总结，也是对资本积累过程对无产阶级命运影响的科学概括，它深刻地揭示了资本主义积累过程的阶级对抗性。

> ┃ 业务 1-1-8 ┃
>
> 资本积累的实质是资本家（　　）。
>
> A．靠节制自己的消费欲望来扩大再生产

B．把剩余价值用来扩大生产、增加就业

C．无偿占有工人的剩余价值，扩大资本规模，进一步扩大对工人的剥削

D．把剩余价值不断用于提高工人的生活水平

【答案】C

**业务 1-1-9**

资本主义相对人口过剩（　　　）。

A．是资本积累的必然产物　　　　　　B．是因为单个资本增大

C．构成资本主义生产力　　　　　　　D．是相对于资本需求而过剩的人口

【答案】A，D

### 三、中国特色社会主义政治经济学的主要观点

#### 1．中国特色社会主义政治经济学的产生背景

自 2008 年爆发金融危机以来，世界经济政治形势正在发生深刻的变化。一方面，世界经济的不景气给中国经济造成了一些负面影响；另一方面，中国原有的经济增长和发展模式在取得巨大成就的同时也产生了许多问题，如财富占有和收入分配差距过大、生态环境和资源遭到严重破坏、经济发展的质量不高等。国际、国内因素和条件的叠加，使中国经济发展进入新常态。正是由于客观形势具有一定的复杂性，关于中国发展道路和模式及其发展前途的问题再度引起了人们的关注和热议。2015 年 12 月 21 日结束的中央经济工作会议强调："要坚持中国特色社会主义政治经济学的重大原则。"这是"中国特色社会主义政治经济学"这一概念首次出现在中央层面的会议上，具有鲜明的时代意义和深远的理论意义。

中国特色社会主义政治经济学是在马克思主义政治经济学的基础上，立足中国国情和发展实践，揭示新特点、新规律，提炼和总结我国经济发展实践的规律性成果，并把实践经验上升为系统化的经济学说，是对马克思主义政治经济学说的巨大创新，极大地丰富了中国特色社会主义理论体系。

#### 2．中国特色社会主义政治经济学的发展阶段

中国特色社会主义政治经济学是建设社会主义的马克思主义中国化的理论成果。改革开放以来，对中国特色社会主义政治经济学的探索主要经历了以下 4 个阶段。

（1）主题转化，重心转移。从十一届三中全会结束了以阶级斗争为纲，党的工作重心开始转移，又指出"发展才是硬道理"的时候，中国特色社会主义政治经济学开始萌芽。

（2）体制变革，促进发展。从党的第十四次全国代表大会开始，我国建立了社会主义市场经济体制，取代了传统的计划经济体制，极大地解放和发展了社会生产力。这一体制的转变，为中国特色社会主义政治经济学的形成和发展奠定了重要的基础。

（3）以人为本，科学发展。中国特色社会主义市场经济体制的改革让中国的经济有了飞速的增长，同时也带来了一系列的社会问题。党的第十六次全国代表大会以后，形成了以人为本，全面协调可持续发展的科学发展观。这些重要的发展理念为中国特色社会主义政治经济学的完善和

发展增添了重要的思想。

（4）新常态，新发展。党的第十八次全国代表大会（以下简称"十八大"）以来，中国共产党从新的历史起点出发，探索治国理政规律，把推进国家治理体系和治理能力现代化作为全面深化改革的总目标，形成了"四个全面"战略布局，提出以创新、协调、绿色、开放、共享发展的新理念，破解了经济新常态下一系列前所未有的新问题和大难题。这一系列新思想、新举措，在马克思主义中国化的方向下，为进一步充实、丰富和发展中国特色社会主义政治经济学，做出了具有时代意义的新贡献。

### 3. 中国特色社会主义政治经济学的重大原则

中国特色社会主义政治经济学立足于中国改革发展的成功实践，是研究和揭示现代社会主义经济发展和运行规律的科学，是在长期的经济发展实践中，初步形成的科学、完整的理论体系。在未来的经济发展实践中，我们要始终坚持中国特色社会主义政治经济学的重大原则。

（1）不断解放和发展社会生产力原则。社会主义的根本任务是解放和发展生产力。解放和发展生产力是社会主义本质的要求，是巩固社会主义制度的需要，是解决初级阶段主要矛盾的根本手段。马克思主义认为，人类社会的发展是自然的历史过程，生产力的发展是人类社会发展的最终决定力量。目前我国仍将长期处于社会主义初级阶段，解放和发展生产力仍是建设中国特色社会主义的第一要务。邓小平指出："社会主义的首要任务是发展生产力，逐步提高人民的物质和文化生活水平。"习近平指出："全面建成小康社会，实现社会主义现代化，实现中华民族伟大复兴，最根本、最紧迫的任务还是进一步解放和发展社会生产力。"

（2）坚持以人民为中心，实现共同富裕原则。共同富裕是社会主义的本质要求、根本原则和最终目标。要坚持把增进人民福祉、促进人的全面发展、朝着共同富裕方向稳步前进作为经济发展的出发点和落脚点，部署经济工作、制定经济政策、推动经济发展都要牢牢坚持这个根本立场。全面深化改革要以促进社会公平正义、增进人民福祉为出发点和落脚点。在社会主义初级阶段，虽然不能完全解决分配不公问题，但必须从制度上防止两极分化。2015年6月18日，习近平在贵州召开部分省区市党委主要负责同志座谈会时强调："消除贫困、改善民生、实现共同富裕，是社会主义的本质要求，是我们党的重要使命。"

（3）发展社会主义市场经济原则。社会主义市场经济理论也是中国对马克思主义政治经济学的创新。它既继承和发扬了马克思主义政治经济学的精髓和思想方法，又结合我国实际和时代特征进行了一系列理论创新；既借鉴西方主流经济学指导资本主义市场经济运行中的合理方法和手段，又坚持以公有制为主体、多种所有制经济共同发展的基本经济制度，牢牢守住了社会主义的本质。改革开放以来，在建设中国特色社会主义经济的过程中，我们逐步实现了从高度集中的计划经济向社会主义市场经济的华丽转身。发展社会主义市场经济主要有三个原则：①使市场在资源配置中起决定性作用；②将市场经济与社会主义基本制度结合起来；③社会主义国家要从宏观层面上对市场经济进行调控，以减少市场的盲目性和自发性，要用"看得见的手"引导"看不见的手"。

（4）坚持新的发展理念和改革方向原则。坚持创新、协调、绿色、开放、共享的发展理念，不断推进理论创新、制度创新、科技创新、文化创新等各方面创新，形成促进创新的体制架构，让经济发展的新动力更加充沛。只有在增强国家硬实力的同时注重提升国家软实力，才能解决我国长期存在的发展不全面、不平衡的问题，增强发展的整体性。

（5）改革、发展、稳定三统一原则。改革是动力，发展是目的，稳定是前提。改革是为了更好、更快地发展；发展是为了满足人民日益增长的物质文化需要，实现共同富裕；稳定是给改革与发展提供一个和谐而宽松的环境。改革、发展与稳定是互相依存与互相促进的关系，改革的力度与发展的速度要考虑社会可承受的程度。

**4．中国特色社会主义政治经济学的主要理论**

党的"十八大"以来，中央提出了许多新的观点，习主席把马克思主义政治经济学的基本原理同中国特色社会主义的实践相结合，发展了马克思主义政治经济学，提出了一系列新思想、新论断，创新并丰富了中国特色社会主义政治经济学理论，为中国和世界带来了新的经济发展理念和理论。

（1）关于发展主题的新理念。中国特色社会主义政治经济学是以发展为主题和第一原理的政治经济学。"十八大"后提出的五大发展新理念，即创新、协调、绿色、开放、共享发展，反映了经济新常态下经济社会发展的新要求，是以习近平为总书记的党中央对中国经济的新贡献，也是构建中国特色社会主义政治经济学一个重要元素。

（2）关于改革和创新驱动相结合的动力理论。经济和社会发展的动力问题，是中国特色社会主义政治经济学要解决的根本问题。邓小平从破解生产关系的束缚着手，把改革作为推动发展的直接动力，取得了成功的经验。世纪之交，党中央进一步研究了生产力内部的结构和国际范围综合国力竞争等问题，根据邓小平"科学技术是第一生产力"的思想，提出创新是国家兴旺发达的不竭动力。"十八大"后，习主席深入分析了综合国力与科技进步、经济规模与资源制约、科技创新与产业更新等问题，有针对性地提出了要用创新驱动取代要素驱动这一深刻问题，为转变中国经济发展方式、推进中国持续健康发展指出了一条新路。党的十八届五中全会一方面重申"改革是发展的强大动力"，另一方面强调"创新是引领发展的第一动力"，从上层建筑、生产关系和生产力三个方面发力，形成了中国特色社会主义的动力系统理论。发展动力问题的破解，是中国特色社会主义政治经济学对马克思主义政治经济学的重要贡献。

（3）关于市场与政府关系的新论断。用社会主义市场经济取代传统的计划经济，建立和完善社会主义市场经济体制，是中国特色社会主义政治经济学的重要特点及其对马克思主义政治经济学的最大贡献。"十八大"以来，党中央在改革中进一步解决政府和市场的关系问题，明确了市场在要素配置中要起决定性作用，同时更好地发挥政府作用，这就使得社会主义市场经济体制和理论更加完善。2016年1月的中央财经领导小组第十二次会议，研究"供给侧结构性改革"方案，提出把市场经济的供给和需求两个方面的改革结合起来，强调以供给侧改革为重点来破解经济新常态下的一些难题，进一步深化了社会主义市场经济理论。

（4）关于对内协调和对外开放结合起来的发展新思路。对内改革和对外开放，是邓小平创立的中国特色社会主义的两大亮点。在改革之初，党中央就意识到在中国的复杂国情下，如何解决社会成员之间、城乡之间、区域之间的平衡发展是一大难题，协调发展不仅和改革相关，而且和开放相联系。在部署"十三五"规划的时候，党中央把协调发展和开放发展结合起来，在原来的协调发展战略基础上，提出要实施"京津冀协同发展""长江经济带"等新战略；与此同时，在原来的开放战略基础上，提出要推进"一带一路"建设，打造陆海内外联动、东西双向开放的全方位开放战略。特别是"一带一路"的开放战略,将使得东中西部的发展进一步协调。这也是对中国特色社会主义政治经济学的一个重要贡献。

(5)关于以人民为中心的发展思想。政治经济学讲经济从来不离开政治。中国特色社会主义这一马克思主义中国化的最新成果,继承了毛泽东思想的人民主体思想,始终把代表人民群众的根本利益作为中国共产党的根本属性。党的"十八大"以来,党中央进一步提出了以人民为中心的发展思想。今天提出的绿色发展和共享发展等问题,其鲜明特点就是把增进人民福祉、促进人的全面发展作为发展的出发点和落脚点;把发展人民民主,维护社会公平正义,保障人民平等参与、平等发展权利,充分发挥人民积极性、主动性、创造性,作为全面发展的重要目标。可以说,以人民为中心推进改革和发展,是中国特色社会主义政治经济学的一个重要特点。

(6)关于按照"五位一体"总布局和"四个全面"战略布局推进改革和发展的大格局。中国特色社会主义政治经济学是全面发展和全面改革的政治经济学。我们强调的全面发展,是以经济为中心的经济、政治、文化、社会和生态文明建设"五位一体"的发展;强调的全面深化改革,也是以经济体制改革为重点的经济、政治、文化、社会和生态文明制度改革"五位一体"的改革。而要实现这样的全面发展和全面改革,必须有全面依法治国和全面从严治党的保障。习主席提出的"四个全面"战略布局,体现了经济与政治完美结合的中国改革和发展大战略的要求,也展现了中国特色社会主义政治经济学的大格局。

我们必须高度重视我们党在长期实践中提出的一系列富有创造性的政治经济学理论观点,这些观点构成了当代中国马克思主义政治经济学的基本内容。而当代中国马克思主义政治经济学所要回答的主要问题,就是如何建设中国特色社会主义的问题,因而,中国特色社会主义政治经济学也是当代中国马克思主义政治经济学最本质、最核心和最主要的内容。就马克思主义政治经济学与当代中国马克思主义政治经济学和中国特色社会主义政治经济学的关系来说,马克思主义政治经济学是当代中国马克思主义政治经济学和中国特色社会主义政治经济学的理论基础和出发点,而当代中国马克思主义政治经济学和中国特色社会主义政治经济学是马克思主义政治经济学中国化的创造性理论成果。因此,我们既要学好马克思主义政治经济学,更要学好、用好当代中国马克思主义政治经济学和中国特色社会主义政治经济学。只有这样,中国特色社会主义才能得到进一步巩固和发展。

---

**业务 1-1-10**

下列哪些是中国特色社会主义政治经济学的观点?( )

A. 坚持以公有制为主体、多种所有制经济共同发展的基本经济制度

B. 坚持实行社会主义市场经济

C. 以生产力和生产关系两个方面作为研究出发点

D. 政府在要素配置中要起决定性作用

【答案】A,B

【解析】中国特色社会主义政治经济学是以物质资料生产为研究出发点的,强调市场在要素配置中要起决定性作用。

# 项目二 | 经济理论

【引例与分析】美国总统罗斯福连任三届后，曾有记者问他有何感想，总统一言不发，只是拿出一块三明治面包给记者。这位记者不明白总统的用意，又不便问，只好吃了。接着总统拿出第二块，记者还是勉强吃了。紧接着总统拿出第三块，记者实在吃不下了，赶紧婉言谢绝。这时罗斯福总统微微一笑说："现在你知道我连任三届总统的滋味了吧！"

问题：（1）总效用与边际效应的含义与关系是什么？

（2）如何理解边际效应递减规律？

分析：这个故事揭示了经济学中的一个重要的原理：边际效应递减规律。记者不再吃第三个面包是因为再吃也不会增加效用，反而产生负效用。在经济学中，总效用是指在一定时间内消费者从消费商品或劳务中获得的满足程度的总和。边际效应是指在一定时间内消费者从每增加一单位商品或劳务的消费中所获得的效用增加量。随着消费者消费某物品数量的增加，消费者获得的总效用先是增加的，达到一个最大值后开始减少，而该物品对消费者的边际效应是逐渐递减的，在总效用达到最大值时，边际效应为零，如果再继续消费，边际效应就成负的了。

再例如，水是非常宝贵的，没有水，人就会死亡，但是你连续喝的水超过了你能饮用的数量时，多余的水就没有什么用途了，再喝其边际价值也几乎为零，或是在零以下；现在我们的生活富裕了，我们都会有"天天吃着山珍海味也吃不出当年饺子的香味"的感觉，这些都源于边际效应递减规律。

## 一、需求、供给与市场均衡

### 1. 需求理论

（1）需求的含义。需求是指消费者在一特定时期内，在各种可能的价格水平下，愿意而且能够购买的该商品的数量。我们可以把某种商品的各种价格水平和各种价格水平下对应的该商品的需求数量之间的关系用一张表来表示，如表1-2-1所示。

表 1-2-1　　　　　　　　　　　　某种商品的需求

| 价格数量关系 | A | B | C | D | E | F | G |
|---|---|---|---|---|---|---|---|
| 价格（元） | 1 | 2 | 3 | 4 | 5 | 6 | 7 |
| 需求量（单位数） | 700 | 600 | 500 | 400 | 300 | 200 | 100 |

如果把表1-2-1绘制成平面坐标图，就可以得到7个间断的点，假设商品的价格和相应的需求变化具有连续性，我们可以把这些点连接起来得到一条光滑的曲线，称之为需求曲线，如图1-2-1所示。

需求关系可以是直线也可以是曲线，但它有一个明显的特征即向右下方倾斜，表示商品的价格和需求量呈反方向变动的关系。

（2）影响需求的因素。影响消费者购买欲望和购买能力的因素都会影响需求，影响需求的因素主要如下。

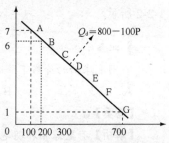

图 1-2-1　某种产品的需求曲线

① 商品的价格（$P$）。

② 消费者收入水平（$I$）。

③ 替代品的商品价格（$P_s$）。替代品即指可以互相代替来满足同一种欲望的两种商品，如洗衣粉和肥皂，它们之间是相互替代，替代品之间价格与需求呈同方向变动。

④互补商品的价格（$P_c$）。互补品是指共同满足一种欲望的两种商品，如电视机和遥控器，它们之间是相互补充，互补品之间价格与需求呈反方向变动。

⑤ 消费者的偏好（$T$）。

⑥ 消费者对商品价格的预期（$E$）。

（3）需求函数。需求函数是指以影响因素为自变量、需求量为因变量的函数。我们用 $Q$ 代表需求，根据上述的需求量影响因素可以得到需求函数：

$$Q_d=f(P, I, P_s, P_c, T, E\cdots)$$

对于大部分商品来说，在其他条件不变的情况下，消费者收入的增加会增加消费者对某种产品的需求量，那么这种商品即为正常的商品。但有时消费者收入的增加会减少消费者对某种产品的需求量，而消费者的收入减少反而会增加对该商品的需求量，这样的商品即为低档品。

其他条件不变的情况下，替代品和互补品的商品价格的变化都会影响到该商品需求量的变动，具体来说替代品价格升高，会增加该种商品的需求量，反之，则会减少该种商品的需求量。互补品的价格升高，会降低该种商品的需求量，反之，则会增加该种商品的需求量。

在其他条件不变的情况下，当消费者预期某种商品未来价格会上升时，就会增加该种商品的现期需求量，反之，则会减少这种商品的现期需求量。

在其他条件不变的情况下，消费者的偏好不容易直接度量，但可以作为某种商品需求量的一个影响指标。如果消费者感觉某种商品有益于健康、符合潮流，那么获得这种商品的欲望就会增大，影响商品的需求量。

在其他条件不变的情况下，如果只考虑商品价格对其需求的影响，即将某种商品的需求表示为价格的函数，则上述函数可以表示为 $Q_d=f(P)$。这是一条向右下方倾斜的曲线，表示降价会使商品的需求量增加，涨价会使商品的需求量减少。因此，需求量 $Q_d$ 是一个单调递减的函数。如果没有特别说明，通常所说的需求函数就是指价格需求函数，如图1-2-2 所示。

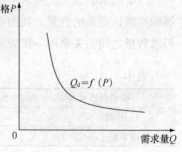

图 1-2-2　需求曲线

业务 1-2-1

当羽毛球拍的价格下降时，对羽毛球的需求量将（　　）。

A．减少　　　　　　B．不变　　　　　　C．增加　　　　　　D．视具体情况而定

【答案】C

【解析】羽毛球拍和羽毛球是互补品，羽毛球拍价格下降，羽毛球需求量增加。

（4）需求的变动和需求量的变动。需求的变动是指在价格不变的情况下，由于其他因素变动所引起的该商品的需求数量的变动。需求的变动表现为需求曲线的平行移动。

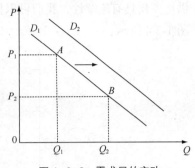

图 1-2-3　需求量的变动

需求量的变动是指在其他条件不变的情况下，由于商品价格变动所引起的商品需求数量的变动。需求量的变动表现在需求曲线上就是价格与需求量的组合沿着同一条需求曲线移动，如图 1-2-3 所示。

在图 1-2-3 中，其他条件不变的情况下，价格由 $P_1$ 变为 $P_2$，商品的需求量由 $Q_1$ 变为 $Q_2$，即为需求量的变动。在价格不变的情况下，由其他因素引起的商品需求曲线发生平移，由 $D_1$ 变为 $D_2$，即为需求的变动。

业务 1-2-2

下列哪一项会导致面包的需求曲线向右移动？（　　　）

A．面包价格的上涨　　　　　　　B．果酱价格的上涨

C．收入的下降　　　　　　　　　D．花生酱价格的下降

【答案】D

【解析】本题考的是需求的影响因素。A 为面包价格上涨，面包的需求量会减少，不考虑其他因素情况下需求曲线不移动；B 为果酱价格上涨，果酱是面包的互补品，它的价格上涨，导致人们减少对它的需求，从而减少对面包的购买，所以面包的需求曲线向左方移动；C 为收入的下降，在同一价格水平上，消费者的购买力降低，从而使需求数量减少，需求曲线左移；D 为花生酱价格下降，原理和果酱一样，它的价格下降，将间接导致人们多购买面包，所以需求曲线右移。

想一想

（1）国家限制公共场合吸烟的政策，会使每天吸的香烟量产生怎样的变化？用香烟的需求曲线怎么表示？

（2）国家提高香烟的价格，会使每天吸的香烟量产生怎样的变化？用香烟的需求曲线怎么表示？

**2．供给理论**

（1）供给的含义。供给是指生产者在一定时期内，在各种可能的价格下，意愿并能够出售的商品数量。我们可以把某种商品的各种价格水平和各种价格水平下对应的该商品的供给数量之间的关系用一张表来表示，如表 1-2-2 所示。

表 1-2-2　　　　　　　　　　　　某种商品的供给

| 价格数量关系 | A | B | C | D | E |
| --- | --- | --- | --- | --- | --- |
| 价格（元） | 1 | 2 | 3 | 4 | 5 |
| 供给量（单位数） | 0 | 200 | 300 | 400 | 500 |

如果把表 1-2-2 绘制成平面坐标图，就可以得到 5 个间断的点，假设商品的价格和相应的

供给变化具有连续性，我们可以把这些点连接起来得到一条光滑的曲线，称之为供给曲线，如图 1-2-4 所示。

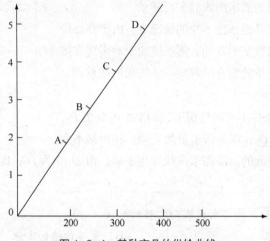

图 1-2-4　某种商品的供给曲线

供给关系可以是直线也可以是曲线，但它有一个明显的特征即向右上方倾斜，表示商品的价格和需求量呈正方向变动的关系。

（2）影响供给的因素。影响生产者供给欲望和供给能力的因素都会影响供给，影响供给的因素主要如下。

① 商品的价格（$P$）。

② 生产技术和管理水平（$T$）。

③ 生产要素的价格（$P_j$）。

④ 对价格变化的预期（$E$）。

⑤ 相关商品的价格（$P_i$）。

（3）供给函数。供给函数是指以影响因素为自变量、供给量为因变量的函数。我们用 $S$ 代表供给，根据上述的供给量影响因素可以得到供给函数：

$$S_d = f(P, T, P_j, E, P_i, \cdots)$$

生产要素价格的上升会使生产者的单位生产成本提高，使生产者在给定价格下愿意提供的商品数量减少，使供给曲线向左移动，反之，则向右移动。生产技术的进步和管理水平的提高可以提高劳动生产率，降低生产成本，增加生产者的利润，生产者会提供更多的产量，使供给曲线向右移动。如果生产者预期商品未来价格会上涨，则会推迟产品的出售，使现在的供给曲线向左移动，反之，则会向右移动；相关商品的价格也会影响生产者的供给数量，如果替代品的产品价格高，那么生产者会相应减少该商品的供给，实行转产，供给曲线向左移动。

商品的价格是影响供给的最基本的因素，假如其他影响生产者供给量的因素都不变，只考虑价格与供给量之间的关系，即将某种商品的供给表示为价格的函数，则上述函数可以表示为 $S_d = f(P)$。这是一个向右上方倾斜的曲线，表示降价会使商品的供给量减少，涨价会使商品的供给量增加，因此供给量 $S_d$ 是一个单调递增的函数。如果没有特别说明，通常所说的供给函数就是指价格供给函数，如图 1-2-5 所示。

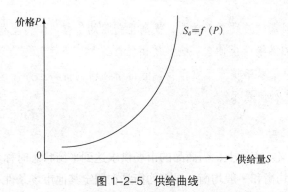

图 1-2-5　供给曲线

（4）供给的变动和供给量的变动。供给的变动是指在商品本身价格不变的情况下，其他因素变动所引起的供给的变动。供给的变动表现为供给曲线的平行移动，如图 1-2-6 所示。

供给量的变动是指在其他条件不变的情况下，商品本身价格变动所引起的供给量的变动。供给量的变动表现在供给曲线上就是价格与供给量的组合沿着同一条供给曲线移动，如图 1-2-7 所示。

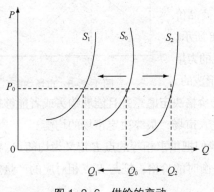

图 1-2-6　供给的变动

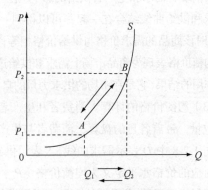

图 1-2-7　供给量的变动

在图 2-6 中，商品在价格 $P_0$ 的情况下，其他因素会影响供给曲线 $S_0$ 向左移动变为 $S_1$，供给量由 $Q_0$ 变为 $Q_1$，或者供给曲线 $S_0$ 向右移动，供给量由 $Q_0$ 变为 $Q_2$，此为供给的变动。

在图 1-2-7 中，在其他因素不变的情况下，价格由 $P_1$ 变为 $P_2$，或者由 $P_2$ 变为 $P_1$，都会引起供给量在 $Q_1$ 与 $Q_2$ 之间变动，此为供给量的变动。

业务 1-2-3

某鱼贩以每千克 4 元的价格从水库运来鲜鱼 500 千克到早市销售，若此时需求曲线为 $Q=1\ 000-100P$，为获得最大利润，他应销出（　　）。

A．500 千克　　　　　　　　　　　　B．400 千克

C．A、B 答案都正确　　　　　　　　D．A、B 答案都不正确

【答案】A

【解析】假设鱼贩售出 $Q_s$ 千克，该千克数满足鱼的需求曲线，每一千克的售价为 $P_s$，则鱼贩的利润函数 $=P_s\times Q_s-2\ 000=P_s\times(1\ 000-100P_s)-2\ 000=-100P_s^2+1\ 000P_s-2\ 000$，要想此函数取值最大，则当 $P_s=5$ 元，$Q_s=500$ 千克。

（1）国家鼓励发展养殖业，提高生猪收购价格，使得生猪的养殖数量大增，这会对猪肉的供给产生什么影响？用供给曲线如何表示？

（2）由于暴雨摧毁了农作物，使得猪饲料的价格上升，这会对猪肉的供给产生什么影响？用供给曲线如何表示？

### 3. 市场均衡

（1）市场均衡的含义。市场上，当商品的市场供求达到平衡状态时称为市场均衡。

市场均衡分为局部均衡和一般均衡。局部均衡是在假定其他市场条件不变的情况下，孤立地考察单个市场或部分市场的供求与价格之间的关系或均衡状态，而不考虑它们之间的相互联系和影响。一般均衡是经济学中局部均衡概念的扩展，它是寻求在整体经济的框架内解释生产、消费和价格的关系，在一个一般均衡的市场中，每个单独的市场都是局部均衡的。

（2）均衡价格的形成。需求曲线和供给曲线都说明了价格对于消费者需求和生产者供给的影响。在一定条件下，我们把需求和供给曲线结合在一起，可以得到一个均衡的商品价格，此时该商品的需求价格与供给价格相等，如图 1-2-8 所示。

均衡价格表现为商品市场上需求和供给这两种相反的力量共同作用的结果，它是在市场的供求力量的自发调节下形成的。

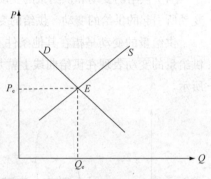

图 1-2-8　市场均衡

（3）均衡价格的计算。消费者和生产者根据市场价格决定愿意并且能够购买或者能够提供的商品数量，带着各自的盘算，消费者与生产者一起进入市场，最终决定市场的均衡。

图 1-2-8 中 $D$ 表示需求曲线，$S$ 表示供给曲线。我们把供求相等的点 $E$ 定义为均衡点，把与 $E$ 点相对应的价格水平定义为均衡价格（$P_e$）即供求平衡时的价格；把与 $E$ 点相对应的产量定义为均衡产量 $Q_e$，即供求平衡的产量。现假设如下。

需求曲线的函数为 $Q_d = a - b \times P$，其中 $Q_d$ 代表商品的需求量，$P$ 代表商品的价格，$a$，$b$ 为常数，且 $a$，$b > 0$。

供给曲线的函数为 $Q_s = -c + d \times P$，其中 $Q_s$ 代表商品的供给量，$P$ 代表商品的价格，$c$，$d$ 为常数，且 $c$，$d > 0$。

联立方程组

$$\begin{cases} Q_d = a - b \times P \\ Q_s = -c + d \times P \end{cases}$$

我们可以求出 $P_e$ 和 $Q_e$。

例如，在一定的时间内，某商品的需求函数为 $Q_d = 25 - 3P$，供给函数为 $Q_s = -15 + 5P$，请求出该商品的均衡价格（元）和均衡产量（件）。则

$$\begin{cases} Q_d = 25 - 3P \\ Q_s = -15 + 15P \end{cases}$$

得出均衡价格为 5 元，均衡数量为 10 件。

均衡价格理论作为经济学的基石有着非常广泛的用途，它可以解释价格变动的原因，预测价格变化的方向，同时也有利于分析政府干预市场可能出现的后果。

▌业务 1-2-4 ▐

假设某商品的需求曲线为 $Q=3-9P$，市场上该商品的均衡价格为 4，那么，当需求曲线变为 $Q=5-9P$ 后，均衡价格将（　　　）。

A．大于 4　　　　　B．小于 4　　　　　C．等于 4　　　　　D．小于或等于 4

【答案】A

【解析】当需求曲线为 $Q=3-9P$ 时，最大的需求量为 3；当需求曲线变为 $Q=5-9P$ 时，最大的需求量为 5。假设供给不变，则需求的截距增加，需求曲线右移，均衡价格上升，大于 4。

（4）供求规律。供求规律是指一种商品的均衡价格和均衡数量的变动规律。均衡价格和均衡数量的变动主要有以下 4 种情形。

① 需求变化而供给保持不变。当需求发生变化，而供给不变时，需求、均衡价格和均衡产品数量的变化方向一致，如图 1-2-9 所示。

② 供给变化而需求保持不变。当供给发生变动，而需求不变时，供给与均衡价格反方向变化，供给与均衡产品数量同方向变化，如图 1-2-10 所示。

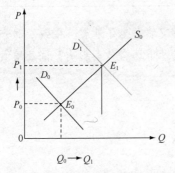
图 1-2-9　需求变化而供给不变

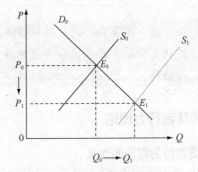
图 1-2-10　供给变化而需求不变

③ 需求、供给同方向变化。当需求、供给同方向变化时，均衡数量朝同方向大幅度变化，均衡价格的变化方向取决于供给和需求变化额的大小比较，如图 1-2-11 所示。

④ 需求、供给反方向变化。当需求、供给反方向变时，均衡价格大幅度变化且与需求变化方向一致，均衡数量的变化方向取决于供给与需求变化额的大小比较，如图 1-2-12 所示。

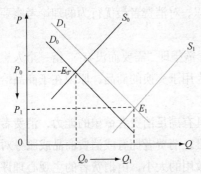
图 1-2-11　需求、供给同方向变化

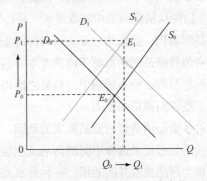
图 1-2-12　需求供给反向方变化

将上述变化规律进行总结，如表 1-2-3 所示。

表 1-2-3　　　　　　　　　　　　　供求规律变化

| 需求变动情况 | 供给未变 | 供给增加 | 供给减少 |
| --- | --- | --- | --- |
| 需求未变 | 价格相同，数量相同 | 价格下降，数量减少 | 价格上升，数量减少 |
| 需求增加 | 价格上升，数量增加 | 价格不确定，数量增加 | 价格上升，数量不确定 |
| 需求减少 | 价格下降，数量减少 | 价格下降，数量不确定 | 价格不确定，数量减少 |

◢ 业务 1-2-5 ▮

在供给和需求同时增加的情况下，有（　　　）。

A．均衡交易量增加，均衡价格上升　　　　B．均衡价格上升，均衡交易量不确定

C．均衡价格不确定，均衡交易量增加　　　D．均衡价格上升，均衡交易量减少

【答案】C

【解析】在供给和需求同时增加的情况下，均衡数量增加，但均衡价格取决于供给和需求变化额的大小程度。

某一年夏天，天气特别炎热，有一天突然发生了地震，摧毁了部分甘蔗田，使糖的价格上升。请分析这两件事对冰淇淋市场有什么影响？试着用供求规律进行解释。

## 二、消费者行为理论

### 1．消费者行为理论的含义

消费者指消费的决策单位，它可以是个人或家庭。消费者行为即消费者购买商品的行为。消费者行为理论研究的是消费者如何在各种商品和劳务之间分配他们的收入，以达到满足程度的最大化。

### 2．消费者行为的动机和约束条件

商品的需求来源于消费者，他们被假定为以理性经济行为追求自身利益的当事人。消费者的收入或者获取收入的手段是有限的。因此，消费者的最优选择就是要把有限的收入合理地用于不同的商品，以便从消费商品中获取最大"利益"。所以，对消费者最优行为的理论考察要分析消费者获取商品的动机、收入约束及实现目标的条件。

消费者消费商品的动机源于消费者本身的欲望。欲望即"需要而没有"，指一个人想要但还没有得到某种东西的一种心理期望。物品之所以能成为用于交换的商品，原因在于商品恰好具有满足消费者某些方面欲望的能力。

人们的欲望是消费者对商品需求的动因，商品具有满足消费者欲望的能力，消费者则依据商品对欲望满足的程度来选择不同的商品及相应的数量。消费者拥有或消费商品或服务对欲望的满足程度被称为商品或服务的效用。一种商品或服务效用的大小，由消费者的主观心理评价和消费者欲望的强度所决定。而欲望的强度又是人们的内在或生理需要的反映，所以同一种商品对不同

的消费者或者一个消费者的不同状态而言，其效用满足程度也会有所不同。

这样，欲望驱动下的消费者行为可以描述为在可支配的资源既定的条件下，消费者选择所消费的商品数量组合，力图获得最大的效用满足，所以消费者行为理论又称为效用理论。

### 3．基数效用和序数效用

效用有大有小，效用理论按对效用的衡量方法分为基数效用论和序数效用论。基数效用论认为，效用的大小是可以测度的，并且可以加总求和。表示效用大小的计量单位就是效用单位，人们就是根据这个效用计数单位来衡量不同商品效用的大小的。例如，吃一个鸡蛋获得的满足为10，看一场电影获得的满足是12，从而，看一场电影比吃一个鸡蛋划算。

序数效用论认为，消费者消费商品获得满足无法用一个数量来表示，而只能排序。例如，消费者知道看一场电影获得的效用比吃一个鸡蛋获得的效用高，但是效用的具体数量则不得而知。

基数效用理论采用的是边际效应分析法，而序数效用理论采用的是无差异曲线分析法。

（1）边际效应分析法与消费者均衡。总效用是指在一定时间内消费者从消费商品或劳务中获得的满足程度的总和，记为 $Tu$，用公式表示为 $Tu=f(Q)$，如图 1-2-13 所示。

边际效应是指在一定时间内消费者从每增加一单位商品或劳务的消费中所获得的效用增加量，记为 $Mu$，用公式表示为 $Mu=\Delta Tu(Q)/\Delta Q$，如图 1-2-14 所示。

随着消费者消费某物品数量的增加，该物品对消费者的边际效应是递减的。一种物品的边际效应随其数量的增加而减少，这种现象普遍存在于一切物品，我们称之为边际效应递减规律，又称戈森定律。

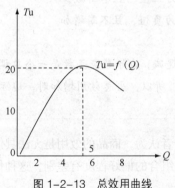

图 1-2-13　总效用曲线

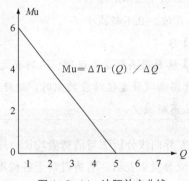

图 1-2-14　边际效应曲线

从消费者的角度看，商品被优先用来满足最重要的需要，故越先消费的商品边际效应就越大；从商品本身对消费者所产生的重复刺激看，随着一种商品消费数量的连续增加，消费者接受的重复刺激程度越来越弱。从图 1-2-13 和图 1-2-14 可以看出，消费第 1 个商品时，边际效应最大为 6，随着消费商品数量的增多，当消费第五个商品时，总效用达到最大为 20，而边际效应为 0。此时如果继续消费商品，对消费者来说总效用开始减弱，也就意味着边际效应变成负数了。

消费者均衡所研究的是消费者在既定收入的情况下，如何实现效用最大化的问题。在运用边际效应分析法来说明消费者均衡时，我们做如下假设。

第一，消费者的偏好既定，消费者对各种物品的效用与边际效应的评价是既定的。

第二，消费者的收入既定，商品的价格既定。

第三，每一单位货币的边际效应对消费者都是相同的。

那么，达到消费者均衡的原则是，消费者用全部收入所购买的各种物品所带来的边际效应，与为购买这些物品所支付的价格的比例相等，或者说每一单位货币所得到的边际效应都相等。

假设消费者把所有的收入都用来使用两种商品 A 和 B，$X_1$ 表示商品 A 的数量，$X_2$ 表示商品 B 的数量，$P_1$ 表示商品 A 的价格，$P_2$ 表示商品 B 的价格，$I$ 表示消费者的收入，那么我们可以用函数表示：

$$P_1X_1 + P_2X_2 = I$$

如果消费者使用两种商品达到均衡，我们假设 $Mu_1$ 是 A 商品的边际效应，$Mu_2$ 是 B 商品的边际效应，$\lambda$ 表示每元钱的边际效应，则有：

$$\frac{Mu_1}{P_1} = \frac{Mu_2}{P_2} = \lambda$$

如果 $\frac{Mu_1}{P_1} < \frac{Mu_2}{P_2}$，说明对于消费者而言，同样的一元钱，购买商品 A 的边际效应要小于购买商品 B 的边际效应，这种理性的消费者就会调整商品 A，B 的消费量，减少消费商品 A，增加消费商品 B，那么总效用就会增加，直到两种商品的边际效应相等时，也就是达到均衡状态时，才能获得最大的效用。

┃ 业务 1-2-6 ┃

当总效用增加时，边际效应应该（      ）。

A．为正值，且不断增加　　　　　　　B．为正值，且不断减少

C．为负值，且不断减少　　　　　　　D．为负值，且不断增加

【答案】B

【解析】总效用函数是先递增，达到最大值后开始递减；边际效应函数是一个单调递减的函数，在总效用函数最大值对应的点时，边际效应为零。所以，当总效用增加时，边际效应应该为正值，且不断减少。

（2）无差异曲线分析法与消费者均衡。序数效用论者认为，商品的效用是无法具体衡量的，只能用顺序或等级来表示。消费者对于各种不同的商品组合的偏好程度有差别，这种偏好程度的差别，决定了不同商品组合的效用大小顺序。

序数效用论有三个基本的假设。

① 完全性。对于任意两个商品组合 A 和 B，消费者可以明确地判定，要么对 A 的偏好大于对 B 的偏好，要么对 A 的偏好小于对 B 的偏好，要么对 A 和 B 的偏好一样或者说偏好无差异。

② 可传递性。对三个商品组合 A，B 和 C 而言，如果消费者对 A 的偏好大于 B，对 B 的偏好大于 C，则该消费者对 A 的偏好一定大于对 C 的偏好。

③ 非饱和性。如果几个商品组合的区别仅在于其中一种商品的数量不同，在其他商品数量相同的条件下，消费者更偏好于产品数量大的商品组合。

无差异曲线是用来表示两种商品的不同数量的组合给消费者所带来的效用完全相同的一条曲

线，具有如下特点。

① 无差异曲线是一条向右下方倾斜的曲线，其斜率为负值。

② 无差异曲线具有密集性，在同一平面图上有无数条无差异曲线，每一条无差异曲线代表一种满足水平即效用水平，而且离原点越远的无差异曲线所代表的效用越大。

③ 在同一平面图上，任意两条无差异曲线都不能相交。

④ 无差异曲线是一条凸向原点的线。

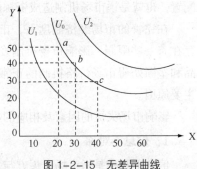

无差异曲线既可以反映不同消费者的不同偏好，又可以描述所能够追求的效用最大化。图 1-2-15 中的效用曲线 $U_0$ 上的三个点 $a$，$b$，$c$ 就是效用无差异点。不管是在 $a$ 点消费 50 个 Y 商品、20 个 X 商品，还是在 $b$ 点消费 40 个 Y 商品、30 个 X 商品，给消费者带来的效用都是一样的。

图 1-2-15　无差异曲线

**业务 1-2-7**

序数效用论认为，商品效用的大小（　　）。

A．取决于其使用价值　　　　　　　B．取决于其价格

C．不可比较　　　　　　　　　　　D．可以比较

【答案】D

【解析】序数效用论者认为，商品的效用是无法具体衡量的，只能用顺序或等级来表示。

**业务 1-2-8**

当无差异曲线为斜率不变的直线时，表示相结合的两种商品（　　）。

A．可以替代　　　　B．完全替代　　　　C．互补　　　　D．互不相关

【答案】B

【解析】无差异曲线是用来表示两种商品的不同数量的组合给消费者所带来的效用完全相同的一条曲线，是一条向右下方倾斜的曲线，其斜率为负值。当无差异曲线为斜率不变的直线时，这两种商品是可以完全替代的。

**业务 1-2-9**

某个消费者无差异曲线图包含无数条无差异曲线，因为（　　）。

A．收入有时高，有时低　　　　　　B．欲望是无限的

C．消费者人数无限　　　　　　　　D．商品的数量无限

【答案】D

【解析】无差异曲线图包含无数条无差异曲线，因为不同的无差异曲线上的点所表示的给消费者带来的效用是不一样的，任意两条无差异曲线都不能相交，离原点越远的无差异曲线所代表的效用越大。

### 三、市场失灵与微观经济政策

市场失灵也称市场缺乏效率，是指市场机制（即价格调节市场的机制）不能实现资源的有效配置，也就是说市场机制造成资源的配置失当。

在完善的市场经济制度下，市场充分发挥作用能达到最高的经济效益，而现实社会中由于存在着一些限制，影响市场机制发挥作用以致资源低效率配置。信息不对称、外部性、公共物品和垄断妨碍市场价格机制的正常功能而又不能通过市场自身予以克服，这是造成市场失灵的主要原因。

影响市场失灵的因素及相应的经济政策如下。

#### 1．信息不对称

信息不对称是指市场上买方与卖方所掌握的信息不对等，其中的一方比另一方掌握更多的信息。在一些市场上，卖方所掌握的信息多于买方，如冰箱的生产者对自己产品的质量和性能比消费者知道得多。但是在有些市场上，买方所掌握的信息多于卖方，如医疗保险的投保人肯定比保险公司更了解自己的身体状况和发病的可能性。

（1）逆向选择问题。当市场上的交易双方在信息不对称的情况下，会产生逆向选择问题。逆向选择会导致高质量产品在市场上被低质量产品驱逐出去。因为真正质量好的商品不会按低价出售，按低价出售的商品质量往往较差，最终的结果是售出的商品质量低劣，消费者出的价钱也极低，高质量的商品被驱逐出市场。例如，在信贷市场，债权人不了解债务人的风险程度，只能根据平均风险水平确定利率，结果导致低风险者不愿意贷款，贷款者都是高风险者。

因为信息不对称而产生的逆向选择，可以通过信号传递的方式予以解决。信号传递是指市场上信息多的一方通过某种方式将信号传递给信息少的一方，即向市场发出信息。例如，生产高质量产品的厂商可以通过提供质量保证或售后服务的方法来使消费者明白他们出售的产品质量是可靠的，消费者就能够将产品的质量保证书视为产品高质量的信号，并愿意为提供了产品质量保证的产品支付更高的价格。

不同的市场上因为信息不对称而产生的问题性质不同，需要采取不同的解决办法。有的问题可以通过政府干预来解决，如老年人健康保险市场的逆向选择问题；有的问题则可以通过某些有效的制度安排或有效的措施来解决。

（2）道德败坏行为。因为信息的不对称，还可能产生道德败坏。道德败坏是指协议达成以后，信息多的一方通过改变自己的行为，来损害对方的利益。由于信息不对称，达成协议的另一方无法准确地核实对方是否按照协议办事。例如，在保险市场，个人在没有为车辆购买保险之前会采取多种措施防范车辆被偷，但在为车辆购买了防盗险之后，个人有可能不再采取防范措施，这样的现象就是保险市场中的道德败坏。

道德败坏是在交易的一方的隐藏行为无法察觉或监督的情况下发生的，解决的办法只有通过某些制度设计使具有信息优势的交易方约束自己的行为，要求具有私人行为或私人信息的交易方的自利行为得到激励的引导，以符合或不违背缺乏信息的另一方的利益。例如，保险公司解决道德败坏的问题，可以在保险单中加入共同保险或免赔条款等。

（3）委托—代理问题。在经济生活当中，当一方当事人（即委托人）雇佣另一方当事人（即代理人）代表委托人完成某些任务时，委托人的目标和代理人的目标并不一致，这就产生了委托—代理问题。在实际工作中，委托人不能直接监督代理人的行为，委托人与受托人之间信息不对称，具有信息优势的一方是代理人，而信息劣势方是委托人。例如，股份有限公司的股东作为委托人，委托职业经理管理公司的日常事务，当经理的目标和股东的目标不一致时，他可能会损害股东的利益，就产生了委托—代理问题。

解决委托-代理问题的关键是激励加相应的惩罚措施，即委托人需要确定一些适当的激励措施促使代理人采取某种行为以符合委托人的利益，而当代理人产生损害委托人利益的行为时，也要给予一定的惩罚。例如，企业管理者的收入取决于企业的经营状况，用业绩来评定薪水，这样就可以把管理者和企业所有者的利益协调起来。

**2.外部性**

外部性又称为外部效应，是指生产或消费某些商品时，会给没有生产或没有消费这些商品的其他厂商和个人带来损害或利益。

外部性有两种类型，即正的外部性和负的外部性。正的外部性又称为外部经济，是指某个经济行为主体的活动会使他人或社会受益，而受益者又无需花费代价。负的外部性又称为外部不经济，是指某个经济行为主体的活动会使他人或社会受损，而造成负外部性的人没有为此承担成本。

外部性使竞争市场资源配置的效率受到损失，是导致市场失灵的一个重要原因。解决外部性对市场失灵的影响主要有以下两种方式。

（1）政府对外部性的公共政策。因为外部性而导致的市场失灵，可以通过政府干预的方式予以解决。政府干预的形式也有很多种，涉及生态、环境等外部性问题，政府可以直接管制，或制定相关保护措施和法律法规对资源的开发使用实施统一管理；也可以采取课税或补贴的形式，促进私人成本与社会成本相一致；还可以根据实际情况确定排污标准，向排污企业发放可交易的排污许可证，排污许可证可以在市场上进行交易，用这种方式来降低排污的成本。

（2）明晰产权。产权是指对资源的所有权和使用权，还包括其他许多的法定权利。产权有两种，一种是公共产权，另一种是私人产权。公共产权由整个社会拥有，个人不可能使资源仅供自己使用或支配。私人产权由私人拥有，按现有的法律供自己使用或支配。私人产权是可以界定的，即产权的界限是明晰的。

经济学家科斯认为，外部经济从根本上说是因为产权界定不够明确或不恰当造成的，所以政府不必一定要用干预的方法来消除社会收益或成本与私人收益或成本之间的差异，只需要界定并保护产权就可以了。这就是著名的科斯定理所概括的思想。科斯定理的主要内容是：只要法定权利可以自由交换，而且交易成本等于零，那么法定权利的最初配置状态对于资源配置效率而言就无关紧要。

在产权明确界定下，外部性成本可以内部化，资源的有效配置可以得以实现。如果考虑资源的最优配置，将产权赋予交易的任何一方都没有什么差异，只要产权是明晰界定并受到法律有效保护的，双方之间的谈判和交易就可以带来资源的最有效利用。

### 3. 公共物品

如果一个人消费某种物品不会减少该物品的数量，而且并不排斥他人对该物品的消费，那么该物品就是公共物品。公共物品是相对于私人物品而言的，其在消费上具有非竞争性和非排他性两个重要特征。例如，警察、交通、国防、消防等都是公共物品。

如果由私人提供公共物品，其供给量就是零，因为某些个人不付费，完全依赖于他人付费也可以同享公共物品（如搭便车者），这说明市场机制不能保证公共物品的供给，发生了市场失灵。

对于公共物品导致市场失灵的问题，一般只能以政府通过强制性税收来为公民提供公共物品的方式解决。

### 4. 垄断

自由的市场经济不可避免地会产生垄断。少数资本主义大企业为了获得高额利润，通过相互协议或联合，对一个或几个部门商品的生产、销售和价格进行操纵和控制。垄断行业就是行业或市场中只有一个或极少数厂商的情况。

垄断情形下，厂商的产量低于社会最优产量，商品的市场价格又高于市场最优价格。垄断不仅抑制了需求，而且不利于增加供给，会造成社会缺乏公平、市场经济效率低下。

针对垄断造成的市场失灵，政府可以采取经济、行政和法律的手段对垄断行为予以限制，其中包括对行业的重新组合，实施经济和行政的处罚以及颁布《反垄断法》等。政府对垄断行业的调节，还可以体现在对垄断厂商的价格进行调节、对完全垄断厂商的税收进行调节。

---

**业务 1-2-10**

导致市场失灵的因素有（　　）。

A．垄断　　　　B．外部经济效果　　　C．公共物品　　　D．政府干预

【答案】A，B，C

【解析】政府干预是解决市场失灵的一种方式。

---

**业务 1-2-11**

当一个消费者的行动对他人产生了有利的影响，而自己却不能从中得到补偿时，便产生了（　　）。

A．消费的外部经济　　　　　　　　B．消费的外部不经济

C．生产的外部经济　　　　　　　　D．生产的外部不经济

【答案】A

【解析】因为消费行动对他人产生了有利的影响，而自己却不能从中得到补偿，便产生了消费的外部经济。

---

## 四、国民收入与宏观经济政策

### 1. 国民收入核算理论

国民收入是指一个国家在一定时期（通常为 1 年）内物质资料生产部门的劳动者新创造的价值的总和，亦即社会总产品的价值扣除用于补偿消耗掉的生产资料价值后的余额。

在价值形态上，国民收入等于社会总产值减去已消耗生产资料价值。国民收入在物质形态上表现为体现新创造价值的生产资料和消费资料两部分。

国民收入是反映一个国家国民经济发展水平的综合指标，人均国民收入则是直接反映这个国家社会生产力发展水平和人民生活水平的综合指标。国民收入作为综合指标，可以反映社会再生产及其最终结果；在不同的社会制度下，国民收入反映不同的社会经济关系。例如，资本主义制度下的国民收入所体现的积累与消费的关系，反映的是无产阶级与资产阶级经济利益对抗的关系；社会主义制度下的国民收入所体现的积累与消费的关系，反映的则是劳动人民长远利益与目前利益之间的经济关系。国民收入作为一个国家一定时期内新创造的价值的总和，能够比较准确地反映这个国家新增加的物质财富，因而也是反映宏观经济效益的综合指标。

反映国民收入的两个主要统计数字是国内生产总值（Gross Domestic Product，GDP）。国内生产总值是指一个国家或地区在一定时间内运用生产要素所生产的全部最终产品的价值。GDP 是一个市场价值，测量的是最终产品的价值，中间品价值不计入 GDP，而且是一定时期内生产而非所出售产品的价值，因而 GDP 是一个流量而不是存量。

GDP 分为名义 GDP 和实际的 GDP。名义 GDP 是用生产物品和劳务当年的价格计算的全部最终产品的市场价值。实际的 GDP 是用前一年作为基期的价格计算出来的全部最终产品的市场价值。由于价格的变动，名义 GDP 并不反映实际产出的变动，通常要把名义 GDP 折算为实际 GDP。

GDP 折算系数＝名义 GDP／实际 GDP。

这里特别指出的是要和 GDP 进行区分的另一个指标——国民总收入（Gross National Income，GNI）。国民总收入是一个国民概念，是指某国国民所拥有的全部生产要素在一定时期内所生产的最终产品的市场价值。例如，一个在日本工作的中国公民所创造的财富计入中国的 GNP，但不计入中国的 GDP，而是计入日本的 GDP。

GDP 的核算有三种方法，即生产法、收入法和支出法。这三种方法从不同的角度反映国民经济生产活动成果，理论上它们的核算结果相同。

生产法是从生产的角度衡量常住单位在核算期内新创造价值的一种方法，即从国民经济各个部门在核算期内生产的总产品价值中，扣除生产过程中投入的中间产品价值，得到增加值。核算公式为：

增加值＝总产出－中间投入。

收入法是从生产过程创造收入的角度，根据生产要素在生产过程中应得的收入份额反映最终成果的一种核算方法。按照这种核算方法，增加值由劳动者报酬、生产税净额、固定资产折旧和营业盈余四个部分相加得到。

支出法是从最终使用的角度衡量核算期内产品和服务的最终去向，包括最终消费支出、资本形成总额和货物与服务净出口三个部分。

从理论上说，用支出法、收入法与生产法计算的 GDP 在量上是相等的，但实际核算中常有误差，因而要加上一个统计误差项来进行调整，使其达到一致。实际统计中，一般以国民经济核算体系的支出法为基本方法，即以支出法所计算出的国内生产总值为标准。下面我们简单介绍一下用收入法和支出法核算 GDP。

（1）收入法。用收入法核算 GDP，就是从收入的角度，将生产要素在生产中所得到的各种收入相加来计算的 GDP，即将劳动所得到的工资、土地所有者得到的地租、资本所得到的利息以及企业家才能得到的利润相加来计算 GDP。这种方法又叫要素支付法、要素成本法。

在没有政府的简单经济中，企业的增加值即其创造的国内生产总值，就等于要素收入加上折旧；但当政府介入后，政府往往要征收间接税，这时的 GDP 还应包括间接税和企业转移支付。间接税是对产品销售征收的税，它包括货物税和周转税。这种税收名义上是对企业征收，但企业可以把它计入生产成本之中，最终转嫁到消费者身上，故也应视为成本。同样，还有企业转移支付（即企业对非营利组织的社会慈善捐款），它也不是生产要素创造的收入，但要通过产品价格转移给消费者，故也应视为成本。资本折旧也应计入 GDP。因为它虽不是要素收入，但包括在应回收的投资成本中。

另外，非公司企业主收入也应计入 GDP。非公司企业主收入，是指医生、律师、小店铺主、农民等的收入。他们使用自己的资金，自我雇用，其工资、利息、租金不像公司的账目那样，分成其自己经营应得的工资、自有资金的利息、自有房子的租金等，其工资、利息、利润、租金常混在一起作为非公司企业主收入。这样，按收入法计算的公式如下。

$$GDP=工资+利息+利润+租金+间接税和企业转移支付+折旧$$

（2）支出法。用支出法核算 GDP，就是从产品的使用出发，把一年内购买的各项最终产品的支出加总而计算出的该年内生产的最终产品的市场价值。这种方法又称为最终产品法、产品流动法。从支出法来看，国内生产总值包括一个国家（或地区）所有常住单位在一定时期内用于最终消费、资本形成总额，以及货物和服务的净出口总额，它反映本期生产的国内生产总值的使用及构成。

在现实生活中，产品和劳务的最后使用，主要是居民消费、企业投资、政府购买和出口。因此，用支出法核算 GDP，就是核算一个国家或地区在一定时期内居民消费、企业投资、政府购买和净出口这几方面支出的总和。如果用 $C$ 表示居民消费，用 $I$ 表示企业投资，用 $G$ 表示政府购买，用 $X$ 表示出口，用 $M$ 表示进口，则"$X-M$"表示净出口，那么用支出法计算 GDP 的公式如下。

$$GDP=C+I+G+（X-M）$$

┤业务 1-2-12 ├

国内生产总值是下面哪一项的市场价值？（　　）

A．一年内一个经济中生产的所有最终商品和劳务

B．一年内一个经济中交换的所有商品和劳务

C．一年内一个经济中交换的所有最终商品和劳务

D．一年内一个经济中的所有交易

【答案】A

┤业务 1-2-13 ├

一国的国民生产总值小于国内生产总值，说明该国公民从外国取得的收入（　　）外国公民从该国取得的收入。

A．大于　　　　　　B．小于　　　　　　C．等于　　　　　　D．可能大于也可能小于

【答案】B

┣ 业务 1-2-14 ┫

下列哪一项计入GDP？（　　）

A. 购买一辆用过的旧自行车　　　　　　B. 购买普通股票

C. 汽车制造厂买进10吨钢板　　　　　　D. 晚上为邻居照看儿童的收入

【答案】D

### 2. 国民收入决定理论

国民收入决定理论研究经济社会的总产出和总收入如何决定。经济学家凯恩斯从总需求入手研究国民收入如何决定，建立了以需求为中心的国民收入决定理论。总需求是整个社会对产品与劳务需求的总和，包括消费需求、投资需求、政府对各种产品与劳务的购买支出以及净出口。

凯恩斯在进行总需求分析时，提出了几点最简单的经济关系假设。

（1）不存在政府，也不存在对外贸易，只有居民和厂商，即两部门的经济。

（2）不论需求量为多少，经济制度均能以不变的价格提供相应的供给量。

（3）折旧和公司未分配利润都为零。

均衡产出是指与总需求相等的产出。均衡产出条件下，经济社会总收入刚好等于所有居民和全体厂商想要有的消费支出与投资支出。也就意味着，企业的产量以至于整个社会的产量一定稳定在社会对产品的需求的水平上。由于两部门经济中的总需求只包括居民的消费需求（用 $c$ 表示）和厂商的投资需求（用 $i$ 表示），因此均衡产出（用 $y$ 表示）用公式就可表示为

$$y = c + i$$

要达到整个国民经济产出的总供给和总需求的平衡，国民收入量和国民消费量必须相等。然而在实际生活中，人们习惯上把一定期所获得的收入一部分用于消费，另一部分用于储蓄（用 $s$ 表示）。生产创造的总收入等于计划消费与计划储蓄之和，用公式表示为

$$y = c + s$$

当达到均衡产出时，有 $y = c + s = c + i$，所以 $s = i$，即计划投资＝计划储蓄。

┣ 业务 1-2-15 ┫

在两部门经济中，收入在（　　）时均衡下来。

A. 储蓄等于实际投资　　　　　　　　　B. 消费等于实际投资

C. 储蓄等于计划投资　　　　　　　　　D. 消费等于计划投资

【答案】C

### 3. 宏观经济政策分析

宏观经济政策是指国家或政府有意识、有计划地运用一定的政策工具，调节、控制宏观经济的运行，以达到一定的政策目标。宏观调控是公共财政的基本职责。所谓公共财政，指的是为弥补市场失效，向社会提供公共服务的政府分配行为或其他形式的经济行为。

严格地说，宏观经济政策是指财政政策和货币政策，以及收入分配政策和对外经济政策。除此以外，政府对经济的干预都属于微观调控，所采取的政策都是微观经济政策。

（1）财政政策。财政政策是指国家根据一定时期政治、经济、社会发展的任务而规定的财政工作的指导原则，通过财政支出与税收政策的变动来影响和调节总需求，进而影响就业和国民收入的政策。其中，变动税收是指改变税率和税率结构，变动财政支出是指改变政府对商品和劳务的购买及转移支付。

财政政策是国家整个经济政策的组成部分，是国家干预经济的主要政策之一。为了达到某种经济目标，往往不能只采用一种政策工具，为了实现最优的政策效应，必须将各种财政政策工具配合使用。如何使各项政策协调配合是决定政策中一个至关重要的问题。这种协调与配合包括各种财政政策工具的配合使用，也包括国内、外政策的协调。只有政策的协调与配合得当，才能获得最理想的政策效应。在我国，实行的财政政策主要有以下几种。

① 国家预算。国家预算即主要通过预算收支规模及平衡状态的确定、收支结构的安排和调整来实现财政政策目标。

② 税收。税收即主要通过税种、税率来确定和保证国家财政收入，调节社会经济的分配关系，以满足国家履行政治经济职能的财力需要，促进经济稳定、协调发展和社会的公平分配。

③ 财政投资。财政投资即通过国家预算拨款和引导预算外资金的流向、流量，来实现巩固和壮大社会主义经济基础、调节产业结构的目的。

④ 财政补贴。财政补贴是国家根据经济发展规律的客观要求和一定时期的政策需要，通过财政转移的形式直接或间接地对农民、企业、职工和城镇居民实行财政补助，以达到经济稳定、协调发展和社会安定的目的。

⑤ 财政信用。财政信用是国家按照有偿原则，筹集和使用财政资金的一种再分配手段，包括在国内发行公债和专项债券、在国外发行政府债券、向外国政府或国际金融组织借款，以及对预算内资金实行周转有偿使用等形式。

⑥ 财政立法和执法。财政立法和执法是国家通过立法形式对财政政策予以法律认定，并对各种违反财政法规的行为（如违反税法的偷税、抗税行为等），诉诸司法机关按照法律条文的规定予以审理和制裁，以保证财政政策目标的实现。

⑦ 财政监察。财政监察是实现财政政策目标的重要行政手段，即国家通过财政部门对国有企业、事业单位、国家机关团体及其工作人员执行财政政策和财政纪律的情况进行检查和监督。

为了发挥财政调控国民经济总量的不同功能，可选择扩张性财政政策、紧缩性财政政策和中性财政政策。

扩张性财政政策是指通过财政分配活动来增加和刺激社会的总需求。在国民经济存在总需求不足时，通过扩张性财政政策使总需求与总供给的差额缩小以至达到平衡。扩张性财政政策的手段主要有减少税收和增加财政支出。减少税收可以增加民间消费和投资，增加政府支出可以增加政府购买和转移支付，增加消费需求和投资需求。在经济衰退时期，国民收入小于充分就业的均衡水平，总需求不足。这时政府通常采取扩张性的财政政策，增加政府支出和减少政府税收。

紧缩性财政政策是指通过财政分配活动来减少和抑制总需求。在国民经济已出现总需求过旺的情况下，通过紧缩性财政政策消除通货膨胀缺口，达到供求平衡。实现紧缩性财政政策目标的手段主要是增加税收和减少财政支出。增加税收可以减少民间的可支配收入，降低人们的消费需求；减少财政支出可以降低政府的消费需求和投资需求。在经济繁荣时期，国民收入高于充分就业的均衡水平，存在过度需求。这时政府通常采取紧缩性财政政策，减少政府支出和增加政府税收。

中性财政政策是指财政的分配活动对社会总需求的影响保持中性。财政的收支活动既不会产生扩张效应，也不会产生紧缩效应。

现代国家的财政政策，都是随着不同时期政治和经济发展的不同需要而不断调整的。但这种调整在一定时期内又保持相对稳定性。在财政政策实施中还存在许多实际问题，这些问题将影响到政策效应。

首先，任何一种财政政策都有其正效应，这就是说，在一项政策实现其最终目标时必然会产生某些副作用。例如，扩张性财政政策在刺激经济的同时，也会导致通货膨胀加剧，实现充分就业的代价是通货膨胀；财政政策在刺激总需求的同时又会使利率上升，抑制投资，这就是财政政策的挤出效应，这种挤出效应减弱了财政政策刺激总需求的作用。

其次，宏观经济政策仅仅是从经济的角度来分析政策问题，实际上政策效应还要受到许多非经济因素尤其是政治因素的影响。国际上的政治斗争、国内的政治问题，都将影响到政策效应。因此，仅仅从经济角度来分析政策效应是不够的。实际上，决策者在决定政策时要对各种经济与非经济因素做出综合的分析，否则很难达到预期的政策效应。

最后，就经济因素而言，宏观经济学也并不是完全的，这样，也就难免做出错误的决策，从而影响到财政政策效应。

**业务 1-2-16**

（    ）的手段主要有减少税收和增加财政支出。

A. 自动稳定的财政政策　　　　　　　　B. 紧缩性财政政策

C. 扩张性财政政策　　　　　　　　　　D. 中性的财政政策

【答案】C

【解析】扩张性财政政策是指通过财政分配活动来增加和刺激社会的总需求，减少税收可以增加民间消费和投资，增加政府支出可以增加政府购买和转移支付，增加消费需求和投资需求。

（2）货币政策。货币政策分为狭义的货币政策和广义的货币政策。

狭义的货币政策是指中央银行为实现其特定的经济目标而采用的各种控制和调节货币供应量或信用量的方针和措施的总称，包括信贷政策、利率政策和外汇政策。

广义的货币政策是指政府、中央银行和其他有关部门所有有关货币方面的规定和采取的影响金融变量的一切措施，包括金融体制改革等。

两者的不同主要在于后者的政策制定者包括政府及其他有关部门，他们往往影响金融体制中的外生变量，改变游戏规则，如硬性限制信贷规模、信贷方向，开放和开发金融市场。前者是中央银行在稳定的体制中利用贴现率、准备金率，公开市场业务以达到改变利率和货币供给量的目标。

我国运用货币政策所采取的主要措施有控制货币发行、控制和调节对政府的贷款、推行公开市场业务、改变存款准备金率、调整再贴现率、选择性信用管制、直接信用管制、常备借贷便利等。

国家运用货币政策的最终目标，一般有如下四个。

① 稳定物价。稳定物价的目标是中央银行货币政策的首要目标，而物价稳定的实质是币值的稳定。目前，各国政府和经济学家通常采用综合物价指数来衡量币值是否稳定。物价指数上升，表示货币贬值；物价指数下降，则表示货币升值。稳定物价是一个相对概念，就是要控制通货膨胀，使一般物价水平在短期内不发生急剧的波动。

② 充分就业。充分就业是指凡是有能力并自愿参加工作者，都能在较合理的条件下随时找到适当的工作。一般以失业率指标来衡量劳动力的就业程度，失业率的大小，也就代表了社会的充分就业程度。失业，理论上讲，表示了生产资源的一种浪费。失业率越高，对社会经济增长越不利。因此，各国都力图把失业率降到最低的水平，以实现其经济增长的目标。

③ 促进经济增长。经济增长是指国民生产总值的增长必须保持合理的、较高的速度。目前，各国衡量经济增长的指标一般采用人均实际国民生产总值的年增长率，即用人均名义国民生产总值年增长率剔除物价上涨率后的人均实际国民生产总值年增长率来衡量。

中央银行以经济增长为目标，指的是中央银行在接受既定目标的前提下，通过其所能操纵的工具对资源的运用加以组合和协调。一般来说，中央银行可以用增加货币供给或降低实际利率水平的办法来促进投资增加，或者通过控制通货膨胀率，以消除其所产生的不确定性和预期效应对投资的影响。

④ 平衡国际收支。平衡国际收支就是采取各种措施纠正国际收支差额，使其趋于平衡。因为一国国际收支出现失衡，无论是顺差或逆差，都会对本国经济造成不利影响，长时期的巨额逆差会使本国外汇储备急剧下降，并承受沉重的债务和利息负担；而长时期的巨额顺差，又会造成本国资源使用上的浪费，使一部分外汇闲置，特别是如果因大量购进外汇而增发本国货币，则可能引起或加剧国内通货膨胀。

但需指出的是，我国的货币政策目标仅仅有保持货币币值稳定和促进经济增长。

根据对总产出的影响，可把货币政策分为扩张性货币政策（积极货币政策）和紧缩性货币政策（稳健货币政策）两类。在经济萧条时，中央银行采取措施降低利率，由此引起货币供给增加，刺激投资和净出口，增加总需求，称为扩张性货币政策。反之，经济过热、通货膨胀率太高时，中央银行采取一系列措施减少货币供给，以提高利率、抑制投资和消费，减少总产出或放慢增长速度，使物价水平控制在合理水平，称为紧缩性货币政策。

一般情况下，国家对宏观经济进行调控，会混合使用财政政策和货币政策，不同情形下的效果也是不同的。

扩张性的财政政策和紧缩性的货币政策，会导致产出不确定、利率上升；紧缩性的财政政策和紧缩性的货币政策，会导致产出减少、利率不确定；紧缩性的财政政策和扩张性的货币性政策，将导致产出不确定、利率下降；扩张性的财政政策和扩张性的货币政策将导致产出增加、利率不确定。

采用不同的宏观经济政策，不仅要看经济走势，还要看政治需要。宏观经济政策应是短期的调控宏观经济运行的政策，需根据形势的变化而做调整，不宜长期化，因为经济形势是不断变化的。在经济全球化趋势不断发展的今天，一国的经济形势，不仅取决于国内的经济走势，还在相当程度上取决于全球经济的走势。

▎业务 1-2-17 ▎

经济中存在失业时，应采取的财政政策是（    ）。

A．增加政府支出　　　　　　　　B．提高个人所得税

C．提高公司所得税　　　　　　　D．增加货币发行量

【答案】A

▎业务 1-2-18 ▎

如果中央银行认为通胀压力太大，其紧缩政策为（    ）。

A．在公开市场出售政府债券　　　B．迫使财政部购买更多的政府债券

C．在公开市场购买政府债券　　　D．降低法定准备金率

【答案】C

# 项目三 | 当代宏观经济问题

**【引例与分析】** 20 世纪 80 年代，津巴布韦是非洲最富裕的国家之一，被称为非洲的"菜篮子"和"米袋子"。2008 年 1 月，津巴布韦中央银行发行了最大面值为 1 000 万津元的纸币，同年 4 月又发行了当今世界上面额最大的 2.5 亿津元纸币，可仍旧有人提议要发行更高面值的纸币。在津巴布韦，人们对货币的使用早已不是论"张"，而是论"堆"或用秤来"称量"。这种货币极度贬值、通货膨胀率极高的现象称为津巴布韦化。如今，津巴布韦成了世界上百万富翁最多却又最贫困的国家之一。如果在津巴布韦乘坐出租车，即使全用 5 万面额的纸币付费，数钞票付给司机所要花费的时间也差不多与路途全程所用时间相当。

从 2000 年起，津巴布韦总统穆加贝开始推行土地改革，目的是为了让黑人获得更加公平的土地分配。在津巴布韦宣布独立的 20 年后的 2000 年，占总人口 1%的白人农场主仍然控制着 70%最肥沃的土地，在白人农场主和黑人之间爆发了严重的暴力冲突，引发了以美英为首的西方国家的经济制裁，导致国资大量撤出，使得该国政治、经济和社会生活日趋混乱。

问题：（1）什么是通货膨胀？通货膨胀对津巴布韦人民的社会经济有什么影响？

（2）引起通货膨胀的因素有哪些？

**分析：** 通货膨胀是指市场上流通的货币数量超过经济实际需要，引起货币贬值和物价水平全面而持续地上涨。津巴布韦通货膨胀的原因与政府的货币供给量密不可分。价格的持续上涨过程，也是津巴布韦元价值持续贬值的过程。高昂的物价和低廉的劳动力导致津巴布韦民众生活不堪重负，使他们深陷尴尬的情境之中。恶性的通货膨胀不仅严重影响了民众的生活，还影响了津巴布韦正常的经济发展。

造成通货膨胀的直接原因是国家财政赤字的增加。政府为了挽救经济危机或弥补庞大的财政赤字，不顾商品流通的实际需要，滥发纸币。他们之所以要使用这种办法来弥补财政赤字，是因为这种办法比起增加税收、增发国债等办法更富于隐蔽性，并且简便易行。根据通货膨胀的程度不同，引起通货膨胀的因素也不一样，总的来说既有供给方面的因素，也有需求方面的因素，还

有市场结构性方面的因素等。

## 一、失业

### 1．失业的含义

一个人愿意并有能力为获取报酬而工作，但尚未找到工作的情况，即可认为是失业。

失业有广义和狭义之分。广义的失业指的是生产资料和劳动者分离的一种状态。在这种状态下，劳动者的生产潜能和主观能动性无法发挥，不仅浪费社会资源，还对社会经济发展造成负面影响。

狭义的失业指的是有劳动能力且处于法定劳动年龄阶段的并有就业愿望的劳动者失去或没有得到有报酬的工作岗位的社会现象。

我们常用失业率来反映失业的程度，失业率＝失业人数／社会劳动力人数，社会劳动力人数即就业人数与失业人数之和。

### 2．失业的类型

失业有多种不同的情形，根据失业产生的原因，可把失业分为自愿失业、非自愿失业和隐蔽性失业等。

（1）自愿失业。自愿失业是指工人所要求的实际工资超过其边际生产率，或者说不愿意接受现行的工作条件和收入水平而未被雇用所造成的失业。自愿失业又分为摩擦性失业和结构性失业。

摩擦性失业是指人们在转换工作过程中的失业，即在生产过程中由于难以避免的摩擦而造成的短期、局部的失业。这种失业在性质上是过渡性的或短期性的，通常起源于劳动力供给方。

结构性失业是指劳动力供给和需求不匹配造成的失业，其特点是既有失业，又有空缺职位，失业者或者没有合适的技能，或者居住地不当，因此无法填补现有的职位空缺。结构性失业在性质上是长期的，而且通常起源于劳动力的需求方。这种失业是由经济变化导致的，这些经济变化引起特定市场和区域中的特定类型劳动力的需求相对低于其供给。

（2）非自愿失业。非自愿失业是指有劳动能力、愿意接受现行工资水平但仍然找不到工作的现象。这种失业是由于客观原因所造成的，因而可以通过经济手段和政策来消除。经济学中所说的失业是指非自愿失业。非自愿失业又分为技术性失业和周期性失业。

技术性失业是指因为在生产过程中引进先进技术代替人力，以及改善生产方法和管理而造成的失业。可从两个角度来观察：从长远角度看，劳动力的供求总水平不因技术进步而受到影响；从短期看，先进的技术、生产力和完善的经营管理，以及生产率的提高，必然会取代一部分劳动力，从而使一部分人失业。

周期性失业是指经济周期波动所造成的失业，即经济周期中的衰退或萧条时，因需求下降而导致的失业，当经济中的总需求的减少，降低了总产出时，会引起整个经济体系的普遍失业。当经济发展处于一个周期中的衰退期时，社会总需求不足，因而厂商的生产规模也缩小，从而导致较为普遍的失业现象。

周期性失业对于不同行业的影响是不同的，一般来说，需求的收入弹性越大的行业，周期性失业的影响越严重。也就是说，人们收入下降，产品需求就大幅度下降的行业，周期性失业情况比较严重。

### 3．失业的影响

失业带来的影响主要有两个方面，即社会影响和经济影响。

（1）社会影响。失业的社会影响虽然难以估计和衡量，但它最易为人们所感受到。失业威胁着作为社会单位和经济单位的家庭的稳定。失业以后，家庭会没有收入或收入遭受损失，家庭的要求和需要得不到满足，家庭关系将因此而受到损害。此外，家庭之外的人际关系也受到失业的严重影响。一个失业者在就业的人员当中失去了自尊、自信和影响力，面临着被同事拒绝的可能，最终在情感上受到严重打击。

（2）经济影响。失业的经济影响可以用机会成本的概念来理解。当失业率上升时，经济中本可由失业工人生产出来的产品和劳务就损失了。从产出核算的角度看，失业者的收入总损失等于生产的损失，因此，丧失的产量是计量周期性失业损失的主要尺度，因为它表明经济处于非充分就业状态。

20 世纪 60 年代，美国经济学家阿瑟·奥肯根据美国的数据，提出了经济周期中失业变动与产出变动的经验关系，被称为奥肯定律。

奥肯定律的内容是：失业率每高于自然失业率一个百分点，实际 GDP 将低于潜在 GDP 两个百分点。自然失业率是指在没有货币因素干扰的情况下，让劳动市场和商品市场的自发供求力量起作用时，总需求和总供给处于均衡状态下的失业率。

### 4．失业问题的解决措施

根据失业类型的不同，解决措施也不一样。自愿失业是由于劳动人口主观不愿意就业而造成的，无法通过经济手段和政策来消除。我们主要是针对非自愿失业提出解决措施，主要措施如下。

（1）采取扩张性财政政策，如增加政府购买支出、增加转移支付、减少税收。

（2）采取扩张性货币政策，如降低法定准备金率、降低再贴现率、在公开市场上购买证券。

（3）采取供给政策，如通过使工人对工作职位做出更积极的反应而影响劳动供给，促使雇主愿意接受或雇用现有技能的工人，以突破他们对劳动就业的限制。

（4）减少工会等垄断组织对增加就业的制约。

## 二、通货膨胀与通货紧缩

### 1．通货膨胀与通货紧缩的含义

通货膨胀是指物价水平普遍而持续地上升。当市场上流通的货币数量超过经济实际需要时，人们手中的货币增加，购买力就会下降，从而引起货币贬值和物价水平全面而持续地上涨。衡量通货膨胀的指标是物价指数，物价指数是反映各个时期商品价格水准变动情况的指数。

通货膨胀的反义为通货紧缩。当市场上流通的货币减少，人民的货币所得减少，购买力下降，导致物价下跌，造成通货紧缩。长期的货币紧缩会抑制投资与生产，导致失业率升高及经济衰退。对于其概念的理解，仍然存在争议。但经济学者普遍认为，当消费者价格指数（Consumer Price Inder，CPI）连跌三个月，即表示已出现通货紧缩。通货紧缩就是产能过剩或需求不足导致物价、工资、利率、粮食、能源等各类价格持续下跌。无通货膨胀或极低度通货膨胀称为稳定性物价。

### 2．通货膨胀和通货紧缩的分类

按照通货膨胀的严重程度，可将其分为三类：低通货膨胀、急剧通货膨胀和恶性通货膨胀。低通货膨胀的特点是，价格上涨缓慢且可以预测。此时的物价相对来说比较稳定，人们对货币比较信任。急剧通货膨胀的特点是，总价格水平以每年20%～100%甚至200%的比率上涨。这种通货膨胀局面一旦形成并稳固下来，便会出现严重的经济扭曲。恶性通货膨胀的特点是，货币几乎无固定价值，物价时刻在增长，其灾难性的影响使市场经济变得一无是处。

通货紧缩有两种类型：一种是温和型通货紧缩，这是由于技术进步、运输和通信设施的改善大幅度降低了交易成本，以及开放市场、引进竞争造成的，它对经济增长的影响是正面的；另一种是危害型通货紧缩，这是由于生产能力过剩和需求低迷所致，表现为实际产出与潜在生产能力之间的"产出缺口"不断扩大。就全世界范围来看，同时存在这两种类型的通货紧缩。发达的欧美国家主要是以第一种通货紧缩为主，而日本和大多数新兴经济国家则主要是以第二种类型的通货紧缩为主。

### 3．通货膨胀和通货紧缩的成因

通货膨胀的成因主要是社会总需求大于社会总供给，货币的发行量超过了流通中实际需要的货币量。通货紧缩的成因主要是社会总需求小于社会总供给，长期的产业结构不合理，导致买方市场的形成及出口的困难。

造成通货膨胀的直接原因是国家财政赤字的增加。造成通货膨胀的原因主要有：①需求拉动型的通货膨胀，在于总需求过度增长，总供给不足，总需求的增长而引起的商品平均价格的普遍上涨；②供给推动的通货膨胀，在于成本的增加，因为商品和劳务的生产者主动提高价格而引起的商品平均价格的普遍上涨；③结构性通货膨胀，即在总需求并不过多的情况下，而对某些部门的产品需求过多，造成部分产品的价格上涨的现象。

### 4．通货膨胀和通货紧缩的危害

通货膨胀直接使纸币贬值，如果居民的收入没有变化，生活水平就会下降，造成社会经济生活秩序混乱，不利于经济的发展。不过在一定时期内，适度的通货膨胀又可以刺激消费、扩大内需、推动经济发展。通货紧缩导致物价下降，在一定程度上对居民的生活有好处，但从长远看会严重影响投资者的信心和居民的消费心理，导致恶性的价格竞争，对经济的长远发展和人民的长远利益不利。

### 5．通货膨胀和通货紧缩的治理措施

治理通货膨胀最根本的措施是发展生产，增加有效供给，同时要采取控制货币供应量、实行适度从紧的货币政策和量入为出的财政政策等措施。治理通货紧缩要调整优化产业结构，综合运用投资、消费、出口等措施拉动经济增长，实行积极的财政政策、稳健的货币政策和正确的消费政策，坚持扩大内需的方针。

## 三、经济周期

### 1．经济周期的含义

经济周期是指经济增长过程中反复出现并具有规律性的扩张与衰退相互交替的经济现象；同

时也是国民总产出、总收入和总就业的波动，是国民收入或总体经济活动扩张与紧缩的交替或周期性波动变化。

### 2．经济周期的特征

经济周期是经济活动有规律的变动现象，它主要有 4 个方面的特征：①经济周期是市场经济中不可避免的经济现象；②经济周期是经济活动总体性、全局性的波动；③一个完整的经济周期由繁荣、衰退、萧条和复苏四个阶段组成；④经济周期的长短由周期的具体性质决定。

### 3．经济周期的类型

自 19 世纪中叶以来，人们在探索经济周期问题时，根据各自掌握的资料提出了不同长度和类型的经济周期，主要分为以下三种类型。

（1）短周期。短周期也称为基钦周期，时间为 3～4 年，由英国经济学家基钦于 1923 年提出。基钦认为，经济周期实际上有主要周期与次要周期两种。主要周期即中周期，次要周期为 3～4 年一次的短周期。这种短周期就称基本钦周期。

（2）中周期。中周期也称为朱格拉周期，时间为 8～10 年，由法国经济学家朱格拉于 1860 年提出。朱格拉周期是以国民收入、失业率和大多数经济部门的生产、利润和价格的波动为标志加以划分的。

（3）长周期。长周期也称为康德拉季耶夫周期，时间为 50～60 年，由俄国经济学家康德拉季耶夫于 1925 年提出。该周期理论认为，从 18 世纪末期以后，经历了 3 个长周期。第 1 个长周期是 1789～1849 年，上升部分为 25 年，下降部分为 35 年，共 60 年；第 2 个长周期是 1849～1896 年，上升部分为 24 年，下降部分为 23 年，共 47 年；第 3 个长周期是 1896 年起，上升部分为 24 年，1920 年以后进入下降期。

围绕经济周期这个问题，其他经济学家从其他的角度提出了自己的观点。例如，美国经济学家库兹涅茨从与房屋建筑相关的角度提出了平均长度为 20 年左右的经济周期；熊彼特以他的"创新理论"为基础提出了熊彼特周期等。

### 4．经济周期的形成原因

经济周期的形成受到多种因素的影响，主要分为外因和内因两个方面。

（1）外因论。外因论认为，经济周期源于经济体系之外的因素，具有代表性的为太阳黑子理论、创新理论和政治性周期理论。

太阳黑子理论把经济的周期性波动归因于太阳黑子的周期性变化。因为据说太阳黑子的周期性变化会影响气候的周期变化，而这又会影响农业收成，而农业收成的丰歉又会影响整个经济。太阳黑子的出现是有规律的，大约每 10 年左右出现一次，因而经济周期大约也是每 10 年一次。该理论由英国经济学家杰文斯于 1875 年提出。

创新理论认为，科学技术的创新会刺激经济的发展、繁荣与衰退，而科学技术的创新不可能始终如一、持续不断地出现，从而必然有经济的周期性波动。创新理论是奥地利经济学家熊波特提出的。

政治性周期理论把经济周期性循环的原因归之为政府为了循环解决通货膨胀和失业问题而做出周期性的决策。

（2）内因论。内因论认为，经济周期源于经济体系内部的收入、成本、投资在市场机制作用下的必然现象，具有代表性的有纯货币理论、过度投资理论、消费不足理论和心理理论。

纯货币理论认为，货币供应量和货币流通度直接决定了名义国民收入的波动，而且经济波动完全是由于银行体系交替地扩张和紧缩信用所造成的，尤其以短期利率起着重要的作用。纯货币理论主要由英国经济学家霍特里在1913～1933年的一系列著作中提出的。

投资过度理论把经济的周期性循环归因于投资过度。由于投资过多，与消费品生产相对比，资本品生产发展过快。资本品生产的过度发展促使经济进入繁荣阶段，但资本品过度生产从而导致的过剩又会促进经济进入萧条阶段。

消费不足理论把经济的衰退归因于消费品的需求赶不上社会对消费品生产的增长。这种不足又源于因国民收入分配不公所造成的过度储蓄。该理论一个很大的缺陷是，它只解释了经济周期危机产生的原因，而未说明其他三个阶段。

心理理论认为，经济的循环周期取决于投资，而投资的大小主要取决于业主对未来的预期，而预期是一种心理现象，心理现象又具有不确定性的特点。因此，经济波动最终取决于人们对未来的预期。当预期乐观时，增加投资，经济步入复苏与繁荣；当预期悲观时，减少投资，经济则陷入衰退与萧条。随着人们情绪的变化，经济也周期性地发生波动。

### 四、国际收支平衡

#### 1. 国际收支平衡的含义

国际收支平衡，是指一国国际收支净额即净出口与净资本流出的差额为零，即国际收支净额＝净出口－净资本流出。

国际收支是在特定的时间段内衡量一国对所有其他国家的交易支付，也是宏观经济政策四大目标之一。如果其货币流入大于流出，国际收支是正值，会产生贸易顺差；如果其货币流出大于流入，国际收支是负值，会产生贸易逆差。当一国国际收入等于国际支出时，为国际收支平衡。一国国际收支的状况主要取决于该国进出口贸易和资本流入流出状况。

#### 2. 国际收支平衡的类型

国际收支平衡具体分为静态平衡与动态平衡、自主平衡与被动平衡。

静态平衡，是指一国在一年的年末，国际收支不存在顺差也不存在逆差。

动态平衡，即不强调一年的国际收支平衡，而是以经济实际运行可能实现的计划期为平衡周期，保持计划期内的国际收支均衡。

自主平衡，是指由自主性交易即基于商业动机，为追求利润或其他利益而独立发生的交易实现的收支平衡。自主交易是否平衡，是衡量国际收支平衡与否的一个重要标准。

被动平衡，是指通过补偿性交易而达到的收支平衡，即一国货币当局为弥补自主性交易的不平衡而采取调节性交易。

#### 3. 国际收支平衡的目标

国际收支平衡的目标是做到汇率稳定，外汇储备有所增加，进出口平衡。国际收支平衡不是消极地使一国经常收支和资本收支相抵，也不是消极地防止汇率变动、外汇储备变动，而是使一国外汇储备有所增加。适度增加外汇储备可被视为改善国际收支的基本标志。同时，一国国际收支状况不仅反映了这个国家的对外经济交往情况，还反映出该国经济的稳定程度。

### 五、中国经济新常态与供给侧改革

#### 1. 经济新常态的含义

2014 年 11 月，习近平主席在亚洲太平洋经济合作组织（The Asia-Pacific Economic Cooperation，APEC，简称亚太经合组织）工商领导人峰会开幕式主旨演讲中，首次系统阐述了经济新常态的特征：一是从高速增长转为中高速增长；二是经济结构不断优化升级，第三产业消费需求逐步成为主体，城乡区域差距逐步缩小，居民收入占比上升，发展成果惠及更广大民众；三是从要素驱动、投资驱动转向创新驱动。

习近平指出，新常态对中国带来四个方面的发展机遇：一是新常态下，中国经济增速虽然放缓，但实际增量依然可观；二是新常态下，中国经济增长更趋平稳，增长动力更为多元；三是新常态下，中国经济结构优化升级，发展前景更加稳定；四是新常态下，中国政府大力简政放权，市场活力进一步释放。

当然，新常态也伴随着新问题、新矛盾，一些潜在风险渐渐浮出水面。中国能不能适应新常态，关键在于全面深化改革的力度。中国改革已经进入攻坚期和深水区，要敢于啃硬骨头，敢于涉险滩，敢于向积存多年的顽疾开刀。

新常态是对我国经济发展阶段性特征的高度概括，是对我国经济转型升级的规律性认识，是制定当前及未来一个时期我国经济发展战略和政策的重要依据。我国经济发展进入新常态后，增长速度正从高速增长转向中高速增长，经济发展方式正从规模速度型粗放增长转向质量效率型集约增长，经济结构正从增量扩能为主转向调整存量、做优增量并存的深度调整，经济发展动力正从传统增长点转向新的增长点。面对经济发展新常态，既要深化理解、统一认识，又要坚持发展、主动作为，努力做到观念上适应、认识上到位、方法上对路、工作上得力，切实把思想和行动统一到中央的认识和判断上来，不断增强调结构、转方式的自觉性和主动性。

#### 2. 中国经济新常态的特征

2014 年，中央经济工作会议从九个方面对中国新常态下的经济特征做了阐述。

（1）从消费需求方面，我国从过去明显模仿型排浪式的消费转变为个性化、多样化消费；必须采取正确的消费政策，释放消费潜力，保证产品质量安全，通过创新供给激活需求，使消费继续在推动经济发展中发挥基础作用。

（2）从投资需求方面，对创新投融资方式提出了新要求，抓住基础设施互联互通和一些新技术、新产品、新业态、新商业模式的投资机会，善于把握投资方向，消除投资障碍，使投资继续对经济发展发挥关键作用。

（3）从出口和国际收支方面，国际金融危机发生前国际市场空间扩张很快，出口成为拉动我国经济快速发展的重要动能，全球总需求不振，我国低成本比较优势也发生了转化，同时我国出口竞争优势依然存在，高水平引进来、大规模走出去正在同步发生，必须加紧培育新的比较优势，使出口继续对经济发展发挥支撑作用。

（4）从生产能力和产业组织方式方面，过去供给不足是长期困扰我们的一个主要矛盾，2014年传统产业供给能力大幅超出需求，产业结构必须优化升级，企业兼并重组、生产相对集中不可避免，新兴产业、服务业、小微企业作用更加凸显，生产小型化、智能化、专业化将成为产业组织的新特征。

（5）从生产要素相对优势方面，过去劳动力成本低是最大优势，引进技术和管理就能迅速变成生产力；2014年以后，人口老龄化日趋发展，农业富余劳动力减少，要素的规模驱动力减弱，经济增长将更多依靠人力资本质量和技术进步，必须让创新成为驱动发展的新引擎。

（6）从市场竞争特点看，过去主要是数量扩张和价格竞争，2014年以后正逐步转向质量型、差异化为主的竞争，统一全国市场、提高资源配置效率是经济发展的内生性要求，必须深化改革开放，加快形成统一、透明、有序、规范的市场环境。

（7）从资源环境约束方面，过去能源资源和生态环境空间相对较大，2014年以后环境承载能力已经达到或接近上限，必须顺应人民群众对良好生态环境的期待，推动形成绿色低碳循环发展的新方式。

（8）从经济风险积累和化解方面，伴随着经济增速下调，各类隐性风险逐步显性化，风险总体可控，但化解以高杠杆和泡沫化为主要特征的各类风险将持续一段时间，必须标本兼治、对症下药，建立健全化解各类风险的体制机制。

（9）从资源配置模式和宏观调控方式方面，全面刺激政策的边际效果明显递减，既要全面化解产能过剩，也要通过发挥市场机制作用探索未来产业发展方向，必须全面把握总供求关系的新变化，科学地进行宏观调控。

我国经济发展进入新常态，绝不意味着我国经济已经进入某种新的稳态，更不是说我国目前的现状便是新常态。如果将现状视为新常态，新常态就变成了对现状的消极默认，从而失去了其蕴含的进取精神。目前的状态只是新常态的一个起始点，它正引领着我国经济进入一种综合动态优化过程：某些特征正在生成、发展、壮大，另一些特征则在弱化、改变或者消失。简言之，中国经济发展新常态是一个有着确定愿景、随实践不断发展变化的动态过程。有专家认为，新常态作为当前和今后一个时期中国经济发展的"大逻辑"，指的是多重因素变化的综合优化过程。它指向的是中高速增长、质量效益提高、生态效应改善、可持续性增强的良性组合，指向的是社会主义市场经济的各个方面制度更加成熟和定型。

**3．供给侧改革**

（1）供给侧改革的含义。2007年以来，我国经济增速逐年下滑，但需求刺激效果甚微。需求侧有投资、消费、出口"三驾马车"，"三驾马车"决定短期经济增长率。而供给侧则有劳动力、土地、资本、创新"四大要素"，"四大要素"在充分配置条件下所实现的增长率即中长期潜在经济增长率。从需求侧管理转向供给侧管理，在思路上要从凯恩斯主义转向供给学派的供给侧管理。

供给侧改革就是从供给、生产端入手，通过解放生产力、提升竞争力来促进经济发展。供给侧强调通过提升生产能力来拉动经济增长，即意味着所有产业要升级，把产品品质提升到一个非常高的水平，主动吸引用户购买。具体而言，就是要求清理"僵尸企业"，淘汰落后产能，将发展方向锁定新兴领域、创新领域，创造新的经济增长点。

　　供给侧结构性改革就是从提高供给质量出发，用改革的办法推进结构调整，矫正要素配置扭曲，扩大有效供给，提高供给结构对需求变化的适应性和灵活性，提高全要素生产率，更好地满足广大人民群众的需要，促进经济社会持续健康发展。

　　（2）供给侧改革的实质。当前中国经济的发展困局，仅从需求侧着手改革已经很难有所突破，供给侧与需求侧双侧入手，增加有效供给的中长期视野的宏观调控，才是结构性改革。对于如何拉动经济增长，需求侧管理与供给侧改革有着截然不同的理念。需求侧管理认为，需求不足导致产出下降，所以拉动经济增长需要"刺激政策"（货币和财政政策）来提高总需求，使实际产出达到潜在产出。供给侧管理认为，市场可以自动调节使实际产出回归潜在产出，所以根本不需要所谓的"刺激政策"来调节总需求，拉动经济增长需要提高生产能力即提高潜在产出水平，其核心在于提高全要素生产率。政策手段上，包括简政放权、放松管制、金融改革、国企改革、土地改革、提高创新能力等，从供给侧管理角度看，本质上都属于提高全要素生产率的方式。

　　供给侧结构性改革包含五个方面的内容：①通过改革增加劳动力、资金、土地、资源等生产要素的高效投入；②通过改革促进技术进步、人力资本提升、知识增长等要素的升级；③通过改革培育企业、创业者、创新型地区或园区、科研院所和高等院校、创新型政府等主体；④通过改革（如减税、简政放权、放松管制等）激发各主体的积极性和创造性；⑤通过改革淘汰落后产业、培育有市场竞争力的新产业和新产品。

　　（3）供给侧改革的重点。供给侧改革的关键是推进供给的结构性调整，即通过创新供给结构引导需求结构的调整与升级。习主席在谈到中国经济新常态特点时特别强调，中国经济面临三大结构调整，即经济结构、增长动力结构和增长方式结构的重大调整。

　　推进供给侧改革应当以推进这三大结构调整为重点。

　　① 经济结构。供给侧结构性改革应当有利于经济结构的调整。经济结构的调整按层次分为产业结构的调整和产品结构的调整。调整产业结构重点是推进现代第三产业的发展，提高第三产业占国民经济的比重。调整产品结构包括调整生产性消费品结构和生活性消费品结构，变制造大国为制造强国；推进消费升级和消费结构调整也是供给侧结构改革的重要任务。

　　② 动力结构。供给侧结构改革应当有利于经济增长动力结构的调整。改革开放以来，出口、投资、消费一直是支撑我国经济发展的"三驾马车"，其中出口与投资贡献率最高。美国次贷危机以后，特别是我国经济已步入自然回落周期以来，中国经济增长动力结构发生了深刻变化，内需逐渐成为主要动力。因此，供给侧结构改革要适应和推进动力结构的调整。

　　③ 经济增长方式。供给侧结构改革应当有利于经济增长方式的结构调整。习主席在论述经济新常态第三个特点时指出，中国经济正由要素驱动、投资驱动转向创新驱动。十八届五中全会在制定五年发展规划时，将创新发展确定为五大发展战略之首。供给侧结构改革应当在供给侧理论、供给侧制度、供给侧技术等方面寻求突破。

　　供给侧与需求侧的结构性改革应当同步推进，不能顾此失彼。习主席提出供给侧结构性改革时强调，在适度扩大总需求的同时，要着力加强供给侧结构性改革。显然，供给侧与需求侧是矛盾统一体的两个方面，不能强调一侧，而忽略另一侧。这是因为，中国经济运行正面临着供给侧和需求侧都亟待结构性调整的双重压力，供给侧方面的问题是结构性供给过剩和结构性供给不足并存。只有坚持供给侧和需求侧的同步结构性调整，实现新的平衡，才能实现经济的稳步增长。

## 职业道德与素质

【案例背景】2015年6月15日，上证指数从5 178点高位突然掉头向下，大跌103点，市场陷入极大的恐慌和大面积踩踏之中。在6月中旬至8月末，有21个交易日指数大幅下跌或暴跌，17次千股跌停。上证指数从高位5 178点一路下跌至最低2 850点，区间振幅超过2 300点，跌幅为45%。创业板指从4 000点跌至1 779点，腰斩过半，惨烈程度可见一斑。证监会、央行等多个部门在此期间联合出台了多个稳定股市的措施，如7月5日，监管层宣布IPO暂停、主要券商启动稳定市场基金且中国人民银行通过多种形式给予中国证券金融股份有限公司流动性支持。在股市暴跌中，有的在外围摇旗呐喊，散布谣言，蛊惑人心，干扰股市健康发展；有的充当"内鬼"，获取内部信息后，通过散布虚假信息操纵市场，自己暗度陈仓，从中牟利。

【问题】在股市交易中如何规避恶意做空？

【分析】《证券法》规定实施市场操纵行为，"恶意做空"股票或股市，可能引起行政处罚和民事赔偿责任，情节严重的还可能被追究刑事责任。推动股市健康发展、更好地发挥股市对经济社会发展促进作用的同时，也要进一步加大市场监管，加快制度建设，完善市场体制，健全市场运行机制，强化各项基础工作，如建立平准基金、加强市场督查力量、建立股市应急机制等，避免再次出现大起大落、严重震荡的现象。

## 小结

| 项目 | 学习目标 | 重难点 |
| --- | --- | --- |
| 经济常识 | 了解西方经济学发展的过程，掌握基本的经济学概念和相关的原理。 | 经济学主要流派及其主要观点。 |
| 经济理论 | 了解经济现象，熟悉相关的经济学原理知识，掌握几种简单的的经济学分析方法和思路。 | 需求供给理论，市场均衡与消费者行为理论，国民收入与宏观经济政策。 |
| 当代宏观经济问题 | 了解宏观经济环境及其变化的影响因素，熟悉宏观经济的基本理论知识，掌握宏观经济基础分析工具和分析方法。 | 失业、通货膨胀，经济周期、经济新常态及供给侧改革。 |

## 职业能力训练

### 一、单项选择题

1. 微观经济学解决的问题是（　　）。
    A. 资源配置                    B. 资源利用
    C. 单个经济单位的经济行为        D. 价格理论

2. 宏观经济学中心理论是（　　　）。

  A. 失业与通货膨胀理论　　　　　　　B. 经济周期与经济增长理论

  C. 价格理论　　　　　　　　　　　　D. 国民收入决定理论

3. 实证经济学与规范经济学的根本区别是（　　　）。

  A. 研究方法不同　　B. 研究对象不同　　C. 研究范围不同　　D. 上述都是

4. 在理论的形成中假设（　　　）。

  A. 是非常重要的，离开了一定的假设条件，分析与结论就是毫无意义的

  B. 假设的某些条件往往不现实，因此有假设就很难得出正确的结论

  C. 理论是客观规律的反映，不应该有假设

  D. 可以根据需要随意设置

5. 经济学中，"一方是无限的需要，一方是有限的商品"这句话的含义是（　　　）。

  A. 人类的本性是自由的，不愿与他人分享

  B. 政府应当对产出进行再分配

  C. 目前的生产方式是无效率的

  D. 不存在简单的办法以解决稀缺性与人类需要的无限性之间的矛盾

6. 以市场机制为主要资源配置方式的经济中，（　　　）起到了关键的作用。

  A. 需求　　　　　　B. 供给　　　　　　C. 价格　　　　　　D. 均衡价格

7. 从根本上讲，经济学与（　　　）有关。

  A. 货币　　　　　　　　　　　　　　B. 公司盈利或亏损的决定

  C. 稀缺资源的配置　　　　　　　　　D. 支票簿的平衡

8. 经济物品是指（　　　）。

  A. 有用的物品　　　　　　　　　　　B. 稀缺的物品

  C. 要用钱购买的物品　　　　　　　　D. 有用且稀缺的物品

9. 以下问题中哪一个不属于微观经济学所考察的问题？（　　　）

  A. 一个厂商的产出水平　　　　　　　B. 失业率的上升或下降

  C. 联邦货物税的高税率对货物销售的影响　D. 某一行业中雇佣工人的数量

10. 经济学家提出模型的主要理由是（　　　）。

  A. 一个模型为验证一种假设所必需

  B. 一个模型可帮助弄清和组织对一个论点的思考过程

  C. 一个模型为决定一个指数所必需

  D. 只有模型中才可使用实际变量

11. 微观经济学是经济学的一个分支，主要研究（　　　）。

  A. 市场经济　　　　　　　　　　　　B. 个体行为

  C. 总体经济活动　　　　　　　　　　D. 失业和通货膨胀等

12. 宏观经济学是经济学的一个分支，主要研究（　　　）。

  A. 计划经济　　　　　　　　　　　　B. 经济总体状况，如失业与通货膨胀

  C. 不发达国家的经济增长　　　　　　D. 计算机产业的价格决定问题

13. 实证经济学（　　）。
    A. 关注应该是什么
    B. 主要研究是什么、为什么、将来如何
    C. 不能提供价值判断的依据
    D. 对事物进行价值判断

14. 人们在经济资源的配置和利用中要进行选择的根本原因在于（　　）。
    A. 产品效用的不同
    B. 人们主观偏好的不同
    C. 经济资源的稀缺性
    D. 经济资源用途的不同

15. 张某对面包的需求表示（　　）。
    A. 张某买了面包
    B. 张某没有买面包，而买了煎饼
    C. 面包每个 1 元时，张某准备用现有的收入买 4 个，而每个 2 元时，准备买 1 个
    D. 张某准备买 10 个，但钱没带够

16. 需求规律说明（　　）。
    A. 药品的价格上涨会使药品质量提高
    B. 计算机价格下降将导致销售量增加
    C. 丝绸价格提高，游览公园的人数增加
    D. 汽车的价格提高将导致销售量减少

17. 当出租车租金上涨后，对公共汽车服务的（　　）。
    A. 需求增加　　　B. 需求量增加　　　C. 需求减少　　　D. 需求量减少

18. 对大白菜供给的减少，不可能是由于（　　）。
    A. 气候异常寒冷
    B. 政策限制大白菜的种植
    C. 大白菜的价格下降
    D. 化肥价格上涨

19. 供给规律说明（　　）。
    A. 生产技术提高会使商品的供给量增加
    B. 政策鼓励某商品的生产，因而该商品供给量增加
    C. 消费者更喜欢消费某商品，使该商品的价格上升
    D. 某商品价格上升将导致对该商品的供给量增加

20. 需求的减少意味着需求量（　　）。
    A. 在任何价格水平下都不降低
    B. 仅在均衡价格水平下降低
    C. 在一些价格水平下降低
    D. 在所有价格水平下都降低

21. 政府把价格限制在均衡价格以下可能导致（　　）。
    A. 黑市交易　　　B. 大量积压　　　C. 买者买到了希望购买的商品

22. 政府把价格提高到均衡价格以上可能导致（　　）。
    A. 黑市交易　　　B. 大量积压　　　C. 卖者卖出了希望出售的商品

23. 均衡价格随着（　　）。
    A. 需求和供给的增加而上升
    B. 需求的减少和供给的增加而下降
    C. 需求和供给的增加而下降
    D. 需求的减少和供给的增加而上升

24. 当商品的供给和需求同时增加后，该商品的均衡价格将（　　）。
    A. 上升　　　B. 下降　　　C. 不变　　　D. 无法确定

25. 需求和收入正相关的是（　　）。
    A. 替代品　　　B. 互补品　　　C. 劣等品　　　D. 正常商品

26. 如果甲商品价格下降引起乙商品需求曲线向右移动，那么（    ）。

    A. 甲与乙为替代品            B. 甲与乙为互补品

    C. 甲为高档商品，乙为低档商品    D. 乙为高档商品，甲为低档商品

27. 玉米减产导致玉米市场价格上涨，这个过程中发生了（    ）。

    A. 玉米供给的减少引起玉米需求的减少

    B. 玉米供给的减少引起玉米需求量的减少

    C. 玉米供给量的减少引起玉米需求的减少

    D. 玉米供给量的减少引起玉米需求量的减少

28. 当汽油价格急剧上涨时，对小汽车的需求将（    ）。

    A. 减少        B. 保持不变        C. 增加        D. 以上都有可能

29. 当咖啡价格下跌时，对茶叶的需求将（    ）。

    A. 减少        B. 增加        C. 保持不变        D. 不确定

30. 某种商品需求曲线右移的原因，可能是（    ）。

    A. 该商品价格上涨            B. 该商品价格下跌

    C. 消费者的收入水平提高        D. 消费者的收入水平下降

31. 一般而言，一种商品的市场价格下跌，将导致该商品的（    ）。

    A. 供给减少        B. 供给增加        C. 供给量增加        D. 供给量减少

32. 建筑工人工资增加，将导致（    ）。

    A. 新房子供给曲线左移，且新房子价格下跌

    B. 新房子供给曲线右移，且价格下跌

    C. 新房子供给曲线左移，且价格上涨

    D. 新房子供给曲线右移，且价格上涨

33. 市场失灵是指（    ）。

    A. 在私人部门和公共部门之间资源配置不均

    B. 不能产生任何有用成果的市场过程

    C. 以市场为基础的对资源的低效率配置

    D. 收入分配不平等

34. 被称为外部经济效果的市场失灵发生在（    ）。

    A. 当市场价格不能反映一项交易的所有成本和收益时

    B. 当竞争建立在自身利益最大化的前提上时

    C. 当厂商追求利润最大化目标时

    D. 当市场不能完全出清时

35. 某一经济活动存在外部经济效果是指该活动的（    ）。

    A. 私人利益大于社会利益        B. 私人成本大于社会成本

    C. 私人利益小于社会利益        D. 私人成本小于社会成本

36. 当人们无偿地享有了额外的收益时，称为（    ）。

    A. 公共产品      B. 外部不经济      C. 交易成本      D. 外部经济

37. 如果一个市场上，一种商品相对社会最优产量来说，处于供给不足状态，这说明存在（    ）。

    A. 外部经济效果    B. 信息不完全    C. 外部不经济效果  D. 逆向选择

38. 某一经济活动存在外部不经济是指该活动的（    ）。

    A. 私人成本大于社会成本          B. 私人成本小于社会成本

    C. 私人利益大于社会利益          D. 私人利益小于社会利益

39. 某人的吸烟行为属于（    ）。

    A. 生产的外部经济              B. 消费的外部经济

    C. 生产的外部不经济            D. 消费的外部不经济

40. 如果上游工厂污染了下游居民的饮水，按科斯定理，（    ），问题就可妥善解决。

    A. 不管产权是否明确，只要交易成本为零    B. 只要产权明确，且交易成本为零

    C. 只要产权明确，不管交易成本有多大    D. 不论产权是否明确，交易成本是否为零

41. 政府提供的物品（    ）公共物品。

    A. 一定是        B. 不都是        C. 大部分是        D. 少部分是

42. 市场不能提供纯粹的公共物品是因为（    ）。

    A. 公共物品不具有排他性          B. 公共物品不具有竞争性

    C. 消费者都想"免费乘车"          D. 以上三种情况都是

43. 一旦产权被分配后，市场将产生一个有社会效率的结果，这种观点称为（    ）。

    A. 有效市场理论   B. 看不见的手    C. 科斯定理       D. 逆向选择

44. 按照科斯定理，分配私人产权（    ）。

    A. 意味着产权不能交易          B. 赋予的是责任而不是权利

    C. 确保决策者考虑社会收益和成本    D. 确保获得利润

45. 科斯定理的一个局限性是（    ）。

    A. 当存在大量厂商时最有效         B. 假设存在很大的交易成本

    C. 只有当普遍拥有产权时才成立    D. 当交易成本很高时不成立

46. 卖主比买主知道更多关于商品的信息，这种情况被称为（    ）。

    A. 逆向选择       B. 搭便车问题    C. 自然选择     D. 道德陷阱

47. 面对不对称信息，下列哪一项不能为消费者提供质量保证？（    ）

    A. 品牌        B. 低价格      C. 长期质量保证书  D. 气派的商品零售处

48. GDP 不反映以下哪一项交易？（    ）

    A. 卖掉以前拥有的住房时，付给房地产经纪商 6% 的佣金

    B. 在游戏中赢得的 100 美元

    C. 新建但未销售的住房

    D. 向管道工维修管道支付的工资

49. 由于经济萧条而形成的失业属于（    ）。

    A. 摩擦性失业   B. 结构性失业    C. 周期性失业   D. 永久性失业

50. 某人由于彩电行业不景气而失去工作，这种失业属于（    ）。

    A. 摩擦性失业   B. 结构性失业    C. 周期性失业   D. 永久性失业

51. 某人由于刚刚进入劳动力队伍尚未找到工作，这是属于（    ）。

    A. 摩擦性失业     B. 结构性失业     C. 周期性失业     D. 永久性失业

52. 自然失业率（    ）。

    A. 是经济处于潜在产出水平时的失业率     B. 依赖于价格水平

    C. 恒为零     D. 是没有摩擦性失业时的失业率

53. 某一经济在 5 年中，货币增长速度为 10%，而实际国民收入增长速度为 12%，货币流通速度不变，这 5 年期间价格水平将（    ）。

    A. 上升     B. 下降     C. 不变     D. 上下波动

54. 需求拉动的通货膨胀（    ）。

    A. 通常用于描述某种供给因素所引起的价格波动

    B. 通常用于描述某种总需求的增长所引起的价格波动

    C. 表示经济制度已调整过的预期通货膨胀率

    D. 以上都不是

55. 通货膨胀使债权人利益（    ）。

    A. 提高     B. 下降     C. 不变     D. 不确定

56. 通货膨胀使工资收入者利益（    ）。

    A. 提高     B. 下降     C. 不变     D. 不确定

57. 如果货币工资率每小时 12 元，实际国民生产总值折算数为 150，那么，实际工资率就是（    ）。

    A. 每小时 18 元     B. 每小时 12 元     C. 每小时 8 元     D. 每小时 6 元

58. 如果名义利率是 10%，通货膨胀率是 20%，则实际利率是（    ）。

    A. 10%     B. -10%     C. 30%     D. -30%

59. 关于经济周期的核心问题是（    ）。

    A. 价格的波动     B. 利率的波动

    C. 国民收入的波动     D. 股票的波动

60. 经济波动周期的 4 个阶段依次为（    ）。

    A. 繁荣、衰退、萧条、复苏     B. 萧条、繁荣、衰退、复苏

    C. 衰退、繁荣、萧条、复苏     D. 以上各项均对

61. 经济增长从谷底扩张到顶峰称为（    ）。

    A. 繁荣     B. 衰退     C. 萧条     D. 复苏

62. 中周期的每一个周期为（    ）。

    A. 5~6 年     B. 8~10 年     C. 25 年左右     D. 50 年左右

63. 经济增长的标志是（    ）。

    A. 失业率的下降     B. 先进技术的广泛运用

    C. 社会生产能力的不断提高     D. 城市化速度加快

64. 经济增长的源泉为（    ）。

    A. 劳动与资本     B. 技术进步     C. A 与 B     D. 以上都不是

**二、判断题**

1. 如果社会不存在稀缺性，也就不会产生经济学。 （    ）

2. 只要有人类社会，就会存在稀缺性。 （    ）

3. 资源的稀缺性决定了资源可以得到充分利用，不会出现资源浪费的现象。 （    ）

4. 因为资源是稀缺的，所以产量是既定的，永远无法增加。 （    ）

5. 生产什么、怎样生产和为谁生产，这三个问题被称为资源利用问题。 （    ）

6. 在不同的经济体制下，资源配置和利用问题的解决方法是不同的。 （    ）

7. 经济学根据其研究范畴不同，可分为微观经济学和宏观经济学。 （    ）

8. 微观经济学要解决的问题是资源利用，宏观经济学要解决的问题是资源配置。 （    ）

9. 微观经济学的中心理论是价格理论，宏观经济学的中心理论是国民收入决定理论。（    ）

10. 微观经济学的基本假设是市场失灵。 （    ）

11. 微观经济学和宏观经济学是相互补充的。 （    ）

12. 经济学按其研究方法的不同可以分为实证经济学和规范经济学。 （    ）

13. 实证经济学要解决"应该是什么"的问题，规范经济学要解决"是什么"的问题。（    ）

14. "物价高一些好还是低好"的命题属于实证经济学的问题。 （    ）

15. 规范经济学的结论以研究者的阶级地位和社会伦理观的不同而有不同的结论。 （    ）

16. 国民收入核算中最重要的是计算国民收入。 （    ）

17. 国内生产总值等于各种最终产品和中间产品的价值总值。 （    ）

18. 国内生产总值中的最终产品是指有形的物质产品。 （    ）

19. 今年建成并出售的房屋的价值和去年建成而在今年出售的房屋的价值都应计入今年的国内生产总值。 （    ）

20. 钢铁厂炼钢用的煤和居民烧火用的煤都应计入国内生产总值。 （    ）

21. 同样的服装，在生产中作为工作服就是中间产品，而在日常生活中就是最终产品。 （    ）

22. 某人出售一幅古董油画所得到的收入，应该计入当年的国内生产总值。 （    ）

23. 如果农民种植的粮食用于自己消费，则这种粮食的价值就无法计入国内生产总值。 （    ）

24. 居民购买房屋属于个人消费支出。 （    ）

25. 从理论上讲，按支出法、收入法和部门法所计算出的国内生产总值是一致的。 （    ）

26. 如果一种物品的需求量大于其供给量，那么交易量将小于其需求量。 （    ）

27. 个人收入等于消费和储蓄之和。 （    ）

28. 商品价格的下降导致需求曲线的位置发生移动，使该商品的需求量上升。 （    ）

29. 个人收入就是个人可支配收入。 （    ）

30. 经济学杂志今年价格比去年上升20%，销售量却比去年增加了30%，这不符合需求定理。 （    ）

31. 如果需求量增加，那么需求量一定增加。 （    ）

32. 照相机与胶卷是互补品，如果照相机降价，胶卷的需求就会增加。 （    ）

33. 降低成本的技术进步将使供给曲线向右方移动。 （    ）

34. 消费者偏好的改变，将引起需求在某条需求曲线上向上或向下移动。 （    ）

35. 需求的变动会引起均衡价格和交易量方向变动。 （　　）

36. 衡量一个国家经济中失业情况的最基本的指标是失业率。 （　　）

37. 充分就业与任何失业的存在都是矛盾的，因此，只要经济中有一个失业者存在，就不能说实现了充分就业。 （　　）

38. 在一个国家里，自然失业率是一个固定不变的数。 （　　）

39. 只要存在失业工人，就不可能有工作空位。 （　　）

40. 周期性失业就是总需求不足所引起的失业。 （　　）

41. 根据奥肯定理，在经济中实现了充分就业后，失业率每增加 1%，则实际国民收入就会减少 2.5%。 （　　）

42. 通货膨胀是指物价水平普遍而持续地上升。 （　　）

43. 无论是根据消费物价指数，还是根据批发物价指数、国民生产总值折算数，所计算出的通货膨胀都是完全一致的。 （　　）

44. 在任何经济中，只要存在着通货膨胀的压力，就会表现为物价水平的上升。 （　　）

45. 凯恩斯认为，引起总需求过度的根本原因是货币的过量发行。 （　　）

46. 经济学家认为，引起工资推动的通货膨胀和利润推动的通货膨胀的根源都在于经济中的垄断。 （　　）

47. 如果通货膨胀率相当稳定，而且人们可以完全预期，那么通货膨胀对经济的影响就很小。 （　　）

48. 没有预料到的通货膨胀有利于债务人，而不利于债权人。 （　　）

49. 所有的经济学家都主张用通货膨胀来刺激经济。 （　　）

50. 经济增长从谷底水平扩张到顶峰水平称为繁荣阶段。 （　　）

51. 经济增长从顶峰水平收缩到谷底水平称为萧条阶段。 （　　）

52. 扩张阶段的主要特征是投资减少、产品积压。 （　　）

53. 衰退阶段的主要特征是消费者的购买下降、企业的利润下降。 （　　）

54. 英国经济学家杰文斯的太阳黑子周期学说认为，太阳黑子周期性爆发导致气候变化，使得农业出现丰歉之年，从而使得经济相应地出现繁荣与萧条的波动。 （　　）

### 三、名词解释

1. 稀缺。

2. 微观经济学。

3. 宏观经济学。

4. 实质分析。

5. 规范分析。

6. 市场失灵。

7. 外部经济。

8. 外部不经济。

9. 搭便车现象。

10. 科斯定理。

## 四、论述题

1. 在居民住宅占去了一个城镇的东部后，有几家厂商定位在西部。每家厂商生产相同的产品，并在生产中排放有害气体，对社区居民产生不利的影响。

（1）为什么存在厂商产生的外在性？

（2）你认为私下讨价能够解决这一外在性问题吗？

（3）社区可能会怎样决定空气质量的有效水平？

2. 一个计算机编程人员反对对软件进行版权保护。他的论点是，每个人都应当从为计算机编写的创新程序中获益，与各种各样计算机程序的接触甚至会鼓舞年轻的编程人员编写出更多的创新程序。考虑到由于他的建议而可能得到的边际社会收益，你同意该编程人员的主张吗？

3. 商品需求受哪些因素影响？这些因素对商品需求具有何种影响？

4. 商品供给受哪些因素影响？这些因素对商品供给具有何种影响？

5. 什么是供求规律？请举例说明。

# 学习评价

## 一、职业核心能力测评表

（在□中画√，A 为通过，B 为基本通过，C 为未通过）

| 职业核心能力 | 评估标准 | 自测结果 | | |
| --- | --- | --- | --- | --- |
| 自我学习 | 1. 能进行时间管理 | □A | □B | □C |
| | 2. 能选择适合自己的学习和工作方式 | □A | □B | □C |
| | 3. 能随时修订计划并进行意外处理 | □A | □B | □C |
| | 4. 能将已经学到的知识用于新的工作任务 | □A | □B | □C |
| 信息处理 | 1. 能根据不同的需要去搜寻、获取并选择信息 | □A | □B | □C |
| | 2. 能筛选信息，并进行信息分类 | □A | □B | □C |
| | 3. 能使用多媒体等手段来展示信息 | □A | □B | □C |
| 数字应用 | 1. 能从不同信息源获取相关信息 | □A | □B | □C |
| | 2. 能依据所给的数据信息，做简单计算 | □A | □B | □C |
| | 3. 能用适当的方法展示数据信息和计算结果 | □A | □B | □C |
| 与人交流 | 1. 能把握交流的主题、时机和方式 | □A | □B | □C |
| | 2. 能理解对方谈话的内容，准确表达自己的观点 | □A | □B | □C |
| | 3. 能获取并反馈信息 | □A | □B | □C |
| 与人合作 | 1. 能挖掘合作资源，明确自己在合作中能够起到的作用 | □A | □B | □C |
| | 2. 能同合作者进行有效沟通，理解个性差异及文化差异 | □A | □B | □C |
| 解决问题 | 1. 能说明何时出现问题并指出其主要特征 | □A | □B | □C |
| | 2. 能做出解决问题的计划并组织实施计划 | □A | □B | □C |
| | 3. 能对解决问题的方法适时做出总结和修改 | □A | □B | □C |
| 革新创新 | 1. 能发现事物的不足并提出新的需要 | □A | □B | □C |
| | 2. 能创新性地提出改进事物的意见和具体方法 | □A | □B | □C |
| | 3. 能从多种方案中选择最佳方案，在现有条件下实施 | □A | □B | □C |
| 学生签字： | 教师签字： | 20　年　月　日 | | |

### 二、专业能力测评表

| 评价内容 | 权重 | 考核点 | 考核得分 | | |
|---|---|---|---|---|---|
| | | | 小组评价 | 教师评价 | 综合得分 |
| 职业素养（20分） | 10 | 剩余价值理论和再生产理论在创业过程中的意义 | | | |
| | 10 | 探讨当前供给侧改革的具体措施 | | | |
| 案例分析（80分） | 80 | 能利用相关经济理论分析当前宏观经济政策出台背景和利弊 | | | |

组长签字：　　　　　　　　教师签字：　　　　　　　　20　年　月　日

# 模块二
# 财务管理基础知识

## 职业能力目标及主要概念

### 1. 专业能力

了解财务管理的基础知识；认识和阅读财务报表，能简单分析财务报表；了解企业全面预算。

### 2. 职业核心能力

掌握财务管理的概念及财务活动和财务关系的内容，理解利润最大化和股东财富最大化的优缺点，理解财务管理基本环节的内容及其相互关系；掌握三大财务报表的结构、项目内容，并能够对报表项目进行分析；掌握财务指标分析的项目内容和比较标准，并能够对能力指标进行计算分析，具备对企业进行业绩评价的基本能力；掌握预算的概念和特征，了解企业预算体系的分类及其预算的工作组织和编制程序

### 3. 主要概念

财务管理、财务报表、财务分析、财务预算。

## 项目一 | 财务管理基础知识

**【引例与分析】扁鹊的医术**

魏文王问名医扁鹊："你们家兄弟三人，都精于医术，到底哪一位最好呢？"

扁鹊答："长兄最好，中兄次之，我最差。"

文王再问："那么为什么你最出名呢？"

扁鹊答："长兄治病，是治病于病情发作之前，一般人不知道他事先能铲除病因，所以他的名气无法传出去；中兄治病，是治病于病情初起时，一般人以为他只能治轻微的小病，所以他的名气只及本乡里；而我是治病于病情严重之时，一般人都看到我在经脉上穿针放血、在皮肤上敷药等，所以以为我的医术高明，名气因此响遍全国。

**问题：** 分析这则故事给你在管理思维上的启示。

分析：企业财务管理控制必须从基础抓起，首先建立一套科学、完善的财务管理控制体系，使企业的气血通畅、阴阳平衡，具备防范风险的免疫力。科学、完善的财务管理控制体系需具备操作性、纠错性、奖惩性，并使相关执行人员熟知。其次，企业的经济业务必须按财务管理控制体系的要求和规定执行，即使出现风险的初期症状，也能及时发现并纠正。如果等到风险失控造成了重大损失才寻求弥补，即使请来了名气很大的"空降兵"，结果也往往于事无补。其三，应当对经营成果进行财务分析。会计核算的滞后性，决定了财务分析只能成为"事后诸葛亮"，但这并不影响财务分析的预测功能。

## 一、企业财务管理的含义

在市场经济条件下，企业的根本任务是尽可能利用现有的人力、物力和财力，通过生产经营活动，取得尽可能多的财富。

企业的资金运动，构成了企业经济活动的一个独立方面，也就是企业的财务活动。由于资金和资金运动，产生了财务活动和财务关系，两者构成了企业财务和财务管理的内涵。企业财务是指企业在生产经营过程中客观存在的资金运动及其所体现的经济利益关系。财务管理，是指企业组织财务活动和处理企业与各方面财务关系的一项经济管理工作，是企业管理的重要组成部分。从表面上看，企业的资金运动是钱和物的增减变动，其实，这些变动离不开人与人之间的经济利益关系。

## 二、企业财务管理的特征

财务管理具有以下特征。

（1）财务管理的基本属性是价值管理。

（2）财务管理的职能具有多样化。

（3）财务管理的内容具有广泛性。

（4）财务管理是一项综合性管理工作。

## 三、企业财务管理的内容

### 1．企业财务活动

企业财务活动主要包括筹资活动、投资活动、资金营运活动和分配活动4个方面。

（1）筹资活动。企业的建立和经营活动的开展都必须拥有一定数量的资金。企业可以在法律、法规允许的条件下，采用各种方式筹措资金。所谓筹资，是指企业为了满足投资和用资的需要，筹措和集中所需资金的过程。

企业的资金可以由国家、法人、个人等直接投入，或通过发行股票、内部留存收益等方式取得，形成企业的自有资金；也可以通过从银行借款、发行债券、利用商业信用等方式取得，形成企业的负债资金。资金筹措是资金运动的起点。通过筹措取得的资金，主要表现为货币资金，也可以表现为实物形态资产和无形资产。企业筹措资金表现为资金的流入。企业偿还借款和支付利息、股利、各种筹资费用等，表现为资金的流出。这种由于资金筹集而产生的资金收支，就是企业筹资引起的财务活动。

（2）投资活动。企业的投资，有狭义和广义之分。狭义的投资，是指企业以现金、实物形态资产或无形资产，采用一定的方式进行对外投资，如购买其他企业的股票、债券或与其他企业联营等；广义的投资，除了对外投资，还包括企业内部投资，即企业将筹措到的资金投放到生产经营活动中去，如购置流动资产、固定资产、无形资产等。企业在投资活动中需要支付资金。当企业收回对外投资或变卖对内投资形成的各种资产时，就会产生资金的流入。这种由于企业投资而产生的资金收支，便是企业投资引起的财务活动。

（3）资金营运活动。企业在日常生产经营活动中，首先需要采购材料或商品，形成储备，以便从事生产和销售活动，同时还要支付职工工资和各种营业费用，这些都需要企业支付资金；而当企业将生产出来的产品或购入的商品进行出售时，便可收回资金。这就是企业经营引起的财务活动，也称为资金营运活动。

（4）分配活动。企业通过销售取得的收入，在弥补了各种成本和费用之后，形成利润和亏损。企业对外投资，也可能形成利润和亏损。企业必须依据法规及公司章程对利润进行分配。在依法缴纳了所得税后，还必须按规定提取公积金和公益金，分别用于扩大积累、弥补亏损和改善职工集体福利设施，剩余部分利润根据投资者的意愿和企业生产经营的需要可作为投资收益分配给投资者，或暂时留存企业形成未分配利润，或作为投资者的追加投资。

财务活动的4个方面相互联系、相互依存，构成一个完整的财务活动过程。伴随着企业生产的不断进行，财务活动也循环往复、不断进行。这个财务活动过程就是企业财务管理的基本内容。

### 2．企业财务关系

企业财务关系，是指企业在组织财务活动过程中，与有关各方所发生的经济利益关系。企业在资金的筹集、投放、耗费、收回和分配过程中，与各方面都有着广泛的联系，因此必然会发生企业与其相关利益者之间的关系。企业的财务关系主要有以下几个方面。

（1）企业与政府的财务关系。企业与政府的财务关系，主要是指政府凭借社会管理者的身份，利用政治权利，强制和无偿地参与企业收入和利润的分配所形成的一种分配关系。企业必须按照规定向中央和地方政府缴纳各种税款，包括所得税、流转税、财产税和行为税等。这也是任何企业都应该尽的义务。这种关系，体现的是一种强制和无偿的分配关系。

（2）企业与投资者（所有者）之间的关系。企业与投资者（所有者）之间的关系，是指企业的投资者向企业投入资金，企业向投资者支付投资报酬所形成的经济关系。企业通过吸收直接投资、发行股票、联营并购等方式接受国家、法人和个人等投资者投入的资金。企业利用投资者的资金进行经营，实现利润后，按照投资和出资比例或合同、章程的规定，向投资者支付投资报酬。企业的投资者按照规定履行了出资义务后，依法对企业净资产拥有所有权，并享有企业经营所产生的净利润或承担净亏损。企业拥有投资者投资所产生的法人财产权，企业以其全部法人财产依法自主经营，对投资者承担资产保值和增值的责任。企业与投资者之间的财务关系，体现的是一种所有权性质的受资与投资的关系。

（3）企业与债权人之间的关系。企业与债权人之间的关系，主要是指企业向债权人借入资金，并按合同规定，按时支付利息和归还本金所形成的经济关系。企业除了利用自有资金进行经营活动外，还要借入一定数量的资金，以便降低企业的资金成本，扩大企业经营规模。企业的债权人主要有本企业发行的公司债券的持有人、贷款机构、商业信用提供者、其他出借资金给企业的单位和个人。债权人要关注企业的偿还能力和支付利息的能力，并做出相应的决策。企业与债权人之间的关系，体现的是一种债务与债权的关系。

（4）企业与被投资者之间的关系。企业与被投资者之间的关系，主要是指企业以购买股票、联营投资、并购投资等方式向外投出资金所形成的经济关系。随着市场经济的不断深化和发展，企业经营规模和范围不断扩大，这种关系越来越广泛。企业应按约定履行出资义务，并依据其出资份额参与受资企业的经营管理和利润分配。企业与被投资者之间的财务关系，体现的是一种所有权性质的投资与受资的关系。

（5）企业与债务人之间的关系。企业与债务人之间的关系，主要是指企业将其资金以购买债券、提供借款或商业信用等形式出借给其他单位所形成的经济关系。企业将资金出借后，有权要求其债务人按合同、协议等约定的条件支付利息和归还本金。企业与债务人之间的财务关系，体现的是一种债权与债务的关系。

（6）企业内部各部门之间的财务关系。企业内部各部门之间的财务关系，主要是指企业内部各部门之间在生产经营各环节中相互提供产品或劳务所形成的经济关系。具有一定规模的企业，为了提高管理效率，通常按照责、权、利的关系，在企业内部实现分工与协作，形成利益相对独立的内部责任单位。为了明确各责任单位的责任与利益，责任单位之间相互提供产品或劳务，也需要进行计价结算。这种财务关系，体现了企业内部各部门之间的利益关系。

（7）企业与职工之间的财务关系。企业与职工之间的财务关系，主要是指企业向职工支付劳动报酬过程中所形成的经济利益关系。职工是企业的劳动者，也是企业价值的创造者。企业应根据按劳分配原则，以职工所提供的劳动数量和质量为依据，从职工所创造的价值中，以劳动报酬（包括工资、津贴、奖金等）的形式进行分配，并按规定提取公益金。企业与职工之间的财务关系，体现的是一种企业与职工在劳动成果上的分配关系。

上述财务关系广泛存在于企业财务活动中，企业应正确处理和协调与各方面的财务关系，努力实现与其他财务活动当事人之间的经济利益的均衡。

### 3．财务管理决策

财务管理决策是财务管理的核心，一般包括以下内容。

（1）筹资决策。筹资决策主要考虑筹资成本、筹资规模与资本结构。

（2）投资决策。投资决策是指企业将筹集的资金投入使用的决策，包括对内投资决策和对外投资决策。

（3）资金营运决策。资金营运决策包括采购材料、购买商品、提供信用、收回资金及通过短期借款筹集满足经营所需的资金等的决策。

（4）分配决策。分配决策是企业对各种收入进行分割和分配的活动，主要是指对净利润的分配决策。

### 4．财务管理的环节

财务管理的环节是指为了达到既定的理财目标而进行财务管理工作的一整套程序和相应的方法。财务管理的基本环节包括财务预测、财务决策、财务预算、财务控制及财务分析。这些环节相互联系，密切配合，构成财务管理工作的一个完整循环。

（1）财务预测。财务预测是根据企业财务活动的历史资料信息，考虑现实的要求和条件，运用科学的方法，对企业未来的财务状况、发展趋势及其结果进行科学的预测。

财务预测的任务是为财务决策提供依据，同时为编制财务预算做好准备。因此，进行财务预测，对于提高财务管理的效率和质量具有十分重要的意义。

进行财务预测的一般程序是：①明确预测对象和目的；②搜集和整理相关材料；③确定预测方法，一般用定性和定量两种分析方法；④利用预测模型进行测算；⑤提出多种设想和方案，供财务决策时选择。

（2）财务决策。财务决策是指财务人员在理财目标的总体要求下，根据财务预测所提出的多种设想和方案，进行对比分析，从中选出最佳方案的过程。在市场经济条件下，财务管理的核心是财务决策，其他管理环节的工作都是围绕着这个核心展开的。因此，财务决策的合理与否将决定财务管理工作的成败。

财务决策过程一般需要经过四个步骤：①提出问题，确定决策目标；②搜集资料，拟订方案；③分析、评价备选方案；④选出最佳方案。

（3）财务预算。财务预算是指运用科学的技术手段和数量方法，对未来财务活动的内容及指标进行具体规划。财务预算是财务预测、财务决策的进一步深化，它以财务决策确立的方案和财务预测提供的信息为基础，并加以具体化，也是控制财务活动的依据。

财务预算的编制一般包括三个步骤：①分析财务环境，确定预算指标；②协调人力、物力、财力，组织综合平衡；③选择预算方法，编制财务预算。

（4）财务控制。财务控制是指在财务管理过程中，以财务预算为依据，对财务活动如资金的收入、支出、占用、耗费等进行日常的指导、协调、监督和限制，以实现财务预算所规定的财务目标。

财务控制的方法很多，常用的方法是进行防护性控制（又称排除干扰控制）和反馈控制（又称平衡偏差控制）。一般的操作程序是：制定标准→执行标准→确定差异→消除差异→考核奖惩。

### 5. 财务分析

财务分析，是以会计核算资料和其他方面提供的资料为主要依据，运用专门的方法，对企业财务活动的过程和结果进行分析和评价的一项工作。通过财务分析，可以肯定过去财务工作的成绩，并揭露问题、总结经验、查找原因，以指导未来的财务管理活动，促使企业改善经营管理，提高经济效益。

财务分析常用的方法有对比分析法、比率分析法、因素分析法等。

## 四、财务管理目标

财务管理目标，是指企业组织财务活动、处理财务关系所要达到的目标。财务管理目标具有可变性、层次性和多元性的特点。

从根本上说，财务管理目标取决于企业的目标。在不同时期，尤其是在不同的经济体制下，企业的目标是不同的。我国在计划经济时代，财务管理的目标是产量或产量的最大化，这在总体上是与当时的经济体制相适应的。但在市场经济条件下，这一目标显然已不能适应市场环境，因为它至少存在以下缺点：企业效益可能低下，产品质量难以保证，产品销售渠道可能不畅，内部潜力可能挖掘不够。目前在市场经济条件下，大家对企业财务管理目标还存在一定的争议，其中最具代表性的有以下两种观点。

**1．利润最大化**

企业的一切财务活动，如资金的筹集、投资项目的选择、资本预算、资本结构的优化、股利政策的制定等，其成果在一定程度上最终都归结到利润水平上。在社会主义市场经济条件下，企业作为自主经营的主体，利润是企业在一定时期的全部收入和全部费用的差额。

利润最大化目标的主要优点是：利润可以直接反映企业创造的价值，可以在一定程度上反映企业经济效益的高低和对社会贡献的大小，利润是企业补充资本、扩大经营规模的主要源泉之一。因此，企业追求利润最大化是合理的。

利润最大化目标的缺点，主要表现在以下几个方面。

（1）没有考虑获得利润所需的时间，即没有考虑资金的时间价值。例如，A，B 两个企业在相同的起步资金 100 万元的条件下，都获得了 50 万元的利润，但其中 A 企业只用了 1 年的时间，而 B 企业则花费了 5 年时间。若不考虑资金的时间价值，就难以做出正确的判断。

（2）没有反映所创造的利润与投入资金之间的对比关系，因而不利于不同资本规模的企业或同一企业的不同时期之间的比较。例如，甲、乙两个企业在相同的 1 年时间里，都获得了 100 万元利润，但其中甲企业是在 500 万元的起步资金的条件下获得的，而乙企业是在 1 000 万元的起步资金的条件下获得的。若不考虑投资额，同样难以做出正确的判断。

（3）没有考虑风险因素。一般地说，报酬越高，所要承担的风险就越大。追求利润最大化，可能会使企业承担过大的风险。例如，企业进入股票与期货市场，或进入高科技行业，虽然可能获得高利润，但风险也很大。

（4）没有考虑对企业进一步发展及对企业可持续发展的影响。片面追求利润，可能导致企业短期行为，如忽视产品开发、人才开发、安全开发、履行社会职责等。

**2．股东财富最大化**

股东财富最大化，又称企业价值最大化。因为股东创办企业的目的是扩大财富，他们是企业的所有者，企业价值最大化就是股东财富最大化。有观点认为，股东财富最大化是股东所持有股票的市值最大化。这种观点是以在比较完善的资本市场中股票可以自由买卖为前提的。企业的价值，不是指企业账面资产总价值，而是指全部财产的市场价值，它反映了企业潜在或预期的获利能力。因为企业的价值如同商品的价值一样，只有投入市场，才能通过价格表现出来。股价的高低，在一定程度上反映了广大投资者对企业价值的评价，并受今后每年的净利润及其增长趋势与风险的影响。

股东财富最大化目标的优点是：①考虑了资金的时间价值和投资的风险问题；②有利于克服企业的短期行为，引导企业讲究信誉，注重企业形象；③有利于社会资源的合理配置。

股东财富最大化目标的缺点是：①对于非上市公司，企业价值不易衡量；②对企业其他有关人员（企业的债权人、职工及政府）的利益重视不够；③安定性股东对股价的短期变动不感兴趣；④股票价格受很多因素影响，股票市场效率越低（如我国股票市场的效率较低），股票价格越是不完全由公司管理决定；⑤我国的上市公司持有的股票有 2/3 不能在股票市场流通，持有这些股票的股东并不十分在乎股价的高低，而他们恰恰是公司的领导者与管理者；⑥没有考虑社会效益的正负与大小。

### 五、影响财务管理目标实现的因素

财务管理目标实现的程度，受外部环境与公司管理决策两方面影响。其中，外部环境对公司来说是不可控的因素。而公司管理决策相对而言是可控的因素。企业通过正确的投资决策、筹资决策、经营决策和分配决策，可以促进财务管理目标的实现。就公司管理决策而言，影响财务管理目标实现的主要因素包括内部收益率、风险、投资项目、资本结构和分配政策等。

#### 1．内部收益率

内部收益率是指单位资金每年的利润。内部收益率越高，企业的价值越大，投资者（股东）可以得到的回报越多。内部收益率既考虑了投入净资产的大小，又考虑了时间的长短。

#### 2．风险

企业在做出决策时，必须在可以承受风险的条件下，争取尽可能大的期望收益率。

#### 3．投资项目

选择投资项目时，首先应明确企业是可以承受风险的；然后，在这些可承受的风险投资项目中，选择那些期望内部收益率尽可能大的进行投资。

#### 4．资本结构

资本结构是指债务资本与投资者的权益资本之间的比例关系。一般情况下，当投资的预期报酬率高于债务资本的利息率时，企业举债可以提高未来的内部收益率，同时也增加了企业未来的风险。一旦项目的预期报酬率低于债务资本的利息率，债务资本不但不会提高内部收益率，反而会促使内部收益率下降，甚至可能因无法按期支付债务本息而促使企业破产。资本结构不当，往往是企业破产的重要原因之一。

#### 5．分配政策

对投资者（股东）来说，分配政策的确定实际上是处理当前利益与长远利益的关系。企业当期盈余的比例多少分配给股东，多少继续留在企业进行再投资，这是企业进行收益分配时必须做出的决策。显然，再投资的风险要大于当即分红，但再投资也可能增加未来的收益。因此，企业收益分配政策会影响企业未来的收益和风险。

### 六、所有者（股东）、经营者等之间的冲突与协调

财务管理目标在股东、经营者、债权人、政府（社会）及职工之间往往会发生一定的冲突。同时，这也构成了企业财务管理最重要的财务关系，必须正确处理。

股东与债权人都为企业提供了资金，但是，他们都不直接参与企业的管理，只有经营者在企业中直接从事财务管理工作。

#### 1．所有者（股东）与经营者之间的冲突与协调

企业是所有者的企业，财务管理的目标应该是股东的目标。股东委托经营者代表他们管理企

业。因此，所有者与经营者之间的财务关系，是企业中最重要的财务关系。这实际上是一种委托-代理关系。但股东与经营者分离以后，经营者的具体行为目标与股东的目标往往不一致，甚至存在很大的差异。

（1）经营者的目标。经营者的目标主要是：①增加报酬，包括物质与非物质的报酬，如增加工资、奖金，提高荣誉，提供足够的保障与社会地位等；②工作尽量轻松，增加休息时间，包括减少名义工作时间与有效工作时间、降低工作强度等；③避免风险，经营者努力工作可能得不到应有的报酬，当他们的行为和结果存在不确定时，经营者总是力图避免风险，希望得到一份有足够保障的报酬。

（2）经营者对所有者利益的背离。由于经营者的目标与所有者的目标不完全一致，经营者有可能为了自身的目标而背离所有者的利益。主要表现如下：①工作不努力，存在道德风险，即经营者为了自身的利益，可能不努力去实现企业的目标，一般来说，他们没有必要冒险工作，因为冒险成功的好处是股东的，而一旦失败，他们的名誉将受损，"身价"将大打折扣，因此，他们不做什么错事，也不十分卖力，这样做并不构成法律与行政责任问题，只是道德问题，股东很难予以追究；②逆向选择，贪图享受，例如，经营者可能借工作需要之名，装修豪华办公室、买高档汽车等，同时还可能损公肥私，设法将企业的资产与利益占为己有，将劣质产品高价卖给企业，或将企业的优质产品低价卖给自己的企业等。

（3）防止经营者背离所有者利益的方法。为了防止经营者背离股东利益，一般有以下三种方法。

① 制定财务规章制度。让经营者在制定的范围内行使职权，尤其是涉及经营者利益方面的活动。例如，招待费实行总额控制，经营者应享受的待遇尽量做到制度化，仅在一定限度内让经营者行使特权。

② 建立监督机制。股东最好设法获取更多的有关信息，对经营者进行监督，并且当经营者背离股东利益时，减少经营者各种形式的报酬，甚至解雇他们。当然，监督机制只能起一定作用，因为股东远离经营者，经营者"上有政策，下有对策"，况且，监督的成本比较高，不可能实施全面监督。因此，监督可以减少经营者违背股东意愿的行为，但不能解决全部问题。

③ 采取激励措施。为防止经营者背离股东利益，还可以采用激励机制，让经营者分享由于经营者努力而使企业增加的利润，如可以给经营者以现金或股票的奖励。当然，激励措施也不能解决全部问题。因为激励过低，不能有效地调动经营者的积极性；相反，激励过高，股东付出的成本过高，也不能实现自己利益的最大化。

**2．所有者（股东）与债权人之间的冲突与协调**

在市场经济条件下，所有者与债权人之间形成的债务债权关系，是企业财务关系的重要组成部分。企业借款的目的是解决经营中资金不足的问题，或是扩大经营规模，或是因各种原因资金周转困难。而债权人的目的是利用闲置资金获取利息收入，到期收回本息。债权人把资金借给企业时，考虑了该企业应有的风险与报酬的关系。但一旦形成债权债务关系，债权人就失去了对企业的控制。所有者为了自身的利益，可以通过经营者来损害债权人的利益。

（1）所有者通过经营者损害债权人利益的主要方式如下。

① 所有者改变原定资金的用途，将资金用于风险更高的项目。如果高风险的项目取得成功，

超额的利润将完全归股东所有；如果高风险的项目失败，企业无力偿债，债权人将与股东共同承担损失，到期无法收回本息。

② 所有者在未征得债权人同意的情况下，发行新债券或举借新债。这样，使企业的负债比率增大，并增加企业破产的可能性，降低旧债的偿还保障程度。如果企业破产，新债权人将会与旧债权人一起分配企业破产后的财产。因此，这将降低旧债的相对价值。

（2）债权人可以采取以下措施防止其利益受到侵害。

① 求立法保护。例如，企业破产时优先接管企业、优先分配剩余资产等。

② 在借款合同中加入限制性条款。例如，规定资金的用途，规定在还本付息之前，不得发行新债券与举借新债，或限制发行新债的数额等。

③ 发现所有者有侵害债权人利益的行为时，拒绝进一步合作，包括不再提供新的借款，直至收回已借的款项。

### 七、所有者（股东）与政府（社会）之间的冲突与协调

所有者与政府（社会）之间的关系，主要体现在企业对政府（社会）承担的责任。一般情况下，企业财务目标与社会目标基本上是一致的。但有时候，企业为了自身的利益会做出忽视甚至背离政府（社会）利益的行为。

（1）企业财务目标与社会目标相一致。这主要表现在以下几点。

① 企业可以解决一部分人的就业问题，对员工进行必要的就业培训，促进员工素质的进一步提高。

② 企业的产品大多受社会的欢迎，能实现企业产品的经济价值和社会价值。

③ 企业的利税是对社会的贡献。

④ 企业支持社会公益事业的发展。

（2）企业可能为了自身的利益，而背离社会的利益。这主要表现在以下几点。

① 生产伪劣产品。

② 不顾职工的健康与利益。

③ 污染环境。

④ 损害他人的利益。

（3）政府（社会）对企业进行约束。这主要表现在以下几点。

① 政府通过立法和制定规章制度，强制企业承担应有的社会责任。

② 建立行业自律准则，使企业受到商业道德约束。

③ 要求企业随时接受舆论媒体、群众及政府有关部门的监督。

## 项目二 | 三大财务报表

【引例与分析】某公司由张三和李四投资组成，张三出钱、管钱，李四出技术、管经营。张三出资 10 万元、向银行借款 40 万元，李四出力。

2010 年经营结果：购买设备一台支出 20 万元，生产经营现金收入 80 万元、成本现金支出 20 万元、年底还银行借款 40 万元。

问题：张三说今年已没有现金分了，李四想想也对，你认为对吗？

分析：（1）本金为 50 万元。

（2）经营利润为 80－20＝60（万元）。

（3）现金流入为 50＋80＝130（万元）。

（4）现金流出为 20＋20＋40＝80（万元）。

（5）净现金流量为 130－80＝50（万元），可用于分红现金（免所得税）。

（6）李四误认为收入 80 万元、买设备花 20 万元、经营花 20 万元、还贷 40 万元，是没钱了，但忽略了初始投入的本金 50 万元。

## 一、财务报表的含义与构成

### 1．财务报表的含义

财务报表是以会计准则为规范编制的，向所有者、债权人、政府及其他有关各方及社会公众等外部反映会计主体财务状况和经营的会计报表。为了使会计信息便于使用，还需要对日常的会计核算资料进行进一步的加工整理，并按照一定的要求和格式，定期编制财务报表。

### 2．财务报表的构成

财务报表是根据日常会计核算资料定期编制的，总括反映企业在某一特定日期的财务状况和某一会计期间的经营成果以及成本费用情况的书面报告文件。编制财务报表是会计核算的一种专门方法。财务报表基本体系如图 2-2-1 所示。

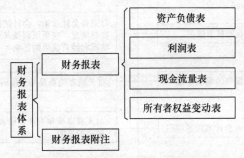

图 2-2-1　财务报表基本体系

（1）资产负债表。资产负债表是反映企业在某一特定日期全部资产、负债和所有者权益信息的会计报表，它表明企业在某一特定日期所拥有或控制的经济资源、所承担的经济义务和所有者对净资产的要求权。资产负债表所列示的相关内容有助于分析、评价并预测企业的财务弹性、资本结构及偿债能力。此外，对资产负债表和利润表有关指标的结合分析有助于评价、预测企业的获利能力和发展前景。

（2）利润表。利润表是反映企业一定会计期间（如月度、季度、半年度或年度）生产经营成果的会计报表。企业一定会计期间的经营成果既可能表现为盈利，也可能表现为亏损，因此，利润表也被称为损益表。它全面揭示了企业在某一特定时期实现的各种收入，发生的各种费用、成本或支出，以及企业实现的利润或发生的亏损情况。对利润表的分析有助于评价企业的获利能力，预测企业的经营前景及利润增减趋势。

（3）现金流量表。现金流量表是反映企业在一定会计期间现金和现金等价物流入和流出情况的报表。现金流量表可以概括反映经营活动、投资活动和筹资活动对企业现金流入和流出的影响，评价企业的支付能力、偿债能力和周转能力，预测企业未来现金流量，为企业决策提供有力依据。

（4）所有者权益变动表。所有者权益变动表又称股东权益变动表，是反映企业某一会计期间内构成所有者权益的各组成部分增减变动情况的报表。所有者权益变动表既可以为报表使用者提供所有者权益总量增减变动的信息，也能为其提供所有者权益增减变动的结构性信息，特别是能够让报表使用者理解所有者权益增减变动的根源。

（5）财务报表附注。财务报表附注是对资产负债表、利润表、现金流量表和所有者权益变动表等报表中列示项目的文字描述或明细资料，以及对未能在这些报表中列示项目的说明等。它是为了让财务报表使用者能够充分理解财务报表的内容，而对报表的编制基础、编制依据、编制原则和方法及主要项目等所做的更进一步解释、补充和说明，便于报表使用者做出更科学、合理的决策。

企业的经营管理者在阅读和分析财务报表之前，应仔细阅读财务报表附注，这有助于加深其对报表数字的形成及数字背后的影响因素的理解；有助于理解各企业的会计政策及其区别，增强各企业财务报表资料的可比性；有助于客观地评价不同企业的资金状况和经营成果，并对其业绩做出科学的评价。

财务报表附注的主要内容如图 2-2-2 所示。

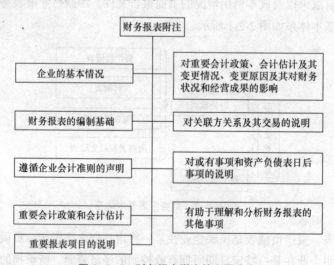

图 2-2-2　财务报表附注的主要内容

## 二、资产负债表

资产负债表可让所有阅读者用最短时间了解企业的经营状况，是关于一个公司财务构成的记录。它表明：企业有什么资源（资产）；企业欠人家什么（负债）；企业股东的家底（所有者权益）。

这一报表反映出最基本的会计恒等式：资产＝负债＋所有者权益。

资产负债表是一幅静态图画。它是在报表编制那一天公司财务构成的一张"快照"。而在这一天之前或之后几天的公司资产负债表可能会与这一天的报表情况大不相同，其差别的大小取决于这两次资产负债表相隔的几天里会计业务的发生情况。更确切地说，查阅一系列考察期（季度或年度）的资产负债表，对于了解和把握特定时点公司基本财务结构和债务状况将很有帮助。然而，资产负债表并不直接反映公司的财务业绩如何，也不反映公司是否在某一时期中赚得足够的利润以承担其还债责任，并为公司的股东增加净资产。

对资产负债表的结构我国现行法律法规有规定：我国企业的资产负债表采用账户式格式。账户式资产负债表，顾名思义，即采用账户格式，分为左右两方。在这种方式下，将资产项目列在报表的左方，负债和所有者项目列在报表右方，从而使资产负债表左右两方平衡。其最终结果是：左方资产总额等于右方负债总额加上所有者权益总额之和，即满足会计恒等式，如表2-2-1所示。

表 2-2-1　　　　　　　　　　　　　资产负债表

编制单位：　　　　　　　年　月　日　　　　　　　单位：元　　　　　　　会企 01 表

| 资产 | 期末余额 | 年初余额 | 负债和所有者权益<br>（或股东权益） | 期末余额 | 年初余额 |
|---|---|---|---|---|---|
| 流动资产： | | | 流动负债： | | |
| 货币资金 | | | 短期借款 | | |
| 交易性金融资产 | | | 交易性金融负债 | | |
| 应收票据 | | | 应付票据 | | |
| 应收账款 | | | 应付账款 | | |
| 预付款项 | | | 预收款项 | | |
| 应收利息 | | | 应付职工薪酬 | | |
| 应收股利 | | | 应交税费 | | |
| 其他应收款 | | | 应付利息 | | |
| 存货 | | | 应付股利 | | |
| 一年内到期的非流动资产 | | | 其他应付款 | | |
| 其他流动资产 | | | 一年内到期的非流动负债 | | |
| 流动资产合计 | | | 其他流动负债 | | |

续表

| 资产 | 期末余额 | 年初余额 | 负债和所有者权益（或股东权益） | 期末余额 | 年初余额 |
|---|---|---|---|---|---|
| 非流动资产： | | | 流动负债合计 | | |
| 可供出售金融资产 | | | 非流动负债： | | |
| 持有至到期投资 | | | 长期借款 | | |
| 长期应收款 | | | 应付债券 | | |
| 长期股权投资 | | | 长期应付款 | | |
| 投资性房地产 | | | 专项应付款 | | |
| 固定资产 | | | 预计负债 | | |
| 在建工程 | | | 递延所得税负债 | | |
| 工程物资 | | | 其他非流动负债 | | |
| 固定资产清理 | | | 非流动负债合计 | | |
| 生产性生物资产 | | | 负债合计 | | |
| 油气资产 | | | 所有者权益（或股东权益）： | | |
| 无形资产 | | | 实收资本（或股本） | | |
| 开发支出 | | | 资本公积 | | |
| 商誉 | | | 减：库存股 | | |
| 长期待摊费用 | | | 盈余公积 | | |
| 递延所得税资产 | | | 未分配利润 | | |
| 其他非流动资产 | | | 所有者权益（或股东权益）合计 | | |
| 非流动资产合计 | | | | | |
| 资产总计 | | | 负债及所有者权益（或股东权益）总计 | | |

资产负债表好似一幅静态的图画，又似一张快照。那么，资产负债表可以告诉报表使用者哪些方面的信息呢？

（1）企业的实力。这是资产负债表资产方的内容告诉报表使用者的。企业有多少流动资产、固定资产、长期资产，通过资产负债表一目了然。

（2）企业的负债。一般的企业都会有或多或少的债务，这些债务就列在资产负债表的"负债及所有者权益"一方，报表使用者很容易从中找到相应的项目和数据，了解该企业的负债情况，有多少是短期债务，有多少是长期债务。

（3）企业的自有资金。在资产负债表的"负债及所有者权益"一方，可以从所有者权益各项目了解到企业的资产有多少是由自有资金换来的。实质上，资产负债表各项目就是资产负债表要告诉报表使用者的信息，可以从"资产""负债""所有者权益"三个方面分别逐项理解，也可以将三方面综合起来理解。

### 1. 资产项目

资产是指企业过去的交易或事项形成的，由企业拥有或控制的，预期会给企业带来经济利益的资源。资产有以下几个基本特征：首先，资产由企业过去的交易或事项形成，这些交易或事项包括购买、生产、建造行为或其他交易或者事项，预期在未来发生的交易或者事项不形成资产；其次，资产必须为企业拥有或者控制，也就是说，企业要享有该资产的所有权，或虽不享有所有权但能够对其实施控制；再次，资产作为一种经济资源，必须能够为企业带来经济利益，即资产具有直接或间接导致现金和现金等价物流入企业的潜力。

资产是资产负债表中的一个基本要素，是企业重要的经济资源，是企业进行生产经营的物质基础。企业只有通过把资产很好地运用起来，才能达到其经营目的。同时，资产也是所有会计要素中最核心的一个要素，其他会计要素都是从不同角度对资产要素的揭示。因此，对资产负债表的分析，首先要对资产项目进行考察与分析。

（1）流动资产项目的考察与分析。流动资产是指满足下列条件之一的资产。

① 预计在一个正常营业周期中变现、出售或耗用。

② 主要为交易目的而持有。

③ 预计在资产负债表日起一年内（含一年）变现。

④ 自资产负债表日起一年内，交换其他资产或清偿负债的能力不受限制的现金或现金等价物。

对流动资产项目进行分析时，首先应当对流动资产总额进行数量判断，即将流动资产与资产总额进行比较。当然，这种分析应当结合行业、企业生产经营规模及企业经营生命周期来开展。一般而言，这一比重，成长型企业较高，成熟型企业较低；工商企业较高，为40%左右，服务行业则为30%左右。

在基本确认了流动资产的数额后，还需要对流动资产各个项目进行具体的分析，即分析各项资产为企业带来的实际贡献力量有多大。

① 货币资金。货币资金是指企业在生产经营过程中处于货币状态的那部分资产，它具有可立即作为支付手段并被普遍接受的特性。具体存在形式包括库存现金、银行存款和其他货币资金。

对货币资金的分析，最主要的是分析其持有量是否合理。企业持有货币资金，可以满足交易性需要、预防性需要和投机性需要。保持一定数量的货币资金是满足企业日常生产经营所需的前提。若货币资金过少，表明企业"血液"滞涩，有可能因资金链中断而带来灭顶之灾。但这也并不意味着企业持有的货币资金越多越好，因为货币资金的盈利性较差。只有适度置存，才能保证企业的整体盈利能力。

一个企业货币资金的规模是否合适，不能单纯考虑货币资金数量的大小，还要综合其他因素来考虑。货币资金规模过小，意味着企业获取现金的能力较差，偿债能力和支付能力存在较大风险；但过高的货币资金规模，可能意味着企业正在丧失潜在的投资机会，也可能表明企业的管理人员生财无道。

② 交易性金融资产。交易性金融资产主要是指企业为了近期内出售而持有的金融资产，如企

业以赚取差价为目的从二级市场购入的股票、债券、基金等。首先应当注意分析交易性金融资产投资的规模是否适度。企业进行交易性金融资产投资的目的就是将货币资金转换为有价证券，以获得额外收益；同时在需要时又可及时将其转换为现金。若投资的规模过大，必然影响企业的正常生产经营，也有人为地将长期债券投资"挂账"之嫌。其次，再结合会计报表附注和利润表中相关项目的揭示考察企业对交易性金融资产的投资业绩。一般来说，拥有一定量的交易性金融资产，表明企业除了自身的生产经营活动以外，还有一定的交易性投资，具有多方出击的理财思路；也意味着企业除了正常的生产经营取得利润之外，还有其他获取收益的渠道。

③ 应收票据。应收票据是指企业因销售商品、提供劳务而收到的商业汇票，包括商业承兑汇票和银行承兑汇票。应收票据的确认需要依据在赊销业务中由债权人或债务人签发的表明债务人在约定时日应偿付约定金额的书面文件，因而受到法律的保护，具有较强的法律约束力。

值得注意的是，我国《票据法》规定，票据贴现具有追索权，即如果票据承兑人到期不能兑付，背书人负有连带付款责任。这样，对企业而言，已贴现的商业汇票就是一种"或有负债"，若已贴现的应收票据数额过大，也可能会对企业的财务状况产生较大影响。因此，对应收票据的分析主要是和会计报表附注结合起来，了解企业是否存在已贴现的商业承兑汇票，是否会因此而影响到企业将来的偿债情况。

④ 应收账款。应收账款是指企业因销售商品、提供劳务等经营活动应收取的款项。作为一种商业信用形式，赊销以及由此产生的应收账款具有发生坏账的风险，企业应当合理预计可能发生的坏账损失，并计提坏账准备。资产负债表中的"应收账款"项目，反映企业因销售商品、提供劳务等，应向购货单位或接受劳务单位收取的款项，减去已计提的坏账准备后的净额。

对应收账款的分析，应从以下几个方面进行。

- 应收账款的规模。
- 应收账款的质量。
- 坏账准备政策的影响。

研究应收账款时，应该将其与公司的年销售收入一起进行分析，并同时对比应收账款逐年的变化值。假设相对于销售收入，公司拥有异常高的应收账款，这意味着公司此时实行的是一种宽松的信贷政策，可能会因为坏账引发一定程度的亏损。

⑤ 预付账款。预付账款是指企业按照合同规定预付的款项，包括预付给供货单位的购货款及企业进行在建工程预付的工程价款等。

从资产的流动性来看，预付账款是一种特殊的流动资产，由于款项已经支付，除一些特殊情况外（如预收货款的企业未能按约提供产品、预付保险单被提前注销等），在未来不会导致现金流入，即在这种债权收回时，流入的不是货币资金，而是存货，因此，该项目的变现性极差。

判断预付账款的规模是否合适，主要应考虑采购特定存货的市场供求状况。一般而言，预付账款不构成流动资产的主体部分。若企业预付账款较高，则可能预示着企业有非法转移资金、非法向有关单位提供贷款及抽逃资金等不法行为。

⑥ 其他应收款。其他应收款是指企业除应收票据、应收账款、应收股利、应收利息和预付账款外的其他各项应收及暂付款项。其他应收款属于企业主营业务以外的债权，如应收的各项赔款、罚款、存出的保证金，应向职工个人收取的垫付款项等。

其他应收款既为"其他"，则与主营业务产生的债权（应收账款等）比较其数额不应过大。如果其数额过高，则属于不正常现象，容易产生一些不明原因的占用。为此，要借助会计报表附注仔细分析其具体构成项目的内容和发生时间，特别是其中金额较大、时间较长、来自关联方的应收款项。要警惕企业利用该项目粉饰利润、让大股东无偿占用资金、转移销售收入、偷逃税款等。

⑦ 存货。存货是指企业在日常活动中持有以备出售的产成品或商品、处在生产过程中的在产品、在生产过程或提供劳务过程中耗用的材料和物料等。不同行业、不同企业存货内容会有所不同。工业企业的存货包括原材料、包装物、低值易耗品、委托加工材料、半成品、产成品等；商品流通企业的存货包括库存商品、出租商品、代销商品、材料物资、包装物、低值易耗品等。存货是企业的一项重要的流动资产，所占比重较大，如果存货计算不当，不仅影响本期的资产负债表和利润表，还会影响下期的收益。

对存货的分析，应主要关注以下几点。

- 存货的规模。
- 存货发出的计价方法。
- 存货的期末计价及存货跌价准备的计提。
- 存货的具体项目构成。
- 存货的库存周期。

公司拥有大量的存货不是件好事。一般而言，公司拥有的存货资产越多，对公司也就越有利。然而，拥有大量的存货常常会引起这样或那样的问题，因为这会产生大量的银行借款或者过多地占用了公司的现金资产，而一旦物价下跌，则会导致公司严重亏损。理论上而言，存货也同样可以创造丰厚的利润。不过，实践结果表明，存货产生的利润常常低于其亏损数额。而异常的大量存货意味着大部分商品可能是不适合销路的，为了使这些产品销售出去，大幅度调低价格是不可避免的。

（2）非流动资产重点项目的考察与分析。

① 持有至到期投资。此类金融资产是指到期日固定、回收金额固定或可确定，且企业有明确意图和能力持有至到期的非衍生金融资产，包括企业持有的在活跃市场上有公开报价的国债、企业债券、金融债券等。持有至到期投资的目的主要是定期收取利息、到期收回本金，并力图获得长期稳定的收益。

对持有至到期投资的分析，主要从以下几个方面进行。

- 持有至到期投资的项目构成及债务人的分析。
- 持有至到期投资收益的分析。
- 持有至到期投资的减值。

计提持有至到期投资减值准备不仅会导致持有至到期投资账面价值的减少，而且会影响当期的利润总额，因此一些企业可能出于某种不良动机，通过少提或多提减值准备来达到虚增或虚减持有至到期投资账面价值和利润的目的。对此应当尤为注意，要特别警惕企业是否存在利用持有至到期投资减值准备的计提和转回人为操纵利润的情形。

② 长期股权投资。长期股权投资包括两部分内容：一是企业持有的对其子公司、合营企业及联营企业的权益性投资；二是企业持有的在活跃市场中没有报价、公允价值不能可靠计量的权益

性投资。企业进行长期股权投资的目的多种多样，有的是为了建立和维持与被投资企业之间稳定的业务关系，有的是为了控制被投资企业，有的是为了增强企业多元化经营的能力，创造新的利润源泉。不过，大多数企业进行长期股权投资的目的都是为了增加企业的利润，作为对自身经营活动的补充。

由于长期股权投资期限长、金额通常很大，因而对企业的财务状况影响较大。对于企业来说，进行长期股权投资意味着企业的一部分资金，特别是现金投出后在很长时间内将无法收回。如果企业资金不是十分充裕，或者企业缺乏足够的筹集和调度资金的能力，那么长期股权投资将会使企业长期处于资金紧张状态，甚至陷入困境。另外，由于长期股权投资数额大、时间长，其间难以预料的因素很多，因而风险也会很大，一旦失败，将会给企业带来重大的、长期的损失和负担，有时可能是致命的打击。当然，风险和收益是相对应的，长期股权投资的收益有时也会很高，甚至在企业自身经营不善时，长期股权投资的投资收益会成为企业收益与现金流量的重要源泉，成为企业的"救命稻草"。可见，长期股权投资就像是一把"双刃剑"，关键看企业是否运用得当。因此，在进行会计报表分析时，应对长期股权投资给予足够的重视。

长期股权投资的分析可以从以下几个方面进行。

- 长期股权投资的构成。
- 长期股权投资初始成本的确认。
- 长期股权投资核算方法的选择。长期股权投资的核算方法包括成本法和权益法，核算方法的使用取决于投资企业与被投资企业的关系。
- 长期股权投资减值准备。

③ 固定资产。固定资产是指同时具有下列特征的有形资产：a. 为生产商品、提供劳务、出租或经营管理而持有的；b. 使用寿命超过一个会计年度。一般而言，固定资产属于企业的劳动资料，代表了企业的扩大再生产的能力。固定资产具有占用资金数额大、资金周转时间长的特点，是企业资产管理的重点。

对固定资产的分析，可从以下几个方面入手。

- 固定资产的规模。
- 固定资产的更新情况。
- 固定资产的会计政策。

固定资产的会计政策主要包括固定资产折旧和固定资产减值准备两个方面。由于计提固定资产折旧和固定资产减值准备具有一定的灵活性，所以如何进行固定资产折旧以及如何计提固定资产减值准备，会给固定资产账面价值带来很大的影响。因此，在实务中，一些企业往往利用固定资产会计政策选择的灵活性，虚增或虚减固定资产账面价值和利润，结果造成会计信息失真。

在分析固定资产折旧政策时，应关注以下几个方面。

- 分析企业固定资产预计使用寿命和预计净残值确定的合理性。
- 分析企业固定资产折旧方法的合理性。
- 观察企业固定资产折旧政策前后各期是否保持一致。

在进行固定资产减值准备政策的分析时，首先应注意企业是否依据企业会计准则规定计提固定资产减值准备，计提是否准确。在实际工作中，往往存在这种现象：固定资产明明已经实质上发生了减值，如因技术进步已经陈旧过时不能使用，但企业却不提或少提固定资产减值准备，这样不但虚夸了固定资产，而且还虚增了利润，结果造成会计信息失真，使企业潜亏严重。其次，由于固定资产一旦发生减值，往往意味着发生了永久性减值，其价值很难在以后会计期间恢复，因此，我国会计准则规定，固定资产减值准备一经计提，在以后会计期间不得转回。

④ 无形资产。无形资产是指企业拥有或控制的没有实物形态的可辨认非货币性资产。

对无形资产的分析，可从以下几个方面入手。

- 无形资产的规模和构成。
- 无形资产的摊销政策。
- 无形资产减值。

无形资产是一种技术性含量很高的特殊资源，它的价值确认存在着高风险。因此，无形资产发生减值也是一种正常现象。分析时一方面要注意无形资产减值准备计提的合理性；另一方面也要注意无形资产减值准备一经确认，在以后期间也不得任意转回。此分析与固定资产减值准备的分析类似。

**2．负债和权益重点项目**

企业经营所需资金的来源有两个：一是所有者投资，二是从银行或其他债权人处借款。企业所需资金全部来源于投资者是不现实的，而且也不一定对投资者有利。因此，企业应当合理地利用借款。负债的好处在于：①恰当地利用借款，可以给企业带来较好的收益。企业将借来的钱投入生产，如果投资报酬率大于利息率，就会给企业带来高于利息的收益，借入的款项越多，给企业带来的收益就越多，这对股东显然是有利的。当然，如果投资报酬率小于利息率，利用借款所产生的收益不足以弥补应支付的利息，这时的借款反而给企业带来一个合理的举债金额。如何使用这笔借款，将会对企业的生产有重大影响。②借款利息可以在税前扣减。根据我国税法规定，利息可以在税前扣减，但支付给投资者的利润却不能在税前扣减，这样就可以减少企业在税收上现金的流出。当然，借款不能是无限度的，要考虑企业的财务状况，是不是能到期偿还。

（1）流动负债项目的考察与分析。流动负债是指预计在一个正常营业周期中清偿，或者主要为交易目的而持有，或者自资产负债表日起一年内（含一年）到期应予以清偿，或者企业无权自主地将清偿推迟至资产负债表日后一年以上的负债。流动负债主要包括短期借款、应付票据、应付账款、预收账款、应付职工薪酬、应交税费、应付利息、应付股利、其他应付款等。

流动负债，首先应对其总额进行数量判断，即将流动负债与负债总额、流动资产总额以及资产总额进行比较。而这种分析应当结合行业、企业生产经营规模以及企业经营生命周期来开展。在此基础上，还需对流动负债各个项目进行具体分析。

① 短期借款。短期借款是指企业向银行或其他金融机构等借入的期限在1年（含1年）以内的各种借款。企业因生产周转或季节性原因等出现资金暂时短缺时，可向开户银行或其他金融机构申请短期贷款，以保证生产经营的正常进行。我国企业这一项目在流动负债总额中所占份额较大。具有一定数量的短期借款，表明企业拥有较好的商业信用，获得了金融机构的有力支持。不过，短期借款的利息要作为费用抵减利润，因此企业必须适度举债，降低利息费用。

分析短期借款的规模应注意以下问题。

- 与流动资产规模相适应。从财务角度观察，短期借款筹资快捷、弹性较大。任何一个企业，在生产经营中都会发生或多或少的短期借款。短期借款的目的就是为了维持企业正常的生产经营活动，因此，短期借款必须与当期流动资产，尤其是存货项目相适应。一般而言，短期借款应当以小于流动资产的数额为上限。

- 与企业当期收益相适应。经营卓越有效的企业并不在乎短期借款数额绝对数的高低，而注重其产出是否大于投入，即运营效率是否高于借款利率。对此，可利用财务杠杆进行分析。由于短期借款期限较短，企业经营者在举借时，应当充分测算借款到期时企业的现金流量，保证借款到期时企业有足够的资金偿还本息。

② 应付票据。应付票据是指企业因购买材料、商品等而开出、承兑的商业汇票，包括银行承兑汇票和商业承兑汇票。我国《票据法》规定，商业汇票的偿付期限最长不得超过 6 个月，则此项负债在付款时间上具有法律约束力，是企业一种到期必须偿付的"刚性"债务。企业的应付票据如果到期不能支付，不仅会影响企业的信誉，影响以后资金的筹集，而且还会招致银行的处罚。按照规定，如果应付商业汇票到期，企业的银行存款账户余额不足以支付票款，银行除退票外，还要比照签发空头支票的规定，按票面金额的 1%处以罚金；如果银行承兑汇票到期，企业未能足额交存票款，银行将支付票款，再对企业执行扣款，并按未扣回金额每天加收 0.5‰的罚息。因此在进行报表分析时，应当认真分析企业的应付票据，了解应付票据的到期情况，预测企业未来的现金流量，评价应付票据的偿还能力。

③ 应付账款。应付账款是指企业因赊购材料、商品或接受劳务供应等经营活动应支付的款项。

应付账款属于企业的一种短期资金来源，是企业最常见、最普遍的流动负债，信用期一般都在 30～60 天，而且一般不用支付利息，有的供货单位为刺激客户及时付款还规定了现金折扣条件。企业利用商业信用，大量赊购，推迟付款，有"借鸡生蛋"之利，但隐含的代价是增大了企业的信誉成本，如果不能按期偿还应付账款，可能导致企业信誉殆尽，以后无法再利用这种资金来源，影响企业未来发展。一旦引起法律诉讼，则会使企业遭受更大的损失，甚至导致企业破产。因此，在对应付账款进行分析时，应注意观察其中有无异常情况，测定企业未来的现金流量，对应付账款的偿还能力做出正确判断。

④ 预收账款。预收账款是指企业按照合同规定向购货单位预收的款项。预收账款是一种特殊的债务，其在偿付时不是以现金支付，而要以实物（存货）支付，所以，预收账款的偿还一般不会对现金流量产生影响。

预收账款是一种"良性"债务，对企业来说，预收账款越多越好。因为预收账款作为企业的一项短期资金来源，在企业发送商品或提供劳务前，可以无偿使用；同时，也预示着企业的产品销售情况很好，供不应求。预收账款的另一个重要作用在于，由于预收账款一般是按收入的一定比例预交的，通过预收账款的变化可以预测企业未来营业收入的变动。

⑤ 应付职工薪酬。应付职工薪酬是指企业根据有关规定应付给职工的各种薪酬，包括职工工资、奖金、津贴和补贴，职工福利费，医疗、养老、失业、工伤、生育等社会保险费，住房公积金，工会经费、职工教育经费，非货币性福利等因职工提供服务而产生的义务。应付职工薪酬包括职工在职期间和离职后提供给职工的全部货币性薪酬和非货币性福利。

⑥ 应付股利（利润）。应付股利（利润）是指企业根据股东大会或类似机构审议批准的利润分配方案确定分配给投资者的现金股利或利润。值得注意的是，股份有限公司可采用的股利分配

形式有现金股利与股票股利。而股票股利实质是股东权益结构调整的重大财务决策，不涉及现实负债问题，所以，资产负债表上所反映的应付股利（利润）指的是企业应付未付的现金股利。

⑦ 应交税费。应交税费是指企业应向国家税务机关缴纳而尚未缴纳的各种税金和专项收费。应交税费是企业应向国家和社会承担的义务，具有较强的约束力。由于应交税费涉及的税种和收费项目较多，在分析此项目时，应当首先了解欠税的内容，有针对性地分析企业欠税的原因。如该项目为负数，则表示企业多交的应当退回给企业或由以后年度抵交的税金。

（2）非流动负债项目的考察与分析。非流动负债是指流动负债以外的负债，主要包括长期借款、应付债券、长期应付款、专项应付款、预计负债等。非流动负债主要用于企业生产经营的投资建设，满足企业扩大再生产的需要，因而具有债务金额大、偿还期限长、分期偿还的特征。

① 长期借款。长期借款是指企业向银行或其他金融机构等借入的期限在 1 年以上（不含 1年）的各项借款。长期借款期限长、利率高且是固定的，主要适用于补充长期资产需要。它可以一次性还本付息，也可以分次还本付息。

在进行报表分析时，应对长期借款的数额、增减变动及其对企业财务状况的影响给予足够的重视。有一定数量的长期借款，表明企业获得了金融机构的有力支持，拥有较好的商业信用和比较稳定的融资渠道；但其规模也应适当。

分析长期借款的规模应注意以下问题。

* 与固定资产、无形资产的规模相适应。
* 长期借款利息费用的处理。

② 应付债券。应付债券是指企业为筹集长期使用资金而发行的债券。

相对于长期借款而言，发行债券需要经过一定的法定手续，但对款项的使用没有过多的限制。能够发行企业债券的单位只能是经济效益较好的上市公司或特大型企业，往往经过了金融机构严格的信用等级评估。所以，持有一定数额的应付债券，尤其是可转换公司债券，表明企业商业信用较高。另外，某些可转换债券可在一定时期后转换为股票而不需偿还，反而减轻了企业的偿债能力。以上都是应付债券的优点。但也要注意，同长期借款的目的一样，应付债券也是为了满足企业扩大再生产的需要，因此，应付债券必须与当期固定资产、无形资产的规模相适应。另外，应付债券是企业面向社会募集的资金，债权人分散，如果企业使用资金不利或转移用途，将会波及企业债券的市价和企业的声誉。所以，在进行报表分析时，应对应付债券的数额、增减变动及其对企业财务状况的影响给予足够的关注。

③ 长期应付款。长期应付款是指企业除长期借款和应付债券以外的其他各种长期应付款，包括应付融资租入固定资产的租赁费、以分期付款方式购入固定资产等发生的应付款项等。与长期借款和应付债券相比，融资租赁和分期付款方式在获得固定资产的同时借到一笔资金，然后分期偿还资金及其利息，有利于减轻一次性还本付息的负担，但同时也意味着在未来一定期间内企业每年都会发生一笔固定的现金流出。因此，在进行报表分析时，应结合会计报表附注中对长期应付款具体项目的披露，对长期应付款的数额、增减变动及其对企业未来财务状况的影响予以足够的关注。

（3）所有者权益项目的考察与分析。所有者权益实质上是指所有者在企业资产中享有的经济利益，其金额为资产减去负债后的余额，即所有者权益是一种剩余权益。具体而言，所有者权益在资产负债表上反映为实收资本（股本）、资本公积、盈余公积、未分配利润 4 个部分。所有者权益分析可以向投资者、债权人等提供有关资本来源、净资产的增减变动、分配能力等与其决策相关的信息。因此，在进行报表分析时，应对所有者权益的金额、增减变动及其对企业财务状况的影响引起足够的重视。

① 实收资本（股本）。实收资本（股本）是指投资者（股东）按照企业章程或合同、协议的约定，实际投入企业的资本。实收资本并不等于注册资本。注册资本是企业在公司登记机关登记的全体股东认缴的出资额，而实收资本是股东实际投入企业的资本。2006 年 1 月 1 日开始实施的新《公司法》规定，注册资本可以不再一次缴足，而是可以先缴纳一部分，其余部分在一定期限内缴足。例如，有限责任公司全体股东的首次出资额不得低于注册资本的 20%，其余部分由股东自公司成立之日起两年内缴足；其中，投资公司可以在五年内缴足。若实收资本低于注册资本，需要进一步阅读会计报表附注及公司章程的有关说明，看其是否符合法律规定，是否存在注册资本不到位或者抽逃注册资本等违法行为。

分析实收资本（股本）首先应看实收资本的规模。实收资本揭示了一个企业生产经营的物质基础。资本总额越大，企业的物质基础就越雄厚，经济实力就越强。同时，资本总额也是一定经营领域的准入"门槛"。例如，我国《公司法》规定，有限责任公司注册资本的最低限额为人民币 3 万元，股份有限公司注册资本的最低限额为人民币 500 万元。

另外，要考察实收资本（股本）的增减变动情况。除非企业出现增资、减资等情况，实收资本（股本）在企业正常经营期间一般不会发生变动。实收资本（股本）的变动将会影响企业投资者对企业的所有权和控制权，而且对企业的偿债能力、获利能力等都会产生影响。当然，企业投资者增加投入资本，会使营运资金增加，表明投资者对企业的未来充满信心。

② 资本公积。资本公积是企业收到投资者出资额超出其在注册资本（或股本）中所占份额的部分（资本溢价或股本溢价），以及直接计入所有者权益的利得和损失等。其中，形成资本溢价或股本溢价的原因有溢价发行股票、投资者超额缴入资本等；直接计入所有者权益的利得和损失是指不应计入当期损益、会导致所有者权益发生增减变动的、与所有者投入资本或者向所有者分配利润无关的利得或者损失，可供出售金融资产在持有期间的公允价值变动损益等。

③ 留存收益。留存收益是指企业从历年实现的利润中提取或形成的留存于企业的内部积累，主要包括计提的盈余公积和未分配利润。留存收益是留存在企业的一部分净利润，一方面可以满足企业维持或扩大再生产经营活动的资金需要，保持或提高企业的获利能力；另一方面可以保证企业有足够的资金用于偿还债务，保护债权人的权益。所以，留存收益增加，将有利于资本的保全、增强企业实力、降低筹资风险、缓解财务压力。留存收益的增减变化及变动金额的多少，取决于企业的盈亏状况和企业的利润分配政策。对留存收益分析的主要内容是：了解留存收益的变动总额、变动原因和变动趋势；分析留存收益的组成项目，评价其变动的合理性。

• 盈余公积是指企业按照有关规定从净利润中提取的积累资金。公司制企业的盈余公积包括法定盈余公积和任意盈余公积。法定盈余公积是指企业按照规定的比例从净利润中提取的盈余公积；任意盈余公积是指企业按照股东会或股东大会决议提取的盈余公积。企业提取的盈余公积可用于弥补亏损、扩大生产经营、转增资本或派发现金股利等。

• 未分配利润。未分配利润是企业实现的净利润经过弥补亏损、提取盈余公积和向投资者分配利润后留存在企业的、历年结存的利润。由于未分配利润相对于盈余公积而言，属于未确定用途的留存收益，所以，企业在使用未分配利润上有较大的自主权，受国家法律法规的限制比较少。

分析时应注意：未分配利润是一个变量，既可能是正数（未分配利润），也可能是负数（未弥补的亏损）。可将该项目的期末与期初配比，以观察其变动的曲线和发展趋势。

### 三、利润表

#### 1．利润的产生

企业的利润是怎样产生的？会计上有一个著名的等式：收入－成本＝利润，反映了利润产生的过程。企业若要实现利润，首先必须实现收入；企业所处行业不同，收入产生的途径就不同，如制造业企业和商品流通企业主要通过销售商品取得商品销售收入，服务行业主要靠提供劳务交易获取劳务收入。在实现收入的同时，也要付出相应的代价，如销售商品的成本、提供劳务的成本、为实现收入花费的各项间接费用以及税金等。企业因为生产销售了某些产品实现了收入，又因为生产销售这些产品花费了各式各样的支出，将某一期间所有实现的收入减去所有支出，如果还是正数，那么恭喜你，这一阶段你没有白辛苦，你赚钱了，实现了利润；反之，很遗憾，虽然也很辛苦，但你不但没有挣钱，还赔了本钱。

对于进行资本投入的主体人或法人而言，准确掌握一定时期的盈利状况是非常必要的，利润表就提供了这样一个平台。利润表是现今会计准则规定的企业必须对外披露的4张基本报表之一，它是反映企业在一定会计期间经营成果的会计报表。所谓"一定会计期间"是指利润表是一张期间报表，是一张动态报表。例如，年度利润表反映的是某年1月1日至12月31日整整一年的经营成果，月度利润表反映的是某月1日到某月最后一天一个月的经营成果状况。按照利润会计等式，利润表的结构中应该包括收入、成本和利润的相关数据，而且利润表的构成还考虑了利润的形成过程，先列报收入，然后用收入扣除成本费用后形成利润。

#### 2．利润表的格式与构成

利润表正表的格式一般有单步式和多步式两种。单步式利润表是将当期所有的收入列在一起，所有的费用列在一起，然后两者相减得出当期净损益。多步式利润表是通过对当期的收入、费用、支出项目按性质加以归类，按利润形成的主要环节列示一些中间性利润指标，分步计算当期净损益，如表2-2-2所示。

表2-2-2　　　　　　　　　　　多步式利润表

会企02表

编制单位：　　　　　　　　年　　月　　　　　　　　　　单位：元

| 项目 | 本期金额 | 上期金额 |
|---|---|---|
| 一、营业收入 | | — |
| 减：营业成本 | | — |
| 营业税金及附加 | | — |
| 销售费用 | | — |
| 管理费用 | | — |

续表

| 项目 | 本期金额 | 上期金额 |
|---|---|---|
| 财务费用 | | — |
| 资产减值损失 | | — |
| 加：公允价值变动收益（损失以"－"号填列） | | — |
| 投资收益（损失以"－"号填列） | | — |
| 其中：对联营企业和合营企业的投资收益 | | — |
| 二、营业利润（亏损以"－"号填列） | | |
| 加：营业外收入 | | |
| 减：营业外支出 | | |
| 其中：非流动资产处置损失 | | |
| 三、利润总额（亏损总额以"－"号填列） | | |
| 减：所得税费用 | | |
| 四、净利润（净亏损以"－"号填列） | | |
| 五、每股收益： | — | — |
| （一）基本每股收益 | — | — |
| （二）稀释每股收益 | — | — |

（1）我国利润表的编制步骤。我国利润表目前采用多步式，编制步骤如下。

第1步，以营业收入为基础，减去营业成本、营业税金及附加、销售费用、管理费用、财务费用、资产减值损失，加上公允价值变动收益（减去公允价值变动损失）和投资收益（减去投资损失），计算出营业利润。计算公式如下。

营业利润＝营业收入－营业成本－营业税金及附加－销售费用－管理费用－财务费用－资产减值损失＋公允价值变动收益（－公允价值变动损失）＋投资收益（－投资损失）

利润表的第1项营业收入减去第2项营业成本，通常称为营业毛利。这个数字我们无法在利润表中直接获取，但对报表使用者来说非常重要。

利润表中的营业收入包括企业的主营业务收入和其他业务收入两部分，营业成本也包括主营业务成本和其他业务成本两部分，具体数据要看财务报表附注的相关项目。

不同企业的营业收入内容不同，具体内容仍要关注财务报表附注的相关项目。

第2步，以营业利润为基础，加上营业外收入，减去营业外支出，计算出利润总额。计算公式如下。

利润总额＝营业利润＋营业外收入－营业外支出

第3步，以利润总额为基础，减去所得税费用，计算出净利润（或净亏损）。计算公式如下。

净利润＝利润总额－所得税费用

第4步，每股收益的计算列示，包括基本每股收益和稀释每股收益。普通股或潜在普通股已公开交易的企业，以及正处于公开发行普通股或潜在普通股过程中的企业，应在其利润表中披露此项目。

（2）列示利润表的比较信息。根据财务报表列报准则的规定，企业需要提供比较利润表，以使报表使用者通过比较不同期间利润的实现情况，判断企业经营成果的未来发展趋势。所以，利润表还就各项目再分为"本期金额"和"上期金额"两栏分别填列。

### 3．经常性损益

经常性损益是指企业日常生产经营活动产生的损益。与经常性损益相关的企业基本经济活动主要包括主营业务收入和其他业务收入扣除相对应的营业成本、营业税金及附加、期间费用、资产减值损失后的损益。所以，与经常性损益有关的项目包括营业收入、营业成本、营业税金及附加、期间费用等。

（1）营业收入。营业收入反映企业经营主要业务和其他业务所确认的收入总额。利润表的第1项营业收入是企业利润的重要来源。营业收入与企业的日常经营活动密切相关，企业所处行业不同，营业收入的具体内容就不同，但保证营业收入来源的稳定和持久是相同的，因为只有这样才能为利润提供稳定和持续的来源。按照企业从事日常经营活动在企业中的重要性，可将营业收入分为主营业务收入和其他业务收入，其中主营业务收入是指企业为完成其经营目标从事的经常性活动实现的收入。例如，工业企业制造并销售产品、商业企业销售商品、咨询公司提供咨询服务、软件企业为客户开发软件、商业银行对外提供信贷业务等。其他业务收入是指与企业为完成其经营目标所从事的与经常性活动相关的活动实现的收入。例如，工业制造业企业对外销售不需用的原材料、对外转让无形资产使用权等。具体来讲，按照企业从事日常活动的性质，可将收入分为销售商品收入、提供劳务收入、让渡资产使用权收入、建造合同收入等。

对营业收入可以从以下方面给予关注：一看主营业务收入在营业收入中的占比，这个比重越大越好；二看主营业务收入的构成，年报中对主营业务收入的分析主要从行业、产品、地区和主要客户等角度展开，从中可以读到更多主营业务收入的相关信息；三看主营业务收入的变动趋势，对连续几年的营业收入可以进行金额比较和增减变动率的比较。对于多产品生产和销售的企业，可以通过趋势分析更进一步分析各个产品营业收入的变化。企业身处多变的市场环境中，产品的更新换代是必然的，这一期间对营业收入贡献多的产品，在下一个期间可能急剧萎缩，这一期间对利润贡献多的产品，下一期间可能就变成亏损项目。对营业收入主要客户和地区的分析也存在上述问题。要保证营业收入的稳定，企业就必须不断开拓新产品、新市场和新客户。对经营管理者来说，及时发现处于下滑和萎缩状态的产品和开拓新产品和市场同样重要。

（2）营业成本。营业成本反映企业经营主要业务和其他业务所发生的成本总额。企业在确认营业收入时要将对应成本进行结转，营业成本是利润的抵减项目，与营业收入对应的营业成本开支越大，利润越少。需要注意的是，不同行业、不同产品的营业成本也会不同，因而对营业成本的比较应该更多地用在同行业相同和近似产品的比较上才有意义。企业的产品若在同行业中具有成本优势，如拥有核心技术、成熟的流程设计、成功的内部管理经验、熟练的工人以及通畅的上下游渠道等，都会使自己的产品具有市场优势，进而为企业提供更多利润来源。企业内部管理者应该关注本企业产品与同行业同类产品的成本比较分析，找出成本节约和控制的方法，进行产品改良和流程再造设计，提高产品的毛利（率）。所谓营业毛利就是营业收入减去营业成本的差额，而毛利率就是营业毛利与营业收入之比。报表使用者应该关注毛利率指标，企业的该指标较竞争对手好，产品的竞争力就强，就能为企业提供稳定、高质量的利润。

利润表的营业税金及附加项目反映企业经营业务应负担的消费税、营业税、城市建设维护税、资源税、土地增值税和教育费附加等，是企业按照税法规定以营业额为基数计缴的各类营业税金及附加（企业应交的增值税和所得税不在此项中）。企业当期的营业收入越高，应缴纳的营业税金及附加也越多。

（3）期间费用。期间费用是企业当期发生的费用中的重要组成部分，包括销售费用、管理费用和财务费用三大费用。它们的发生不能直接或间接计入产品成本，而是直接计入了损益。它们虽然都是期间费用，但各自的核算内容却有严格界定。销售费用是在销售商品和材料、提供劳务过程中发生的各种费用。管理费用是企业为组织和管理企业生产经营所发生的费用。财务费用是企业为筹集生产经营所需资金等所发生的筹资费用。同样，企业的经营性质不同，期间费用的内容和金额也会不同，在营业收入中的占比也会出现较大差异。例如，以提供劳务、技术培训为主营业务的企业，营业成本在营业收入中的占比不会很高，其毛利率会很高，但千万不要得意得太早，该类企业的营业收入往往是靠大量的市场营销人员不辞辛苦地拓展市场换取的，所以该企业的销售费用一定在营业收入中占比较高。对于这三项期间费用，报表使用者应该具体问题具体分析，一般来讲，若企业当期营业收入增长了，三种费用也会相应增加；只要三项费用在营业收入中的占比没有异常变化就视为正常；若有异常波动，可以通过阅读报表附注中的期间费用明细及其变动说明进一步分析其合理性。当然，期间费用越高，利润越少，所以对三种期间费用的管理控制是企业管理者应该重点关注的。

**4. 非经常性损益**

非经常性损益是指与公司正常经营业务无直接关系，以及虽与正常经营业务相关，但由于其特殊性和偶发性，影响报表使用者对公司经营业绩和盈利能力做出正确判断的各项交易和事项产生的损益。根据中国证券监督管理委员会公告，企业的非经常性损益在利润表中主要反映在投资收益、公允价值变动损益、营业外收支等项目中。

（1）投资收益。投资收益的发生主要与金融资产和长期股权投资活动相关。金融资产中与投资活动相关的项目包括交易性金融资产、指定以公允价值计量且变动计入当期损益的金融资产、持有至到期投资金融资产、可供出售金融资产，发生相关活动时与投资收益的发生相关。当核算处置交易性金融资产、持有至到期金融资产，核算持有可供出售金融资产等期间取得的投资收益时，增加当期投资收益。此外，长期股权投资收益包括按成本法和权益法核算的长期股权投资收益和处置长期股权投资产生的投资收益。投资收益项目在利润表中是列示在营业利润之前的，但严格来说它与企业的日常经营活动无关，属于企业的投资活动。在资本市场日益健全发展的今天，企业利用资本市场获利的空间也日益扩大。基于企业长远发展的战略考虑，企业可以通过兼并收购取得其他公司的控制权，也可以利用资本市场进行各种金融工具的投资，最终目的都是使企业的财富最大化。对于投资收益的分析不但要关注其增减变化金额，更要关注其中的风险因素，对风险的控制是关键。

（2）营业外收支。

① 营业外收入主要构成企业的非经常性收益，它是指企业发生的与日常经营活动无直接关系的各项利得。营业外收入并不是由企业经营资金耗费所产生的，不需要企业付出代价，实际上是

一种纯收入，不可能也不需要与有关费用进行配比。营业外收入主要包括非流动资产处置利得、非货币性资产交换利得、债务重组利得、政府补助、盘盈利得、捐赠利得等。

② 营业外支出是指企业发生的与日常经营活动无直接关系的各项损失,包括非流动资产处置损失、非货币性资产交换损失、债务重组损失、公益性捐赠支出、非常损失、盘亏损失等。

（3）资产减值准备。资产减值是指资产的可收回金额低于其账面价值。新准则出台了单项准则《企业会计准则第8号——资产减值》,该准则对资产减值的认定、计量、可收回金额的计量以及资产组的认定等都做了详细的规定。准则规定,长期股权投资、固定资产、无形资产、在建工程等资产减值准备一经计提,在以后会计期间不得转回,这对以后 ST（Special Treatment,特别处理）上市公司利用资产减值操纵利润在一定程度上进行了控制,使得其盈余管理的空间缩小了;而对于坏账准备、存货跌价准备、短期投资跌价准备、委托贷款减值准备的计提仍然可以转回,说明资产价值准备仍存在盈余管理空间。资产减值准备属于非经常性收益,应重点关注其对企业利润的影响。

### 四、现金流量表

#### 1．现金与现金流量

现金流量表中的现金包括以下两部分。

（1）现金。现金是指企业库存现金以及可以随时用于支付的存款。不能随时用于支取的存款不属于现金。具体来讲,现金包括"库存现金"账户核算的库存现金,"银行存款"账户核算的存入金融企业、随时可以用于支付的存款,如结算户存款和通知存款等,以及"其他货币资金"账户核算的外埠存款、银行汇票存款、银行本票存款和在途货币资金等其他货币资金。但是,其中有些不能随时用于支付的存款,如不能随时支取的定期存款等,不应作为现金,而应列为投资;提前通知金融企业便可支取的定期存款,则应包括在现金范围内。

（2）现金等价物。现金等价物是指企业持有的期限短、流动性强、易于转换为已知金额现金、价值变动风险很小的投资。期限短,一般是指从购买日起三个月内到期。现金等价物通常包括三个月内到期的短期债券投资。权益性投资变现的金额通常不确定,因而不属于现金等价物。企业应当根据具体情况,确定现金等价物的范围,一经确定不得随意变更。

现金等价物虽然不是现金,但其支付能力与现金差别不大,可视为现金。一项投资被确认为现金等价物必须同时具备四个条件:期限短、流动性强、易于转换为已知金额现金、价值变动风险很小。例如,企业购买了期限仅为三个月或在三个月内即将到期的国库券或其他短期债券,这类国库券和短期债券因离到期日很近,随时可转换成确定数额的现金,所以其利率变动时对其价值的影响较小而可忽略不计,这类短期投资即可视同现金等价物。

企业应当根据具体情况确定现金等价物的范围,并且一贯性地保持其划分标准,如改变划分标准应视为会计政策变更。确定现金等价物的原则及其变更应当在会计报表附注中披露。

#### 2．现金流量表的格式与构成

现金流量表的目的是揭示在会计期间内影响现金的经济事项的有关信息。报表中描述了三种一般类型的经济事项或活动:经营现金流量、筹资现金流量和投资现金流量,并且每一部分分别记录流入和流出。其基本格式如表2-2-3所示。

表 2-2-3　　　　　　　　　　　现金流量表　　　　　　　　　　会企 03 表

编制单位：　　　　　　　　　　　　年　　月　　　　　　　　　　单位：元

| 项目 | 本期金额 | 上期金额 |
|---|---|---|
| 一、经营活动产生的现金流量： | | |
| 　销售商品、提供劳务收到的现金 | | |
| 　收到的税费返还 | | |
| 　收到其他与经营活动有关的现金 | | |
| 　　经营活动现金流入小计 | | |
| 　购买商品、接受劳务支付的现金 | | |
| 　支付给职工以及为职工支付的现金 | | |
| 　支付的各项税费 | | |
| 　支付其他与经营活动有关的现金 | | |
| 　　经营活动现金流出小计 | | |
| 　　经营活动产生的现金流量净额 | | |
| 二、投资活动产生的现金流量： | | |
| 　收回投资收到的现金 | | |
| 　取得投资收益收到的现金 | | |
| 　处置固定资产、无形资产和其他长期资产收回的现金净额 | | |
| 　收到其他与投资活动有关的现金 | | |
| 　　投资活动现金流入小计 | | |
| 　购建固定资产、无形资产和其他长期资产支付的现金 | | |
| 　投资支付的现金 | | |
| 　支付其他与投资活动有关的现金 | | |
| 　　投资活动现金流出小计 | | |
| 　　投资活动产生的现金流量净额 | | |
| 三、筹资活动产生的现金流量： | | |
| 　吸收投资收到的现金 | | |
| 　取得借款收到的现金 | | |
| 　收到其他与筹资活动有关的现金 | | |
| 　筹资活动现金流入小计 | | |
| 　偿还债务支付的现金 | | |
| 　分配股利、利润或偿付利息支付的现金 | | |
| 　支付其他与筹资活动有关的现金 | | |
| 　　筹资活动现金流出小计 | | |
| 　　筹资活动产生的现金流量净额 | | |
| 四、汇率变动对现金及现金等价物的影响 | | |
| 五、现金及现金等价物净增加额 | | |
| 　加：期初现金及现金等价物余额 | | |
| 六、期末现金及现金等价物余额 | | |

现金流量表是对资产负债表和利润表的补充说明。它的补充，主要表现在反映现金流量状况方面。对于经营活动业绩，利润表以权责发生制为基础进行反映，而现金流量表以收付实现制为基础进行反映。对于筹资和投资活动，资产负债表反映其在会计期末的"存量"，而现金流量表反映其在整个会计期间的"流量"。

形象地说，经营现金流量是企业当前的"造血"机能；投资现金流量是企业未来潜在的"造血"机能；筹资现金流量是企业的"输血"能力。

### 3．现金流量表与企业基本活动的关系

由于企业的经营活动、投资活动和筹资活动均会导致现金流量发生变动，因而这三类活动也就成为了影响企业现金流量的因素，具体如下。

（1）企业主营业务活动。企业为了生存，必须获得现金，以便支付各种商品和服务的开销。尽管企业可以通过外部筹资来获取现金，但从长期来看，主要的现金来源仍然是企业的主营业务活动。在正常情况下，企业实现的净收益越多，对应的经营活动净现金流量也越多；而企业实现的净收益越少，对应的经营活动净现金流量也就越少。

（2）营运资金管理水平。营运资金即企业的流动资金，就是指一个企业维持日常经营所需要的资金，一般是指流动资产与流动负债的差额，它基本上等于企业存货加上应收账款减去应付账款后的余额。很明显，存货库存时间的延长、产品生产周期的延长、应付账款付款期的缩短、应收账款收款期的延长等，均会导致高额的流动资金占用，进而导致较长的现金回收周期，影响企业现金流量状况。而通过高水平的营运资本管理，可以实现较短的现金回收周期，提高企业现金流量状况。

（3）企业筹资能力。确保满足企业预期经营规模的资金需求是企业筹资活动最主要的功能，但是使用资金是要支付成本的。当企业以借款或发行债券、股票等形式筹集资金时，会引起企业现金的流入；而当企业归还本金与利息时，又会引起现金的流出，如果企业资金不足，可能会造成营运状况不良，导致停工减产、利润下降；但如果筹资金额过剩，又会造成浪费，加大企业成本的支付。企业的筹资能力主要包括两方面含义：其一是指企业融入资金数量的合理性；其二是指融入资金成本的高低。影响企业筹资能力的因素主要有资金需求量、资本成本、筹资方式、筹资手段及企业信誉、生产经营状况等。

当企业发行股票吸收权益性投资、发行公司债券及票据、取得长期或短期贷款等时，都会使企业现金流量有较大幅度的增加；而当企业偿还到期的债券和银行借款、支付融资租赁租金中的本金部分及发行股票、公司债券或其他筹资形式而支出费用时，又会使企业现金流量大幅度减少。企业能否实现筹资目标取决于企业外部及内部自身的诸多因素，仅为筹资而筹资是很危险的。

（4）企业投资状况。企业投资活动是企业进行的以营利为目的的资本性支出活动。企业投资既包括企业内部使用资金的过程，如购置流动资产、固定资产、无形资产等，也包括对外投放资金的活动，如购买其他企业的股票、债券等。

投资活动是一项引起现金流出的活动，企业投资的过程就是一个现金流出企业的过程，投资量越大，现金流出量也就越大；而当企业收到投资收益时，又会引起现金流入。处于不同发展时期的企业，对投资的要求和资金需求量不同，得到的投资收益也不同。一般对处于成长期的企业来说，投资增长会耗费大量的资源，使得企业的现金流出量增加，现金流入量

减少；而处于成熟期的企业，生产规模和投资规模都比较稳定了，投资额相对减少，而以往的投资收益开始增加，相对来说，现金流出量减少，流入量逐渐增加。相对而言，专用性较强的投资，其变现期限较长，变现能力受到一定的限制，当企业的投资增长过快时，容易导致现金短缺。

**4. 经营活动产生的现金流量**

经营活动一般包括生产、发送货物和提供服务。经营活动产生的现金流量，是企业在日常的营业活动中从事正常经营业务所产生的现金流量，包括物资的采购、商品的销售、提供或接受劳务、缴纳税款、支付工资、发生相关经营销售费用等行为中所涉及的现金流量。

现金流量表是通过现金收入和现金支出的主要类别列示经营活动的现金流量的。

（1）经营活动产生的现金流入项目。

① 销售商品、提供劳务收到的现金。本项目反映企业从事正常经营活动所获得的、与销售商品或提供劳务等业务收入相关的现金流入，包括销售收入和应向购买者收取的增值税销项税额。企业销售材料和代购代销业务收到的现金，也通过本项目反映。

正常情况下，企业的资金所得，主要依赖于其日常经营业务，而销售商品、提供劳务收到的现金，就反映了企业日常经营活动中所能够提供的、有一定可持续性的资金流入。

② 收到的税费返还。本项目反映企业当期收到的各种税费返还款，包括收到的增值税、营业税、所得税、消费税、关税和教育费附加返还款等，体现了企业在税收方面享受政策优惠所获得的已缴税金的回流金额。

（2）经营活动产生的现金流出项目。

① 购买商品、接受劳务支付的现金。本项目反映企业在正常的经营活动过程中所支付的、与购买物资及接受劳务等业务活动相关的现金流出，包括支付的货款以及与货款一并支付的增值税进项税额，具体包括本期发生本期支付的现金、本期支付前期发生的未付款项、至今尚未发生但本期预付了款项的现金流出及减去本期发生的购货退回收到的现金。

② 支付给职工以及为职工支付的现金。本项目反映企业当期实际支付给从事生产经营活动的在职职工的现金以及为职工支付的现金，包括实际支付给职工的工资、奖金、各种津贴和补贴等，以及为职工支付的诸如养老保险、失业保险、商业保险、住房公积金、困难补助等其他各有关方面的现金。

职工是企业生产经营活动中不可或缺的具体实施者。支付给职工以及为职工支付的现金是保证劳动者自身生存及其再生产的必要开支，因此也属于企业持续性的现金支出项目。

本项目不包括支付的离退休人员的各项费用和支付给在建工程人员的工资等。

③ 支付的各项税费。本项目反映企业按规定在当期以现金缴纳的所得税、增值税、营业税、房产税、土地增值税、车船使用税、印花税，以及教育费附加、城市建设维护费、矿产资源补偿费等各类相关税费，反映了企业除个别情况之外所实际承担的税费负担，包括本期发生并支付的税费、本期支付以前各期发生的税费和预交的税金。

本项目不包括企业支付的按规定应计入固定资产成本的耕地占用税、企业在购买商品时随交易价款一并结算支付的增值税。

（3）经营活动现金流量分析。经营活动现金流量的最大特点，在于它与企业日常经营活动的直接的密切关系。无论是现金流入量还是现金流出量，都体现了企业在维持目前生产能力和生产规模状态下对现金及其等价物的获得与支出水平。

现金流量分析中要考察的最重要的部分是经营现金流量，因为它表示公司在长期内资金的主要来源。一般来说，如果公司所拥有现金的绝大部分不是从经营活动中获得的，公司就无法长久地存续下去。显然，现金最重要的来源是公司的盈利，这是公司经营的主要原因，现金代表了"自由"资金。除非在极特殊的情况下，缺乏盈利性将最终导致经营活动的终止。现金的其他来源（借款、股权投资或资产出售）都应该是经营活动的补充。可以将这些作为筹集现金的办法，但是在长期内它们不应是资金的主要来源。

**5. 投资活动产生的现金流量**

投资活动是指企业长期资产的购建和不包括在现金等价物范围的投资及其处置活动。而投资活动产生的现金流量便是反映企业在股权与债权投资中，以及与非货币性长期资产的增减变动相关的活动中所产生的现金收付金额。

（1）投资活动产生的现金流入项目。

① 收回投资所收到的现金。本项目反映企业在当期出售、转让或到期收回其所持有的对外股权或债权投资所收到的现金，包括出售、转让不属于现金等价物的短期股权投资，可供出售金融资产，长期股权投资收到的现金，以及收回各类债权投资所收到的现金；不包括债权投资收回的利息，以及收回的非现金资产。

② 取得投资收益所收到的现金。本项目反映企业因债权性投资而取得的现金利息收入、因股权投资而分得的现金股利，以及由于被投资方分配利润而收到的现金等；在现金等价物范围内的债券性投资，其利息收入也在本项目中反映。短期持有的股票股利不在本项目中反映。

③ 处置固定资产、无形资产和其他长期资产所收到的现金净额。本项目反映企业在当期由于处置固定资产、无形资产和其他长期资产所收到的现金，减去由于处置行为而产生的有关费用后的净现金流入量，以及由于自然灾害造成企业该类长期资产损失而获得的保险赔偿所收到的现金等。

④ 处置子公司及其他营业单位收到的现金净额。本项目反映企业处置子公司及其他营业单位收到的现金净额。

（2）投资活动产生的现金流出项目。

① 购建固定资产、无形资产和其他长期资产所支付的现金。本项目反映企业在当期由于购置或自行建造固定资产、取得无形资产和其他长期资产而发生的直接的现金支付金额，如购置该类资产所支付的买价、税金、运杂费、安装调试费等，以及建造该类资产支付的现金和人员工资等现金支出；不包括为构建固定资产而发生的借款利息资本化部分，以及融资租入固定资产所支付的租赁费。

② 投资所支付的现金。本项目反映企业进行权益性投资和债权性投资所支付的现金，包括企业取得的除现金等价物以外的交易性金融资产、可供出售金融资产、持有至到期投资、长期股权投资支付的现金，以及支付的佣金、手续费等附加费用。企业购买债券的价款中含有债券利息的，以及溢价或折价购入的借贷方发生额，均按实际支付的金额反映。该项目作为企业当期的一笔

现金流出，也意味着企业未来获得股息、利息、利润以及转让或出售投资所得的现金流入的潜在可能。

③ 取得子公司及其他营业单位所支付的现金净额。本项目反映企业取得子公司及其他营业单位所支付的现金净额。整体购买一个单位，其结算方式是多种多样的，如购买方全部以现金支付或一部分以现金支付而另一部分以实物清偿。同时，企业购买子公司及其他营业单位是整体交易，子公司和其他营业单位除有固定资产和存货外，还可能持有现金和现金等价物。这样，整体购买子公司或其他营业单位的现金流量，就应以购买出价中以现金支付的部分减去子公司或其他营业单位持有的现金和现金等价物后的净额反映。

（3）投资活动现金流量分析。投资活动现金流量的最大特点在于，就当期而言，它与企业日常营运活动几乎没有多少直接的关系或影响，但是却对企业未来的现金流量产生着一定的甚至有时是不容忽视的影响。目前的大量流入可能意味着未来相关现金流入的大幅度萎缩；而目前的大量该类现金流出，又可能蕴含着未来会产生或促使大量的相应现金流入。

在大多数情况下，投资活动代表公司现金流量的主要用途。财产、厂房和设备或收购新公司的支出代表公司对未来的投资，公司大部分的现金流出从长期来看，应该在这些方面。

一般来说，公司应该至少将新财产、厂房和设备的实际直线折旧额用于再投资，以保持它的投资总量。由于通货膨胀的压力，仅仅是折旧额的再投资可能还不够，但是可以将其作为再投资的最低数额。对于某些类型的公司来说，可能需要更高水平的投资。高投资一般表明了公司的发展和壮大，但这也不能一概而论，需要仔细地审查。为了再投资而再投资是浪费现金。再投资额应该合理、有计划并符合公司的实际情况。过多的再投资会耗尽现金，是公司管理者的不明智之举。

### 6．筹资活动产生的现金流量

筹资活动是指导致企业资本及债务规模和构成发生变化的活动，这里的债务是指对外举债，包括向银行借款、发行债券，而应付账款、应付票据等商业应付款属于经营活动。

正常情况下，企业经营活动中的资金需求主要由其经营活动中的资金流入量来满足，即所谓的"以收抵支"，甚至还应略有剩余。然而，由于生产经营活动中也存在着各有关环节衔接不当的情况，可能会造成企业短期内资金周转不畅，出现现金短缺问题，或者企业由于其战略调整、规模扩大等需要而对现金需求量提出更高的要求等，企业便不可避免地需要从外部筹措所需资金，从而产生了企业的筹资活动。

筹资活动现金流量反映了企业出于各种需求而进行资金筹措活动所产生的现金流入与流出金额。

（1）筹资活动产生的现金流入项目。

① 吸收投资所收到的现金。本项目反映企业以发行股票、债券等方式筹集资金实际收到的款项净额。需要注意的是，以发行股票、债券等方式筹集资金而由企业直接支付的审计、咨询等费用，不在本项目中反映；由金融企业直接支付的手续费、宣传费、咨询费、印刷费等费用，从发行股票、债券取得的现金收入中扣除，以净额列示。

企业以发行股票方式筹集资金，在带来可供其长期使用而无须偿还的股权资金的同时，由于在一定程度上降低了资产负债比率，从而提高了企业对其债权人利益的保障程度，也为企业日后的债务筹资提供了可能。

而企业若以发行债券的方式筹集资金，则在带来目前可供使用的债务资金的同时，也造成了企业日后按期还本付息的资金压力。因此，如果该项现金来源金额过大，报表使用者就应充分考虑和分析该企业未来获取现金、偿付本息的能力，以及偿还时大量的资金流出对企业正常生产经营可能造成的负面影响。

② 取得借款所收到的现金。本项目反映企业当期向银行或非银行金融机构举借各种长期或短期借款所收到的现金。如同以发行债券的方式筹集资金一样，企业在向银行或非银行金融机构举借借款、获得目前可供使用的资金的同时，也会造成日后按期还本付息的资金压力。即现时的现金流入会导致未来相应的现金流出。

（2）筹资活动产生的现金流出项目。

① 偿还债务所支付的现金。本项目反映企业以现金偿还债务的本金，包括归还金融企业的借款本金、偿付企业到期的债券本金等。需要注意的是，企业偿还的借款利息、债券利息，不在本项目中反映。

② 分配股利、利润或偿付利息所支付的现金。本项目反映企业实际支付的现金股利、支付给其他投资单位的利润或用现金支付的借款利息和债券利息。

使用别人的资金是需要付出代价的，企业以吸收投资或借款的方式获得对投资者或债权人资金的占有和使用权，自然也需要付出相应的使用代价，这种使用代价的现金表现便是以现金形式支付给股东的股利、利润，以及支付给债权人的借款利息或债券利息等。

（3）筹资活动现金流量分析。筹资活动现金流量的最大特点在于，它的现时现金流量与未来现金流量在一定程度上的对应性。即目前该类现金流入量的发生，在一定程度上意味着未来存在相应的现金流出量；而目前该类现金流出量的存在，则是以往相应的现金流入量所引起的必然结果。

来自于筹资活动的现金流量可以视为一个平衡项目，从经营角度而言，通常不如其他两类现金流量重要，但这并不意味着可以或应该忽视筹资活动。公司需要仔细地考察筹资活动，以确定公司的偿债义务和相关筹资活动的进展情况。过长时间的过多借款，最终会给公司造成问题。过少的借款可能说明管理过于警惕，公司因而失去了获得杠杆收益的可能性。公司应该不时地对资本结构进行调整，这对公司整体的财务状况和现金流量有很大的影响。但是这种大的变动相对来说不应太频繁。

我们应该可以看出长期内，公司的主要现金流量应该源于经营活动，用于投资活动、筹资活动现金流量，是平衡二者的一个变动项目。这应该是初步确定公司现金流量合理性的基础。接下来的问题是源于经营活动的现金流量是多少，以及用于投资活动的现金流量是多少。

# 项目三 | 财务分析

【引例与分析】从前，有 4 个盲人很想知道大象是什么样子，可他们看不见，只好用手摸。胖盲人先摸到了大象的牙齿。他说:"我知道了,大象就像一个又大、又粗、又光滑的大萝卜。"高个子盲人摸到的是大象的耳朵。"不对,不对,大象明明是一把大蒲扇嘛!"他大叫起来。"你们净瞎说,大象只是根大柱子。"原来矮个子盲人摸到了大象的腿。而那位年老的盲人呢,却嘟囔着:"唉,大象哪有那么大,它只不过是一根草绳。"原来他摸到的是大象的尾巴。4个盲人争吵不休,都说自己摸到的才是大象真正的样子。而实际上呢?他们一个也没说对。

**问题:** 他们为什么会犯这样的错误?企业的经营管理者,在分析企业财务状况时会不会和他们犯一样的错误呢?

**分析:** 正确地认识事物要从全局出发,客观看问题,运用科学的方法。作为企业经营管理者,要对企业的财务状况做出正确的判断,不仅要从各个方面分析财务状况,还必须运用财务综合评价方法。

## 一、财务分析的含义和目的

### 1.财务分析的含义

财务分析是以会计核算和报表资料及其他相关资料为主要依据,采用一系列专门的分析技术和方法,对企业的投资活动、筹资活动、经营活动的偿债能力、盈利能力和营运能力进行分析和评价,为企业投资者、债权人、经营者及其他关心企业的组织和个人了解企业过去、评价企业现状、预测企业未来,做出正确决策提供准确的信息或依据。其意义如下。

(1)财务分析是评价财务状况、衡量经营业绩的重要依据。

(2)财务分析是挖掘潜力、改进工作、实施财务管理目标的重要手段。

(3)财务分析是合理实施投资决策的重要步骤。

### 2.财务分析的目的

财务分析的目的受财务分析主体和财务分析服务对象的制约,不同的财务分析主体进行财务分析的目的是不同的,不同的财务分析服务对象所关心的问题也是不同的。财务分析信息的需求者主要包括企业所有者、企业债权人、企业经营决策者和政府等。

(1)从企业投资者的角度看财务分析的目的。企业投资者包括企业的所有者和潜在的投资者,他们主要关心其资本保值和增值状况,对企业投资的回报率极为关注,重视企业的获利能力指标。

(2)从企业债权人的角度看财务分析的目的。企业债权人没有参与企业剩余收益的分配,其进行财务分析的目的:一是看其对企业的借款或其他债权是否能及时、足额收回,即研究企业偿债能力的大小;二是看债权人的收益状况与风险程度是否相适应,为此,还应将偿债能力与盈利能力分析相结合。

(3)从企业经营决策者的角度看财务分析的目的。企业经营管理者进行财务分析的目的是综合的和多方面的。从对企业所有者负责的角度,他们首先也关心盈利能力,这是他们的总体目标。同时,他们还必须对企业经营者理财的各个方面予以详尽地了解和掌握,主要包括运营能力、偿债能力、获利能力及发展能力等信息。

(4)政府兼有多重身份,既是宏观经济管理者,又是国有企业的所有者和重要的市场参与者,因此政府对企业财务分析的关注点因所具身份不同而异。他们除关注投资所产生的经济效应外，还必须对投资的社会效益予以考虑。

总的来说，财务分析的基本内容包括偿债能力分析、运营能力分析、获利能力分析和发展能力分析，四者是相辅相成的关系。

## 二、财务分析的方法

开展企业财务分析，需要运用一定的技术和方法。财务分析的方法主要有趋势分析法、比率分析法和因素分析法等。

### 1．趋势分析法

趋势分析法又称水平分析法，是通过对比两期或连续数期财务报告中的相同指标，确定其增减变动的方向、数额和幅度，来说明企业财务状况或经营成果的变动趋势的一种方法。采用这种方法，可以分析引起变化的主要原因、变动性质，并预测企业未来的发展前景。

分析步骤如下。

① 计算趋势比率或批数。

② 根据指数计算结果，评价与判断企业各项指标的变动趋势及其合理性。

③ 预测未来的发展趋势。

（1）会计报表的比较。这是将连续数期的会计报表的金额并列起来，比较其相同指标的增减变动金额和幅度，据以判断企业财务状况和经营成果发展变化的一种方法。会计报表的比较，具体包括资产负债表、利润表及现金流量表的比较等。比较时，既要计算出表中有关项目增减变动的绝对额，又要计算出其增减变动的百分比。

$$差异额 = 报告期数额 - 基期数额$$

$$差异率 = \frac{差异额}{基期数额}$$

（2）重要财务指标的比较。这是将不同时期财务报告中的相同指标或比率进行比较，直接观察其增减变动情况及变动幅度，考察其发展趋势，预测其发展前景。对不同时期财务指标的比较有以下两种方法。

① 定基动态比率。定基动态比率是以某一时期的数额为固定的基期数额而计算出来的动态比率。其计算公式如下。

$$定基动态比率 = \frac{报告期数额}{固定基期数额}$$

② 环比动态比率。环比动态是以每一分析期的前期数额为基期数额而计算出来的动态比率。其计算公式如下。

$$环比动态比率 = \frac{报告期数额}{前期数额}$$

（3）会计报表项目构成的比较。这是在会计报表比较的基础上发展而来的。它是以会计报表中的某个总体指标作为 100%，再计算出其各组成指标占该总体指标的百分比，从而来比较各个项目百分比的增减变动，以此来判断有关财务活动的变化趋势。这种方法较前述两种方法更能准确地分析企业财务活动的发展趋势，既可用于同一企业不同时期财务状况的纵向比较，又可用于不同企业之间的横向比较，同时能消除不同时期之间业务规模差异的影响，有利于分析企业的耗费水平和盈利水平。

（4）注意事项。

① 用于进行对比的各个时期的指标，在计算口径上必须一致。

② 剔除偶发性项目的影响，使用来分析的数据能反映正常的经营状况。

③ 应运用例外原则，对某项有显著变动的指标做重点分析，研究其产生的原因，以便采取对策，趋利避害。

### 2．比率分析法

比率分析法是通过计算各种比率指标来确定经济活动变动程度的分析方法。比率是相对数，采取这种方法，能够把某些条件下不可比的指标变为可比的指标，以利于进行分析。比率指标一般有不同的类型，主要有三类：一是构成比率；二是效率比率；三是相关比率。

（1）构成比率。构成比率又称结构比率，它是某项财务指标的各组成部分数值占总体数值的百分比，反映部分与总体的关系。其计算公式如下。

$$构成比率 = \frac{某个组成部分数额}{总体数额}$$

例如，企业资产中流动资产、固定资产和无形资产占资产总额的百分比（资产构成比例），企业负债中流动负债和长期负债占负债总额的百分比（负债构成比例），库存商品中直接材料成本、直接人工成本和制造费用占库存商品总成本的百分比（成本构成比例）都是构成比率。利用构成比率，可以考察总体中某个部分的形成和安排是否合理，以便协调各项财务活动。

（2）效率比率。效率比率是某项经济活动中所费与所得的比例，反映投入与产出的关系。利用效率比率指标，可以进行得失比较，考察经营成果，评价经济效益。例如，将利润项目与销售成本、销售收入、资本金等项目加以对比，可计算出成本利润率、销售利润率以及资本金利润率等利润率指标，可以从不同角度观察比较企业获利能力的高低及其增减变化情况。

（3）相关比率。相关比率是以某个项目和与其有关但又不同的项目加以对比所得的比率，反映有关经济活动的相互关系。利用相关比率指标，可以考察企业有联系的相关业务安排得是否合理，以保障运营活动顺畅进行。例如，将流动资产与流动负债加以对比，计算出流动比率，据以判决企业的短期偿债能力。

比率分析法的优点是计算简便，计算结果也比较容易判断，而且可以使某些指标在不同规模的企业之间进行比较，甚至也能在一定程度上超越行业间的差别进行比较。但采用这一方法时应该注意以下几点。

① 对比项目的相关性。计算比率的子项和母项必须具有相关性，把不相关的项目进行对比是没有意义的。在构成比率指标中，部分指标必须是总体指标这个大系统中的一个小系统；在效率比率指标中，投入与产出必须有因果关系；在相关比率指标中，两个对比指标也要有内在联系，才能评价有关经济活动之间是否协调均衡，安排是否合理。

② 对比口径的一致性。计算比率的子项和母项必须在计算时间、范围等方面保持口径一致。

③ 衡量标准的科学性。运用比率分析，需要选用一定的标准与之对比，以便对企业的财务状况做出评价。通常而言，科学合理的对比标准有以下几种。

- 预定目标，如预算指标、设计指标、定额指标、理论指标等。

- 历史标准，如上期实际、上年同期实际、历史先进水平以及有典型意义时期的实际水平等。

- 行业标准，如主管部门或行业协会颁布的技术标准、国内外同类企业的先进水平、国内外同类企业的平均水平等。

- 公认标准。

### 3．因素分析法

因素分析法是依据分析指标与其影响因素的关系，从数量上确定各因素对分析指标影响方向和影响程度的一种方法。采用这种方法的出发点在于，当有若干因素影响时，假定其他因素不变，确定某个因素单独变化所产生的影响。因素分析法具体有两种：一是连环替代法；二是差额分析法。

（1）连环替代法。连环替代法是将分析指标分解为各个可以计算的因素，并根据各个因素之间的依存关系，顺次用各个因素的比较值（实际值）替代基准值（计划值），据以测定各因素对分析指标的影响。

采用连环替代法进行具体综合经济指标分析时，其步骤如下。

① 根据综合经济指标的性质，确定影响其发生变动的个别因素，并用数学关系式表示。在数学表达式中，各因素排序原则是先数量指标，再质量指标。

② 分别将基期（如计划、标准、预算、上年同期）和报告期（本期实际）的因素值代入数学表达式。

③ 根据基期和报告期同样因素顺序的算式，依次以报告期替代基期数值。每完成一次替换，得到一个与前一个算式相差一个因素值的新算式。凡被替换过的因素，便将报告期数字保留下来，直到替换完毕。

④ 将每次所得替换算式与相邻的前一个算式相比较，比较所得的差异，即为两算式中的差别因素变动对综合经济指标变化的影响程度。

⑤ 将各因素对综合经济指标影响程度的数值加总求和，检查其代数和是否等于综合经济指标报告期数值与基期数值之差。如果相等，一般证明因素分析法的计算是正确的。

⑥ 根据各因素对综合经济指标差异影响的方向和程度，分析确定主要的影响因素，并有针对性地提出改进意见。

【典型案例2-3-1】某企业 2015 年 8 月某材料费用的实际数是 5 040 元。而计划数是 4 000 元，实际比计划多 1 040 元。由于原材料费用是由产品产量、单位产品材料消耗用量和材料单价三个因素的乘积构成的，因此，可以将材材料费用这一总指标分解为三个因素，然后逐个来分析它们对材料费用总额的影响程度。现假定这三个因素的数值如表 2-3-1 所示。

表 2-3-1　　　　　　　　　　　分解材料费用总指标

| 项目 | 单位 | 计划数 | 实际数 |
|---|---|---|---|
| 产品产量 | 件 | 100 | 120 |
| 单位产品材料消耗量 | 千克 | 8 | 7 |

续表

| 项目 | 单位 | 计划数 | 实际数 |
|------|------|--------|--------|
| 材料单价 | 元 | 5 | 6 |
| 材料费用总额 | 元 | 4 000 | 5 040 |

根据表中资料，材料费用总额实际比计划增加 1 040 元，这是分析对象。运用连环替代法，可以计算各因素变动对材料费用总额的影响程度，具体如下。

计划指标：$\qquad$ $100 \times 8 \times 5 = 4\ 000$（元）$\qquad$ (1)

第一次替换：$\qquad$ $120 \times 8 \times 5 = 4\ 800$（元）$\qquad$ (2)

第二次替换：$\qquad$ $120 \times 7 \times 5 = 4\ 200$（元）$\qquad$ (3)

第三次替换：$\qquad$ $120 \times 7 \times 6 = 5\ 040$（元）（实际指标）$\qquad$ (4)

(2) － (1) ＝ 4 800 － 4 000 ＝ 800（元）为产量增加的影响；(3) － (2) ＝ 4 200 － 4 800 ＝ －600（元）材料节约的影响；(4) － (3) ＝ 5 040 － 4 200 ＝ 840（元）单价提高的影响。

$$800 - 600 + 840 = 1\ 040（元）$$

（2）差额分析法。差额分析法是连环替代法的一种简化形式，它是利用各个因素的比较值与基准值之间的差额，来计算各因素对分析指标的影响。它通过计算各个因素报告期与基期的差额，与同度量因素计算，直接得出各因素变动对综合指标差异的影响。

【典型案例2-3-2】仍以【典型案例2-3-1】数据为例，可用差额分析法计算确定各因素变动对材料费用的影响，具体如下。

① 由于产品产量提高影响材料成本增加，有 $(120 - 100) \times 8 \times 5 = 800$（元）

② 由于单位产品材料耗用量降低影响成本降低，有 $120 \times (7 - 8) \times 5 = -600$（元）

③ 由于材料单价提高影响材料成本增加，有 $120 \times 7 \times (6 - 5) = 840$（元）

各因素共同影响材料成本，有 $800 - 600 + 840 = 1\ 040$（元）

## 三、常用财务比率分析

### 1. 短期偿债能力的指标分析

短期偿债能力是指企业偿还一年内（含一年）到期债务的能力，它反映企业偿付到期债务的实力。短期偿债能力的衡量，着重于到期债务在数额上的保障程度及在时间上的配合程度。

分析企业的短期偿债能力，通常可运用一系列反映短期偿债能力的指标来进行。企业的短期债务除短期借款和应付票据存在少量利息以外，其他均无利息，因此短期偿债能力往往指偿还流动负债本金的能力。在理论上，企业流动资产是短期可变现的资产，因此它是偿还流动负债的物质保证。为此，衡量一个企业的短期偿债能力，应该从流动资产和流动负债之间的数量、期限结构关系加以对比和分析。衡量流动负债与流动资产之间关系的指标，通常有营运资金、流动比率、速动比率、现金比率等。

（1）营运资金。营运资金是指企业流动资产超过流动负债的那部分资金，是企业用以维持日常经营正常运行所需要的资金，即企业在生产经营的过程中使用的流动资产的净额。它是衡量企业短期偿债能力的绝对数指标。其计算公式如下。

$$营运资金＝流动资产－流动负债$$

计算营运资金使用的流动资产和流动负债，通常可以直接在资产负债表中取得。当企业的流动负债小于流动资产，营运资金表现为正数时，数额越多说明企业具有越强的举债能力；当企业的流动负债大于流动资产时，企业营运资金表现为负数，即没有营运资金时，存在较大的偿债风险，但是这并不是意味着则企业一定无力偿还短期债务，一些现金非常充足的企业依然可以偿还短期债务，只是偿债的风险较高。值得注意的是，企业的营运资金并不是越多越好，过多的营运资金意味着企业的流动资产投资过多，会降低企业整体资产的获利能力。实际工作中，企业究竟维持多大的营运资金才能满足企业短期债务清偿的需要，还应结合企业的历史情况和行业的平均水平来加以分析。

营运资金是一项绝对数字，且营运资金的多寡受到行业特征及规模大小等各种因素的影响。此绝对数字指标如欲用于不同企业的比较或作为判断企业营运资金是否足够时，必须再配合其他相关的信息，才能做出比较有意义的分析。

（2）流动比率。流动比率是指企业一定时期流动资产与流动负债的比率，可以显示出企业每一元钱的流动负债中有多少流动资产作为偿还的保证。其计算公式如下。

$$流动比率＝流动资产／流动负债$$

一般情况下，流动比率越高企业的短期偿债能力越强，债权人的权益越有保障。如果流动比率过低，企业可能面临到期难以清偿债务的困难；反之，流动比率过高，表明企业有足够的变现资产来清偿债务，但这并不能说明企业就一定有足够的现金来偿还债务，因为这些流动资产可能是不能盈利的闲置的流动资产。

使用流动比率分析时需要注意以下问题。

① 流动比率是一个静态的指标，仅表明在某一时点每一元钱流动负债的保障程度，也就是显示某一时点流动负债与可用于偿债的流动资产的关系。只有债务的出现与资产的周转完全均匀地发生时，流动比率方能正确地反映短期偿债能力。

② 流动比率未考虑企业融通资金的能力。若企业融通资金的能力强，则平时可以维持较低的资金水平，并不影响其未来的短期偿债能力；但是在计算流动比率时并没有将企业融通资金的能力考虑在内。

③ 流动比率未考虑流动资产各组成部分项目的流动性差异。各项流动资产转换成现金的速度并不相同，其流动性可能有很大的差异，但是在计算流动比率时，并没有考虑流动资产的组成内容。例如，有甲、乙两家公司，其流动比率均为 2，但是甲公司的流动资产以现金、短期投资、应收账款及应收票据为主，而乙公司的流动资产以存货及预付费用为主，则两家公司的短期流动性截然不同。

（3）速动比率。流动比率虽然能够用来评价流动资产总体的变现能力，但流动资产中包含像存货这类变现能力较差的资产，如果能将其剔除，其反映的短期偿债能力会更加令人信服。速动比率就是这样一个指标。

速动比率是企业速动资产与流动负债之比。速动资产是企业在较短时间内能变为现金的流动资产。一般认为，速动资产＝流动资产－存货。

$$速动比率＝速动资产／流动负债$$

一般来说，速动比率过低，企业会面临偿债风险；但速动比率也不是越高越好，速动比率太高会造成资产闲置，增加企业的机会成本。而且，不同行业对速动比率的要求是不同的，因为速动资产中的应收账款比重会因不同行业而异。应收款项很少的、以现金销售为主的商品零售行业，速动比率较低，甚至速动比率为0.3～0.4也是正常的；反之，应收账款比重比较大的企业，速动比率必须较高，当然与流动比率一样，速动比率也没有绝对统一的标准，必须通过比较，才能做出正确的评价。

当企业流动资产中的速动资产比重较低时，即使流动比率较高，但由于流动资产的流动性较弱，企业的偿债能力同样不会高；反之，当流动资产中的速动资产比重较高时，即使流动比率不高，但由于速动资产流动性较强，企业的偿债能力则可能较好。所以，速动比率是比流动比率更为严格且保守的短期流动性指标。

（4）现金比率、现金对负债总额比率、现金对流动负债比率。

① 现金比率。现金比率是企业现金及现金等价物之和与企业流动负债之比。计算公式如下。

$$现金比率＝（现金＋现金等价物）／流动负债$$

现金比率是衡量企业偿债能力，特别是短期偿债能力的指标。该指标反映每百元流动负债有多少现金可以偿还短期负债，是反映偿债能力最直接的指标，是对速动比率的补充。

对债权人来说，现金比率越高，说明企业的短期偿债能力越强；现金比率越低，说明企业的短期偿债能力越弱。对于企业来说，现金比率并不是越高越好，企业不应该也不会保持过高的现金比率，只要能保证企业具有一定的偿债能力，不会发生债务危机即可。

② 现金对负债总额比率。现金对负债总额比率是指现金净流量与负债总额的比率。计算公式如下。

$$现金对负债总额比率＝现金净流量／负债总额$$

该指标可用来衡量企业用每年的现金净流量偿还全部债务的能力，是偿债能力分析中常用的指标。该指标越高，偿债能力越强。

③ 现金对流动负债比率。现金对流动负债比率即现金流量负债率，是指企业经营活动现金净流量与流动负债的比率。计算公式如下。

$$现金流量负债率＝经营活动现金净流量／流动负债$$

该指标说明经营活动中获取的现金净额偿还短期债务的能力。在企业经营活动较为稳定、流动负债波动不大的情况下，该比率越大，说明企业经营活动偿还流动负债的能力越强，也说明此生产活动获利能力越强。

## 2．长期偿债能力的指标分析

长期偿债能力是指企业偿还期一年以上或超过一年的一个营业周期以上债务的能力，它反映企业资本结构的合理性及偿还长期债务本金和利息的能力。长期负债能力的强弱反映的是企业财务的安全和稳定程度。

长期偿债能力分析是评估企业财务结构是否健全、是否有足够的能力偿还长期债务的本金和利息。评估企业的长期偿债能力与短期偿债能力有所不同，短期偿债能力涵盖的期间较短，通常可以对现金流量做出合理而有效的预测；但长期偿债能力涵盖的期间较长，较难做出有效的预测，而且所涉及的层面更为广泛。在正常生产经营情况下，企业通常是依靠实现的利润来偿还长期债务的，因此长期偿债能力与企业的获利能力密切相关。

长期偿债能力分析主要是通过财务报表中的有关数据来分析权益与资产之间的关系，分析不同权益之间的内在关系，进而计算出一系列的比率，从而对企业的长期偿债能力、资本结构是否健全、合理等做出客观评价。

（1）资产负债率。资产负债率是综合反映企业偿债能力，尤其是反映企业长期偿债能力的重要指标。它是指企业的负债总额与资产总额之间的比率。其计算公式如下。

$$资产负债率＝负债总额／资产总额$$

资产负债率反映在总资产中有多大比例是通过借债筹资的方式取得的，它可以用来衡量企业在清算时保护债权人利益的程度。这个指标反映债权人所提供的资本占全部资本的比例。对于不同的报表使用者，该指标的意义是不同的。

① 债权人。对于债权人来说，资产负债率越低，说明负债占资产的比例越低，表明企业对债权人的保障程度越高。当企业进行清算时，资产变现所得很可能低于其账面价值，而企业所有者一般只承担有限责任。因此，企业的资产负债率过高，债权人蒙受损失的可能性越大。

② 企业的股东。对于企业的股东，即所有者来说，肯定希望资产负债率能高一些，有利于利用财务杠杆增加企业所有者的获利能力。当然，资产负债率也不是越高越好，股东主要关注企业投资收益率的高低。当企业经营状况良好，预期投资收益率高于借款利率时，该比率越大越好；当企业经营状况较差，预期投资收益率小于借款利率时，借入资金的一部分成本要用所有者投入资本的利润补偿，所有者权益因此会受到不良影响，则此时该指标并不是越大越好。

③ 企业的经营者。对于企业的经营者，即管理层而言，债务融资一方面扩大了企业的资金使用范围，另一方面也加大了风险，企业经营者的任务就是要在利润和风险之间取得平衡，制定合适的资产负债率水平。一个企业资产负债率的高低很大程度上取决于经营者对企业前景的信心和对风险所持有的态度。通常，资产负债率高表明企业较有活力而且对前景充满信心；反之，表明企业较为保守，或对其前景信心不足。

资产负债率是衡量企业负债水平及风险程度的重要标志，一般来说，合理的资产负债率通常为40%～60%，规模大的企业资产负债率适当大些；但金融行业较为特殊，资产负债率在90%以上也是很正常的。如果该指标大于100%，则说明企业资不抵债，有破产清算的风险。当然，对于企业来说，资产负债率并没有严格的标准，即便对同一个企业来说，处于不同的时期时对资产负债率的要求也不一样。当企业处于成长期或成熟期时，企业的前景比较乐观，预期的现金流入也比较高，应适当地增加债务资金的比重，以充分利用财务杠杆的作用；当企业处于衰退期时，企业的前景不容乐观，预期的现金流入也有日趋减少的势头，应当采取相对保守的财务政策，减少负债，降低资产负债率，以降低财务风险。所以，资产负债率没有一个十分确定的标准，具体标准需要根据企业的发展阶段、所处环境、经营状况和盈利能力等多方面因素来综合评价。

（2）产权比率。产权比率又称为负债对股东权益比率，是负债总额与股东权益之间的比率。

它反映所有者权益对债权人权益的保障程度，可以用来衡量企业外来资金与自有资金的相对比重关系，又称为负债对净值比率。其计算公式如下。

产权比率＝负债／股东权益

产权比率代表企业资金来源的相对比重，负债对股东权益比率高，表示企业依赖外来资金较多，举债比重大，财务风险高，债权人的保障程度低；反之，负债对股东权益比率低，表示企业主要依赖自有资金，举债比重低，财务风险低，债权人保障程度高。

产权比率侧重于揭示财务结构的稳健程度及自由资金对偿债风险的承受能力，反映企业承担负债的风险程度和企业的实际偿债能力，同时还反映股东权益对债权人利益的保障程度。一般来说，产权比率越低，表明企业长期偿债能力越强，债权人权益保障程度越高，承担的风险越小。当企业产权比率为 100% 以下时，应该是具有偿债能力的，但还应该结合企业的具体情况加以分析。当企业资产收益率大于负债成本率时，负债经营有利于提高资金收益率，获得额外的利润，这时的产权比率可适当高些。同时，经济周期也有影响，在通货膨胀时期，企业多借债可以把损失和风险转嫁给债权人；在经济繁荣时期，企业多借债可以获取额外的利润；在经济萎缩时期，企业少借债可以减少利息支出、降低财务风险。

总之，产权比率高是高风险、高报酬的财务结构；反之，产权比率低是低风险、低报酬的财务结构。

（3）利息保障倍数。利息保障倍数是指企业息税前利润与利息费用之比，又称为已获利息倍数，是用来衡量偿付借款利息的能力。其计算公式如下。

利息保障倍数＝息税前利润／利息费用

公式中的分子息税前利润是指利润表中未扣除利息费用和企业所得税之前的利润，它可以用利润总额加上利息费用来测算。公式中的分母利息费用是指本期发生的全部应付利息，不仅包括财务费用中的利息费用，还包括计入固定资产成本的资本化利息。资本化利息虽然不在利润表中扣除，但仍然是要偿还的。利息保障倍数的重点是衡量企业支付利息的能力，没有足够大的息税前利润，利息的支付就会发生困难。

利息保障倍数指标反映了企业盈利与利息费用之间的特定关系。一般来说，该指标越高，表明企业支付利息费用的能力越强，企业对到期债务偿还的保障程度也就越高。从长期来看，该比率至少应该大于 1，如果利息保障倍数过小，企业将面临亏损，偿债的安全性和稳定性将面临下降的风险。

对于该指标的衡量并没有绝对的标准，还要结合企业所处的发展阶段，与其他企业，特别是本行业平均水平进行比较，来分析本企业的指标水平是否合理。同时，如果从谨慎性原则出发，最好比较本企业连续几年的该项指标的大小，并选择最低的数据作为标准。这是因为企业在经营好的年度要偿债，在经营不好的年度也要偿还数量相当的债务。某一个年度利润很高，利息保障倍数很高，但不能年年如此。因此，采用连续几年的最低指标作为衡量标准可以保证最低的偿还能力。

应当指出的是，利息保障倍数这个指标只是从一个侧面来分析公司支付利息费用的保证程度。如果这个指标较高，也不一定意味着公司有足够的现金支付利息，而且利润表上所反映的本期利息费用也不一定都需要在本期或近期内用现金支付。

### 3．获利能力分析

获利能力是指企业赚取利润的能力，反映企业的资金增值能力，是剖析企业经营的核心。获利能力分析有广义和狭义之分。狭义的获利能力主要是指营业收入中获取利润的能力，狭义的获利能力分析主要是以分析利润表内数据的相关比例结构为主。广义的获利能力分析还包括企业使用资产创造利润的能力以及投资者投入资本获取利润的能力分析。对于广义获利能力的分析，就要涉及除利润表之外的其他报表与利润表之间的关系分析。按照巴菲特的观点，获利能力分析除了关注企业过去和现在已经赚取利润的能力外，从投资的角度，更要关注企业是否具有未来持续的获利能力。

狭义的获利能力分析是指以营业收入为基础的获利能力分析，是广义获利能力分析的基础。以营业收入为基础的获利能力分析指标主要包括毛利率、营业利润率和销售净利率。

（1）毛利率。毛利率是营业毛利与营业收入净额之比。对这一指标的分析有着重要意义：一是因为营业成本是制造业和商品流通企业的主要费用要素，在营业收入中的占比较大；二是因为毛利虽然不是终极收益，但它是形成最终净利的条件和基础。尽管毛利率高的企业最终的获利能力不一定就高，但毛利率低的企业则无论如何也不能保持持续、稳定的盈利水平。毛利率可按下式计算。

$$毛利率＝主营业务毛利／主营业务收入净额×100\%$$

或

$$毛利率＝营业毛利／营业收入净额×100\%$$

其中：

$$营业毛利＝营业收入净额－营业成本$$

（注：上市公司报表附注中对毛利率的指标进行分析列示，因为许多企业的主营业务收入在营业收入中占比较大，有许多公司的主营业务收入甚至占到营业收入的100%或90%以上，所以毛利率指标的计算依据也有用营业毛利除以营业收入净额计算的。）该指标反映每100元主营业务收入扣除成本后，有多少钱可以用于补偿期间费用和形成利润。该指标值越大，企业的获利能力越强。

（2）营业利润率。营业利润率也称经营利润率，是指营业利润与营业收入净额之比，其计算公式如下。

$$营业利润率＝营业利润／营业收入净额×100\%$$

其中，营业利润是指正常生产经营业务产生的、未扣除利息、非经常性损益项目及所得税之前的利润。其计算公式如下。

$$营业利润＝营业收入－营业成本－营业税金及附加－销售费用－管理费用$$

需要注意的是，在报表上，营业利润＝营业收入－营业成本－营业税金及附加－销售费用－管理费用－财务费用。但在计算该指标时，我们建议营业利润不扣除财务费用。

（3）营业（销售）净利率。狭义的获利能力分析指标中，营业（销售）净利率是核心指标，因为净利润是将所有该扣除项目都扣减后的终极剩余收益，反映企业的终极盈利水平，原则上净利润是出资者或者说股东应该享有的权益，所以对该指标的分析就很有意义。其计算公式如下。

$$营业（销售）净利率＝净利润／营业收入$$

需要注意的是，若我们采用合并报表数据进行获利能力分析，合并利润表中的净利润由两部分构成，一部分是归属于母公司所有者的净利润，另一部分是少数股东损益。那么请思考，应该用哪个数值来进行指标分析呢？计算公式如下。

营业（销售）净利率＝归属于母公司所有者的净利润／营业收入

**4. 资产获利能力分析**

企业的资金来源有两大渠道：一是通过投资者投入，形成所有者权益；二是从债权人那里借入，形成短期负债和长期负债。企业从外部取得的资金是有成本的，企业必须通过有效的投资，取得超过资金成本的收益，才能真正谈得上实现了盈利。对于负债来说，债务成本通过利息费用进行计算扣除，而所有者权益的成本则计算口径不一致，但无论如何，需要考虑投资者的资金成本。对于企业的经营者而言，则不分资产是来源于债权人还是投资者，而更多地关注现有资产的获利能力。以资产为基础的获利能力分析是从企业的整体经营来考察全部资产形成的收益。

反映资产获利能力的指标主要是资产收益率，具体包括总资产收益率、流动资产收益率、固定资产收益率、投资收益率及长期资本收益率，分别反映总资产和各类别资产的获利能力。企业资产配置合理，资产的收益效率就高，周转就快，闲置和不合理占用就少，资产的获利能力就强。

（1）总资产收益率。总资产收益率也称总资产报酬率，是企业在一定时期实现的收益额与该时期企业平均资产总额的比率。它是评价企业资产综合利用效果、企业总资产获利能力以及企业经济效益的核心指标。其计算公式如下。

总资产收益率＝收益总额／平均资产总额

其中，收益总额可以选用税后利润、利润总额、息前税前利润作为计算数据，分别表示 100 元平均资产总额赚取税后利润、利润总额、息前税前利润的能力。平均总资产用期初总资产与期末总资产相加除以 2 计算得到。

息前税前利润＝毛利－营业税金及附加－销售费用－管理费用＋投资收益

若分子选用息前税前利润作为计算数据，则该比率表示企业全部资产的经营获利与投资获利水平。

① 流动资产收益率。流动资产收益率是企业在一定期间实现的收益额与该时期的平均流动资产总额的比率，是反映企业流动资产利用效果的指标。其计算公式如下。

流动资产收益率＝收益总额／平均流动资产

其中，收益总额仍可以选用税后利润、利润总额、息前税前利润作为计算数据，分别表示 100 元平均流动资产总额赚取税后利润、利润总额、息前税前利润的能力。平均流动资产用期初流动资产与期末流动资产相加除以 2 计算得到。

② 固定资产收益率。固定资产收益率是企业在一定期间实现的收益额与该时期的平均固定资产总额的比率，是反映企业固定资产利用效果的指标。其计算公式如下。

固定资产收益率＝收益总额／平均固定资产

其中，收益总额仍可以选用税后利润、利润总额、息前税前利润作为计算数据，分别表示 100 元平均固定资产总额赚取税后利润、利润总额、息前税前利润的能力。平均固定资产用期初固定资产与期末固定资产相加除以 2 计算得到。

③ 投资收益率。投资收益率指标是指企业在一定期间内实现企业对外投资的收益与对外投资

总额的比率，用于衡量企业对外投资的收益水平。其计算公式如下。

$$投资收益率＝投资净收益／平均对外投资总额$$

其中，分子投资净收益数据来源于利润表中的投资收益。需要说明的是，企业利润表中投资收益的主要来源包括长期股权投资、持有交易性金融资产、持有至到期投资、可供出售金融资产期间取得的投资收益以及处置交易性金融资产、交易性金融负债等。但是，企业持有的交易性金融资产主要源于资产保值增值的目的，而不是真正意义上的投资，从理论上说，应该将其取得的收益从投资收益中扣除，但是外部报表使用者无法取得进一步的相关数据进行剔除，所以就忽略此项。分母为企业资产负债表中长期股权投资、持有交易性金融资产、持有至到期投资以及可供出售金融资产的年初数与年末数的平均值。

④ 长期资本收益率。长期资本收益是从长期稳定的资本投入角度，考察该部分资本的回报。长期资本收益率是收益总额与长期资本平均占用额之比。作为企业稳定的债权人与投资者有必要考察这部分收益的情况。其计算公式如下。

$$长期资本收益率＝收益总额／（平均长期负债＋平均所有者权益）$$

式中，分母中的平均长期负债和平均所有者权益可以从资产负债表分析计算得到。需要思考的是，分子中的收益总额如何取数才能较好地与分母匹配，反映长期资本的获利能力？

（2）股东投资报酬分析。对于股东而言，投资报酬是他们投入权益资本获得的回报，因为股东享有最终的剩余收益，即将所有成本费用项目扣除后的净收益，在利润表中就是净利润指标。净利润是绝对数。衡量股东投资报酬的财务指标主要有两个，即净资产收益率和每股收益，以下分别介绍这两个指标。

① 净资产收益率。净资产收益率又叫权益报酬率、净值报酬率、资本利润率，是净利润与平均所有者权益之比，反映企业使用者即股东投入资本获得的投资报酬。其计算公式如下。

$$净资产收益率＝净利润／平均所有者权益×100\%$$

其中，净利润为税后利润，它能反映使用者的投资所得额。所有者权益又叫企业的净资产，是指全部资产总额扣除负债总额后的净额。平均所有者权益是期初与期末所有者权益的平均数。

净资产收益率是最具有综合性的评价指标。该指标不受行业的限制，不受公司规模的限制，适用范围较广，从投资者的角度来考核其投资报酬，反映资本的增值能力及投资者报酬的实现程度，因而它是最被投资者所关注的指标。此外，净资产收益率指标还影响着企业的筹资方式、筹资规模，进而影响企业的未来发展战略。该指标值越大，说明企业的获利能力越强。

对于净资产收益率的分析可以采用指标因素分解法、趋势分析法和行业比较法，还可以采用杜邦分析法。

净资产收益率一方面取决于企业自身的销售获利能力，另一方面与企业的资本结构有关。权益乘数表示资产与所有者权益的倍数，该指标越高，表明企业的财务杠杆越大，资产总额中负债的比例越高。企业利用财务杠杆获利能力的提高，也预示着企业财务风险的增高。

② 每股收益。每股收益是指企业本年净利润与当年流通在外的普通股的股数的比率，它表示公司流通于股市的普通股每股所能分摊到的净收益，对投资者而言该指标非常重要，是评价上市公司投资报酬率的又一核心指标。每股收益包括基本每股收益和稀释每股收益。

每股收益的作用体现在：每股收益指标具有连接资产负债表和利润表的功能；每股收益指标较

好地反映了股东的投资报酬,决定了股东的收益数量;每股收益还是确定股票价格的主要参考指标。

- 基本每股收益。基本每股收益应当按照归属于普通股股东的当期净利润,除以发行在外普通股的加权平均数计算得到。

基本每股收益＝归属于普通股股东的当期净利润／发行在外普通股的加权平均数

其中,

发行在外普通股的加权平均数＝期初发行在外普通股股数＋当期新发行普通股股数

×已发行时间÷报告期时间－当期回购普通股股数×已回购时间÷报告期时间

若以合并财务报表为基础计算每股收益,分子应该是"归属于母公司的普通股股东的净利润",分母是"母公司发行在外普通股的加权平均数"。

即:

合并报表基础的每股收益＝归属于母公司的普通股股东的净利润／

母公司发行在外普通股的加权平均数

- 稀释每股收益。企业存在稀释性潜在普通股的,应当分别调整归属于普通股股东的当期净利润和发行在外普通股的加权平均数,并据以计算稀释每股收益。潜在普通股是指可转换债券、认股权证、股票期权等。潜在普通股若转换为普通股将会减少每股收益,稀释的每股收益由此得名。

对于可转换债券,计算稀释每股收益时,分子的调整项目为可转换债券当期已确认为费用的利息等的税后影响额;分母的调整项目为假定可转换债券当期期初或发行日转换为普通股的股数加权平均数。认股权证和股票期权等的行权价格低于当期普通股平均市场价格时,应当考虑计算稀释每股收益。

稀释每股收益＝调整后归属于普通股股东的当期净利润／(计算基本每股收益时普通股加权

平均数＋假定稀释潜在普通股转换为已发行普通股而增加的普通股股数的加权平均数)

由每股收益的计算公式可知,每股收益的影响因素涉及净利润和普通股股数两方面。每股收益与净利润呈正向变动关系,在普通股股数一定的情况下,净利润越大,每股收益越大。而每股收益与普通股股数呈反比关系,普通股股数越多,每股收益越低,稀释每股收益低于基本每股收益便是最好的例证。

每股收益反映普通股股东的获利能力。在进行分析时,可以采用趋势分析法,比较连续若干期企业的每股收益及其变化趋势;也可以进行同业比较分析,评价企业的相对获利能力。

每股收益可以延伸出其他一些财务指标,如市盈率、每股股利、市净率等。

- 市盈率是指每股市价与每股收益的比率,是衡量股份制企业盈利能力的重要指标,反映投资者对每一元利润所愿支付的价格。其计算公式如下。

市盈率＝每股市价÷每股收益

市盈率是投资者时刻关注的指标,投资者可以非常方便地从多种渠道获取实时市盈率指标。该比率反映投资者对每一元净利润所愿支付的价格,可以用来估计股票的投资报酬和风险。在市价确定的情况下,每股收益越高,市盈率越低,投资风险越小;在每股收益确定的情况下,市价越高,市盈率越高,投资风险越大。

- 每股股利是指企业宣布发放的股利总额与期末普通股股份总数之比。由于企业的净利润并不会全部用于发放股利,有部分会留存用于再投资,作为普通股股东当期实际得到的收益就是股利。其计算公式如下。

$$每股股利＝股利总额／年末普通股股数$$

通过分析企业历年的每股股利可以了解其股利政策以及企业对资金的需求状况。

注：普通股每股股利与普通股每股收益之比称为股利支付率，该指标反映公司的股利分配政策和股利支付能力。

● 市净率是普通股每股市价与每股净资产之比。该指标反映企业股价相当于每股净资产的倍数。其计算公式如下。

$$市净率＝每股市价／每股净资产$$

其中

$$每股净资产＝期末股东权益／期末发行在外的普通股股数$$

每股净资产在理论上提供了股票的最低价值，它是股票的账面价值。每股市价反映这些资产的市场价值，反映了市场对公司资产质量的评价。市价高于账面价值即市净率大于1时说明企业资产质量好，有发展潜力，反之亦然。优质股票的市价都超出每股净资产许多倍，一般来说市净率达到3以上就可以树立较好的公司形象。

### 5．财务报表综合分析

财务报表综合分析采用杜邦财务分析体系。杜邦财务分析体系（简称杜邦分析）是利用各财务指标间的内在关系，对企业综合经营理财及经济效益进行系统分析评价的方法。

杜邦分析法，又称杜邦财务分析体系，简称杜邦体系，是利用各主要财务比率指标间的内在联系，对企业财务状况及经济效益进行综合系统分析评价的方法。该体系是以净资产收益率为起点，以总资产净利率和权益乘数为核心，重点揭示企业获利能力及权益乘数对净资产收益率的影响，以及各相关指标间的相互影响作用关系。因其最初由美国杜邦企业成功应用，故得名。

杜邦分析法将净资产收益率（权益净利率）进行了分解，如图2-3-1所示。

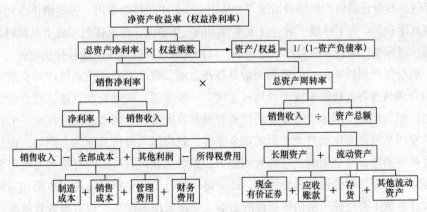

图 2-3-1 杜邦分析

注：①本章销售净利率即营业净利率，销售收入即营业收入，销售费用即营业费用；②图中有关资产、负债与权益指标通常用平均值计算。

其分析关系式如下。

$$净资产收益率＝总资产净利率×权益乘数＝营业净利率×总资产周转率×权益乘数$$

其中

$$营业净利率 = \frac{净利润}{营业收入}$$

$$总资产周转率 = \frac{营业收入}{平均资产总额}$$

$$权益乘数 = \frac{资产总额}{所有者权益总额} = \frac{1}{1-资产负债率}$$

在具体运用杜邦体系进行分析时，可以采用前文所述的因素分析法。首先确定营业净利率、总资产周转率和权益乘数的基准值，然后顺次代入这三个指标的实际值，分别计算分析这三个指标的变动对净资产收益率的影响方向和程度，还可以使用因素分析法进一步分解各个指标并分析其变动的深层次原因，找出解决的方法。

运用杜邦分析法需要抓住以下几点。

（1）净资产收益率是一个综合性最强的财务分析指标，是杜邦分析体系的起点。财务管理的目标之一是使股东财富最大化，净资产收益率反映了企业所有者投入资本的获利能力，说明了企业筹资、投资、资产营运等各项财务及其管理活动的效率，而不断提高净资产收益率是使所有者权益最大化的基本保证。所以，这一财务分析指标是企业所有者、经营者都十分关心的。而净资产收益率高低的决定因素主要有三个，即销售净利率、总资产周转率和权益乘数。这样，在进行分解之后，就可以将净资产收益率这一综合性指标升降变化的原因具体化，从而它只用一项综合性指标更能说明问题。

（2）销售净利率反映了企业净利润与销售收入的关系，它的高低取决于销售收入与成本总额的高低。要想提高销售净利率，一是要扩大销售收入，二是要降低成本费用。扩大销售收入既有利于提高销售净利率，又有利于提高总资产周转率。降低成本费用是提高销售净利率的一个重要因素。从杜邦分析图可以看出成本费用的基本结构是否合理，从而找出降低成本费用的途径和加强成本费用控制的办法。如果企业财务费用支出过高，就要进一步分析其负债比率是否过高；如果管理费用过高，就要进一步分析其资产的周转情况等。从图 2-3-1 中还可以看出，提高销售净利率的另一个途径是提高其他利润。为了详细了解企业成本费用的发生情况，在具体列示成本总额时，还可根据重要性原则，将那些影响较大的费用单独列示，以便为寻求降低成本的途径提供依据。

（3）影响总资产周转率的一个重要因素是资产总额。资产总额由流动资产与长期资产组成，它们的结构合理与否将直接影响资产的周转速度。一般来说，流动资产直接体现企业的偿债能力和变现能力，而长期资产则体现了企业的经营规模和发展潜力。两者之间应该有一个合理的比例关系。如果发现某项资产比重过大，影响资金周转，就应深入分析其原因。例如，企业持有的货币资金超过业务需要，会影响企业的盈利能力；如果企业占有过多的存货和应收账款，则既会影响获利能力，又会影响偿债能力。因此，还应进一步分析各项资产的占用数额和周转速度。

（4）权益乘数主要受资产负债率指标的影响。资产负债率越高，权益乘数就越高，说明企业的负债程度比较高，给企业带来了较多的杠杆利益，同时，也带来了较大的风险。

## 项目四 ｜ 财务预算

【引例与分析】有一个农夫一早起来告诉妻子说要去耕田，当他走到田地时，却发现耕耘机没有油了；原本打算立刻就去加油的，突然想到家里的三四只猪还没有喂，于是转回家去；经过仓库时，看见旁边有几个马铃薯，他想起马铃薯可能正在发芽，于是又走向马铃薯田；途中经过木材堆，又记起家中需要一些柴火；正要去取柴的时候，看见一只生病的鸡躺在地上……这样来来回回跑了几趟，这个农夫从早上一直到太阳落山，油也没加，猪也没喂，田也没耕，显然，最后他什么事也没有做好。

**问题：**这个故事对我们在财务方面有什么启发？

**分析：**财务全面预算管理方案明确了目标，但在执行时还要做到"目标明确、方法可行、沟通到位、流程合理、激励到位、考核有效"，预算才不是纸上谈兵，才能落地执行。

## 一、企业全面预算

"凡事预则立，不预则废。"预算管理是企业在财务预测、财务决策的基础上，以数量和金额的形式反映企业未来一定时期内经营、投资、财务等活动的具体计划，是为实现企业目标而对各种资源和企业活动的详细安排，是计划的数量化。这里所述的预算，是针对短期计划进行的预算，通常以一个年度为计划期，也称为年度预算。

预算具有两个特征：首先，预算必须与企业的战略或目标保持一致，编制预算的目的是促成企业以最经济有效的方式实现预定目标；其次，预算的数量化和可执行性是其最主要的特征，预算作为一种数量化的详细计划，是对企业未来活动的细致、周密的安排，是企业未来经营活动的依据。因此，预算是一种可据以执行和控制经济活动的、最为具体化的计划，是将企业活动导向预定目标的有力工具。

全面预算是由一系列预算构成的预算体系。首先，企业应根据长期市场预测及生产能力，编制长期销售预算，以长期销售预算为基础编制本年的年度销售预算，并根据财力确定资本支出预算。销售预算是年度预算的起点，根据"以销定产"的原则确定生产预算，同时确定所需要的销售管理费用。其次，企业应根据生产预算确定材料采购、直接人工和制造费用预算。最后，企业应根据各个业务预算编制现金预算和相关财务报表预算。

## 二、财务预算的作用与分类

### 1. 财务预算的作用

概括而言，企业预算的作用主要体现在以下几个方面。

（1）可以明确工作目标。企业作为一个有机的生产经营系统，是由若干个子系统（即职能部门）构成的，为了实现企业整体经营目标，就必须按照一致性原则明确各职能部门的具体工作目标。预算是对企业目标的具体化，是计划的数量化，它不仅明确了企业一定时期的经营总目标，也明确了各部门的具体工作目标和努力方向，从而可以调动它们在各自的职责范围内努力完成自身的工作任务，并最终保证企业总目标的实现。

（2）可以协调部门之间的关系。从系统观点来看，局部计划的最优化，对全局来说不一定是合理的。为使各个职能部门向着共同的企业战略目标和经营目标前进，确保各项经营生产活动的正常顺利运行，要求对各职能部门所从事的经济活动进行统筹安排，搞好综合平衡，以促使企业经营生产活动的供、产、销各环节协调一致，人、财、物各要素配置均衡。预算是以企业的经营总目标为出发点，按照经营生产活动内在的逻辑关系来编制的，它可使各项活动的预算形成一个有机整体，让各部门按照预算确定的轨道工作，从而使它们的工作能够密切配合、相互协调。

（3）可以引导和控制日常经济活动。控制是一个将实际与标准相比较以揭示差异，并通过产生差异的原因分析，采取一定措施对当前经济活动进行调节，以纠正不利偏差的过程。预算为控制各部门的日常经济活动提供了一个适当的标准和依据，实施控制时，可随时将各部门的实际执行情况与预算数进行比较分析，以便及时发现问题，采取措施来加以纠正，达到避免不必要的损失、实现预期经营目标的目的。

（4）可以作为业绩考核的标准。企业管理包括事前计划、事中控制和事后考核几个环节。预算是计划的数量化，它为企业对各部门业绩进行考核提供了依据，使各项活动的实际执行有章可循、有据可依。企业可以根据预算的完成情况，分析各部门实际偏离预算的程度和原因，以划清责任，评定业绩，实行奖罚，促使各部门为完成预算目标更积极地工作。

**2．预算的分类**

（1）按预算指标所涉及的内容划分，可将预算分为业务预算（经营预算）、专门决策预算（资本预算）和财务预算（总预算）三类。

业务预算又称经营预算，是指与企业日常经营生产活动直接相关的各项业务预算。它主要包括销售预算、生产预算、材料采购预算、直接材料消耗预算、直接人工预算、制造费用预算、产品成本预算、经营费用及管理费用预算等。由于企业供应、生产、销售和管理等活动是企业最基本的经常性活动，所以又将业务预算称为基本预算或经常预算。

专门决策预算又称资本预算，是指针对企业不经常发生的、一次性的重要决策项目或活动所编制的预算，如资本支出预算、一次性专门业务预算等。专门决策预算直接反映相关决策的结果，是决策选定方案的进一步规划。例如，企业要决定使用新的生产线，就必须在事先做好可行性分析的基础上来编制预算，具体反映投资额多少，资金如何筹措，投资期限多长，何时可以投产，未来经营期内每年的现金流量有多少等内容。

财务预算又称总预算，是指企业在预算期内反映有关预计现金收支、财务状况和经营成果的预算。财务预算作为企业预算体系的最后环节，它从价值方面总括地反映企业经营业务预算和专门决策预算的结果，是各项业务预算和专门决策预算的整体计划，故亦称为总预算，其他预算则相应地称为辅助预算或分预算。

从预算的内容来看，各种预算是一个有机联系的整体。一般将由业务预算、专门决策预算和财务预算组成的预算体系，称为全面预算体系。其结构如图 2-4-1 所示。

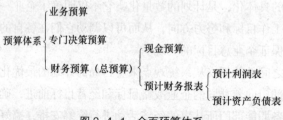

图 2-4-1　全面预算体系

（2）按预算指标所涉及的时间长短划分，可分为长期预算和短期预算。

通常将预算期在 1 年以内（含 1 年）的预算称为短期预算，预算期在 1 年以上的预算称为长期预算。预算的编制时间可以视预算的内容和实际需要而定，可以是 1 周、1 月、1 年或若干年等。在预算的编制过程中，往往应结合各项预算的特点，将长期预算与短期预算结合使用。一般情况下，企业的业务预算和财务预算多为 1 年期的短期预算，年内按季或按月细分，且预算期要与会计期间保持一致。

### 三、财务预算工作的组织与程序

#### 1．预算工作的组织

预算工作的组织包括决策层、管理层、执行层和考核层，具体的组织分工如下。

（1）企业董事会或类似机构应当对企业预算的管理工作负总责。企业董事会或经理办公会可以根据情况设立预算委员会或指定财务管理部门负责预算管理事宜，并对企业法定代表人负责。

（2）预算委员会（或财务管理部门）主要拟订预算的目标、政策，制定预算管理的具体措施和办法，审议、平衡预算方案，组织下达预算，协调解决预算编制和执行中的问题，组织审计、考核预算的执行情况，督促企业完成预算目标。

（3）企业财务部门具体负责企业预算的跟踪管理，监督预算的执行情况，分析预算与实际执行的差异及原因，提出改进管理的意见与建议。

（4）企业内部生产、投资、物资、人力资源、市场营销等职能部门具体负责本部门业务涉及的预算编制、执行、分析等工作，并配合预算委员会或财务管理部门做好企业总预算的综合平衡、协调、分析、控制与考核等工作，其主要负责人参与企业预算委员会的工作，并对本部门预算执行结果承担责任。

（5）企业所属基层单位是企业预算的基本单位，在企业财务管理部门的指导下，负责本单位现金流量、经营成果和各项成本费用预算的编制、控制、分析工作，接受企业的检查、考核。其主要负责人对本单位财务预算的执行结果承担责任。

#### 2．编制预算的程序

企业编制预算，一般应按"上下结合、分级编制、逐级汇总"的程序进行。

（1）下达目标。企业董事会或经理办公室根据企业发展战略和预算期经济形势的初步预测，在决策的基础上，提出下一年度企业预算目标，包括销售或营业目标、成本费用目标、利润目标和现金流量目标，并确定预算的编制政策，由预算委员会下达到各预算执行单位。

（2）编制上报。各预算执行单位按照企业预算委员会下达的预算目标和政策，结合自身特点以及预测条件，提出详细的本单位预算方案，上报企业财务管理部门。

（3）审查平衡。企业财务管理部门对各预算执行单位上报的财务预算进行审查、汇总，提出综合平衡的建议。在审查、平衡的过程中，预算委员会应当进行充分协调，对发现的问题提出初步调整意见，并反馈给有关预算执行单位予以修正。

（4）审议批准。企业财务管理部门在有关预算执行单位修正调整的基础上，编制出企业预算方案，报财务预算委员会讨论。对于不符合企业发展战略或者预算目标的事项，企业预算委员会应当责成有关预算执行单位进一步修订、调整。在讨论、调整的基础上，企业财务管理部门正式编制企业年度预算草案，提交董事会或经理办公会审议批准。

（5）下达执行。企业财务管理部门对董事会或经理办公会审议批准的年度总预算，一般在次年 3 月底以前，分解成一系列的指标体系，由预算委员会逐级下达到各项预算执行单位执行。

# 职业道德与素质

**【案例背景】**

## 滚动资本大雪球——荣事达的成功之路

1998 年，荣事达集团（以下简称荣事达）与美国家电业三巨头之一——美泰克公司共建的荣事达中央研究院在合肥落成开业，这是我国第一家堪称世界级的研究院，也是继 1996 年双方合资建厂后在家电新产品研发领域进行的又一次"握手"。正是在一次又一次的合资中，荣事达不断壮大了自身的实力，从 1992 年的 1 亿元到 1999 年的 33 亿元，总资产规模完成了令人惊叹的"核裂变"。

### 1．资产在买卖中增值

以固定资产 306 万元抵押借贷 2 700 万元是需要勇气的，荣事达在起步阶段就是这样冒着巨大风险积累了原始资本。用这些钱，他们引进当时最先进的日本三洋洗衣机的技术和设备，改善了企业的硬件。在企业赢得一定市场份额后，如果不把这种无形资产拿到市场上交换，它就一文不值，这是荣事达人的观点。他们正是在自身资产获利能力最强的时候把股份的 49%主动出让给港商詹培忠，从而获得资金 1.04 亿元，"卖"的价钱将近是最初"企业市值"的 4 倍。回过头，荣事达拿这 1.04 亿元与日本三洋等 4 家企业合资建立了合肥三洋荣事达电器股份有限公司，引来日方 1 亿多元资金，使公司资本在 1993 年、1994 年两年内翻了两番，实现了二变四、四变八的几何级数扩张。

### 2．小富不能即安

荣事达 1996 年使的一招"怪棋"令许多人不解，但事后证明这是个聪明的决断。他们以 1.55 亿元的高价收购了先前出让给港商的 49%的股权，让对方赚了一笔，自己拿来后与美国美泰克公司、中国香港爱瑞公司以 49.5%、49.5%和 1%的比例合资，成立了 6 个企业，此举引进外资 8 200 万美元，总注册资本 13.4 亿元人民币。在评估中，荣事达资本价值翻了一番，仅购回股份即获净收益 7 900 万元。荣事达的发展也吸引了民间资本的注意力。1998 年，合肥民营企业家姜茹把自己的 2 000 万元投给荣事达集团，此事在业界引起极大反响。荣事达以信誉资本（占 20%股权）、设备、土地、厂房等投入 2 040 万元占 51%股权与姜茹合资组建了荣事达电工有限责任公司。这 2 000 万元不仅给荣事达带来了资金，更提高了其信誉度，许多民营企业找上门来要求合资合作，荣事达融资面更宽了。荣事达的原董事长陈荣珍谈资本运营时有句话很中肯："我们卖股份是为了更好地买，买又是为了更好地卖，资产在买卖的流动中才能不断增值。"那么，荣事达为什么要马不停蹄地买卖自己的信誉资本、实际资本，把负债率迅速降到 30%呢？

### 3．不能在一棵树上吊死

国企老板在概括国企困难时最时髦的一句话是：资金短缺。许多破产企业最后都是跟银行赖账。为什么国企投资主体只能是银行，大家都得吊死在银行一棵树上呢？荣事达之所以搞资本运营，就是在寻求多元化的融资渠道。他们在不同时期，根据社会的资金大环境选择合资对象，解决发展中最紧迫的问题。第一次抵押借贷是1986年，当时市场处于短缺经济时代，只要项目选得准，迅速形成规模，产品获利能力强，就可迅速完成原始积累，实践证明，他们做到了。后来的三次合资主要是为了提高产品的科技含量，扩大生产和市场规模，以自己的存量资产去吸引外商的增量资产，不仅吸引资本，也吸引国外的先进技术和管理经验。另外，荣事达在资本运营中将存量资产货币化，把股权卖给别人，将可能的风险转移，通过买卖把企业的有形资产、无形资产组合到最佳状态。正如陈荣珍所说："港商买我的股份是因为企业经营得好，能赚钱，后来又把钱收回来和美国人合资，是因为这样我赚的钱会更多。投资不是算计别人，而是'各算各的账，各赚各的钱'。"

### 4. 必须具有国际领先的技术水平

荣事达在合资中有一条重要原则，就是要求外方生产企业必须具有国际领先的技术水平。与日本三洋合资时就看准了其代表当时洗衣机最高水平的模糊控制技术，到今天荣事达生产的这种洗衣机仍占国内同类产品市场份额的80%，投资回报率逐年上升。正是资本运营带动荣事达集团的产品技术不断上台阶。中美合资后，在美泰克公司首屈一指的全无氟冰箱技术的引领下，荣事达开始进行产品结构调整，加大高新技术产品产值率，眼下，贴着"荣事达"标签的冰箱、微波炉等家电产品已全面上市。

### 5. 资本运营的高风险促使荣事达不断提高企业的管理水平

在荣事达内部，中美合资、中日合资、中方资产呈三足鼎立之势，合资公司、中方企业都是独立法人实体，是规范的股份制公司，平等获利、风险共担。集团原董事长陈荣珍说："如果你管不好，人家就要来管。不管谁的资金，送到我们手里，就要让它增值、获利，做不到这一点，股权结构就会改变。"目前，改制后的荣事达已明确了集体资产归属权，并按《中华人民共和国公司法》明确了劳资、人事、财务关系，初步建立起现代企业制度。

【问题】怎样认识财务管理是企业管理的中心？

【分析】财务管理，是对企业资金运转和价值形态的管理，它通过对价值形态的管理实现对企实物的管理，财务管理现已贯穿于整个企业生产经营活动的全过程，驾驭企业内部资金分配、结算、考核等职责，在企业管理中占据着中心地位。事实表明，一个企业经营是否成功，在很大程度上取决于财务管理是否卓有成效。

过去，在传统的计划经济条件下，企业资金运动的全程受国家计划支配，企业的财务管理活动范围狭小，工作方式简单，这时，财务管理往往并入到会计管理中，财务管理并没有受到应有的重视。经济体制改革后，我国逐步建立了社会主义市场经济体制，企业作为市场的主体，成为自主经营、自负盈亏、自我发展、自我积累的独立经济实体和利益主体，这必然促使企业的财务摆脱计划管理的束缚，走上自主管理的道路。而随着企业与市场需求的关系的日益直接，企业与企业间经济联系的日益增多，理财活动日趋复杂。尤其在近几年，我国企业重组和兼并之风盛行，集团公司应运而生，并逐渐发展壮大。企业投资主体的增加，经营规模的扩大，企业内外部的经济联系更加广泛，财务管理内容随之更加丰富。财务管理已经贯穿于整个企业生产经营活动的事前、事中和事后的各个环节，驾驭企业内部各个单位的资金分配、结算、考核的职责，其价值管理的观念深入到企业各个职能部门。由于财务管理在企业管理中的作用和影响越来越显著，以至于企业界形成了这样的一个共识，那就是一个企业经营是否成功，在很大程度上决定于财务管理是否卓有成效。现代企业将注重生产管理转向注重财务管理，并以注重财务管理为中心，这是市场经济的客观要求。

# 小结

| 项目 | 学习目标 | 重难点 |
| --- | --- | --- |
| 财务管理基础知识 | 掌握财务管理的概念及财务活动和财务关系的内容；理解利润最大化和股东财富最大化的优缺点；理解财务管理基本环节的内容及其相互关系。 | 财务目标 |
| 三大财务报表 | 掌握三大财务报表的结构、项目内容；能够对报表项目进行分析。 | 财务报表结构和内容 |
| 财务分析 | 掌握财务指标分析的项目内容、比较标准；能够对能力指标进行计算分析，具备对企业的业绩评价的基本能力。 | 财务分析指标、杜邦分析体系 |
| 财务预算 | 掌握预算的概念和特征；知悉企业预算体系的分类及其预算的工作组织和编制程序。 | 财务预算体系 |

# 职业能力训练

## 一、单项选择题

1. 财务关系是指企业在组织财务活动的过程中，与有关各方所发生的（　　）。
   A. 往来关系　　　　B. 结算关系　　　　C. 经济利益关系　　　D. 货币关系

2. 财务管理的基本环节不包括（　　）。
   A. 财务预测　　　　B. 财务决策　　　　C. 财务控制　　　　D. 经济周期

3. 企业财务关系中最重要的关系是（　　）。
   A. 股东与经营者之间的关系　　　　　　B. 股东、经营者、债权人之间的关系
   C. 股东与债权人之间的关系　　　　　　D. 企业与政府、社会公众之间的关系

4. 财务管理的基本特征是（　　）。
   A. 生产管理　　　　B. 技术管理　　　　C. 价值管理　　　　D. 销售管理

5. 财务管理的核心是（　　）。
   A. 财务决策　　　　B. 财务预测　　　　C. 财务预算　　　　D. 财务分析

6. 资产负债表是反映企业在某一特定日期全部资产、负债和所有者权益信息的会计报表，它能提供（　　）信息。
   A. 管理成本　　　　B. 经营支出　　　　C. 银行借款　　　　D. 税后净利

7. 年度、季度和月度财务报表又可统称为（　　）。
   A. 年度内财务报表　B. 中期财务报表　　C. 静态财务报表　　D. 个别财务报表

8. （　　）不仅包含了主营业务利润，而且包含了其他业务利润。
   A. 营业收入　　　　B. 利润总额　　　　C. 净利润　　　　　D. 营业利润

9. 我国企业的利润表一般采用（　　　）格式。

  A. 账户式    B. 报告式    C. 多步式    D. 单步式

10. 在下列事项中，影响企业现金流量的是（　　　）。

  A. 取得短期借款        B. 分配股票股利

  C. 无形资产摊销        D. 购买三个月内到期的国债

11. 下列各项中，不属于筹资活动产生的现金流量的是（　　　　）。

  A. 收回债券投资所收到的现金   B. 吸收权益性投资所收到的现金

  C. 融资租赁各期支付的现金    D. 借入资金所收到的现金

12. 下列经济业务所产生的现金流量中，属于"投资活动产生的现金流量"的是（　　　　）。

  A. 收到银行存款利息      B. 收到现金股利

  C. 支付股票发行费用      D. 支付现金股利

13. 债权人在进行企业财务分析时，最为关注的是（　　　）。

  A. 获利能力   B. 偿债能力   C. 发展能力   D. 资产营运能力

14. 某项财务指标的各组成部分数值占总体数值的百分比，这种分析方法属于（　　　）。

  A. 比较分析法   B. 构成比率分析   C. 相关比率分析   D. 效率比率分析

15. 最关心企业信用状况的报表使用者是（　　　）。

  A. 投资人   B. 政府机关   C. 业务关联单位   D. 企业内部职工

16. 杜邦财务分析体系的核心指标是（　　　）。

  A. 总资产报酬率   B. 总资产周转率   C. 净资产收益率   D. 销售利润率

17. 下列选项中，（　　　）是全面预算体系的最后环节。

  A. 确定目标利润   B. 财务预算   C. 日常业务预算   D. 专门决策预算

18. 下列项目中，原本属于日常业务预算，但因其需要根据现金预算的相关数据来编制，因此被纳入财务预算的是（　　　）。

  A. 财务费用预算   B. 预计利润表   C. 销售费用预算   D. 预计资产负债表

19. 固定预算中的"固定"是指（　　　）。

  A. 预算的费用金额固定     B. 编制预算所依据的业务量固定

  C. 编制预算的时间基础固定    D. 编制预算的费用项目固定

20. 编制生产预算，预计生产量时需要估算确定的最关键的指标是（　　　）。

  A. 销售数量   B. 期末存货量   C. 期初存货量   D. 目标利润

## 二、多项选择题

1. 企业财务活动包括（　　　）。

  A. 筹资活动   B. 投资活动   C. 资金营运活动   D. 分配活动

2. 在市场经济条件下，企业筹集资金的来源包括（　　　）。

  A. 所有者投入的资金      B. 变卖资产取得的资金

  C. 从利润中留存的资金     D. 从银行借入的资金

3. 企业财务关系包括（　　　）。

  A. 企业与政府之间的财务关系   B. 企业与被投资者之间的财务关系

C. 企业内部各部门之间的财务关系      D. 企业与职工之间的财务关系

4. 财务管理的环节包括（　　）。

     A. 财务预测      B. 财务决策      C. 财务预算      D. 经济周期

5. 财务报表的编制要求主要有（　　）。

     A. 便于理解      B. 相关可比      C. 全面完整      D. 编制及时

6. 财务报表可以根据不同的需要进行不同的分类，常用的分类标准有（　　）。

     A. 反映内容      B. 编制时间      C. 编制单位      D. 编制主体

7. 在财务报表附注中应披露的会计估计包括（　　）。

     A. 长期待摊费用的摊销期          B. 存货的毁损和过时损失

     C. 借款费用的处理                 D. 所得税的处理方法

8. 资产负债表的作用表现在（　　）。

     A. 揭示资产总额及其分布          B. 揭示负债总额及其结构

     C. 了解偿还能力                  D. 反映现金支付能力

9. 如果企业的（　　）主要由非营业利润获得，则该企业利润实现的真实性和特殊性应引起报表分析人员的重视。

     A. 利润总额      B. 净利润      C. 营业利润      D. 投资收益

10. 对利润总额进行分析，主要侧重于对组成利润总额的（　　）项目进行比较分析。

     A. 营业利润      B. 营业外收入      C. 营业外支出      D. 营业收入

11. 利润表的作用表现在（　　）方面。

     A. 发现管理中的问题            B. 评价经营业绩

     C. 揭示利润变动趋势            D. 帮助投资人决策

12. 在下列事项中，影响经营活动现金流量的项目有（　　）。

     A. 发行长期债券收到现金          B. 偿还应付购货款

     C. 支付生产工人工资            D. 交纳所得税

13. 正常情况下的经营活动现金流量除了要维护企业经营活动的正常周转外，还应该有足够的余量来（　　），因此"经营活动产生的现金净流量大于零"并不能成为判断经营活动现金流量质量的标准。

     A. 补偿本年度固定资产折旧和无形资产摊销等摊销性费用

     B. 支付利息费用

     C. 支付本年现金股利

     D. 补偿本年度已经计提、但应由以后年度支付的应计性费用

14. 投资人在进行企业财务分析时，关注的内容包括（　　）。

     A. 偿债能力      B. 收益能力      C. 发展能力      D. 投资风险

15. 财务报表列表主要包括（　　）。

     A. 资产负债表               B. 利润表

     C. 所有者权益变动表          D. 现金流量表

16. 投资者关注资产负债表的信息有（　　）。

     A. 企业借了多少钱           B. 企业的总股本是多少

C. 每股净利润有多少　　　　　　　　　D. 企业赚了多少钱

17. 某公司当年经营利润很多，却不能偿还当年债务，为查清原因，应检查的财务比率有（　　）。

    A. 已获利息倍数　　　　　　　　　　　B. 流动比率

    C. 速动比率　　　　　　　　　　　　　D. 现金流动负债比率

18. 由杜邦分析体系可知，提高净资产收益率的途径可以有（　　）。

    A. 加强负债管理，提高资产负债率　　　B. 增加资产流动性，提高流动比率

    C. 加强销售管理，提高销售利润率　　　D. 加强资产管理，提高资产利润率

19. 在下列各项中，属于日常业务预算的有（　　）。

    A. 销售预算　　　　B. 现金预算　　　　C. 生产预算　　　　D. 销售费用预算

20. 在下列各项预算中，属于财务预算内容的有（　　）。

    A. 销售预算　　　　B. 生产预算　　　　C. 现金预算　　　　D. 预计利润表

### 三、判断题

1. 利润表是反映企业在一定会计期间经营成果的静态时点报表。（　　）

2. 利润表的表首是利润表的主体部分，它能反映企业收入、费用和利润各项目的内容及相互关系。（　　）

3. 基本每股收益是净利润的抵减项目。（　　）

4. 如果企业的营业利润主要来源于投资收益，则应肯定企业以前的投资决策的正确性，但要分析企业内部管理存在的问题，以提高企业经营活动内在的创新能力。（　　）

5. 对利润表的综合分析，要通过编制比较会计报表分别做利润增减变动的分析和利润构成变动的分析。（　　）

6. 经营活动产生的现金净流量大于零，说明企业的经营活动产生现金的能力很强。（　　）

7. 在企业扩张加剧的情况下，其投资活动产生的现金流出量会比较大，此时企业投资活动产生的现金流量净额往往会远远小于零。（　　）

8. 资产负债率×权益乘数＝产权比率。（　　）

9. 权益乘数的高低取决于企业的资本结构，负债比率越高，权益乘数越低，财务风险越大。（　　）

10. 应收账款周转率属于财务业绩定量评价中评价企业资产质量的基本指标。（　　）

11. 为了充分发挥负债的财务杠杆效应，企业应该尽可能提高产权比率。（　　）

12. 市盈率是评价上市公司盈利能力的指标，它反映投资者愿意对公司每股股利支付的价格。（　　）

13. 因素分析法既可以全面分析各因素对某一经济指标的影响，又可以单独分析某个因素对某一一经济指标的影响。（　　）

14. 现金流动负债比率的提高不仅会增加资产的流动性，也会增加机会成本。（　　）

15. 与固定预算方法相比，弹性预算方法具有预算范围宽和可比性强的优点。（　　）

16. 总预算是根据企业目标所编制的经营、资本、财务等年度收支计划，包括专门决策预算、

日常业务预算与财务预算三大类内容。 （　　）

17. 生产预算是在销售预算的基础上编制的，按照"以销定产"的原则，各期生产预算中的预计产量应等于各期的预计销量。 （　　）

18. 生产预算是整个预算编制的起点，其他预算的编制都以生产预算作为基础。 （　　）

19. 全面预算包括特种决策预算、总预算和日常业务预算。 （　　）

20. 直接材料消耗及采购预算和直接工资及其他直接支出预算均同时反映业务量的消耗和成本的消耗，但后一种预算的支出均属于现金支出。 （　　）

# 学习评价

## 一、职业核心能力测评表

（在□中打√，A 为通过，B 为基本通过，C 为未通过）

| 职业核心能力 | 评估标准 | 自测结果 | | |
| --- | --- | --- | --- | --- |
| 自我学习 | 1. 能进行时间管理 | □A | □B | □C |
| | 2. 能选择适合自己的学习和工作方式 | □A | □B | □C |
| | 3. 能随时修订计划并进行意外处理 | □A | □B | □C |
| | 4. 能将已经学到的知识用于新的工作任务 | □A | □B | □C |
| 信息处理 | 1. 能根据不同需要去搜寻、获取并选择信息 | □A | □B | □C |
| | 2. 能筛选信息，并进行信息分类 | □A | □B | □C |
| | 3. 能使用多媒体等手段来展示信息 | □A | □B | □C |
| 数字应用 | 1. 能从不同信息源获取相关信息 | □A | □B | □C |
| | 2. 能依据所给的数据信息，做简单计算 | □A | □B | □C |
| | 3. 能用适当的方法展示数据信息和计算结果 | □A | □B | □C |
| 与人交流 | 1. 能把握交流的主题、时机和方式 | □A | □B | □C |
| | 2. 能理解对方谈话的内容，准确表达自己的观点 | □A | □B | □C |
| | 3. 能获取并反馈信息 | □A | □B | □C |
| 与人合作 | 1. 能挖掘合作资源，明确自己在合作中能够起到的作用 | □A | □B | □C |
| | 2. 能同合作者进行有效沟通，理解个性差异及文化差异 | □A | □B | □C |
| 解决问题 | 1. 能说明何时出现问题并指出其主要特征 | □A | □B | □C |
| | 2. 能做出解决问题的计划并组织实施计划 | □A | □B | □C |
| | 3. 能对解决问题的方法适时做出总结和修改 | □A | □B | □C |
| 革新创新 | 1. 能发现事物的不足并提出新的需要 | □A | □B | □C |
| | 2. 能创新性地提出改进事物的意见和具体方法 | □A | □B | □C |
| | 3. 能从多种方案中选择最佳方案，在现有条件下进行实施 | □A | □B | □C |
| 学生签字： | 教师签字： | 20　　年　　月　　日 | | |

## 二、专业能力测评表

| 评价内容 | 权重 | 考核点 | 考核得分 | | |
| --- | --- | --- | --- | --- | --- |
| | | | 小组评价 | 教师评价 | 综合得分 |
| 职业素养（20分） | 10 | 能正确理解财务管理、财务预算等概念 | | | |
| | 10 | 能了解企业目标，阅读和分析企业会计报表，做出财务分析，知悉企业预算体系、工作组织和编制程序 | | | |
| 作品（80分） | 80 | 掌握财务分析指标的计算，分析财务报表，写出分析报告，对企业业绩进行评价；编制简单的现金预算表 | | | |
| 组长签字： | | 教师签字： | 20　年　月　日 | | |

# 模块三
# 税收基础知识

## 职业能力目标及主要概念

### 1. 专业能力

了解税收的基础知识；熟悉增值税、消费税、个人所得税和企业所得税的计算；掌握简单的避税方法。

### 2. 职业核心能力

能正确计算企业简单的涉税业务；能对企业进行简单的税收筹划。

### 3. 主要概念

税收、增值税、消费税、企业所得税、个人所得税、合理避税。

## 项目一　税收概论

【引例与分析】

**问题**：图中父子的观点是否正确？说一说你的想法。

**分析**：图片中父亲的观点是正确的，儿子的观点不正确。税收与我们每个人都息息相关，跟年龄大小无关。例如，我们去商场购买商品，实际上就已经负担了一些税（增值税），如果商品属于应税消费品，我们除了负担了增值税，还负担了消费税。

## 一、税收的定义

税收是国家为了实现其职能，凭借政治权力，按照法律规定的标准和程序，参与社会产品或国民收入分配，强制、无偿地取得财政收入的一种分配形式。它是人类社会经济发展到一定历史阶段的产物。

- 课税主体——政府。
- 缴纳主体——经济活动主体（组织或个人）。
- 税收客体——国民收入。

## 二、税收的分类

税收的分类如表 3-1-1 所示。

表 3-1-1　　　　　　　　　　　　　　　税收的分类

| 标准 | 分类 |
|---|---|
| 课税对象的性质 | 流转税、所得税、财产税、资源税、行为税 |
| 税负是否容易转移 | 直接税、间接税 |
| 价格和税收的关系 | 价内税、价外税 |
| 计税依据 | 从量税、从价税 |
| 税收的使用和管理 | 中央税、地方税、中央地方共享税 |

## 三、主要税种简介

（1）个人在中国境内或境外取得的各种所得都应当缴纳个人所得税。

（2）单位在中国境内或境外取得的各种所得都应当缴纳企业所得税。

（3）凡在中华人民共和国境内销售货物、加工、修理修配劳务、服务、无形资产或者不动产及进口货物的单位和个人为增值税的纳税义务人。

（4）单位和个人在中国境内生产、委托加工和进口应税消费品（包括烟、酒、化妆品、贵重首饰及珠宝玉石、成品油、摩托车、小汽车、高尔夫球及球具、高档手表、游艇、木质一次性筷子、实木地板、电池、涂料）应当缴纳消费税。

（5）单位和个人进口或出口货物需要缴纳关税。

（6）单位和个人在中国境内收购烟叶需要缴纳烟叶税。

（7）凡缴纳增值税、消费税的单位和个人都应当缴纳城市维护建设税和教育费附加。

（8）转让国有土地使用权、地上建筑物及其附着物（即转让房地产）并取得收入的单位和个人应当缴纳土地增值税。

（9）单位和个人占用耕地建房或者从事其他非农业建设，需要缴纳耕地占用税。

（10）在城市、县城、建制镇、工矿区范围内使用土地的单位和个人应当缴纳城镇土地使用税。

（11）单位和个人在中国境内开采矿产品（包括原油、天然气、煤炭、其他非金属矿原矿、黑色金属矿原矿、有色金属矿原矿）或者生产盐应当缴纳资源税。

（12）单位和个人在城市、县城、建制镇和工矿区拥有房产应当缴纳房产税。

（13）在中国境内，单位和个人如果是车辆、船舶的所有人或者管理人应当缴纳车船税。

（14）单位和个人在中国境内购置车辆（包括汽车、摩托车、电车、挂车、农用运输车）应当缴纳车辆购置税。

（15）在中国境内转移土地、房产权属，承受的单位和个人应当缴纳契税。

（16）在中国境内书立、领受应税凭证（包括购销、加工承揽、建设工程承包、财产租赁、货物运输、仓储保管、借款、财产保险、技术合同或者具有合同性质的凭证、产权转移书据、营业账簿、权利、许可证照）的单位和个人应当缴纳印花税。

（17）自中华人民共和国境外港口进入境内港口的船舶，应当缴纳船舶吨税。

# 项目二 | 流转税

**【引例与分析】**某天，李小姐在广州天河城看上一款化妆品，但觉得价钱不合适，便对店员说："这款化妆品我在新加坡买过，怎么你这里的价格贵了那么多啊？"

店员跟她解释说："从新加坡到这里要缴很多税呢，我们这个牌子是高档消费品，光消费税就高得吓人，当然要比在新加坡卖得贵些了？"

李小姐听了接着说："按你这样说，国内销售的衣服很多都比新加坡的贵，也是因为在我国销售衣服也要缴很高的消费税啦？"

店员说："那当然啦，所以生意难做啊！"

**问题：**（1）天河城销售化妆品真的要缴消费税吗？

（2）销售衣服也要缴消费税吗？

（3）是不是只要是消费品就需要缴纳消费税？

**分析：**（1）消费税在生产、委托、加工环节进行缴纳，天河城销售化妆品属于销售环节，不需要缴纳消费税。

（2）衣服不属于应税消费品，销售衣服不需要缴纳消费税。

（3）并不是所有的消费品都需要缴纳消费税，应税消费品才需要缴纳消费税。

## 一、增值税

增值税是以商品（含应税劳务及应税服务）在流转过程中产生的增值额作为计税依据而征收的一种流转税。如图 3-2-1 所示。

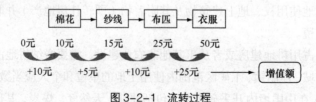

图 3-2-1 流转过程

### 1．增值税的征税范围

凡在中华人民共和国境内销售货物、加工、修理修配劳务、服务、无形资产或者不动产及进口货物，都属于增值税的征收范围。

（1）征税范围的一般规定。

① 销售或进口货物。货物是指有形动产，包括电力、热力、气体在内。销售货物，是指有偿转让货物的所有权。

② 销售加工、修理修配劳务。不包括单位或个体经营者聘用的员工为本单位或雇主提供的加工、修理修配劳务。

③ 提供的销售服务。这里的服务，是指提供交通运输服务、邮政服务、电信服务、建筑服务、金融服务、现代服务、生活服务。

④ 销售无形资产。无形资产，是指不具实物形态，但能带来经济利益的资产，包括技术、商标、著作权、商誉、自然资源使用权和其他权益性无形资产。

⑤ 销售不动产。不动产，是指不能移动或者移动后会引起性质、形状改变的财产，包括建筑物、构筑物等。

（2）属于增税范围的特殊行为。

① 视同销售行为：按现行税法规定，单位和个体经营者的下列行为虽然没有取得销售收入，也视同销售货物，应当征收增值税。

a. 代销行为的双方；

b. 实行统一核算的纳税人将货物从一个机构移送其他机构用于销售，但相关机构设在同一县（市）的除外；

c. 纳税人将自产、委托加工货物用于非应税项目、集体福利或个人消费（对内）；

d. 纳税人将自产、委托加工或外购的货物对外分配、对外投资、对外捐赠（对外）。

 想一想　　M 商业企业（一般纳税人）为甲公司代销货物，按零售价以 5%收取手续费 5 000 元，尚未收到甲公司开来的增值税专用发票，M 商业企业代销业务是否应纳增值税？

业务 3-2-1

根据增值税规定，下列行为应视同销售货物征收增值税的有（　　）。

A．将外购的服装作为春节福利发给企业员工　　B．将委托加工收回的卷烟用于赠送客户

C．将新研发的玩具交付某商场代为销售　　D．将外购的水泥用于本企业仓库的修建

【答案】B，C　　A，D 属于将外购的用于对内，不是视同销售的行为。

② 混合销售行为：混合销售行为是指一项销售行为既涉及货物销售又涉及服务，为混合销售。

从事货物的生产、批发或者零售的单位和个体工商户的混合销售行为，按照销售货物缴纳增值税；其他单位和个体工商户的混合销售行为，按照销售服务缴纳增值税。

【**案例1**】家电商场出售空调 4 000 元，同时收取安装费 60 元，这种行为属于混合销售行为，金额（4 000＋60）按照销售货物缴纳增值税。

【**案例2**】KTV 提供 KTV 服务的同时销售酒水饮料，这种行为属于混合销售行为，按照销售服务缴纳增值税。

 你能想到与我们生活息息相关的混合销售行为吗？

③ 兼营行为：纳税人销售货物、加工修理修配劳务、服务、无形资产或者不动产适用不同税率或者征收率的，应当分别核算适用不同税率或者征收率的销售额，未分别核算销售额的，按照以下方法适用税率或者征收率：

a. 兼有不同税率的销售货物、加工修理修配劳务、服务、无形资产或者不动产，从高适用税率。

b. 兼有不同征收率的销售货物、加工修理修配劳务、服务、无形资产或者不动产，从高适用税率。

c. 兼有不同税率和征收率的销售货物、加工修理修配劳务、服务、无形资产或者不动产，从高适用税率。

**2．增值税的纳税人**

（1）纳税义务人：凡在中华人民共和国境内销售货物、提供应税劳务、提供应税服务以及进口货物、销售无形资产和不动产的单位和个人为增值税的纳税义务人。

（2）纳税人的类型。增值税的纳税人按生产经营规模和会计核算制度健全与否可分为一般纳税人和小规模纳税人两种，其对年销售额的划分标准如下。

① 工业（生产）企业：年销售额 50 万元（含 50 万元）以下为小规模纳税人，50 万元以上为一般纳税人。

② 商业企业：年销售额 80 万元（含 80 万元）以下为小规模纳税人，80 万元以上为一般纳税人。

③ 交通运输业、邮政业、电信业、部分现代服务业（营改增）：500 万元（含 500 万元）以下为小规模纳税人，500 万元以上为一般纳税人。

 下列纳税人不属于一般纳税人。

• 年应税销售额未超过小规模纳税人标准的企业。

• 个体工商户以外的其他个人。

• 非企业性单位。

• 不经常发生增值税应税行为的企业。

《增值税实施细则》第 33 条：纳税人一经认定为一般纳税人后，不得再转为小规模纳税人。

▌业务 3-2-2 ▌

按照现行规定，下列各项中必须被认定为小规模纳税人的是（　　）。

A．年应税销售额 60 万元，会计核算制度健全的汽车修理厂

B．年不含税销售额 90 万元以上的批发企业

C．年不含税销售额为 80 万元以下，会计核算制度不健全的超市

D．非企业性单位

【答案】C，D

**小规模纳税人与一般纳税人的区别**

➤ 小规模纳税人销售货物或提供应税劳务不得使用专用发票，确需开具的，只能申请由主管税务机关代开。

➤ 小规模纳税人按简易办法计算应纳税额，不能抵扣进项税额。

### 3．增值税税率

（1）基本税率：17%。

（2）低税率有以下两种。

① 13%，具体包括以下项目。

- 粮食、食用植物油、鲜奶；
- 自来水、暖气、冷气、热水、煤气、石油液化气、天然气、沼气、居民用煤炭制品；
- 图书、报纸、杂志；
- 饲料、化肥、农药、农机、农膜；
- 国务院规定的其他货物。

② 11%和 6%，营改增适用。

（3）零税率：纳税人出口货物和财政部、国家税务总局规定的应税服务，税率为零。

（4）征收率。

① 一般规定：考虑到小规模纳税人经营规模小，且会计核算不健全，难以按上述增值税税率计税和使用增值税专用发票抵扣进项税率，因此实行按销售额与征收率计算应纳税额的简易办法。小规模纳税人增值税征收率为 3%。

② 国务院及其有关部门的规定。

a．纳税人销售自己使用过的不得抵扣且未能抵扣进项税额的固定资产，按照简易办法依照 3%征收率减按 2%征收增收率。一般纳税人销售自己使用过的除固定资产以外的物品，应当按照适用税率征收增值税。

b．小规模纳税人（除其他个人外，下同）销售自己使用过的固定资产，减按 2%的征收率征收增值税。小规模纳税人销售自己使用过的除固定资产以外的物品，应按 3%的征收率征收增值税。

c．纳税人销售旧货，按照简易办法依照 3%的征收率减按 2%征收增值税。所称旧货，是指进入二次流通的具有部分使用价值的货物（含旧汽车、旧摩托车和旧游艇），但不包括自己使用过的物品。

上述纳税人适用简易办法依 3%征收率减按 2%征收增值税的，按下列公式确定销售额和应纳税额：

$$销售额＝含税销售额÷（1＋3\%）$$

$$应纳税额＝销售额×2\%$$

d. 一般纳税人销售自产的下列货物，可选择按照简易办法依照3%征收率计算缴纳增值税：

➤ 县级及县级以下小型水力发电单位生产的电力；

➤ 建筑用和生产建筑材料所用的砂、土、石料；

➤ 用微生物、微生物代谢产物、动物毒素、人或动物的血液或组织制成的生物制品；

➤ 自来水；

➤ 商品混凝土（仅限于以水泥为原料生产的水泥混凝土）；

➤ 属于增值税一般纳税人的单采血浆站销售非临床用人体血液，可以按照简易办法依照3%征收率计算应纳税额，但不得对外开具增值税专用发票；也可以按照销项税额抵扣进项税额的办法依照增值税适用税率计算应纳税额；

➤ 一般纳税人选择简易办法计算缴纳增值税后，36个月内不得变更。

e. 一般纳税人销售货物属于下列情形之一的，暂按简易办法依照3%征收率计算缴纳增值税：

➤ 寄售商店代销寄售物品（包括居民个人寄售的物品在内）；

➤ 典当业销售死当物品。

**4. 增值税应纳税额的计算**

（1）一般纳税人应纳税额的计算。如图3-2-2所示。

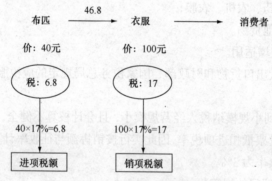

图3-2-2　一般纳税人应纳税额的计算

$$应纳增值税＝销项税额－进项税额＝17－6.8＝10.2＝60×17\%$$

① 销项税额：当期销项税额＝销售额（不含税）×税率

计税销售额包括纳税人销售货物或应税劳务、应税服务从购买方收取的全部价款和价外费用（手续费、补贴、基金、集资费、返还利润、代垫款项等）。

一般纳税人用价税合并定价方法销售货物和应税劳务的，按以下公式计算销售额：

$$不含税销售额＝\frac{含税销售额}{1＋税率/征收率}$$

**【经典案例3-2-1】**甲商场为一般纳税人，8月零售货物585万元，开具普通发票。则当月销项税额为_____。

**解释：** 由于零售环节一般不能开具专用发票，普通发票上的585＝价＋税，

含税销售额 585＝价＋价×17%＝价×（1＋17%）

销项税额＝不含税销售额×税率＝585÷（1＋17%）×17%＝85（万元）

几种特殊情况下销售额的确定如下。

◆　折扣销售：折扣销售是指销售方给予购货方的价格优惠，如销售额和折扣额在同一张增值税专用发票上分别注明，可以按折扣后的销售额作为计税销售额。实物折扣视同销售，按原销售额计税。

◆　销售折扣：是指为让购货方及早偿还货款，协议给予购货方的折扣优待。又称现金折扣。折扣额不允许从销售额中扣除。

◆　销售折让：是指因质量、品种等问题，购货方虽未退货，但是需给予购货方的一种价格折让，可按折让后的销售额为计税销售额。

◆　以旧换新：纳税人在销售货物时，有偿收回旧货或纳税人在一定期限内将全部或部分价款返还给购货方的销售方式。税法规定，按原销售额确定计税销售额，不得减除旧货物的收购额，金银首饰除外。

◆　还本销售：纳税人在一定期限内将全部或部分价款返还给购货方的销售方式。税法规定，按原销售额确定计税销售额，不得减除还本支出。

◆　以物易物：双方都应做购销处理，以各自发出的货物核算销售额并计算销项税额。

◆　包装物押金：单独记账，未逾期（一年）的不并入销售额。逾期未收回不再退还的，按所包装货物并入销售额计税。逾期包装物押金要换算成不含税销售额。啤酒、黄酒以外的其他酒类产品包装物押金一律并入当期销售额。包装物租金属价外费用，并入销售额计税。

 **想一想**　某酒厂为一般纳税人，8 月向一小规模纳税人销售白酒，并开具普通发票注明金额 93 600 元；同时收取单独核算的包装物押金 2 000 元（尚未逾期），计算此业务酒厂应确认多少的销项税额？

② 进项税额：纳税人购进货物或应税劳务、应税服务所支付的增值税税额。

a. 允许抵扣的进项税额。

➤　从销售方取得的增值税专用发票上注明的增值税额。

➤　从海关取得的完税凭证上注明的增值税额。

➤　购进农产品，除取得增值税专用发票或者海关进口增值税专用缴款书外，按照农产品收购发票或者销售发票上注明的农产品买价和13%的扣除率计算的进项税额。计算公式为：

$$进项税额＝卖价×扣除率$$

➤　从境外单位或者个人购进服务、无形资产或者不动产，自税务机关或者扣缴义务人取得的缴解税款的完税凭证上注明的增值税额。

b. 不允许从销项税额中抵扣进项税额的项目。

➤　用于简易计税方法计税项目、免征增值税项目、集体福利或者个人消费的购进货物、加工修理修配劳务、服务、无形资产和不动产。

➤ 非正常损失的购进货物以及相关的加工修理修配劳务和交通运输服务

➤ 非正常损失的在产品、产成品所耗用的购进货物（不包括固定资产）、加工修理修配劳务和交通运输服务。

➤ 非正常损失的不动产，以及该不动产所耗用的购进货物、设计服务和建筑劳务。

➤ 非正常损失的不动产，在建工程所耗用的购进货物、设计服务和建筑服务。纳税人新建、改建、扩建、修缮、装饰不动产，均属于不动产在建工程。

➤ 购进的旅客运输服务、贷款服务、餐饮服务、居民日常服务和娱乐服务。

➤ 财政部和国家税务总局规定的其他情形。

注意　非正常损失，是指因管理不善造成被盗、丢失、霉烂变质以及因违反法律法规造成货物或者不动产被依法没收、销毁、拆除的情形。因"不可抗力"造成的损失，其进项税额可以抵扣。

**业务 3-2-3**

下列行为中，涉及的进项税额不得从销项税额中抵扣的是（　　　）。

A. 将外购的货物用于基建工程　　　　B. 将外购的货物发给职工作福利

C. 将外购的货物无偿赠送给外单位　　D. 将外购的货物作为实物投资

【答案】A、B　　外购的货物用于对内的行为不得抵扣进项税额。

想一想　某厂外购一批材料用于应税货物的生产，取得增值税发票，价款 10 000 元，增值税 1 700 元；外购一批材料用于应税和免税货物的生产，价款 20 000 元，增值税 3 400 元，当月应税货物销售额 50 000 元，免税货物销售额 70 000 元，当月不可抵扣的进项税额为？

③ 增值税应纳税额的计算，公式如下。

$$增值税应纳税额＝销项税额－进项税额$$

【经典案例 3-2-2】甲纺织厂是增值税一般纳税人，8 月外购项目如下：①染料价款 3 万元，增值税专用发票注明的税款为 5 100 元；②从供销社购进棉花一批，增值税专用发票注明的税款为 27 200 元；③从农民手中购进棉花，价款 4 万元，无专用发票；④从小规模纳税人企业购进机器配件 6 000 元。本月销售项目有：①销售棉坯布收入 24 万元；②销售印染布一批，其中给一般纳税人 28 万元，开具增值税专用发票；给小规模纳税人 4 万元，开具普通发票。则当月应缴增值税为＿＿＿＿＿＿＿＿。

解析：销项税额＝24×17%＋28×17%＋4÷（1＋17%）×17%＝4.08＋5.34＝9.42（万元）

进项税额＝0.51＋2.72＋4×13%＝0.51＋2.72＋0.52＝3.75（万元）

应纳增值税＝9.42－3.75＝5.67（万元）

（2）小规模纳税人应纳税额的计算，公式如下。

$$应纳税额＝销售额×征收率$$

$$＝含税销售额÷（1＋征收率）×征收率$$

【经典案例 3-2-3】某超市是小规模纳税人，9 月购进货物（商品）取得普通发票，共计支付金额 120 000 元；本月销售货物取得零售收入共计 150 000 元，另外取得包装费 8 080 元。该企业 9 月份应缴纳的增值税为多少？

**解析：**应纳增值税＝（150 000＋8 080）÷（1＋3%）×3%＝4 604.27（元）

 **小规模纳税人如何代开发票？**

小规模纳税人是有权自己购买普通发票的，所以代开普通发票是不可以的，但因为还没有增值税发票的开票资格，所以如要开增值税专用发票是需要国税部门代开的，税率为 3%。

需要提供的资料：（1）付款方对所购物品品种、单价、金额等出具的书面确认证明，对个人小额销售货物和劳务只需要提供身份证明；（2）进货发票的原、复印件；（3）单位发票专用章。

### 5. 增值税的税收优惠

（1）增值税的法定免税。

① 农业生产者销售的自产农业产品。

② 避孕药品和用具。

③ 古旧图书。

④ 直接用于科研、科学实验和教学的进口仪器设备。

⑤ 外国政府、国际组织无偿援助的进口物资设备。

⑥ 由残疾人组织直接进口供残疾人专用的设备。

⑦ 个人销售自己使用过的物品。

（2）增值税的起征点（个人适用）。纳税人销售额未达到国务院财政、税务主管部门规定的起征点的免征增值税。增值税起征点的适用范围适用于个人（不包括认定为一般纳税人的个体工商户）。

增值税起征点的幅度规定如下：

① 销售货物的，为月销售额 5 000～20 000 元；

② 销售应税劳务的，为销售额 5 000～20 000 元；

③ 按次纳税的，为次（日）销售额 300～500 元。

④ 营改增范围的起征点如下。

a. 按期纳税的，月销售额 5 000～20 000 元（含本数）；

b. 按次纳税的，每次（日）销售额 300～500 元（含本数）。

省、自治区、直辖市财政厅（局）和国家税务局应在规定的幅度内，根据实际情况确定本地区适用的起征点，并报财政部、国家税务总局备案。

 对增值税小规模纳税人月销售额未达到 2 万元的企业或非企业性单位，免征增值税。2017 年 12 月 31 日前，对月销售额 2 万元（含本数）至 3 万元的增值税小规模纳税人，免征增值税。

### 6. 增值税的征收管理

（1）纳税义务发生时间。销售货物或者应税劳务，为收讫销售款项或者取得索取销售款项凭据的当天；先开具发票的，为开具发票的当天；进口货物，为报关进口的当天；增值税扣缴义务发生时间为纳税人增值税纳税义务发生的当天。

（2）纳税期限。《增值税暂行条例》规定，增值税的纳税期限分别为 1 日、3 日、5 日、10 日、15 日、1 个月或者 1 个季度。

纳税人的具体纳税期限，由主管税务机关根据纳税人应纳税额的大小分别核定；不能按照固定期限纳税的，可以按次纳税。

以一个季度为纳税期限的仅适用于小规模纳税人。

纳税人以 1 个月或者 1 个季度为 1 个纳税期的，自期满之日起 15 日内申报纳税；

以 1 日、3 日、5 日、10 日或者 15 日为 1 个纳税期的，自期满之日起 5 日内预缴税款，于次月 1 日起 15 日内申报纳税并结清上月应纳税款。

纳税人进口货物，应当自海关填发海关进口增值税专用缴款书之日起 15 日内缴纳税款。

纳税人出口货物，凭出口报关单等有关凭证，按月向税务机关申报办理该项出口货物的退税。

（3）增值税专用发票的管理。增值税专用发票（以下简称专用发票）是指增值税一般纳税人销售货物或者提供应税劳务开具的发票，是购买方支付增值税额并可按照增值税有关规定据以抵扣增值税进项税额的凭证。

① 增值税专用发票的基本联次为三联，各联次必须按以下规定用途使用：

第一联为发票联，购买方作为购买核算采购成本和增值税进项税额的记账凭证；

第二联为抵扣联，购买方作为报送主管税务机关认证和留存备查的凭证；

第三联为记账联，销售方作为核算销售收入和增值税销项税额的记账凭证。

② 增值税专用发票只限于增值税一般纳税人领购使用。一般纳税人应通过增值税防伪税控系统使用专用发票。

商业企业一般纳税人零售的烟、酒、食品、服装、鞋帽（不包括劳保专用部分）、化妆品等消费品不得开具专用发票。

增值税小规模纳税人和非增值纳税人不得领购使用专用发票。

销售免税货物不得开具专用发票。

## 二、营业税改征增值税

### 1．背景

（1）经济改革的需要。发展第三产业，促进服务出口，调整经济结构的需要。

（2）财税体制改革的需要。完善财税体制，消除重复征税。

### 2．营改增范围

（1）销售服务，是指提供交通运输服务、邮政服务、电信服务、建筑服务、金融服务、现代服务、生活服务。

① 交通运输服务，是指利用运输工具将货物或者旅客送达目的地，使其空间位置得到转移的业务活动。包括陆路运输服务、水路运输服务、航空运输服务和管道运输服务。

② 邮政服务，是指中国邮政集团公司及其所属邮政企业提供邮件寄递、邮政汇兑和机要通信

等邮政基本服务的业务活动。包括邮政普遍服务、邮政特殊服务和其他邮政服务。

③ 电信服务，是指利用有线、无线的电磁系统或者光电系统等各种通信网络资源，提供语音通话服务，传送、发射、接收或者应用图像、短信等电子数据和信息的业务活动。包括基础电信服务和增值电信服务。

④ 建筑服务，是指各类建筑物、构筑物及其附属设施的建造、修缮、装饰，线路、管道、设备、设施等的安装以及其他工程作业的业务活动。包括工程服务、安装服务、修缮服务、装饰服务和其他建筑服务。

⑤ 金融服务，是指经营金融保险的业务活动。包括贷款服务、直接收费金融服务、保险服务和金融商品转让。

⑥ 现代服务，是指围绕制造业、文化产业、现代物流产业等提供技术性、知识性服务的业务活动。包括研发和技术服务、信息技术服务、文化创意服务、物流辅助服务、租赁服务、鉴证咨询服务、广播影视服务、商务辅助服务和其他现代服务。

⑦ 生活服务，是指为满足城乡居民日常生活需求提供的各类服务活动。包括文化体育服务、教育医疗服务、旅游娱乐服务、餐饮住宿服务、居民日常服务和其他生活服务。

（2）销售无形资产，是指转让无形资产所有权或者使用权的业务活动。无形资产，是指不具实物形态，但能带来经济利益的资产，包括技术、商标、著作权、商誉、自然资源使用权和其他权益性无形资产。

（3）销售不动产，是指转让不动产所有权的业务活动。不动产，是指不能移动或者移动后会引起性质、形状改变的财产，包括建筑物、构筑物等。

**3．营改增纳税人的分类管理**

分为一般纳税人和小规模纳税人，以增值税年应税销售额及会计核算制度是否健全为划分主要标准。小规模纳税人标准暂定为应税服务年销售额 500 万元（含本数）以下。

**4．营改增适用税率**

（1）一般税率。

① 纳税人发生应税行为，除下列②、③、④项规定外，税率为 6%。

② 提供交通运输、邮政、基础电信、建筑、不动产租赁服务，销售不动产，转让土地使用权，税率为 11%。

③ 提供有形动产租赁服务，税率为 17%。

④ 境内单位和个人发生的跨境应税行为，税率为零。具体范围由财政部和国家税务总局另行规定。

（2）征收率。增值税征收率为 3%，财政部和国家税务总局另有规定的除外。

**5．营改增应纳税额计算**

【经典案例 3-2-4】北京市甲公司（增值税一般纳税人，按一般计税方法计税）专门从事认证服务，2016 年 5 月发生如下业务。

① 5 月 10 日，取得认证服务收入 106 万元，开具增值税专用发票，价税合计为 106 万元。

② 5 月 12 日，购进一台经营用设备，取得的增值税专用发票上注明价款 20 万元、增值税税

额 3.4 万元。

③ 5 月 14 日，接受乙公司提供的设计服务，取得的增值税专用发票上注明价款 5 万元、增值税税额 0.3 万元。

④ 5 月 16 日，接受丙公司提供的交通运输服务，取得的货物运输业增值税专用发票上注明价款 1 万元、增值税税额 0.11 万元。

**已知：** 甲公司适用的增值税税率为 6%。

**要求：** 计算甲公司当月应纳增值税税额。

**解析：** ① 当期销项税额＝106÷（1+6%）×6%＝6（万元）

② 当期准予抵扣的进项税额＝3.40+0.30+0.11＝3.81（万元）

③ 当期应纳税额＝6－3.81＝2.19（万元）

**【经典案例 3-2-5】** 某试点地区一般纳税人 2016 年 6 月取得交通运输收入 111 万元（含税），当月外购汽油 10 万元，购入运输车辆 20 万元（不含税金额，取得增值税专用发票），发生的联运支出 50 万元（不含税金额，试点地区纳税人提供，取得专用发票）。

**要求：** 计算该纳税人 6 月的应纳税额是多少？

**解析：** 应纳增值税＝111÷（1+11%）×11%－10×17%－20×17%－50×11%

＝11－1.7－3.4－5.5＝0.4 万元。

仍以上例，若该公司为小规模纳税人，则该纳税人 8 月的应纳税额是多少？

### 6. 营改增税收优惠

下列项目免征增值税：

（1）托儿所、幼儿园提供的保育和教育服务；养老机构提供的养老服务；残疾人福利机构提供的养育服务；婚姻介绍服务；殡葬服务。

（2）残疾人员本人为社会提供的服务。

（3）医疗机构提供的医疗服务。

（4）从事学历教育的学校提供的教育服务。

（5）学生勤工俭学提供的服务。

（6）农业机耕、排灌、病虫害防治、植物保护、农牧保险以及相关技术培训业务，家禽、牲畜、水生动物的配种和疾病防治。

（7）纪念馆、博物馆、文化馆、文物保护单位管理机构、美术馆、展览馆、书画院、图书馆在自己的场所提供文化体育服务取得的第一道门票收入。

（8）寺院、宫观、清真寺和教堂举办文化、宗教活动的门票收入。

（9）个人转让著作权。

（10）个人销售自建自用住房。

（11）台湾航运公司、航空公司从事海峡两岸海上直航、空中直航业务在大陆取得的运输收入。

（12）以下利息收入：国家助学贷款；国债、地方政府债；人民银行对金融机构的贷款；住房公积金管理中心用住房公积金在指定的委托银行发放的个人住房贷款；外汇管理部门在从事国家外汇储备经营过程中，委托金融机构发放的外汇贷款；统借统还业务中，企业集团或企业集团中的核心企业以及集团所属财务公司按不高于支付给金融机构的借款利率水平或者支付的债券票面利率水平，向企业集团或者集团下属单位收取的利息。

（13）金融同业往来利息收入。

（14）纳税人提供技术转让、技术开发和与之相关的技术咨询、技术服务。

（15）福利彩票、体育彩票的发行收入。

（16）将土地使用权转让给农业生产者用于农业生产。

（17）县级以上地方人民政府或自然资源行政主管部门出让、转让或收回自然资源使用权（不含土地使用权）。

### 三、消费税

#### 1. 消费税的概念及计税方法

消费税是指对特定的消费品和特定的消费行为在特定的征收环节征收的一种流转税（属于特别消费税）。

我国现行消费税是对我国境内从事生产、委托加工和进口应税消费品的单位和个人，就其应税消费品的销售额或销售数量或二者结合征收的一种流转税。

消费税计税方法主要有从价定率、从量定额和复合计征三种方式。

#### 2. 消费税纳税人

消费税的纳税人，是指在中国境内生产、委托加工和进口应税消费品的单位和个人。

 **注意** 出口不交，受托加工不交。委托加工的应税消费品，除受托方为个人外，由受托方在向委托方交货时代收代缴消费税。

---

**业务 3-2-4**

下列表述内容中，不属于消费税纳税人的有（　　）。

A．生产应税消费品的单位和个人　　　B．进口应税消费品的单位和个人

C．委托加工应税消费品的单位和个人　　D．加工应税消费品的单位和个人

【答案】D

【解析】加工应税消费品的单位和个人属于受托方，不属于消费税纳税人。

---

**业务 3-2-5**

甲委托乙加工化妆品，则下列说法正确的是（　　）。

A．甲是增值税的纳税义务人　　　　B．甲是消费税的纳税义务人

C．乙是增值税的纳税义务人　　　　D．乙是消费税的纳税义务人

【答案】B，C

---

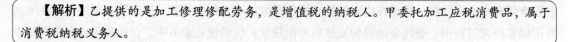

【解析】乙提供的是加工修理修配劳务，是增值税的纳税人。甲委托加工应税消费品，属于消费税纳税义务人。

### 3．消费税税目与税率

消费税税目与税率如表 3-2-1 所示。

表 3-2-1 消费税税目与税率

| 税目 | 子目 | | 税率 |
|---|---|---|---|
| 一、烟 | 1．卷烟 | （1）每标准条（200 支）调拨价 70 元以上的（含 70 元，不含增值税） | 比率税率：56%<br>定额税率：150 元／标准箱（50 000 支） |
| | | （2）每标准条（200 支）调拨价 70 元以下的（不含增值税） | 比率税率：36%<br>定额税率：150 元／标准箱（50 000 支） |
| | | 商业批发 | 比率税率：11%<br>定额税率：0.005 元／支 |
| | 2．雪茄烟 | | 36% |
| | 3．烟丝 | | 30% |
| 二、酒 | 1．啤酒 | （1）每吨出厂价格（含包装物及包装物押金，不含增值税）3 000 元（含）以上的 | 250 元／吨 |
| | | （2）每吨出厂价格（含包装物及包装物押金，不含增值税）3 000 元以下的 | 220 元／吨 |
| | | （3）娱乐业和饮食业自制的 | 250 元／吨 |
| | 2．粮食白酒、薯类白酒 | | 比率税率：20%；<br>定额税率：0.5 元／斤（500 克）或 0.5 元／500 毫升 |
| | 3．黄酒 | | 240／吨 |
| | 4．其他酒 | | 10% |
| 三、成品油 | 1．汽油 | | 1.52 元／升 |
| | 2．柴油 | | 1.2 元／升 |
| | 3．石脑油 | | 1.52 元／升 |
| | 4．溶剂油 | | 1.52 元／升 |
| | 5．润滑油 | | 1.52 元／升 |
| | 6．燃料油 | | 1.2 元／升 |
| | 7．航空煤油 | | 1.2 元／升（暂缓征收） |
| 四、鞭炮、焰火 | — | | 15% |
| 五、贵重首饰及珠宝玉石 | 1．除镀金（银）、包金（银）首饰以及镀镀（银）、包金（银）的镶嵌首饰以外的金银首饰；铂金首饰；钻石及钻石饰品 | | 5%，零售环节征收 |
| | 2．其他金银珠宝首饰；珠宝玉石 | | 10%，生产环节征收 |

续表

| 税目 | 子目 | 税率 |
|---|---|---|
| 六、高尔夫球及球具 | — | 10% |
| 七、高档手表[销售价格（不含增值税）每只在 10 000 元或 10 000 元以上的各类手表] | — | 20% |
| 八、游艇 | — | 10% |
| 九、木制一次性筷子 | — | 5% |
| 十、实木地板 | — | 5% |
| 十一、小汽车 | 1. 乘用车 | |
| | （1）汽缸容量在 1.0 升（含）以下 | 1% |
| | （2）汽缸容量在 1.0 升至 1.5 升（含） | 3% |
| | （3）汽缸容量在 1.5 升至 2.0 升（含） | 5% |
| | （4）汽缸容量在 2.0 升至 2.5 升（含） | 9% |
| | （5）汽缸容量在 2.5 升至 3.0 升（含） | 12% |
| | （6）汽缸容量在 3.0 升至 4.0 升（含） | 25% |
| | （7）汽缸容量在 4.0 升以上 | 40% |
| | 2. 中轻型商用客车 | 5% |
| 十二、摩托车 | 1. 汽缸容量 250 毫升 | 3% |
| | 2. 汽缸容量 250 毫升以上 | 10% |
| 十三、化妆品 | — | 30% |

注：自 2014 年 12 月 1 日起，取消汽车轮胎税目，取消酒精消费税，取消气缸容量 250ml（不含）以下的小排量摩托车消费税；自 2015 年 2 月 1 日起，对电池、涂料按 4% 税率征收消费税。对无汞原电池、金属氢化物镍蓄电池、锂原电池、锂电子蓄电池、太阳能电池、燃料电池和全钒液流电池免征消费税。

**业务 3-2-5**

根据消费税法律制度的规定，下列应税消费品中，实行从价定率与从量定额相结合的复合计税方法的有（    ）。

A．烟丝          B．卷烟          C．白酒          D．药酒

【答案】B，C

【解析】现行消费税的征税范围中，只有卷烟、白酒采用复合计征方法。

### 4．消费税应纳税额

（1）从价定率，公式如下。

$$应纳税额＝销售额×税率$$

销售额是纳税人销售应税消费品向购买方收取的全部价款和价外费用。

注意

不包括向购货方收取的增值税税款。

价外费用不包括以下几项。

① 同时符合以下条件的代垫运输费用。

② 同时符合以下条件代为收取的政府性基金或者行政事业性收费。

● 由国务院或者财政部批准设立的政府性基金，由国务院或者省级人民政府及其财政、价格主管部门批准设立的行政事业性收费。

● 收取时开具省级以上财政部门印制的财政票据。

● 所收款项全额上缴财政。

（2）从量定额，公式如下。

$$应纳税额＝应税消费品的销售数量×单位税额$$

对销售数量的规定如下。

① 销售应税消费品的，为应税消费品的销售数量。

② 自产自用应税消费品的，为应税消费品的移送使用数量。

③ 委托加工应税消费品的，为纳税人收回的应税消费品数量。

④ 进口应税消费品的，为海关核定的应税消费品进口征税数量。

‖ 业务 3-2-6 ‖

某啤酒厂 8 月销售乙类啤酒 400 吨，每吨出厂价格为 2 800 元。8 月该啤酒厂应纳消费税税额为（　　）元（乙类啤酒定额税率为 220 元／吨）。

A. 88 000　　　　　B. 190 400　　　　　C. 100 000　　　　　D. 616 000

【答案】A

【解析】应纳税额＝销售数量×定额税率＝400×220＝88 000（元）。

（3）复合计征。卷烟、白酒采用从量定额与从价定率相结合复合计税，公式如下。

$$应纳税额＝销售额×比例税率＋销售数量×定额税率$$

‖ 业务 3-2-7 ‖

下列消费品中，实从量定额计征办法的是（　　）。

A. 啤酒　　　　　B. 白酒　　　　　C. 酒糟　　　　　D. 葡萄酒

【答案】A

【解析】只有啤酒和成品油实行从量定额计征的方法。

‖ 业务 3-2-8 ‖

某烟草生产企业是增值税一般纳税人。2015 年 1 月销售甲类卷烟 1 000 标准条，取得销售收入（含增值税）93 600 元。该企业 1 月应缴纳的消费税税额为（　　）元。已知甲类卷烟消费税定额税率为 0.003 元／支，1 标准条有 200 支；比例税率为 56%。

A. 53 016　　　　　B. 44 800　　　　　C. 600　　　　　D. 45 400

【答案】D

【解析】应纳消费税税额＝93 600÷（1＋17%）×56%＋200×1 000×0.003＝44 800＋600＝45 400（元）。

（4）应税消费品已纳税款扣除。根据税法的规定，应税消费品若是用外购（或委托加工收回）已交纳消费税的应税消费品连续生产出来的，在对这些连续生产出来的应税消费品征税时，按当期生产领用数量计算准予扣除外购（或委托加工收回）应税消费品已缴纳的消费税税款。如图3-2-3所示。

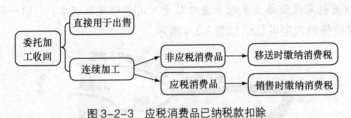

图 3-2-3 应税消费品已纳税款扣除

特点：消费税是单一环节流转税。

▌业务 3-2-9▐

某卷烟生产企业，某月初库存外购应税烟丝金额20万元，当月又外购应税烟丝金额50万元（不含增值税），月末库存烟丝金额10万元，其余被当月生产卷烟领用。卷烟厂当月准许扣除的外购烟丝已缴纳的消费税税额为（　　）万元（烟丝适用的消费税税率为30%）。

A. 15　　　　　　　　B. 18　　　　　　　　C. 6　　　　　　　　D. 3

【答案】B

【解析】当期准许扣除的外购烟丝买价＝20＋50－10＝60（万元），当月准许扣除的外购烟丝已缴纳的消费税税额＝60×30%＝18（万元）。

（5）计税依据确定的特殊规定（了解）。

① 纳税人自产自用的应税消费品，按照纳税人生产的同类消费品的销售价格计算纳税；没有同类消费品销售价格的，按照组成计税价格计算纳税。

- 一般应税消费品组成计税价格公式如下。

　　组成计税价格＝（成本＋利润）÷（1－比例税率）

　　　　　　　　＝成本×（1＋成本利润率）÷（1－比例税率）

- 复合计征应税消费品组成计税价格公式如下。

　　组成计税价格＝（成本＋利润＋自产自用数量×定额税率）÷（1－比例税率）

　　　　应纳消费税＝组成计税价格×比例税率＋自产自用数量×定额税率

② 委托加工的应税消费品，按照受托方的同类消费品的销售价格计算纳税；没有同类消费品销售价格的，按照组成计税价格计算纳税。

- 一般应税消费品组成计税价格公式如下。

　　　　组成计税价格＝（材料成本＋加工费）÷（1－比例税率）

- 复合计征应税消费品组成计税价格公式如下。

　　组成计税价格＝（材料成本＋加工费＋委托加工数量×定额税率）÷（1－比例税率）

③ 进口的应税消费品，按照组成计税价格计算纳税。

- 一般应税消费品组成计税价格公式如下。

$$组成计税价格＝（关税完税价格＋关税）÷（1－比例税率）$$

- 复合计征应税消费品组成计税价格公式如下。

组成计税价格＝（关税完税价格＋关税＋进口数量×消费税定额税率）÷（1－消费税比例税率）

以上组成计税价格的规定可总结如图 3-2-4 所示。

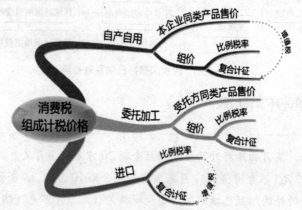

图 3-2-4　组成计税价格总结

【经典案例 3-2-6】某化妆品企业是增值税一般纳税人，主要从事化妆品的生产、进口和销售业务，2011 年 3 月发生以下业务。

① 从国外进口一批化妆品，海关核定的关税完税价格为 168 万元，企业按规定向海关缴纳了关税、消费税和进口环节增值税，并取得了相关完税凭证。

② 向企业员工发放一批新研发的化妆品作为职工福利，该批化妆品不含增值税的销售价格为 150 万元。

③ 委托乙公司加工一批化妆品，提供的材料成本为 129 万元，支付乙公司加工费 11 万元，当月收回该批委托加工的化妆品，乙公司没有同类消费品的销售价格。

**已知：**化妆品的消费税税率是 30%，关税税率是 25%。

**计算：**① 该企业当月进口环节应缴纳的消费税税额。

② 该企业当月作为职工福利发放的化妆品应缴纳的消费税税额。

③ 乙公司受托加工的化妆品在交货时应代收代缴的消费税税额。

**解析：**① 应缴纳的关税税额＝168×25%＝42（万元）。

组成计税价格＝（168＋42）÷（1－30%）＝300（万元）。

应纳消费税税额＝300×30%＝90（万元）。

② 应缴纳的消费税税额＝150×30%＝45（万元）。

③ 组成的计税价格＝（129＋11）÷（1－30%）＝200（万元）。

应代收代缴的消费税税额＝200×30%＝60（万元）。

### 5. 消费税的征收管理*

本部分内容只作为了解内容。

（1）纳税义务发生时间。纳税人生产的应税消费品于销售时纳税，进口消费品应于报关进口环节纳税，金银首饰、铂金首饰、钻石在零售环节纳税。

 这里的金银首饰是指金、银及金基、银基首饰。

（2）纳税期限与增值税相同。

（3）纳税地点。

① 纳税人销售的应税消费品，以及自产自用的应税消费品，向纳税人机构所在地或者居住地的主管税务机关申报纳税。

纳税人的总机构与分支机构不在同一县（市）的，应当分别向各自机构所在地的主管税务机关申报纳税；经财政部、国家税务总局或者其授权的财政、税务机关批准，可以由总机构汇总向总机构所在地主管税务机关申报纳税。

纳税人在外县（市）销售或者委托外县（市）代销自产应税消费品的，于应税消费品销售后，向机构所在地或者居住地主管税务机关申报纳税。

② 委托个人加工的应税消费品，由委托方向其机构所在地或者居住地主管税务机关缴纳消费税款。

③ 进口的应税消费品，由进口人或其代理人向报关地海关申报纳税。

④ 纳税人销售的应税消费品，如因质量等原因由购买者退回时，经所在地主管税务机关审核批准后，可退还已征收的消费税税款。

 不能自行直接抵减应纳税款。

┃ 业务 3-2-10 ┃

某酒厂总部设在北京，生产酒的基地设在遵义，则下列关于消费税的纳税地点的说法中正确的有（　　　）。

A．在北京纳税

B．在遵义纳税

C．经国家税务总局批准可以在北京纳税

D．经由北京市、贵州省国税局协商决定纳税地点

【答案】A，B，C

【解析】纳税人的总机构与分支机构不在同一县（市）的，应当分别向各自机构所在地的主管税务机关申报纳税；经财政部、国家税务总局或者其授权的财政、税务机关批准，可以由总机构汇总向总机构所在地主管税务机关申报纳税。

┃ 业务 3-2-11 ┃

委托个人加工的应税消费品，由受托方向其机构所在地或者居住地主管税务机关申报纳税。
（　　　）

【答案】×

【解析】委托个人加工的应税消费品，由委托方向其机构所在地或者居住地主管税务机关申报纳税。

┤ 业务 3-2-12 ├

A 市甲企业委托 B 市乙企业加工一批应税消费品，该批消费品应缴纳的消费税税款应由乙企业向 B 市税务机关解缴。（    ）

【答案】√

# 项目三　所得税

【引例与分析】北京某文化艺术有限责任公司，1996 年成立于北京市，法人代表是刘某某。2002 年 4 月 2 日，该公司因涉嫌偷税被北京市地税局立案调查。经过调查显示，该公司作为纳税义务人，于 1996～2001 年间，违反税收征管规定，偷逃各种税款共计人民币 6 679 069.6 元；同时，作为代扣代缴义务人，在 1997～2000 年间，拍摄电视连续剧《逃之恋》《皇嫂田桂花》过程中，将已代扣的演职人员个人所得税共计人民币 418 574.43 元隐瞒，不予代为缴纳。在此期间，被告单位总经理兼财务总监靖某，主管财务工作，对任职期间单位实施的偷税行为负有直接责任。公诉方认为某公司及靖某涉嫌偷税 848 万余元，应以偷税罪追究被告单位和被告人的刑事责任。

分析：某公司偷逃的主要税种有营业税、企业所得税和个人所得税，作为企业所得税的纳税义务人和个人所得税的代扣代缴义务人，某公司并未履行自己的纳税义务，在我国税法中，企业所得税和个人所得税的纳税人是如何界定，又应当如何计算缴纳各自的税额，即是本项目要求大家掌握的内容。

## 一、企业所得税

企业所得税，是对企业和其他取得收入的组织所取得的生产经营所得和其他所得而征收的一种所得税。

### 1. 纳税义务人

我国采用注册地和实际管理机构所在地双重标准将企业所得税的纳税人分为居民企业和非居民企业。

注意　个人独资企业、合伙企业不是企业所得税的纳税义务人。

（1）居民企业是指依法在中国境内成立，或者依照外国法律成立但实际管理机构在中国境内的企业。

（2）非居民企业是指依照外国法律成立且实际管理机构不在中国境内，但在中国境内设立机构、场所的，或者依照外国法律成立且实际管理机构不在中国境内，在中国境内未设立机构、场所，但有来源于中国境内所得的企业。

┤ 业务 3-3-1 ┠

根据企业所得税法律制度的规定，下列各项中，不属于企业所得税纳税义务人的是（　　）。

　A．国有企业　　　　B．外商投资企业　　　C．个人独资企业　　　D．股份制企业

【答案】C

【解析】个人独资企业缴纳个人所得税。

┤ 业务 3-3-2 ┠

在外国成立且实际管理机构不在中国境内的企业，不是企业所得税的纳税义务人。（　　）

【答案】×

【解析】我国企业所得税纳税义务人分为居民企业和非居民企业。在外国成立且实际管理机构不在中国境内的企业，属于企业所得税纳税人中的非居民企业。

## 2．征税对象

企业所得税的征税对象是纳税人取得的所有所得，包括生产经营所得和其他所得。根据企业所得税纳税人的不同分类，其征税对象也有一定的区别。其中，居民企业承担无限纳税义务，非居民企业承担有限纳税义务。具体来说，有如下几点。

（1）居民企业应当就其来源于中国境内、境外的所得缴纳企业所得税。

（2）非居民企业在中国境内设立机构、场所的，应当就其所设机构、场所取得的来源于中国境内的所得，以及发生在中国境外但与其所设机构、场所有实际联系的所得，缴纳企业所得税。

（3）非居民企业在中国境内未设立机构、场所的，或者虽设立机构、场所，但取得的所得与其所设机构、场所没有实际联系的，应当就其来源于中国境内的所得缴纳企业所得税。

## 3．税率

根据现行规定，企业所得税的基本税率为25%，适用于居民企业和中国境内设有机构、场所且所得与机构、场所有关联的非居民企业；符合条件的小型微利企业实行的企业所得税税率为20%；国家重点扶持的高新技术企业适用15%的优惠税率。

┤ 业务 3-3-3 ┠

我国企业所得税适用的税率属于（　　）。

　A．比例税率　　　　B．超额累进税率　　　C．定额税率　　　　D．超率累进税率

【答案】A

【解析】企业所得税的一般税率为25%，属于比例税率。

企业所得税的纳税人、征税对象和税率可归纳为表3-3-1。

表3-3-1　　　　　　　　　企业所得税的纳税人、征税对象、税率的归纳

| 纳税人 | 判定标准 | 征收范围 |
| --- | --- | --- |
| 居民企业 | ① 依照中国法律在中国境内成立的企业；<br>② 依照外国（地区）法律成立，但实际管理机构在中国境内的企业 | 来源于中国境内、境外的全部所得（25%） |

续表

| 纳税人 | 判定标准 | 征收范围 |
|--------|----------|----------|
| 非居民企业 | ① 依照外国（地区）法律成立且实际管理机构不在中国境内，但在中国境内设立机构、场所的企业；<br>② 在中国境内未设立机构、场所，但有来源于中国境内所得的企业 | ① 该机构取得的境内所得及与该机构有实际联系的境外所得（25%）；<br>② 未设机构的境内所得及与所设机构无实际联系的境内所得（实际中减按 10%扣缴） |

### 4．应纳税所得额

应纳税所得额是企业所得税的计税依据，企业每一纳税年度的收入总额，减除不征税收入、免税收入、各项扣除以及允许弥补的以前年度亏损后的余额，为应纳税所得额。

直接法：应纳税所得额＝收入总额－不征税收入－免税收入－各项扣除－以前年度亏损。

间接法：应纳税所得额＝年度利润总额±纳税调整项目－以前年度亏损。

实际工作中，常用间接法计算纳税人的应纳税所得额。

（1）收入总额。企业以货币形式和非货币形式从各种来源取得的收入为收入总额，包括以下各项。

① 销售货物收入。

② 提供劳务收入。

③ 转让财产收入。

④ 股息、红利等权益性投资收益。

⑤ 利息收入。

⑥ 租金收入。

⑦ 特许权使用费收入。

⑧ 接受捐赠收入。

⑨ 其他收入。

（2）不征税收入。非企业营利性活动带来的收益，不属于企业所得税的征税范围。《企业所得税法》规定，不征税收入包括以下几项。

① 财政拨款。

② 依法收取并纳入财政管理的行政事业性收费和政府性基金。

③ 国务院规定的其他不征税收入。税法所称国务院规定的其他不征税收入，是指企业取得的，由国务院财政、税务主管部门规定专项用途并经国务院批准的财政性资金。

（3）免税收入。免税收入即免予征税的收入，属于企业所得税的税收优惠。免税收入主要有如下几项。

① 国债利息收入。

② 符合条件的居民企业之间的股息、红利等权益性投资收益。

③ 在中国境内设立机构、场所的非居民企业从居民企业取得与该机构、场所有实际联系的股息、红利等权益性投资收益。

④ 符合条件的非营利组织的收入。

【注意】不征税收入和免税收入的区别。

业务 3-3-4

下列关于企业所得税免税收入的陈述中，正确的是（　　）。

A．国债利息收入属于免税收入

B．财政拨款收入属于免税收入

C．符合条件的居民企业之间的股息、红利等权益性投资收益属于免税收入

D．符合条件的非营利组织的收入属于免税收入

【答案】A，C，D

【解析】B 属于不征税收入。

业务 3-3-5

根据企业所得税法律制度的规定，下列各项中，属于不征税收入的有（　　）。

A．财政拨款　　　　　　　　　B．纳入财政管理的行政事业性收费

C．纳入财政管理的政府性基金　　D．债务重组收入

【答案】A，B，C

【解析】D 属于征税收入中的其他收入。

（4）准予扣除项目。与取得收入有关的、合理的支出，包括成本、费用、税金、损失和其他支出，准予在计算应纳税所得额时扣除。

① 成本，是指企业在生产经营活动中发生的销售成本、销货成本、业务支出以及其他耗费，即企业销售商品、提供劳务、转让固定资产及无形资产的成本。

② 费用，是指企业每一个纳税年度为生产、经营商品和提供劳务等所发生的销售费用、管理费用和财务费用。

③ 税金，是指企业发生的除企业所得税和允许抵扣的增值税以外的企业缴纳的各项税金及附加，如消费税、营业税、城市维护建设税等。

④ 损失，是指企业在生产经营活动中发生的固定资产和存货的盘亏、毁损、报废损失、转让财产损失、呆账损失、坏账损失、自然灾害等不可抗力因素造成的损失以及其他损失。

⑤ 职工工资、社会保险、职工福利费、工会经费和职工教育经费支出的税前扣除。

• 企业发生的合理的工资薪金支出，准予扣除。

• 企业为职工缴纳的基本社会保险费和住房公积金，准予扣除；企业为投资者或者职工支付的商业保险费，不得扣除。

• 企业发生的职工福利费支出，不超过工资薪金总额14%的部分，准予扣除。

• 企业拨缴的工会经费，不超过工资薪金总额2%的部分，准予扣除。

• 除国务院财政、税务主管部门另有规定外，企业发生的职工教育经费支出，不超过工资薪金总额2.5%的部分，准予扣除；超过部分，准予在以后纳税年度结转扣除。

【经典案例 3-3-1】甲公司 2015 年工资薪金总额为 1 000 万元，并分别提取职工福利费 180 万元，工会经费 20 万元，职工教育经费 20 万元，请问该公司允许在税前扣除的三项经费金额分别

是多少，应该如何进行纳税调整？

**解析：** 职工福利费扣除限额＝1 000×14%＝140 万元＜实际金额 180 万元，故可以在税前扣除的职业福利费为 140 万元，需要纳税调增 40 万元。

职工工会经费扣除限额＝1 000×2%＝20 万元＝实际金额 20 万元，20 万元可以全额在税前扣除，无需进行纳税调整。

职工教育经费扣除限额＝1 000×2.5%＝25 万元＞实际金额 20 万元，20 万元可以全额在税前扣除，无需进行纳税调整。

⑥ 非金融企业向金融企业借款的利息支出、金融企业的各项存款利息支出和同业拆借利息支出、企业经批准发行债券的利息支出；非金融企业向非金融企业借款的利息支出，不超过按照金融企业同期同类贷款利率计算的数额部分，准予在税前扣除。

⑦ 企业发生的与生产经营活动有关的业务招待费支出，按照发生额的 60%扣除，但最高不得超过当年销售（营业）收入的 5‰。

**【经典案例 3-3-2】** 乙公司 2015 年度销售收入为 2 000 万元，业务招待费支出为 25 万元，能提供有效凭证。计算该公司允许在税前扣除的业务招待费是多少，应该如何进行纳税调整？

**解析：** 业务招待费的税前扣除金额在两个标准中取较小者，一个是发生额的 60%，另一个是当年销售（营业）收入的 5‰。在本例中，扣除标准 1＝25×60%＝15（万元），扣除标准 2＝2 000×5‰＝10（万元），故准予在税前扣除的业务招待费为 10 万元，而企业实际列支金额为 25 万元，因此需要纳税调增 15 万元。

⑧ 企业发生的符合条件的广告费和业务宣传费支出，除国务院财政、税务主管部门另有规定外，不超过当年销售（营业）收入 15%的部分，准予扣除；超过部分，准予在以后纳税年度结转扣除。

⑨ 企业发生的公益性捐赠支出，在年度利润总额 12%以内的部分，准予在计算应纳税所得额时扣除。

注意

年度利润总额，是指企业依照国家统一会计制度的规定计算的年度会计利润，即已扣除了全部捐赠支出；公益性捐赠，是指企业通过公益性社会团体或者县级以上人民政府及其部门，用于《公益事业捐赠法》规定的公益事业的捐赠。

业务 3-3-6

某企业 2015 年度通过民政部门向贫困地区捐赠 50 万元，直接向某大学捐款 10 万元，均在营业外支出中列支。该企业当年实现利润总额 400 万元，假设不考虑其他纳税调整事项。根据企业所得税法律制度的规定，该企业 2013 年度应纳税所得额为（　　）万元。

A. 400　　　　　　B. 412　　　　　　C. 460　　　　　　D. 435

**【答案】** B

**【解析】** 企业通过民政部门向贫困地区捐赠属于公益性捐赠，在年度利润总额的 12%以内的部分可以扣除。扣除标准＝400×12%＝48（万元）。应调整应纳税所得额＝50－48＝2（万元）。直接向学校的捐款不允许扣除，应该全额调增。应纳税所得额＝400＋2＋10＝412（万元）。

（5）不得扣除的项目。不得扣除的项目如下。

① 向投资者支付的股息、红利等权益性投资收益款项（投资者收到的"股息、红利等权益性投资收益"在符合一定条件的情况下属于免税收入）。

② 企业所得税税款。

③ 税收滞纳金。

④ 罚金、罚款和被没收财物的损失。纳税人的生产、经营因违反国家法律、法规和规章，被有关部门处以的罚金、罚款，以及被没收财物的损失，属于行政性罚款，不得扣除。但纳税人逾期归还银行贷款，银行按规定加收的罚息，不属于行政性罚款，允许在税前扣除。

⑤ 超过规定标准的公益性捐赠支出及其他捐赠支出。

⑥ 赞助支出。

⑦ 未经核定的准备金支出。

⑧ 企业之间支付的管理费、企业内营业机构之间支付的租金和特许权使用费，以及非银行企业内营业机构之间支付的利息。

⑨ 与取得收入无关的其他支出。

**业务 3-3-7**

下列各项可以在所得税前列支的有（　　）。

A．消费税　　　　B．向投资者支付的股息　　　C．赞助支出　　　D．罚金

【答案】A

【解析】B，C，D 均为不得在税前扣除的项目。

（6）亏损弥补。根据税法的规定，纳税人某一纳税年度发生的亏损可以用下一年度的所得弥补，下一年度的所得不足以弥补的，可以逐年延续弥补，但最长不得超过 5 年。5 年内不管是盈利还是亏损，都作为实际弥补期限。这里值得注意的是，税法所指的亏损，并非企业财务报表中反映的亏损额，而是报表中的亏损额经税务机关按照税法规定核实调整后的金额，即纳税人依照法律规定将每一纳税年度的收入总额减除不征税收入、免税收入和各项扣除后小于零的数额。

**业务 3-3-8**

某企业 2009～2015 年盈亏情况如表 3-3-2 所示，则该企业 2009～2015 年总计应缴纳的企业所得税税额为多少？（适用的企业所得税税率为 25%）

表 3-3-2　　　　　　　　　　　　2009～2015 年盈亏情况

| 纳税年度 | 2009 | 2010 | 2011 | 2012 | 2013 | 2014 | 2015 |
|---|---|---|---|---|---|---|---|
| 盈亏（万元） | −20 | 12 | −1 | 4 | −5 | 2 | 38 |

【解析】应纳税所得额＝38−1−5＝32（万元）。

应缴纳的企业所得税税额＝32×25%＝8（万元）。

**业务 3-3-9**

某符合条件的小型微利企业经主管税务机关核定，2014 年度亏损 25 万元，2015 年度盈利 30 万元。该企业 2015 年度应缴纳的企业所得税为（　　）万元。

A. 1        B. 1.25        C. 7        D. 8.75

【答案】A

【解析】如果上一年度发生亏损，可用本年应纳税所得额进行弥补，一年弥补不完的，可连续弥补 5 年，按弥补亏损后的应纳税所得额和适用税率计算税额；符合条件的小型微利企业企业所得税税率减按 20%。2015 年应纳企业所得税 =（30-25）×20% = 1（万元）。

### 5．企业所得税的征收管理

（1）纳税地点。除税收法律、行政法规另有规定外，居民企业以企业登记注册地为纳税地点；但登记注册地在境外的，以实际管理机构所在地为纳税地点。居民企业在中国境内设立不具有法人资格的营业机构的，应当汇总计算并缴纳企业所得税。

非居民企业在中国境内设立机构、场所的，应当就其所设机构、场所取得的来源于中国境内的所得，以及发生在中国境外但与其所设机构、场所有实际联系的所得，缴纳企业所得税。非居民企业取得上述所得，以机构、场所所在地为纳税地点。

（2）纳税期限。所得税实行按年计算、分期预缴、年终汇算清缴的征收办法。企业所得税按纳税年度计算。纳税年度自公历 1 月 1 日起至 12 月 31 日止。企业在一个纳税年度中间开业，或者终止经营活动，使该纳税年度的实际经营期不足 12 个月的，应当以其实际经营期为一个纳税年度。

（3）纳税申报。

① 企业所得税的纳税年度，自公历 1 月 1 日起至 12 月 31 日止。

② 按月或按季预缴的，应当自月份或者季度终了之日起 15 日内，向税务机关报送预缴企业所得税纳税申报表，预缴税款。

③ 企业应当自年度终了后 5 个月内向税务机关报送年度企业所得税纳税申报表，并汇算清缴，结清应缴或应退税款。

④ 企业交纳所得税以人民币计算。

⑤ 企业在纳税年度内无论盈利或者亏损，都应当在法定期限内向税务机关报送企业所得税纳税申报表。

## 二、个人所得税

个人所得税，是指对个人（自然人）取得的各项应税所得征收的一种所得税。

### 1．纳税义务人

个人所得税的纳税义务人根据住所和居住时间两个标准分为居民纳税人和非居民纳税人。对个人独资企业和合伙企业投资者也征收个人所得税。

（1）居民纳税人。

① 在中国境内有住所的个人，即因户籍、家庭、经济利益关系，而在中国境内习惯性居住的个人。

② 在中国境内无住所但在境内居住满 1 年的个人。

在中国境内居住满 1 年，是指在一个纳税年度中（从 1 月 1 日到 12 月 31 日）在中国境内居住满 365 日,若为临时离境行为,不扣减居住天数。临时离境指在一个纳税年度内,一次不超过 30 日或多次累计不超过 90 日的离境行为。现行税法中的"中国境内",是指大陆地区,不包括港、澳、台。

(2)非居民纳税人(不符合居民纳税人判定标准的纳税人)。

① 在中国境内无住所又不居住但有来源于中国境内所得的个人。

② 在中国境内无住所,并且在一个纳税年度中在中国境内居住不满一年的个人。

---

**业务 3-3-10**

根据个人所得税法律制度的规定,下列各项中,属于个人所得税居民纳税人的有(    )。

A. 在中国境内有住所的个人

B. 在中国境内无住所而在境内居住满 1 年的个人

C. 在中国境内无住所又不居住的个人

D. 在中国境内无住所且在中国境内居住不满 1 年的个人

【答案】A,B

【解析】C、D 属于非居民纳税人。

---

**2. 应税项目**

我国税法规定,凡是我国居民纳税人,其所取得的应纳税所得,无论是来源于中国境内还是中国境外任何地方,都要在中国境内缴纳个人所得税(就境内、境外全部所得纳税)。

非居民纳税人承担有限纳税义务,即仅就来源于中国境内的所得纳税(就境内所得纳税)。

根据所得来源划分,个人所得税的应税所得包括以下 11 类。

(1)工资、薪金所得。

(2)个体工商户的生产、经营所得(个人独资企业、合伙企业比照该类所得纳税)。

(3)对企事业单位的承包经营、承租经营所得。

(4)劳务报酬所得(个人从事非雇佣的各类劳务)。

(5)稿酬所得(个人出版、发表作品所取得的所得)。

(6)特许权使用费所得(个人专利、著作权、商标权等)。

(7)利息、股息、红利所得。

(8)财产租赁所得(将个人财产对外出租所取得的所得,如房屋的租金收入)。

(9)财产转让所得(个人转让有价证券、建筑物、土地使用权、机器设备、车船等)。

(10)偶然所得(个人得奖、中奖、中彩的所得,包括现金、实物和有价证券)。

(11)经国务院财政部门确定征税的其他所得。

**3. 税率**

个人所得税实行超额累进税率与比例税率相结合的税率体系。

(1)工资、薪金所得,适用 3%～45% 的超额累进税率,如表 3-3-3 所示。

(2)个体工商户的生产、经营所得和对企事业单位的承包经营、承租经营所得,适用 5%～35% 的 5 级超额累进税率,如表 3-3-4 所示。

表3-3-3                        工资、薪金所得个人所得税税率

| 级数 | 全月应纳税所得额 | 税率（%） | 速算扣除数 |
| --- | --- | --- | --- |
| 1 | 不超过1 500元 | 3 | 0 |
| 2 | 超过1 500元至4 500元的部分 | 10 | 105 |
| 3 | 超过4 500元至9 000元的部分 | 20 | 555 |
| 4 | 超过9 000元至35 000元的部分 | 25 | 1 005 |
| 5 | 超过35 000元至55 000元的部分 | 30 | 2 755 |
| 6 | 超过55 000元至80 000元的部分 | 35 | 5 505 |
| 7 | 超过80 000元的部分 | 45 | 13 505 |

表3-3-4  个体工商户的生产、经营所得和对企事业单位的承包经营、承租经营所得个人所得税税率

| 级数 | 全年应纳税所得额 | 税率（%） | 速算扣除数 |
| --- | --- | --- | --- |
| 1 | 不超过15 000元 | 5 | 0 |
| 2 | 超过15 000元至30 000元的部分 | 10 | 750 |
| 3 | 超过30 000元至60 000元的部分 | 20 | 3 750 |
| 4 | 超过60 000元至100 000元的部分 | 30 | 9 750 |
| 5 | 超过100 000元的部分 | 35 | 14 750 |

（3）稿酬所得，适用20%的比例税率，并按应纳税额减征30%，故实际税率为14%：20%×（1−30%）＝14%。

（4）劳务报酬所得，适用20%的比例税率，对劳务报酬所得一次收入畸高的，可以实行加成征收。劳务报酬所得一次收入畸高，是指个人一次取得劳务报酬，其应纳税所得额超过20 000元。对应纳税所得额超过20 000元至50 000元的部分，依照税法规定计算应纳税额后再按照应纳税额加征五成；超过50 000元的部分，加征十成。加成征收后，劳务报酬所得实际上适用20%，30%，40%的超额累进税率，如表3-3-5所示。

表3-3-5                        劳务报酬所得个人所得税税率

| 级数 | 每次应纳税所得额 | 税率（%） | 速算扣除数 |
| --- | --- | --- | --- |
| 1 | 不超过20 000元 | 20 | 0 |
| 2 | 超过20 000元至50 000元的部分 | 30 | 2 000 |
| 3 | 超过50 000元的部分 | 40 | 7 000 |

（5）特许权使用费所得，利息、股息、红利所得，财产租赁所得，财产转让所得，偶然所得和其他所得，适用比例税率，税率为20%。

**4．应纳税所得额和应纳税额**

（1）工资、薪金所得。2011年9月1日起，个人所得税免征额提升至3 500元／月。

① 工资、薪金所得，以每月收入额减除费用3 500元后的余额，为应纳税所得额。

② 以下4类特殊人员及华侨、港澳台同胞适用4 800元的附加减除费用标准。

- 在中国境内的外商投资企业和在外国企业中工作的外籍人员。
- 应聘在中国境内的企业、事业单位、社会团体、国家机关中工作的外籍专家。
- 在中国境内有住所而在中国境外任职或者受雇取得工资、薪金所得的个人。
- 国务院财政、税务主管部门确定的其他人员。

③ 应纳税额。公式如下。

$$应纳税额＝应纳税所得额×适用税率－速算扣除数$$

$$＝（每月收入额－3\,500或者4\,800）×适用税率－速算扣除数$$

**【典型案例3-3-3】**小张2015年3月取得工资5\,800元，计算应纳税所得额和应纳所得税额。

应纳税所得额＝5\,800－3\,500＝2\,300（元），可以用两种方法计算应纳所得税额。

**解析：**第一种方法是按照超额累进税率定义计算。

应纳税额＝1\,500×3%＋（2\,300－1\,500）×10%＝45＋80＝125（元）。

第二种方法是按照速算扣除数简易计算方法计算。

应纳税额＝2\,300×10%－105＝125（元）。

中国公民郑某2015年每月工资4\,000元，计算郑某2015年应缴纳的个人所得税。

**【分析】**郑某2015年应缴纳的个人所得税＝（4\,000－3\,500）×3%×12＝180（元）。

（2）个体工商户的生产经营所得。公式如下。

$$应纳个人所得税额＝（全年收入－成本、费用损失）×适用税率－速算扣除数$$

（3）对企事业单位的承包经营、承租经营所得。

① 应纳税所得额。对企事业单位的承包经营、承租经营所得，以每一纳税年度的收入总额，减除必要费用后的余额，为应纳税所得额。计算公式如下。

$$应纳税所得额＝收入总额－必要费用（每月3\,500元即每年42\,000元）$$

② 应纳税额。公式如下。

$$应纳税额＝应纳税所得额×适用税率－速算扣除数$$

应纳税额＝（纳税年度收入总额－3\,500元×12个月）×适用税率－速算扣除数

（4）劳务报酬所得。

① 应纳税所得额。费用扣除标准为：每次收入4\,000元及以下扣800元，4\,000元以上扣20%。

每次收入不超过4\,000元的，应纳税所得额＝每次收入额－800。

每次收入超过4\,000元以上的，应纳税所得额＝每次收入额×（1－20%）。

② 应纳税额。

每次收入不超过4\,000元的，应纳税额＝（每次收入额－800）×20%。

每次收入超过4\,000元以上的，应纳税额＝每次收入额（1－20%）×适用税率－速算扣除数。

**【典型案例3-3-4】**某明星应邀参加商业演出，主办方支付其演出费50\,000元，计算其应缴纳的个人所得税。

**解析：**明星的演出收入属于劳务报酬所得，一次收入超过4\,000元，费用扣除20%。

$$应缴纳的个人所得税＝50\,000×（1－20%）×30%－2\,000＝10\,000（元）$$

（5）稿酬所得。

① 应纳税所得额。费用扣除标准为：每次收入4\,000元及以下扣800元，4\,000元以上扣20%。

每次收入不超过4\,000元的，应纳税所得额＝每次收入额－800。

每次收入超过 4 000 元以上的，应纳税所得额＝每次收入额×（1−20%）。

② 应纳税额。公式如下。

$$应纳税额＝应纳税所得额×20\%×（1−30\%）$$

个人取得稿酬收入，其应纳税所得额可减按 70% 计算个人所得税的说法是否正确？

【解析】错误。个人取得稿酬收入，按应纳税额减征 30%，即只征收 70%的税额，注意不是应纳税所得额。

业务 3-3-11

李某 2016 年 5 月取得一次性稿费收入 500 元，则其应纳的个人所得税为（　　）元。

A. 70　　　　　　　B. 100　　　　　　　C. 0　　　　　　　D. 50

【答案】C

【解析】应纳税所得额＝500−800＜0，所以李某的应纳税额为 0。

（6）特许权使用费所得。

① 应纳税所得额。费用扣除标准为：每次收入 4 000 元及以下扣 800 元，4 000 元以上扣 20%。每次收入不超过 4 000 元的，公式如下。

$$应纳税所得额＝每次收入额−800$$

每次收入超过 4 000 元以上的，公式如下。

$$应纳税所得额＝每次收入额×（1−20\%）$$

② 应纳税额公式如下。

$$应纳税额＝应纳税所得额×20\%$$

（7）利息、股息、红利所得。应纳税额公式如下。

$$应纳税额＝应纳税所得额×适用税率$$
$$＝每次收入额×20\%$$

（8）财产租赁所得。

① 应纳税所得额。费用扣除标准为：在扣除相关税费和修缮费用（每次 800 元为限）后，每次收入 4 000 元及以下扣 800 元，4 000 元以上扣 20%。

财产租赁所得按次征收个人所得税，以一个月内取得的收入为一次，在计算应纳税所得额的过程中，修缮费用一次最多只允许扣除 800 元，超过部分留待下次扣除。

每次收入不超过 4 000 元的，公式如下。

$$应纳税所得额＝每次收入额−相关税费−修缮费用−800$$

每次收入超过 4 000 元以上的，公式如下。

$$应纳税所得额＝（每次收入额−相关税费−修缮费用）×（1−20\%）$$

② 应纳税额。公式如下。

$$应纳税额＝应纳税所得额×20\%$$

2001 年 1 月 1 日起，个人出租住房适用 10%的税率。

【典型案例 3-3-5】王某 2015 年 1 月将自有房屋出租给李某居住，租期 1 年。王某每月收取租金 3 000 元，请计算王某 2015 年就房屋租金收入应缴纳的个人所得税。

解析：王某 2015 年收取 12 个月的房屋租金，即其应当缴纳 12 次个人所得税，每次收入 3 000元，未超过 4 000 元，费用扣除标准为 800 元，全年应缴纳的个人所得税＝（3 000－800）×10%×12＝2 640（元）。

（9）财产转让所得。应纳税额公式如下。

$$应纳税额＝应纳税所得额×适用税率$$
$$＝（每次收入额－财产原值－合理费用）×20\%$$

（10）偶然所得、其他所得。应纳税额公式如下。

$$应纳税额＝应纳税所得额×适用税率$$
$$＝每次收入额×20\%$$

### 5. 个人所得税的征收管理

个人所得税的纳税方法包括自行申报纳税和代扣代缴。

（1）自行申报纳税。自行申报是由纳税人自行在税法规定的纳税期限内，向税务机关申报取得的应税所得项目和数额，如实填写个人所得税纳税申报表，并按照税法规定计算应纳税额，据此缴纳个人所得税的一种方法。

下列人员为自行申报纳税的纳税义务人。

① 年所得在 12 万元以上的。

② 从中国境内两处或两处以上取得工资、薪金所得的。

③ 从中国境外取得所得的。

④ 取得应税所得，没有扣缴义务人的。

⑤ 国务院规定的其他情形。

（2）代扣代缴。代扣代缴，是指按照税法规定负有扣缴税款义务的单位或个人，在向个人支付应纳税所得（包括现金、实物和有价证券）时，不论纳税人是否属于本单位人员，均应计算其应纳税额，从其所得中扣除并缴入国库，并向主管税务机关报送扣缴个人所得税报告表。

代扣代缴的范围包括：工资、薪金所得，对企事业单位的承包经营、承租经营所得，劳务报酬所得，稿酬所得，特许权使用费所得，利息、股息、红利所得，财产租赁所得，财产转让所得，偶然所得等。

## 项目四 | 纳税申报与筹划

【引例与分析】某卷烟厂生产出一种新型号卷烟，正在制定该种新产品的出厂价。销售经理依据以往的销售经验，提出每条卷烟定价在 80 元（含税）左右比较合适，其财务经理则提出了不同意见，认为每条卷烟定价 80 元不如定价 60 元（含税）所获得的利润高，建议将每条卷烟的出厂价定在 60 元左右。

**分析：** 对于一般商品来说，在销售量一定的情况下，商品的售价越高，其获得的利润越多。但对于卷烟生产企业而言，由于消费税政策的影响，在某一临界点附近的一定范围内，卷烟产品售价的提高会导致利润不但不增加反而下降的现象。这就涉及企业合理避税方法的选择，即企业应当如何进行税收筹划。

## 一、纳税申报的流程

### 1．纳税申报的概念

纳税申报是指纳税人、扣缴义务人按照法律法规的规定，在申报期限内就纳税事项向税务机关提交书面申报的一种法定手续。实行纳税申报制度有利于培养纳税人主动申报纳税的意识，明确纳税人的申报义务和征纳双方的法律责任，并对不依法申报的行为予以处罚，从而通过法律手段强化纳税申报，创造纳税人自觉纳税申报的良好环境。

（1）纳税申报的对象。纳税申报的对象为纳税人和扣缴义务人。纳税人、扣缴义务人必须按照税法规定的期限申报纳税。纳税人在纳税期内没有应纳税款的，也应当按照规定办理纳税申报。纳税人享受减税、免税待遇的，在减税、免税期间应当按照规定办理纳税申报。

（2）纳税申报的内容。纳税人的纳税申报和扣缴义务人的代扣代缴、代收代缴税款报告表的主要内容包括：税种、税目，应纳税项目或者应代扣代缴、代收代缴税款项目，计税依据，扣除项目及标准，适用税率或者单位税额，应税项目及税额、应减免税项目及税额，应纳税额或者应代扣代缴、代收代缴税额，税款所属期限、延期缴纳税款、欠税、滞纳金等。

（3）纳税申报的期限。纳税申报的期限有两种：一种是法律、行政法规明确规定的；另一种是税务机关按照法律、行政法规的原则规定，结合纳税人生产经营的实际情况及其所应缴纳的税种等相关问题予以确定的。纳税人、扣缴义务人都必须按照法定的期限办理纳税申报。

下岗女工王某开办了一个商品经销部，按规定享有一定期限的免税优惠。王某在享受免税优惠期间，是否还需要办理纳税申报？

**【解析】** 王某在享受免税优惠期间，仍然需要办理纳税申报。法律如此规定，既有助于提高国民的纳税意识，也有利于税务机关及时掌握、分析税源情况。

### 2．纳税申报的方式

纳税申报方式是指纳税人、扣缴义务人在发生纳税义务和代扣代缴、代收代缴义务后，在其申报期限内，依照税收法律、行政法规的规定到指定税务机关进行申报纳税的形式。

目前，纳税申报的形式主要有以下几种。

（1）直接申报。直接申报又称上门申报，是指纳税人、扣缴义务人自行到税务机关办理纳税申报或者报送代扣代缴、代收代缴税款报告表，这是一种税收征管改革前常采用的传统的申报方式。

（2）邮寄申报。纳税人采取邮寄方式办理纳税申报的，应当使用统一的纳税申报专用信封，并以邮政部门收据作为申报凭据；邮寄申报以邮政部门收寄的日戳日期为实际申报日期。

（3）数据电文申报。数据电文申报又称电子申报，是指经税务机关确定的电话语音、电子数据交换或网络传输等电子方式办理的纳税申报。目前纳税人采用的网上申报，就是数据电文申报方式的一种形式。数据电文申报是目前国际上正在兴起的纳税申报方式之一，具有准确、快捷、方便等特点，已越来越受到人们的重视。

### 3．纳税申报的流程

我国目前的纳税申报形式多采用网上申报，纳税申报系统分为国税和地税，在国税系统进行纳税申报的税种主要有增值税、消费税和所得税等，在地税系统进行纳税申报的税种主要有营业税、个人所得税和城建税、印花税、房产税等小税种。

国税的纳税申报较为复杂，以增值税一般纳税人为例，每月的增值税申报工作要在次月的 15 日之前完成，当月若要抵扣进项税额，必须在月底前完成增值税专用发票的认证，并在次月月初到税务局完成抄税工作，核对当月开出的所有增值税专用发票，进行报税处理，在抄报税工作完成后，方可进行纳税申报。网上报税还需报送作为财务分析依据的财务报表，以验证报表的平衡及勾稽关系。在网上进行纳税申报后，系统会将纳税申报数据发送至税务局的服务器，纳税人可自行打印纳税凭证并至开户行缴纳税款，或由税务局将纳税人的申报信息传递至纳税人的开户行，通过签约账户直接进行划缴。

地税的申报相对来说简易许多，直接在网上填写纳税申报表，将申报表申报到地税征管系统，通过网络划款进行税款的缴纳，在正式申报、缴款完成后，可以打印纳税申报表和完税证明。

## 二、涉税案例的分析

### 1．增值税案例分析

【典型案例 3-4-1】甲公司为增值税一般纳税人，2015 年 8 月发生以下经济业务。

(1) 外购用于生产家具的木材一批，取得对方开具的增值税专用发票上注明的价款为 40 万元，税款为 6.8 万元。

(2) 外购建筑涂料用于装饰公司办公楼，取得对方开具的增值税专用发票上注明的增值税税额为 9 万元。

(3) 进口生产家具用的辅助材料一批，关税完税价格为 8 万元，已缴纳关税 1 万元。

(4) 销售家具一批，取得销售额（含税）93.6 万元。

**已知**：该公司月初增值税进项税余额为零，增值税税率为 17%。

**要求**：计算甲公司 2015 年 4 月应缴纳的增值税。

**解析**：(1) 购进商品取得增值税专用发票，可以抵扣的进项税额为 6.8 万元。

(2) 购进货物用于非增值税应税项目，进项税额不得抵扣。

(3) 进口货物需缴纳进口环节的增值税，取得海关开具的进口增值税专用缴款书后可在国内销售环节抵扣进项税额，金额为 (8+1) ×17%＝1.53（万元）。

(4) 销售家具应当计算的增值税销项税额＝93.6 /（1+17%）×17%＝13.6（万元）。

甲公司 2015 年 4 月应缴纳的增值税＝销项税额－进项税额＝13.6－6.8－1.53＝5.27（万元）。

### 2．消费税案例分析

【典型案例 3-4-2】某汽车制造厂为增值税一般纳税人，2015 年 10 月该企业发生以下业务。

(1) 采取托收承付方式销售小汽车一批，车价款为 300 万元（不含增值税），另外向买方收取了 10 万元的手续费，已办妥托收手续。

（2）进口一辆小汽车，海关应征进口关税 15 万元，关税税率为 30%。

（3）将自产的一批特制汽车无偿赠送给消费者，已知该批汽车的成本为 100 万元，成本利润率为 10%。

**已知**：小汽车消费税税率为 12%，增值税税率为 17%。

**要求**：计算该汽车制造厂 10 月应缴纳的消费税税额。

**解析**：（1）采取托收承付方式销售的小汽车应缴纳的消费税＝300×12%＋10÷（1＋17%）×12%＝37.03（万元）。

（2）进口小汽车关税完税价格＝15÷30%＝50（万元），应缴纳的进口环节消费税＝（50＋15）÷（1－12%）×12%＝8.86（万元）。

（3）无偿赠送给消费者的特制小汽车应缴纳的消费税＝100×（1＋10%）÷（1－12%）×12%＝15（万元）。

该汽车制造厂 10 月份应缴纳的消费税税额＝37.03＋8.86＋15＝60.89（万元）。

### 3．企业所得税案例分析

**【典型案例 3-4-3】**某居民企业为增值税一般纳税人，主要生产销售电冰箱，2015 年度销售电冰箱取得不含税收入 4 300 万元，与电冰箱配比的销售成本为 2 830 万元；出租设备取得租金收入 100 万元；实现会计利润 422.38 万元。与销售有关的费用支出如下。

（1）销售费用 825 万元，其中广告费 700 万元。

（2）管理费用 425 万元，其中业务招待费 45 万元。

（3）财务费用 40 万元，其中含向非金融企业借款 250 万元所支付的年利息 20 万元（当年金融企业贷款年利率为 5.8%）。

（4）计入成本、费用中的实发工资 270 万元，发生的工会经费 7.5 万元，福利经费 41 万元，教育经费 9 万元。

（5）营业外支出 150 万元，其中通过公益性社会团体向灾区捐赠 75 万元。

**要求**：计算各项纳税调增额及 2009 年应纳所得税额。

**解析**：（1）广告费用：扣除限额＝（4 300＋100）×15%＝660（万元）。

应调增的应纳税所得额＝700－660＝40（万元）。

（2）业务招待费：45×60%＝27（万元）＞（4 300＋100）×5‰＝22（万元）。

应调增的应纳税所得额＝45－22＝23（万元）。

（3）利息支出：应调增的应纳税所得额＝20－250×5.8%＝5.5（万元）。

（4）工会经费限额＝270×2%＝5.4（万元），应调增的应纳税所得额＝7.5－5.4＝2.1（万元）。

职工福利费限额＝270×14%＝37.8（万元），应调增的应纳税所得额＝41－37.8＝3.2（万元）。

职工教育经费限额＝270×2.5%＝6.75（万元），应调增的应纳税所得额＝9－6.75＝2.25（万元）。

（5）公益性捐赠应调增的应纳税所得额＝75－422.38×12%＝75－50.686＝24.314（万元）。

该企业本年度应纳税所得额＝422.38＋40＋23＋5.5＋2.1＋3.2＋2.25＋24.314＝522.744（万元）。

该企业本年度应纳所得税额＝522.744×25%＝130.686（万元）。

### 4．个人所得税案例分析

【**典型案例 3-4-4**】李明 2015 年 3 月取得如下收入。

（1）工资收入为 5 000 元。

（2）一次性稿费收入 5 000 元。

（3）一次性讲课收入 500 元。

（4）到期国债利息收入 1 000 元。

（5）一次性翻译资料收入 2 500 元。

**要求**：计算李明 2015 年 3 月应交纳的个人所得税额。

**解析**：（1）工资收入应交纳的个人所得税额＝（5 000－3 500）×3%－0＝45（元）。

（2）一次性稿费收入应交纳的个人所得税额＝5 000×（1－20%）×20%×（1－30%）＝560（元）。

（3）一次性讲课收入属于劳务报酬所得，不满 4 000 元的减 800 元，500－800＝－300（元），所以不用交纳个人所得税。

（4）国债利息收入免交个人所得税。

（5）一次性翻译资料收入属于劳务报酬所得，不满 4 000 元的减 800 元，所以应交纳的个人所得税额＝（2 500－800）×20%＝340（元）。

综上，李明 2015 年 3 月应交纳的个人所得税额＝45＋560＋340＝945（元）。

## 三、合理避税的方法

合理避税，是指纳税人通过对经济活动的事先安排，充分利用税收法律法规所提供的一切优惠政策，合法运用税法中的非禁止事项，在多种可供选择的纳税方案中，选取使其税收负担最轻的一种，从而享有最大的税收效益。合理避税与偷税、漏税、抗税有着本质的不同，它不是对法律的违背和践踏，而是以尊重税法、遵守税法为前提，以对税法的理解、分析和研究为基础，是对现行税法的缺陷及漏洞的发现和利用，有利于现行税法的完善和规范。市场经济条件下，合理避税是企业的必然选择。

通过前面对流转税和所得税的简单学习，大家已掌握了税收计算中的一个基础公式，即应纳税额＝税基（计税依据）×税率，而避税的方法也将从这个公式中展开。避税，通俗来讲，是纳税人希望在不违法的前提下减少自己的税收支出，以获得更大的利益。要减少应纳税额无外乎从税基、税率和税额三个方面来进行。以下就从避税角度出发，介绍几类主要的避税方法。

### 1．以税基为基础的避税方法

（1）控制税基。为避免增加额外的税收负担，一些纳税人可能会选择将自己的计税依据控制在一定的范围之内。例如，增值税个人纳税人为避免缴纳增值税，在应税销售额于起征点上下浮动时，会将自己的销售额控制在起征点以内。

（2）转移税基。转移税基是指将计税依据在不同的纳税人之间进行转移以减少最终的应纳税额，该种避税方法在消费税和企业所得税中较为常见，又称为转移定价。例如，消费税纳税人将自己的计税依据转移至不需缴纳消费税的下游经销商，企业所得税纳税人将自己的应税所得转移至税率更低的关联企业等。转移定价的方式不仅包括商品购销中的转移定价，还包括资金占用、费用分摊以及资产转让与租赁等方面。

某酒厂主要生产粮食白酒，产品销往全国各地的批发商，每箱不含税批发价为350元。同时，本市的一些商业零售户、酒店、消费者每年到工厂零星购买白酒，每箱不含税零售价为480元。酒厂应该如何筹划，以降低消费税负担？

**【解析】**消费税的征税环节一般在生产环节，酒厂销售白酒需要缴纳生产环节的消费税，而白酒在后续的流通环节均不需再缴纳消费税。因此，酒厂可在本市设立一家独立核算的白酒经销公司，并按照销售给其他批发商的产品价格与经销公司结算，每箱350元，经销公司再以每箱480元的价格对外销售，由此缩小本市零售白酒的计税依据，降低消费税支出。但值得注意的是，酒厂与经销公司的结算价格并不能无限制地降低，根据税法相关规定，若酒厂生产的白酒销售价格过低，将由税务机关进行计税依据的核定。

### 税基侵蚀和利润转移行动计划

随着经济全球化的深入发展，跨国企业全球一体化的经营模式已形成，各国税制之间的差异以及避税地、低税地的存在，使很多企业通过关联交易并实行内部交易定价的方式，使利润从高税率企业转移到低税率企业，以降低企业集团的整体税负。一些跨国公司甚至为了避税而专门在特定国家和地区设立关联企业，将大量利润转移到海外低税负国家，逃避在本国缴纳税收。2012年，Google、Facebook、亚马逊和星巴克等大型跨国公司被曝在英国获得大笔收入，却未能支付应缴税费，引发了国际社会的强烈质疑。根据统计，全球每年有4%～10%的企业所得税因跨境避税流失，每年损失约为1 000亿至2 400亿美元。各国难以依靠单边行动和双边协调解决国际避税行为，必须借助于多边税收合作。针对跨国公司近年来愈演愈烈的避税行为，2013年7月19日，经济合作与发展组织（Organization for Economic Co-operation and Development，OECD）公布了就有关税基侵蚀和利润转移（Base Erosion and Profit Shifting，BEPS）问题开展多边合作的行动计划。

（3）分散税基。顾名思义，分散税基即将计税依据在不同的纳税人之间进行分配，达到降低整体税负的目的，如增值税纳税人通过分立企业的方式将销售额分散避免成为增值税一般纳税人，合伙企业通过增设合伙人的方式将应纳税所得额分散避免承担更高的个人所得税税负等。

**2. 以税率为基础的避税方法**

（1）临界点判断。消费税中存在一类特殊的商品即卷烟，其以每标准条调拨价70元为界限，低于该标准的卷烟适用36%的比例税率，高于等于该标准的卷烟适用56%的比例税率，在该税率背景下，卷烟的价格制定就显得扑朔迷离了。价格定低了，不能为企业带来更多的收入和效益；价格定高了，又担心过多的消费税反而会增加企业负担。那么，卷烟的价格究竟怎么制定才最为合适呢？这就涉及税率的临界点判断。

**【典型案例3-4-5】**某卷烟厂每标准条卷烟对外调拨价为68元，现销售一标准箱，其成本为8 500

元。因产品供不应求,厂家决定将每标准条卷烟价格提高至76元,其他均不变。

**已知:** 一标准箱卷烟为250条,每箱卷烟的单位税额为150元。

**思考:** 请比较提价前后烟厂的利润(不考虑城建税和教育费附加),判断该厂的提价决策是否正确。如果要提价,烟厂应如何提价?

**解析:** 提价前的卷烟为乙类卷烟,适用36%的比例税率,提价后的卷烟为甲类卷烟,适用56%的比例税率,由于支出的消费税增加,对于烟厂来说,提价并非一定是最佳选择,我们可以通过提价前后的利润来进行简单比较。

提价前烟厂利润$=68\times250-8\,500-68\times250\times36\%-150=2\,230$(元)

提价后烟厂利润$=76\times250-8\,500-76\times250\times56\%-150=-290$(元)

由上述计算过程可见,提价之后烟厂的销售收入虽有所增长,但企业整体利润不但没有增加,反而减少,甚至达到了亏损的地步,原因就在于卷烟价格的提升导致企业的消费税支出大大增加,使得企业利润大幅度下降。

如果要提价,也应使烟厂的利润至少不低于提价之前。我们可假定一个未知的价格P,列出等式:$P-P\times56\%=69-69\times36\%$,计算得出$P=100.36$(元)。这也就意味着,烟厂如果要提价,要么将价格提升至69元,维持其乙类卷烟的税率不变;要么将价格提升至100.36元,使得提价后增加的收入与消费税能互相抵消,确保其利润不降低。70~100.36元这一价格区间其实就是烟厂在对卷烟定价中应当注意避免的价格禁区。当然,我们在此并未考虑到城建税和教育费附加的影响,否则此价格区间还会有所变动,具体计算过程不再赘述。

在增值税中,我们了解到从一般纳税人处购进商品可以取得增值税专用发票,在计算增值税应纳税额时可以抵扣进项税,减少最终的应纳税额。那么,在购进同型号商品时,在其他条件相同的情况下,报价120元的一般纳税人供应商和报价100元的小规模纳税人供应商,我们究竟选择谁?是选择价格更低的小规模纳税人还是选择可以抵扣进项税的一般纳税人?这也与我们的临界点判断有关。

**【典型案例3-4-6】** 甲公司为增值税一般纳税人,其产品年应税销售额为600万元(不含税)。该公司一直从小规模纳税人A处进货,年进货450万元(含税),现有一般纳税人B与甲公司接洽,愿以540万元的含税价格提供同种规格、同样质量和数量的商品,并开具17%的专用发票。甲公司适用增值税率为17%,城建税和教育费附加征收率合计10%。试通过比较相关收益为甲公司做出决策(不考虑其他因素)。

**解析:** 从小规模纳税人A处进货利润=销售收入-销售成本-营业税金及附加

$=600-450-600\times17\%\times10\%=139.8$(万元)

从一般纳税人B处进货利润=销售收入-销售成本-营业税金及附加

$=600-540\div1.17-(600-540\div1.17)\times17\%\times10\%$

$=136.11$(万元)

从这个案例中我们可以看出,即便从一般纳税人处购进货物可以取得增值税专用发票用以抵扣增值税的进项税额,也并非一定要选择一般纳税人。因为在进行避税选择的过程中,我们往往不仅要考虑纳税人的税收负担,还要考虑纳税人的整体效益。从小规模纳税人A处进货相关收益大,不考虑其他因素时,甲公司不应更换供应商,不能捡了芝麻丢了西瓜。

我们都知道，每个公司在年底时经常通过开年会、发年终奖的方式来对本公司员工一年来的辛苦努力进行鼓励和嘉奖，那么，对于年终奖金额，你会如何选择？值得注意的是，纳税人在避税的过程中，应当尽量避免税务风险，避免落入一些税务陷阱。

小李是 H 公司的销售骨干，开年会前公司总经理与其谈话，提出打算给小李发放 19 000 元的年终奖，小李在略加思索后，主动将年终奖金额降至 18 000 元（假设小李平时月工资为 5 000 元），这是为何？

**【解析】**小李之所以提出降低自己的年终奖金额，关键在于年终奖所需缴纳的个人所得税。若小李取得 19 000 元的年终奖，第一，将年终奖除以 12 得到 1 583.33 元，查找相应的适用税率为 10% 和速算扣除数为 105；第二，计算应纳税额，应纳税额 = 19 000 × 10% − 105 = 1 795（元），小李能获得的税后所得 = 19 000 − 1 795 = 17 205（元）。同样，当小李的年终奖金额为 18 000 元时，可以得知小李最后实际到手的金额 = 18 000 − （18 000 × 3%）= 17 460（元）。显然，小李在主动降低年终奖金额后，不仅更能得到公司高层的赏识，且能使自己拿到手的金额更多。这就是年终奖中所存在的税务陷阱，又称纳税禁区。

从以上的案例中可以看出，在进行临界点判断时，我们比较的对象主要是纳税人的最终收益，这也就意味着，我们在进行避税行为选择的过程中，并非避税最多的方案就是最佳方案，纳税人的眼光不能只盯在税上，而应该放眼全局，把握整体利益。

（2）降低适用税率。《中华人民共和国消费税暂行条例》第三条规定："纳税人兼营不同税率的应当缴纳消费税的消费品（以下简称应税消费品），应当分别核算不同税率应税消费品的销售额、销售数量；未分别核算销售额、销售数量，或者将不同税率的应税消费品组成成套消费品销售的，从高适用税率。"为规范纳税人的财务核算程序，税法中诸如此类的规定还有很多。为避免纳税人税率从高，减轻纳税人的税收负担，纳税人应当在财务核算之初就将不同税率的应税消费品分别核算，降低适用税率，减少税收支出。

**3. 以税额为基础的避税方法**

我国税法以法律的形式规定了各种税收优惠政策，如高新技术开发区的高新技术企业按 15% 的税率征收企业所得税；在国家认定的高新技术产业区、保税区设立的生产、经营、服务型企业和从事高新技术开发的企业，都可享受较大程度的税收优惠。中、小企业在选择投资地点时，可以有目的地选择以上特定区域从事投资和生产经营。而在我国现行的税法中，关于行业的税收优惠比区域优惠更多，企业在投资之初即可考虑好投资方向，尽量使自己享受更多的税收优惠。

以上介绍的几类避税方法只是沧海一粟，在现实工作和生活中，每一个具体的案例均可采用不同的避税方法，我们需要了解的是避税的思路而非拘泥于某些形式。避税思路即我们在接触到一个税收案例时，应当从哪些方面思考可能的筹划方案来减少纳税人的税收支出，这又回到了我们最原始的计算上来：即税基、税率、税额，任何一种避税方法都是基于这一原始的计算原理，万变不离其宗。

## 职业道德与素质

【案例背景】几年前,上海人张黎和丈夫合开了一家黎依市场策划公司做礼品生意,张黎担任公司法人代表。2006年6月,初为人母的张黎开始在网上购买婴儿用品,她惊讶地发现,婴儿用品在网上卖得很火。于是,她也开始在网上销售奶粉和尿片,并用黎依市场策划公司的名义在淘宝网上开了家商铺。后来,张黎的生意日渐兴旺,在累积了一定的客户群后,她又用公司的名义自建了一个销售婴儿用品的网站——"彤彤屋"。半年来,"彤彤屋"的生意越做越大,销售额达280多万元。由于之前有网上购物经验,张黎了解到网上交易几乎都不开发票。在和其他卖家交流之中,她也掌握了一套逃税方法,如不开具发票、不记账等。"网上所有的人都是这样交易。"张黎在庭审时说。就这样,公司于2006年6月至12月销售的货物含税金额达289.5万余元,不含税金额达278.4万余元,应缴增值税11万余元。黎依公司的偷税行为在警方侦查一起诈骗案时被意外发现了。这起全国首例网络交易偷税案在上海市普陀区法院宣判:以偷税罪判处上海黎依市场策划有限公司罚金10万元,同时以偷税罪判处张黎有期徒刑两年,缓刑两年,罚金6万元。

【问题】在实体交易中,也常出现通过不开发票或虚开发票的方式偷逃税款的行为,实体交易如此,更别说网络交易了。我国还没有对电子商务纳税的专门规定,那么电子商务究竟是否需要交税呢?

【分析】这种网店式的"网络逃税天堂"状况早已引起了相关部门的注意。2007年3月6日,商务部发布的《关于网上交易的指导意见(暂行)》中指出,法律规定从事商品和服务交易须具备相应资质,应当经过工商管理机关和其他主管部门审批;交易双方都应保存网上交易记录。网络交易量日益增大,法律监管规定逐渐明晰,电子商务纳税时代必将全面到来。

## 小结

| 项目 | 学习目标 | 重难点 |
| --- | --- | --- |
| 税收概论 | 了解企业所需缴纳的主要税种,熟悉税收的主要分类方式 | 税收的分类方式 |
| 流转税 | 了解增值税、消费税的基本概念,熟悉流转税的征税范围,掌握流转税的计算方法,了解"营改增"的基本范围和进程 | 征税范围及计算方法 |
| 所得税 | 了解企业所得税和个人所得税的基本概念、纳税人及征税对象,掌握所得税应纳税所得额的确认方法及应纳税额的计算 | 应纳税所得额的确认 |
| 纳税申报与筹划 | 了解企业的纳税申报流程,掌握简单涉税案例的计算与分析,能进行简单的税收筹划,为纳税人提出合理的避税方法 | 涉税案例分析及筹划 |

# 职业能力训练

## 一、单项选择题

1. 根据增值税法律制度的规定，下列各项中，必须认定为小规模纳税人的是（　　）。
   - A. 年不含税应税销售额在 150 万元以上的从事货物生产的企业
   - B. 年不含税应税销售额在 280 万元以下的商业企业
   - C. 年不含税应税销售额为 1 000 万元的商业企业
   - D. 年不含税应税销售额为 60 万元的商业企业

2. 某门窗商店为增值税小规模纳税人，2015 年 5 月销售门窗取得含税销售额 10.3 万元，当月销售门窗的同时提供安装劳务取得劳务费 5.8 万元，则该门窗商店 2016 年 5 月应缴纳增值税（　　）万元。
   - A. 0.35
   - B. 0.47
   - C. 0.52
   - D. 0.55

3. 某运输公司为增值税一般纳税人，2014 年 2 月提供货物运输劳务取得价税合计金额为 111 万元，提供客运劳务取得不含税价款 190 万元，当月购进运输用汽车取得的增值税专用发票上注明价款 180 万元，增值税 30.6 万元。则该运输公司 2014 年 2 月应缴纳增值税（　　）万元。
   - A. 31.9
   - B. 35.8
   - C. 1.3
   - D. 1.5

4. 根据有关规定，下列各项既需要征收增值税又需要征收消费税的是（　　）。
   - A. 纳税人将自产烟丝用于连续生产卷烟
   - B. 纳税人将一辆自产小轿车无偿赞助给汽车拉力赛使用
   - C. 纳税人将自产电脑发放给优秀员工作为奖励
   - D. 纳税人将自产月饼发放给职工作为中秋节福利

5. 下列各项中，应计算缴纳消费税的是（　　）。
   - A. 进口钻石饰品
   - B. 批发环节销售的雪茄烟
   - C. 零售环节销售的铂金首饰
   - D. 生产环节销售的帆艇

6. 下列各项中，外购应税消费品已纳消费税税款准予扣除的是（　　）。
   - A. 外购已税珠宝玉石生产的金银镶嵌首饰
   - B. 外购已税酒精生产的白酒
   - C. 外购已税汽车轮胎生产的小汽车
   - D. 外购已税香水精生产的香水

7. "营改增"试点纳税人提供有形动产租赁服务，税率为（　　）。
   - A. 17%
   - B. 11%
   - C. 6%
   - D. 13%

8. 纳税人提供适用不同税率或者征收率的应税服务，应当分别核算适用不同税率或者征收率的销售额；未分别核算的，（　　）。
   - A. 由主管税务机关核定应税服务的销售额
   - B. 从高适用税率
   - C. 从高适用征收率
   - D. 按照组成计税方法计算

9. 纳税人提供应税服务，将价款和折扣额在同一张发票上分别注明的，以_____的价款为销售额；未在同一张发票上分别注明的，以___的价款为销售额。（　　）。
   - A. 折扣后，折扣后
   - B. 折扣前，折扣后
   - C. 折扣前，折扣前
   - D. 折扣后，折扣前

10. 湿租业务属于（　　）。

    A. 陆路运输服务     B. 水路运输服务     C. 管道运输服务     D. 航空运输服务

11. 下列收入为企业所得税不征税收入的是（　　）。

    A. 转让财产收入                  B. 财政拨款收入

    C. 国债利息收入                  D. 符合条件的居民企业之间的股息收入

12. 我国某企业 2013 年度实现收入总额 460 万元，与之相应的扣除项目金额共计 438 万元，经税务机关核定 2012 年度的亏损额为 20 万元。该企业 2013 年度应缴纳的企业所得税为（　　）。

    A. 5 000 元     B. 6 600 元     C. 12 500 元     D. 16 500 元

13. 现行《企业所得税法》规定，企业应当自年度终了之日起（　　），向税务机关报送年度企业所得税申报表，并汇算清缴税款。

    A. 15 日内     B. 60 日内     C. 4 个月内     D. 5 个月内

14. 根据《企业所得税法》的规定，企业所得税的征收办法是（　　）。

    A. 按月征收                  B. 按季计征，分月预缴

    C. 按季征收                  D. 按年计征，分月或分季预缴

15. 纳税人在一个纳税年度中间开业，或者终止经营活动，使该纳税年度的实际经营期不足 12 个月的，应当以其（　　）为一个纳税年度。

    A. 6 个月     B. 12 个月     C. 实际经营期     D. 换算成全年

16. 根据个人所得税法律制度的规定，一般情况下，纳税人应在取得应纳税所得的次月（　　）内向主管税务机关申报所得并缴纳税款。

    A. 15 日     B. 20 日     C. 30 日     D. 60 日

17. 根据个人所得税法律制度的规定，下列在中国境内无住所的人员中，属于中国居民纳税人的是（　　）。

    A. 外籍个人甲 2008 年 9 月 1 日入境，2009 年 10 月 1 日离境

    B. 外籍个人乙来华学习 200 天

    C. 外籍个人丙 2009 年 1 月 1 日入境，2009 年 12 月 31 日离境

    D. 外籍个人丁 2009 年 1 月 1 日入境，2009 年 11 月 20 日离境

18. 个人的财产转让所得在计征个人所得税时，其应纳税所得额的计算方法是（　　）。

    A. 以财产转让收入减去财产原值

    B. 以财产转让收入减去合理费用

    C. 以财产转让收入减去 800 元费用

    D. 以财产转让收入减去财产原值和合理费用

19. 某作家写作一本书，出版后取得稿酬 40 000 元，计算其应缴纳的个人所得税为（　　）元。

    A. 4 480     B. 4 750     C. 4 200     D. 3 380

20. 根据《个人所得税法》规定，对于（　　）一次收入畸高的，可以实行加成征收。

    A. 偶然所得                  B. 劳务报酬所得

    C. 稿酬所得                  D. 特许权使用费所得

**二、多项选择题**

1. 根据增值税法律制度的有关规定，下列各项中属于增值税纳税人的有（　　）。

    A. 提供缝纫业务的裁缝店　　　　　　B. 提供货物运输劳务的运输企业

    C. 提供建筑劳务的建筑公司　　　　　D. 提供保险业务的保险公司

2. 根据增值税法律制度的有关规定，下列各项中，可以作为增值税进项税抵扣或计算抵扣凭证的有（　　）。

    A. 增值税专用发票　　　　　　　　　B. 海关进口增值税专用缴款书

    C. 农产品收购发票　　　　　　　　　D. 货物运输业增值税专用发票

3. 根据增值税法律制度的有关规定，增值税一般纳税人发生的下列行为中，涉及的进项税额可以从销项税中抵扣的有（　　）。

    A. 将外购的货物用于不动产在建工程　　B. 购进应征消费税的小汽车用于销售部门

    C. 接受加工、修理修配劳务　　　　　　D. 将外购的货物用于对外捐赠

4. 根据增值税的规定，纳税人销售下列货物适用于13%税率的有（　　）。

    A. 图书　　　　　B. 报纸　　　　　C. 杂志　　　　　D. 纸张

5. 现行增值税专用发票的联次包括（　　）。

    A. 存根联　　　　　B. 发票联　　　　　C. 记账联　　　　　D. 抵扣联

6. 根据消费税法律制度的有关规定，下列情形中，准予抵扣已纳消费税的有（　　）。

    A. 外购已税酒精生产的白酒

    B. 外购已税汽车轮胎生产的小汽车

    C. 外购已税化妆品生产的化妆品

    D. 外购已税鞭炮、焰火为原料生产的鞭炮、焰火

7. 下列情形中，需要同时缴纳增值税和消费税的有（　　）。

    A. 进口白酒　　　　　B. 批发卷烟　　　　　C. 零售化妆品　　　　　D. 零售金银首饰

8. 根据《消费税暂行条例》的规定，下列消费品中，采用从量定额办法征收消费税的有（　　）。

    A. 粮食白酒　　　　　B. 黄酒　　　　　C. 啤酒　　　　　D. 薯类白酒

9. 在中华人民共和国境内提供（　　）服务的单位和个人，为增值税纳税人。

    A. 交通运输业　　　　　B. 部分现代服务业　　　　　C. 旅游业　　　　　D. 餐饮业

10. "营改增"试点实施之后，增值税税率包括（　　）。

    A. 17%　　　　　B. 11%　　　　　C. 3%　　　　　D. 6%

    E. 13%

11. 部分现代服务业，是指围绕制造业、文化产业、现代物流产业等提供技术性、知识性服务的业务活动，包括（　　）。

    A. 鉴证咨询服务　　B. 信息技术服务　　C. 有形动产租赁服务　　D. 物流辅助服务

12. 研发和技术服务包括（　　）。

    A. 技术咨询服务　　B. 工程勘察勘探服务　　C. 工业设计服务　　D. 技术转让服务

13. 根据企业所得税法律制度的规定，下列不属于企业所得税纳税人的有（　　）。

    A. 事业单位　　　　　B. 社会团体　　　　　C. 个人独资企业　　　　　D. 合伙企业

14. 根据《企业所得税法》的规定，下列项目中，属于居民企业的有（　　）。

    A. 依法在中国境内成立的企业

    B. 依照外国（地区）法律成立且实际管理机构不在中国境内，但在中国境内设立机构、场所的企业

    C. 依照外国（地区）法律成立且实际管理机构在中国境内的企业

    D. 依照外国（地区）法律成立且实际管理机构不在中国境内，在中国未设立机构、场所，但有来源于中国境内所得的企业

15. 根据《企业所得税法》的规定，在计算应纳税所得额时，下列支出中不得扣除的有（　　）。

    A. 公益性捐赠支出

    B. 向投资者支付的股息、红利等权益性投资收益款项

    C. 非广告性质的赞助支出

    D. 税收滞纳金

16. 根据企业所得税的规定，下列属于不征税收入的有（　　）。

    A. 提供劳务的收入

    B. 财政拨款

    C. 依法收取并纳入财政管理的行政事业性收费，政府性基金

    D. 符合规定条件的非营利组织的收入

17. 根据《企业所得税法》的规定，企业每一纳税年度的收入总额，减除（　　）后的余额，为应纳税所得额。

    A. 不征税收入　　　　　　　　　　　B. 免税收入

    C. 各项扣除　　　　　　　　　　　　D. 允许弥补的以前年度亏损

18. 下列情况下，在计算个人应纳税所得额时，适用附加减除费用的有（　　）。

    A. 在中国境内的外商投资企业中工作取得工资、薪金所得的外籍人员

    B. 在中国境内有住所而在中国境外任职取得工资、薪金所得的个人

    C. 在中国境内的外商投资企业中工作取得工资、薪金所得的个人

    D. 应聘在中国境内的企业中工作取得工资、薪金所得的外籍专家

19. 下列各项中，符合我国《个人所得税法》规定的有（　　）。

    A. 偶然所得按每次收入额为应纳税所得额

    B. 稿酬所得按应纳税额减征 5%

    C. 国债利息收入免税

    D. 对个人出租居民住房取得的所得按 10% 计征

20. 下列各项中以取得的收入为应纳税所得额直接计征个人所得税的有（　　）。

    A. 稿酬所得　　　B. 偶然所得　　　C. 股息所得　　　D. 特许使用费所得

## 三、判断题

1. 除国家税务总局另有规定外，纳税人一经认定为一般纳税人后，不得转为小规模纳税人。（　　）

2. 纳税人提供的缝纫业务，应当缴纳增值税。（　　）

3. 纳税人兼营不同税率的货物或者应税劳务，应当分别核算不同税率货物或者应税劳务的销售额；未分别核算销售额的，由税务机关核定适用税率。 （　）

4. 外购已税消费品连续生产应税消费品的，在计征消费税时可全部扣除外购的应税消费品已纳消费税税款。 （　）

5. 企业发生的公益性捐赠支出，在应纳税所得额 12%以内的部分，准予在计算应纳税所得额时扣除。 （　）

6. 企业某一个纳税年度发生的亏损，准予向以后纳税年度结转，用以后年度的所得弥补，但结转年限最长不得超过 10 年。 （　）

7. 符合条件的小型微利企业，减按 20%的税率征收企业所得税。 （　）

8. 企业发生的职工教育经费的支出，不超过工资薪金总额 2%的部分，准予税前扣除，超过的部分，准予在以后纳税年度结转扣除。 （　）

9. 个人取得稿酬收入，其应纳税所得额可减按 70%计算个人所得税。 （　）

10. 张某取得一次性的劳务报酬收入 2.4 万元，应按照加成征收办法计算个人所得税。（　）

**四、技能强化训练**

个人所得税在我国有一别称为"工资税"，原因在于我国大多数的个税收入均来源于"工资、薪金所得"这一税目。请你从个人所得税的计算角度出发，思考个人所得税的筹划空间，谈谈你认为的合理的个人所得税避税方法。

# 学习评价

## 一、职业核心能力测评表

（在□中打√，A 为通过，B 为基本通过，C 为未通过）

| 职业核心能力 | 评估标准 | 自测结果 |
|---|---|---|
| 自我学习 | 1. 能进行时间管理 | □A　□B　□C |
| | 2. 能选择适合自己的学习和工作方式 | □A　□B　□C |
| | 3. 能随时修订计划并进行意外处理 | □A　□B　□C |
| | 4. 能将已经学到的知识用于新的工作任务 | □A　□B　□C |
| 信息处理 | 1. 能根据不同需要去搜寻、获取并选择信息 | □A　□B　□C |
| | 2. 能筛选信息，并进行信息分类 | □A　□B　□C |
| | 3. 能使用多媒体等手段来展示信息 | □A　□B　□C |
| 数字应用 | 1. 能从不同信息源获取相关信息 | □A　□B　□C |
| | 2. 能依据所给的数据信息，做简单计算 | □A　□B　□C |
| | 3. 能用适当的方法展示数据信息和计算结果 | □A　□B　□C |
| 与人交流 | 1. 能把握交流的主题、时机和方式 | □A　□B　□C |
| | 2. 能理解对方谈话的内容，准确表达自己的观点 | □A　□B　□C |
| | 3. 能获取并反馈信息 | □A　□B　□C |

续表

| 职业核心能力 | 评估标准 | 自测结果 |
|---|---|---|
| 与人合作 | 1. 能挖掘合作资源，明确自己在合作中能够起到的作用 | □A □B □C |
| | 2. 能同合作者进行有效沟通，理解个性差异及文化差异 | □A □B □C |
| 解决问题 | 1. 能说明何时出现问题并指出其主要特征 | □A □B □C |
| | 2. 能做出解决问题的计划并组织实施计划 | □A □B □C |
| | 3. 能对解决问题的方法适时做出总结和修改 | □A □B □C |
| 革新创新 | 1. 能发现事物的不足并提出新的需要 | □A □B □C |
| | 2. 能创新性地提出改进事物的意见和具体方法 | □A □B □C |
| | 3. 能从多种方案中选择最佳方案，在现有条件下进行实施 | □A □B □C |
| 学生签字： | 教师签字： | 20 年 月 日 |

## 二、专业能力测评表

| 评价内容 | 权重 | 考核点 | 考核得分 | | |
|---|---|---|---|---|---|
| | | | 小组评价 | 教师评价 | 综合得分 |
| 职业素养（20分） | 10 | 熟悉各税种的纳税申报时间、方法及流程 | | | |
| | 10 | 在税收筹划的过程中，采用合理、合法的途径进行避税，禁止涉及违法行为 | | | |
| 案例分析（80分） | 80 | 能对主要税种的涉税案例进行简单计算、分析，能对相关案例进行筹划分析，提出可行的避税方案 | | | |
| 组长签字： | | 教师签字： | | 20 年 月 日 | |

# 模块四
# 经济法律常识

## 职业能力目标及主要概念

**1. 专业能力**

了解《劳动合同法》的调整对象、适用范围。

熟悉劳动合同的主要条款及合同当事人双方的权利和义务。

掌握劳动合同的订立、履行、变更和解除的有关法律规定。

了解公司的分类。

掌握有限责任公司和股份有限公司设立的条件。

熟悉有限责任公司和股份有限公司的组织机构。

熟悉公司债券和公司财务会计制度。

熟悉合同的分类以及履行、变更、解除和终止等有关法律规定。

明确合同履行过程中当事人享有的权利和承担的义务内容。

**2. 职业核心能力**

能正确签订劳动合同，并利用合同维护自身合法权益。

学会依照法定程序处理和解决劳动争议。

能运用公司法理论，分析公司在设立、运行过程中的基本问题。

能运用公司法的相关知识，识别常见的违法行为；会拟定基本的公司章程，掌握公司在设立程序中基本事务的处理方法。

掌握合同订立的程序，能拟定常用合同文本的主要条款。

能独立分析合同的效力及其生效要件，能识别合同的违约行为。

能运用合同法的基本知识维护自身的合法权益，明确承担违约责任的形式。

**3. 主要概念**

劳动合同、试用期、服务期、经济补偿金、劳动争议、有限责任公司、股份有限公司、一人有限责任公司、国有独资公司、公司债券、要约、承诺、格式条款、表见代理、代位权、撤销权、违约责任。

# 项目一 劳动合同法律制度

【引例与分析】2013 年 11 月 1 日，郭某应聘到甲公司工作，并签订了书面劳动合同，合同主要内容包括：合同期限 2 年；月工资 2 500 元；试用期 6 个月，试用期内月工资为 1 200 元。合同签订后，甲公司又要求郭某交 2 500 元抵押金，原因是防止公司职工在合同期内随意跳槽。郭某因一时找不到合适的工作，所以交了抵押金。

2015 年 10 月 31 日，郭某的劳动合同到期，甲公司与郭某续签了一份 1 年期的劳动合同，并退回了抵押金。由于公司效益比较好，2015 年 12 月，郭某提出要与公司签订无固定期限劳动合同，公司没有同意。郭某随后提交了辞职报告，双方一致同意解除劳动合同。郭某要求甲公司支付劳动合同解除的经济补偿金，被公司拒绝。

问题：（1）郭某与甲公司签订的劳动合同有何违法之处？

（2）甲公司是否应与郭某签订无固定期限劳动合同？

（3）郭某要求甲公司支付劳动合同解除的经济补偿金是否合法？

分析：（1）郭某与甲公司签订的劳动合同中试用期的约定不合法，试用期内的工资不合法，甲公司要求郭某交抵押金不合法。根据规定，劳动合同期限 1 年以上不满 3 年的，试用期不得超过 2 个月；劳动者在试用期的工资不得低于劳动合同约定工资的 80%，并不得低于用人单位所在地的最低工资标准；用人单位招用劳动者，不得要求劳动者提供担保或者以其他名义向劳动者收取财物。

（2）甲公司可以不与郭某签订无固定期限劳动合同。订立无固定期限劳动合同的法定情形之一是连续订立两次固定期限劳动合同的。本案中郭某只有在第二次劳动合同到期后，才能要求签订无固定期限劳动合同。

（3）郭某要求甲公司支付劳动合同解除的经济补偿金不合法。根据规定，由劳动者主动辞职而与用人单位协商一致解除劳动合同的，用人单位无需向劳动者支付经济补偿金。

## 一、劳动合同的概念和《劳动合同法》的适用范围

### 1. 劳动合同的概念

劳动合同是劳动者和用人单位之间依法确立劳动关系，明确双方权利、义务的书面协议。

### 2.《劳动合同法》的适用范围

中华人民共和国境内的企业、个体经济组织、民办非企业单位等组织（以下称用人单位），与劳动者建立劳动关系，订立、履行、变更、解除或者终止劳动合同，适用《劳动合同法》。

## 二、劳动合同的订立

### 1. 劳动合同订立的主体

（1）劳动合同订立主体的资格要求。订立劳动合同的双方当事人需具备主体合法性。

① 劳动者需年满 16 周岁（只有文艺、体育、特种工艺单位录用人员可以例外），有劳动权利

能力和行为能力。

② 用人单位有用人权利能力和行为能力。

（2）劳动合同订立主体的义务。

① 用人单位的义务和责任。用人单位招用劳动者时，应当如实告知劳动者工作内容、工作条件、工作地点、职业危害、安全生产状况、劳动报酬，以及劳动者要求了解的其他情况；用人单位招用劳动者，不得要求劳动者提供担保或者以其他名义向劳动者收取财物，不得扣押劳动者的居民身份证或者其他证件。

用人单位扣押劳动者身份证等证件的，由劳动行政部门责令限期退还劳动者本人；并依照有关法律规定给予处罚。用人单位要求劳动者提供担保、向劳动者收取财物的，由劳动行政部门责令限期退还劳动者本人，并按每一名劳动者 500 元以上 2 000 元以下的标准处以罚款；给劳动者造成损害的，用人单位应当承担赔偿责任。

② 劳动者的义务。用人单位有权了解劳动者与劳动合同直接相关的基本情况，劳动者应当如实说明。

### 2．劳动合同订立的形式

（1）订立劳动合同应当采用书面形式。用人单位自用工之日起即与劳动者建立劳动关系。建立劳动关系，应当订立书面劳动合同。

（2）未在建立劳动关系的同时订立书面劳动合同的情况。对于已经建立劳动关系，但没有同时订立书面劳动合同的情况，要求用人单位与劳动者应当自用工之日起 1 个月内订立书面劳动合同。用人单位自用工之日起满 1 年不与劳动者订立书面劳动合同的，视为用人单位与劳动者已订立无固定期限劳动合同。用人单位自用工之日起超过 1 个月不满 1 年未与劳动者订立书面劳动合同的，应当向劳动者支付两倍的月工资。用人单位向劳动者每月支付两倍工资的起算时间为用工之日起满 1 个月的次日，截至时间为补订书面劳动合同的前一日。

┨ 业务 4-1-1 ┠

张某 2015 年 8 月进入甲公司工作，公司按月支付工资，至年底公司尚未与张某签订劳动合同。下列关于公司与张某之间劳动关系的表述中，正确的有（　　）。

A．公司与张某之间可视为不存在劳动关系

B．公司与张某之间可视为已订立无固定期限劳动合同

C．公司应与张某补订劳动合同，并支付工资补偿金

D．张某可与公司终止劳动关系，公司应支付经济补偿金

【答案】C，D

【解析】用人单位自用工之日起超过 1 个月不满 1 年未与劳动者订立书面劳动合同的，应当向劳动者每月支付两倍的工资，并与劳动者补订书面劳动合同；劳动者不与用人单位订立书面劳动合同的，用人单位应当书面通知劳动者终止劳动关系，并支付经济补偿金。另外，根据规定，用人单位自用工之日起满 1 年未与劳动者订立书面劳动合同的，视为自用工之日起满 1 年的当日已经与劳动者订立无固定期限劳动合同，因此选项 B 的说法错误。

### 3．劳动合同的期限

劳动合同的期限分为固定期限、无固定期限和以完成一定工作任务为期限三种。

（1）固定期限劳动合同。固定期限劳动合同，是指用人单位与劳动者约定合同终止时间的劳动合同。

（2）无固定期限劳动合同。无固定期限劳动合同，是指用人单位与劳动者约定无确定终止时间的劳动合同。

订立无固定期限劳动合同有以下两种情形。

① 用人单位与劳动者协商一致，可以订立无固定期限劳动合同。

② 在法律规定的情形出现时，劳动者提出或者同意续订劳动合同的，应当订立无固定期限劳动合同。

● 劳动者已在该用人单位连续工作满 10 年的。

● 用人单位初次实行劳动合同制度或者国有企业改制重新订立劳动合同时，劳动者在该用人单位连续工作满 10 年且距法定退休年龄不足 10 年的。

● 连续两次订立固定期限劳动合同且劳动者没有出现法定的用人单位可以解除劳动合同的情形，续订劳动合同的。

（3）以完成一定工作任务为期限的劳动合同。以完成一定工作任务为期限的劳动合同，是指用人单位与劳动者约定以某项工作的完成为合同期限的劳动合同。

---

**业务 4-1-2**

根据劳动合同法律制度的规定，下列各项中，除劳动者提出订立固定期限劳动合同外，用人单位与劳动者应当订立无固定期限劳动合同的情形有（　　）。

A．劳动者在该用人单位连续工作满 10 年的

B．连续订立两次固定期限劳动合同，继续续订的

C．国有企业改制重新订立劳动合同，劳动者在该用人单位连续工作满 5 年且距法定退休年龄不足 15 年的

D．用人单位初次实行劳动合同制度，劳动者在该用人单位连续工作满 10 年且距法定退休年龄不足 10 年的

【答案】A，B，D

【解析】用人单位初次实行劳动合同制度或者国有企业改制重新订立劳动合同时，劳动者在该用人单位连续工作满 10 年且距法定退休年龄不足 10 年的，应当订立无固定期限劳动合同，因此选项 C 的说法错误。

---

## 三、劳动合同的内容

### 1．劳动合同的必备条款

劳动合同的必备条款是指法律规定的劳动合同必须具备的内容。根据《劳动合同法》的规定，劳动合同应当具备以下条款。

（1）用人单位的名称、住所和法定代表人或者主要负责人。

（2）劳动者的姓名、住址和居民身份证或者其他有效证件号码。

（3）劳动合同期限。

（4）工作内容和工作地点。

（5）工作时间和休息休假。目前，我国的工作时间和休息休假制度，主要体现为以下三个方面。

① 实行劳动者 8 小时工作制。国家实行劳动者每日工作时间不得超过 8 小时、平均每周工作时间不得超过 40 小时的工时制度，用人单位应当保证劳动者每周至少休息 1 日，这是法定的标准工作时间。

② 规定法定节假日、年休假和职工探亲假等休假制度。在元旦、春节、清明节、劳动节、端午节、中秋节、国庆节以及法律法规规定的其他休假日，用人单位必须安排劳动者休假。

国家实行带薪年休假制度。劳动者连续工作一年以上的，享受带薪年休假。年休假是指职工每年在一定时期内享有保留工作和工资的连续休息的时间。职工累计工作已满 1 年不满 10 年的，年休假为 5 天；已满 10 年不满 20 年的，年休假为 10 天；已满 20 年的，年休假为 15 天。国家法定休假日、休息日不计入年休假的假期。职工有下列情形之一的，不享受当年的年休假。

- 职工依法享受寒暑假，其休假天数多于年休假天数的。
- 职工请事假累计 20 天以上且单位按照规定不扣工资的。
- 累计工作满 1 年不满 10 年的职工，请病假累计 2 个月以上的。
- 累计工作满 10 年不满 20 年的职工，请病假累计 3 个月以上的。
- 累计工作满 20 年以上的职工，请病假累计 4 个月以上的。

╢ 业务 4-1-3 ╟

方某工作已满 15 年，2015 年上半年在甲公司已休带薪年休假（以下简称年休假）5 天；下半年调到乙公司工作，提出补休年休假的申请。乙公司对方某补休年休假的申请符合法律规定的答复是（　　）。

A．不可以补休年休假

B．可补休 5 天年休假

C．可补休 10 天年休假

D．可补休 15 天年休假

【答案】B

【解析】职工累计工作已满 10 年不满 20 年的，年休假为 10 天。本题中，方某累计工作已满 15 年，可以享受 10 天的年休假，由于其已在甲公司享受过 5 天，所以在乙公司可以再补休 5 天。

③ 对加班进行限制性规定。用人单位安排劳动者加班，一般每日不得超过 1 小时；因特殊原因需要延长工作时间的，在保障劳动者身体健康的条件下延长工作时间每日不得超过 3 小时，但是每月不得超过 36 小时。下列情形，用人单位安排加班不受上述条件的限制：发生自然灾害、事故或者因其他原因，使人民生命安全健康和财产安全遭到严重威胁，需要紧急处理的；生产设备、交通运输线路、公共设施发生故障，影响生产和公众利益，必须及时抢修的；必须利用法定节假日或者公休日的停产期间进行设备检修、保养的；为完成国防紧急任务，或者完成国家在计划外

安排的其他紧急生产任务，以及商业、供销企业在完成收购、运输、加工农副产品紧急任务的；法律、行政法规规定的其他情形。

（6）劳动报酬。劳动合同中有关劳动报酬条款的约定，要符合我国有关最低工资标准的规定。支付加班费的具体标准是：在标准工作日内安排劳动者延长工作时间的，支付不低于工资的 150% 的工资报酬；休息日安排劳动者工作又不能安排补休的，支付不低于工资的 200% 的工资报酬；法定休假日安排劳动者工作的，支付不低于 300% 的工资报酬。

劳动合同履行地与用人单位注册地不一致的，有关劳动者的最低工资标准、劳动保护、上年度职工月平均工资标准等事项，按照劳动合同履行地的规定执行；用人单位注册地的有关标准高于劳动合同履行地的标准，且用人单位与劳动者约定按照用人单位注册地的有关规定执行的，从其约定。

因劳动者本人原因给用人单位造成经济损失的，用人单位可以按照劳动合同的约定要求其赔偿经济损失。经济损失的赔偿，可从劳动者本人的工资中扣除，但每月扣除的部分不得超过劳动者当月工资的 20%。若扣除后的剩余工资部分低于当地月最低工资标准，则按最低工资标准支付。

---

‖ 业务 4-1-4 ‖

王某给用人单位甲公司造成损失，公司决定从其当月工资中扣除 1 000 元作为赔偿；已知王某月工资是 1 500 元，当地最低工资水平是 1 350 元，则公司依照规定当月实际扣除的数额最多是（    ）元。

A. 100　　　　　B. 150　　　　　C. 200　　　　　D. 300

【答案】B

【解析】经济损失的赔偿，可从劳动者本人的工资中扣除，但每月扣除的部分不得超过劳动者当月工资的 20%。若扣除后的剩余工资部分低于当地月最低工资标准，则按最低工资标准支付。

---

（7）社会保险。

（8）劳动保护、劳动条件和职业危害防护。

### 2．劳动合同的约定条款

用人单位与劳动者可以在劳动合同中约定试用期、培训、保守秘密、补充保险和福利待遇等其他事项。

（1）试用期。试用期是指对新录用的劳动者进行试用的期限。

① 试用期期限的强制性规定。

劳动合同期限在 3 个月以上的，可以约定试用期。也就是说，固定期限劳动合同能够约定试用期的最低起点是 3 个月。

劳动合同期限为 1 年以上 3 年以下的，试用期不得超过 2 个月；3 年以上固定期限和无固定期限的劳动合同试用期不得超过 6 个月。

同一用人单位与同一劳动者只能约定一次试用期。

以完成一定工作任务为期限的劳动合同或者劳动合同期限不满 3 个月的，不得约定试用期。

劳动合同仅约定试用期或者劳动合同期限与试用期相同的，试用期不成立，该期限为劳动合同期限。

② 试用期工资的强制性规定。

劳动者在试用期的工资不得低于本单位同岗位最低档工资或者劳动合同约定工资的80%，并不得低于用人单位所在地的最低工资标准。

用人单位违反规定与劳动者约定试用期的，由劳动行政部门责令改正；违法约定的试用期已经履行的，由用人单位以劳动者试用期满月工资为标准，按已经履行的超过法定试用期的期间向劳动者支付赔偿金。

③ 试用期解除劳动合同的限制。

在试用期中，除有证据证明劳动者不符合录用条件外，用人单位不得解除劳动合同。用人单位在试用期解除劳动合同的，应当向劳动者说明理由。

---

**业务 4-1-5**

2016年1月1日，张某与甲公司签订了1年期的劳动合同，合同中约定了试用期，并约定试用期满后工资为1 200元；当地最低工资标准为1 000元。根据劳动合同法律制度的规定，下列表述中正确的有（　　）。

A．试用期不得超过2个月　　　　　　B．试用期的工资不得低于960元

C．试用期的工资不得低于1 000元　　D．试用期不包含在劳动合同期限内

【答案】A，C

【解析】选项A：劳动合同期限为1年以上不满3年的，试用期不得超过2个月；选项B，C：劳动者在试用期的工资不得低于本单位相同岗位最低档工资或者劳动合同约定工资的80%，并不得低于用人单位所在地的最低工资标准；选项D：试用期包含在劳动合同期限内。

---

（2）服务期。服务期是指劳动者因享受用人单位给予的特殊待遇而做出的劳动履行期限承诺。

用人单位为劳动者提供专项培训费用，对其进行专业技术培训的，可以与该劳动者订立协议，约定服务期。用人单位对劳动者进行必要的职业培训不可以约定服务期。

劳动者违反服务期约定的，应当按照约定向用人单位支付违约金。约定违反服务期违约金的数额不得超过用人单位提供的培训费用。违约时，劳动者所支付的违约金不得超过服务期尚未履行部分所应分摊的培训费用。

（3）保密义务和竞业限制。对负有保密义务的劳动者，用人单位可以在劳动合同或者保密协议中与劳动者约定竞业限制条款，并约定在解除或者终止劳动合同后，在竞业限制期限内按月支付劳动者经济补偿金。劳动者违反竞业限制约定的，应当按照约定向用人单位支付违约金。

竞业限制的人员限于用人单位的高级管理人员、高级技术人员和其他知悉用人单位商业秘密的人员。

在解除或者终止劳动合同后，受竞业限制约束的劳动者到与本单位生产或者经营同类产品、业务的有竞争关系的其他用人单位，或者自己开业生产或经营与本单位有竞争关系的同类产品、业务的期限不得超过2年。

用人单位未按照约定在劳动合同终止或者解除时向劳动者支付竞业限制经济补偿金的，竞业

限制条款失效。

（4）医疗期。医疗期是指企业职工因患病或非因工负伤停止工作，治病休息，但不得解除劳动合同的期限。

① 医疗期期间。企业职工因患病或非因工负伤，需要停止工作进行医疗时，根据本人实际参加工作年限和在本单位的工作年限，给予 3 个月到 24 个月的医疗期，具体如下。

- 实际工作年限 10 年以下的，在本单位工作年限 5 年以下的，医疗期为 3 个月；5 年以上的，医疗期为 6 个月。

- 实际工作年限 10 年以上的，在本单位工作年限 5 年以下的，医疗期为 6 个月；5 年以上 10 年以下的，医疗期为 9 个月；10 年以上 15 年以下的，医疗期为 12 个月；15 年以上 20 年以下的，医疗期为 18 个月；20 年以上的，医疗期为 24 个月。

② 医疗期的计算方法。医疗期 3 个月的按 6 个月内累计病休时间计算；6 个月的按 12 个月内累计病休时间计算；9 个月的按 15 个月内累计病休时间计算；12 个月的按 18 个月内累计病休时间计算；18 个月的按 24 个月内累计病休时间计算；24 个月的按 30 个月内累计病休时间计算。医疗期的计算应从病休第一天开始，累计计算。

③ 医疗期内的待遇。企业职工在规定的医疗期间内由企业按有关规定支付其病假工资或疾病救济费，病假工资或疾病救济费可以低于当地最低工资标准支付，但不能低于最低工资标准的 80%。医疗期内不得解除劳动合同。对医疗期满尚未痊愈者，或者医疗期满后，不能从事原工作，也不能从事用人单位另行安排的工作，被解除劳动合同的，用人单位需按经济补偿规定支付其经济补偿金。

---

**业务 4-1-6**

根据法律规定，关于职工患病应享受医疗期及医疗期内待遇的下列表述中，正确的有（　　）。

A. 实际工作年限 10 年以下，在本单位工作年限 5 年以下的，医疗期期间为 3 个月

B. 实际工作年限 10 年以下，在本单位工作年限 5 年以上的，医疗期期间为 6 个月

C. 医疗期内遇劳动合同期满，则劳动合同必须续延至医疗期满

D. 病假工资可以低于当地最低工资标准支付，但不得低于当地最低工资标准的 80%

【答案】A，B，C，D

【解析】实际工作年限 10 年以下的，在本单位工作年限 5 年以下的，医疗期为 3 个月；5 年以上的，医疗期为 6 个月。实际工作年限 10 年以上的，在本单位工作年限 5 年以下的，医疗期为 6 个月。病假工资可以低于当地最低工资标准支付，但最低不能低于最低工资标准的 80%。医疗期内不得解除劳动合同。如医疗期内遇劳动合同期满，则劳动合同必须续延至医疗期满，职工在此期间仍然享受医疗期内待遇。

---

### 四、劳动合同的履行和变更

#### 1. 劳动合同的履行

用人单位与劳动者应当按照劳动合同的约定，全面履行各自的义务。

用人单位应当按照劳动合同的约定和国家规定及时足额发放劳动报酬。用人单位拖欠或者未足额发放劳动报酬的，劳动者可以依法向当地人民法院申请支付令，人民法院应当依法发出支付令。

### 2．劳动合同的变更

用人单位与劳动者协商一致，可以变更劳动合同约定的内容。变更劳动合同，应当采用书面形式。变更后的劳动合同文本由用人单位和劳动者各执一份。

### 五、劳动合同的解除和终止

#### 1．劳动合同的解除

劳动合同的解除，是指劳动合同在订立以后，尚未履行完毕或者未全部履行以前，由于合同双方或者单方的法律行为导致双方当事人提前消灭劳动关系的法律行为。劳动合同的解除可分为协商解除和法定解除两种情况。

（1）协商解除。协商解除是指劳动合同履行的过程中，当事人经协商一致同意解除合同。

协商解除劳动合同的过程中，如果用人单位提出解除劳动合同的，应依法向劳动者支付经济补偿金。由劳动者主动辞职而与用人单位协商一致解除劳动合同的，用人单位无需向劳动者支付经济补偿金。

（2）法定解除。法定解除是指在履行合同的过程中出现法定解除合同的情形，当事人有权解除合同。

① 劳动者可单方解除劳动合同的情形。

a．劳动者提前30日以书面形式通知用人单位，可以解除劳动合同。劳动者在试用期内提前3日通知用人单位，可以解除劳动合同。

如果劳动者违反法律法规规定的条件解除劳动合同，给用人单位造成经济损失的，还应当承担赔偿责任。劳动者提出解除劳动合同的，用人单位可以不给予经济补偿金。

b．劳动者可随时通知解除劳动合同的情形。用人单位有下列情形之一的，劳动者可以随时通知解除劳动合同：未按照劳动合同约定提供劳动保护或者劳动条件的；未及时足额支付劳动报酬的；未依法为劳动者缴纳社会保险费的；用人单位的规章制度违反法律、法规的规定，损害劳动者权益的；以欺诈、胁迫的手段或者乘人之危，使劳动者在违背真实意思的情况下订立或变更劳动合同的；在劳动合同中免除自己的法定责任、排除劳动者权利的；违反法律、行政法规强制性规定的；法律、行政法规规定劳动者可以解除劳动合同的其他情形。

c．劳动者不需事先告知即可解除劳动合同的情形。用人单位以暴力、威胁或者非法限制人身自由的手段强迫劳动者劳动的，或者用人单位违章指挥、强令冒险作业危及劳动者人身安全的，劳动者可以立即解除劳动合同，不需事先告知用人单位。除提前通知情形外，用人单位需向劳动者支付经济补偿金。

② 用人单位可单方解除劳动合同的情形。

a．提前通知解除的情形（无过失性辞退）。有下列情形之一的，用人单位在提前30日以书面形式通知劳动者本人或者额外支付劳动者1个月工资后，可以解除劳动合同：劳动者患病或者非因工负伤，在规定的医疗期满后不能从事原工作也不能从事由用人单位另行安排的工作的；劳动者不能胜任工作，经过培训或者调整工作岗位，仍不能胜任工作的；劳动合同订立时所依据的客观情况发生重大变化，致使劳动合同无法履行，经用人单位与劳动者协商，未能就变更劳动合同内容达成协议的。

用人单位因劳动者的非过失性原因而解除合同的还应当支付劳动者相应的经济补偿金。用人单位应当却没有及时向劳动者支付经济补偿金的，应按经济补偿金额 50%以上 100%以下的标准向劳动者加付赔偿金。

用人单位违反规定解除劳动合同，劳动者要求继续履行劳动合同的，用人单位应当继续履行；劳动者不要求继续履行劳动合同或者劳动合同已经不能继续履行的，用人单位应当依照《劳动合同法》规定的经济补偿标准的两倍向劳动者支付赔偿金，支付了赔偿金的，不再支付经济补偿金。赔偿金计算年限自用工之日起计算。

b. 用人单位可随时通知劳动者解除合同的情形（过失性辞退）。劳动者有下列情形之一的，用人单位可以解除劳动合同：在试用期间被证明不符合录用条件的；严重违反用人单位的规章制度的；严重失职，营私舞弊，给用人单位的利益造成重大损害的；劳动者同时与其他用人单位建立劳动关系，对完成本单位的工作任务造成严重影响，或者经用人单位提出，拒不改正的；以欺诈、胁迫的手段或者乘人之危，使用人单位在违背真实意思的情况下订立或变更劳动合同的；被依法追究刑事责任的。

依据上述情形解除劳动合同的，用人单位无需向劳动者支付经济补偿金。

---

> 业务 4-1-7

张某在甲公司做销售员，签订有 1 年期劳动合同。公司对销售员每月定有销售指标，规定 3 个月完不成指标属于不能胜任工作。张某已连续 3 个月没有完成指标。下列分析判断中，正确的有（　　）。

A. 甲公司可以以不能胜任为理由通知解除与张某的劳动合同关系，不需向其支付经济补偿金

B. 如果甲公司和张某协商解除劳动合同，张某表示同意，则双方可以解除劳动合同，但甲公司应支付张某经济补偿金

C. 如果甲公司和张某协商解除劳动合同，张某不同意，则甲公司应对张某进行培训或者调整工作岗位，如张某仍不能胜任工作，则甲公司可以提前 30 日书面通知张某解除劳动合同，并向张某支付经济补偿金

D. 如果甲公司和张某协商解除劳动合同，张某不同意，则甲公司应对张某进行培训或者调整工作岗位，如张某仍不能胜任工作，则甲公司在额外支付张某 1 个月工资的情况下可以通知张某解除劳动合同，并向张某支付经济补偿金

【答案】B，C，D

【解析】A 项如果张某不能胜任工作，甲公司首先应该对其进行培训，如果培训后仍不能胜任的才可以解除合同，并且甲公司应该向张某支付经济补偿金。

c. 用人单位可以裁减人员的情形（经济性裁员）。有下列情形之一，需要裁减人员 20 人以上或者裁减不足 20 人但占企业职工总数 10%以上的，用人单位应当提前 30 日向工会或者全体职工说明情况，听取工会或者职工的意见后，裁减人员方案经向劳动行政部门报告，可以裁减人员：依照企业破产法规定进行重整的；生产经营发生严重困难的；企业转产、重大技术革新或者经营方式调整，经变更劳动合同后，仍需裁减人员的；其他因劳动合同订立时所依据的客观经济情况发生重大变化，致使劳动合同无法履行的。

裁减人员时，应当优先留用下列劳动者：与本单位订立较长期限的固定期限劳动合同的；订立无固定期限劳动合同的；家庭无其他就业人员，有需要扶养的老人或者未成年人的。

用人单位在 6 个月内重新招用人员的，应当通知被裁减的人员，并在同等条件下优先招用被裁减的人员。

对于用人单位裁减人员情形的，用人单位应当向劳动者支付经济补偿金。

d. 解除劳动合同的限制。劳动者有下列情形之一的，用人单位不得解除劳动合同：从事接触职业病危害作业的劳动者未进行离岗前职业病健康检查，或者疑似职业病病人在诊断或者医学观察期间的；在本单位患职业病或者因工负伤并被确认丧失或者部分丧失劳动能力的；患病或者非因工负伤，在规定的医疗期内的；女职工在孕期、产期、哺乳期的；在本单位连续工作满 15 年，且距法定退休年龄不足 5 年的；法律、行政法规规定的其他情形。

**2．劳动合同的终止**

劳动合同终止是指劳动合同的法律效力依法被消灭，即劳动关系由于一定法律事实的出现而终结，劳动者与用人单位之间原有的权利义务不再存在。

（1）劳动合同终止的情形。

① 劳动合同期满的。

② 劳动者开始依法享受基本养老保险待遇的。

③ 劳动者死亡，或者被人民法院宣告死亡或者宣告失踪的。

④ 用人单位被依法宣告破产的。

⑤ 用人单位被吊销营业执照、责令关闭、撤销或者用人单位决定提前解散的。

⑥ 法律、行政法规规定的其他情形。

（2）劳动合同的逾期终止。

劳动合同期满，有下列情形之一的，劳动合同应当延缓至相应的情形消失时终止。

① 从事接触职业病危害作业的劳动者未进行离岗前职业病健康检查,或者疑似职业病病人在诊断或者医学观察期间的。

② 在本单位患职业病或者因工负伤并被确认丧失或者部分丧失劳动能力的。

③ 患病或者非因工负伤，在规定的医疗期内的。

④ 女职工在孕期、产期、哺乳期的。

⑤ 在本单位连续工作满 15 年，且距法定退休年龄不足 5 年的。

⑥ 法律、行政法规规定的其他情形。

对劳动者患职业病或者因工负伤并被确认部分丧失劳动能力的情形做了例外规定，在这种情形下，适用工伤保险条例的规定。

业务 4-1-8

根据劳动合同法律制度的规定，下列各项中，用人单位可以随时通知劳动者解除合同的有（    ）。

A．女职工在孕期、产期、哺乳期的

B．劳动者严重违反用人单位的规章制度的

C．劳动者不能胜任工作，经过培训或者调整工作岗位，仍不能胜任工作的

D．劳动者被依法追究刑事责任的

【答案】B，D

【解析】选项 A：用人单位不得解除劳动合同。

选项 C：用人单位提前 30 日以书面形式通知劳动者本人或者额外支付劳动者 1 个月工资后，可以解除劳动合同。

**3．劳动合同解除和终止的经济补偿金**

（1）用人单位应当向劳动者支付经济补偿金的情形。

① 由用人单位提出解除劳动合同并与劳动者协商一致解除劳动合同的。

② 劳动者符合随时通知解除和不需事先通知即可解除劳动合同规定的情形而解除劳动合同的。

③ 用人单位符合提前 30 日以书面形式通知劳动者本人或者支付劳动者 1 个月工资后，可以解除劳动合同规定的情形而解除劳动合同的。

④ 用人单位符合可裁减人员规定的情形而解除劳动合同的。

⑤ 除用人单位维持或者提高劳动合同约定条件续订劳动合同，劳动者不同意续订的情形外，劳动合同期满终止固定期限劳动合同的。

⑥ 以完成一定工作任务为期限的劳动合同因任务完成而终止的。

⑦ 用人单位被依法宣告破产终止劳动合同的。

⑧ 用人单位被吊销营业执照、责令关闭、撤销或者用人单位决定提前解散而终止劳动合同的。

⑨ 法律、行政法规规定解除或终止劳动合同应当向劳动者支付经济补偿金的其他情形。

（2）经济补偿金的计算。公式如下。

$$经济补偿金＝工作年限×月工资$$

① 关于补偿金年限的计算标准。

• 经济补偿金按劳动者在本单位工作的年限每满 1 年支付 1 个月工资的标准向劳动者支付；6 个月以上不满 1 年的，按 1 年计算；不满 6 个月的，向劳动者支付半个月工资标准的经济补偿金。

• 劳动者非因本人原因从原用人单位被安排到新用人单位工作的，劳动者在原用人单位的工作年限合并计入新用人单位的工作年限。原用人单位已经向劳动者支付经济补偿金的，新用人单位在依法解除、终止劳动合同计算支付经济补偿金的工作年限时，不再计算劳动者在原用人单位

的工作年限。

② 关于补偿基数的计算标准。

- 月工资按照劳动者应得工资计算，包括计时工资或者计件工资以及奖金、津贴和补贴等货币性收入。

- 劳动者在劳动合同解除或者终止前 12 个月的平均工资低于当地最低工资标准的，按照当地最低工资标准计算。劳动者工作不满 12 个月的，按照实际工作的月数计算平均工资。

- 劳动者月工资高于用人单位所在直辖市、设区的市级人民政府公布的本地区上年度职工月平均工资 3 倍的，向其支付经济补偿金的标准按职工月平均工资 3 倍的数额支付，向其支付经济补偿金的年限最高不超过 12 年。计算公式如下。

经济补偿金＝工作年限（最高不超过 12 年）×当地上年度职工月平均工资 3 倍

③ 关于补偿年限和基数的特殊规定。

- 2008 年 1 月 1 日前的补偿年限和补偿基数，按当时当地的有关规定执行；2008 年 1 月 1 日以后的补偿年限和补偿基数，按照新规定执行，两段合并计算。

- 解除劳动合同。用人单位未依法为劳动者缴纳社会保险的，劳动者有权解除劳动合同，用人单位应支付经济补偿金，经济补偿金的计算年限自 2008 年 1 月 1 日起算。

在其他解除劳动合同的情形下，经济补偿金的计算年限自双方建立劳动关系时起计算，即应按工作年限计算，只是 2008 年 1 月 1 日前后，补偿基数的计算略有不同：2008 年 1 月 1 日以前，经济补偿金按照劳动者在本单位工作的年限，每满 1 年支付 1 个月工资的标准向劳动者支付；不满 1 年的，不区分是否满 6 个月，均按 1 年计算，向劳动者支付 1 个月工资的经济补偿金；而 2008 年 1 月 1 日后，6 个月以上不满 1 年的，按 1 年计算；不满 6 个月的，向劳动者支付半个月工资的经济补偿金。

- 终止劳动合同。劳动合同期满后，若用人单位不同意按照维持或高于原劳动合同约定的条件，与劳动者续订劳动合同的，用人单位应当向劳动者支付经济补偿金，即以 2008 年 1 月 1 日为分界点，对于 2008 年 1 月 1 日后，因劳动合同终止需要支付经济补偿金的，经济补偿金的计算年限应自 2008 年 1 月 1 日开始计算；2008 年 1 月 1 日之前的工作年限，不属于经济补偿金的计算范畴。

为督促用人单位及时支付经济补偿金，《劳动合同法》规定，解除或者终止劳动合同，未依照规定向劳动者支付经济补偿金的，由劳动行政部门责令限期支付经济补偿金，逾期不支付的，责令用人单位按应付金额 50% 以上 100% 以下的标准向劳动者加付赔偿金。

┨ 业务 4-1-9 ┠

张某于 2011 年 7 月 1 日入职甲公司，2015 年 4 月 30 日甲公司与张某协商解除劳动合同，已知张某的月平均工资为 3 000 元。公司应如何支付经济补偿金？

【解析】从 2011 年 7 月 1 日到 2015 年 4 月 30 日，工作年限为 3 年 10 个月，按 4 年计算，公司应当支付的经济补偿金为：3 000×4＝12 000（元）。

## 六、劳动争议的处理方式

劳动争议的处理方式主要包括以下几种。

**1．劳动争议的协商**

劳动争议的协商是指劳动者与用人单位就争议的问题直接进行协商，解决纠纷。

**2．劳动争议的调解**

劳动争议的调解是指劳动纠纷的一方当事人就已经发生的劳动纠纷向劳动争议调解委员会申请调解的程序。

**3．劳动争议的仲裁**

劳动争议的仲裁是劳动纠纷的一方当事人将纠纷提交劳动争议仲裁委员会进行处理的程序。申请劳动仲裁是提起诉讼的前置程序，劳动争议先经过仲裁程序，而不能直接向人民法院起诉。

**4．劳动争议的诉讼**

劳动争议的诉讼是指当事人对仲裁裁决不服的，可以自收到仲裁裁决书之日起 15 日内向人民法院提起诉讼。诉讼程序具有较强的法律性、程序性，做出的判决也具有强制执行力。一方当事人在法定期限内不起诉，又不履行仲裁裁决的，另一方当事人可以申请人民法院强制执行。

# 项目二 | 公司法律制度

【引例与分析】A 有限责任公司有甲、乙、丙、丁 4 位股东，没有设立董事会和监事会。股东甲持有 40% 的股权，担任公司执行董事；股东乙持有 30% 的股权，担任公司监事；股东丙持有 20% 的股权；股东丁持有 10% 的股权。2007 年 9 月 1 日，股东乙提议召开临时股东会，按照公司章程的规定，审议如下事项：为股东乙担任董事的 B 公司提供担保。全体股东出席了临时股东会，虽然股东丁反对，但是股东会还是通过了该项决议。为此，股东丁要求公司按照合理的价格收购其股权，退出公司。

问题：（1）股东乙是否有权提议召开临时股东会？

（2）由股东会对为 B 公司提供担保做出决议是否符合法律规定？

（3）股东丁要求退出公司是否符合法律规定？

分析：（1）股东乙有权提议召开临时股东会。根据规定，代表 1 / 10 以上表决权的股东提议召开临时会议的，应当召开临时会议。

（2）股东会对为 B 公司提供担保做出决议符合法律规定。根据规定，公司向其他企业投资或者为他人提供担保，按照公司章程的规定由董事会、股东会或者股东大会做出决议。

（3）股东丁要求退出公司不符合法律规定。因其不具备公司法规定的有限责任公司股东退出公司的情形。

## 一、公司与公司法的概念

公司是指依照公司法设立的以营利为目的的企业法人。

公司法是规定公司在设立、组织、变更、解散过程中所发生的各种对内、对外关系的法律规范的总称。

在我国境内适用的公司只能是有限责任公司和股份有限公司，而不适用其他类型的公司。

## 二、公司的分类

（1）根据股东对公司所负责任不同，可以将公司分为有限责任公司、股份有限公司、无限责任公司、两合公司和股份两合公司。

（2）根据公司的信用基础不同，可以将公司分为人合公司、资合公司和人资兼合公司。

（3）根据公司在管辖与被管辖关系中所处地位不同，可以将公司分为总公司和分公司。总公司是管辖公司全部组织的总机构。分公司是受总公司管辖的分支机构。总公司具有法人资格，而分公司则不具有法人资格，其民事责任由总公司承担。

---

**业务 4-2-1**

根据公司法律制度的规定，下列关于分公司法律地位的表述中，正确的有（　　）。

A．分公司具有独立的法人资格

B．分公司独立承担民事责任

C．分公司可以依法独立从事生产经营活动

D．分公司从事经营活动的民事责任由其总公司承担

【答案】C，D

【解析】分公司不具有法人资格，其民事责任由总公司承担。

---

（4）根据公司在控制与被控制关系中所处地位不同，可以将公司分为母公司和子公司。母公司是指通过掌握其他公司过半数以上的股权从而能实际控制其经营管理决策的公司。被母公司控制的公司，称为子公司。在法律地位上，母公司和子公司各自都是独立的法人。

## 三、公司的法律特征

（1）具有法人资格。

（2）以营利为目的。

（3）依法定条件和程序设立。

## 四、有限责任公司

### 1．有限责任公司的概念及特征

有限责任公司是指股东以其认缴的出资额为限对公司承担责任，公司以其全部资产对公司的债务承担责任的公司。

有限责任公司的特征主要归纳为以下几点。

（1）有限责任公司具有资本不必分为等额股份。

（2）有限责任公司证明股东出资份额的是出资证明书，而不是股票，且不能自由流通。

（3）有限责任公司股东人数为 1 人以上 50 人以下。

（4）有限责任公司不能发行股票，不能公开募股。

（5）有限责任公司财务不必公开。

**2．有限责任公司的设立**

（1）有限责任公司设立的条件。

① 股东符合法定人数。有限责任公司由50个以下股东共同出资设立，允许设立一人公司。50个以下的股东既可以是自然人，也可以是法人。

② 有符合公司章程规定的全体股东认缴的出资额

a. 注册资本。有限责任公司的注册资本为在公司登记机关登记的全体股东认缴的出资额。法律、行政法规以及国务院决定对有限责任公司注册资本实缴、注册资本最低限额另有规定的，从其规定。

b. 股东出资方式。股东出资方式可以用货币出资，也可以用实物、知识产权、土地使用权等可以用货币估价并可以依法转让的非货币财产作价出资，但是法律、法规规定不得作为出资的财产除外。其中，股东以货币出资的，应当将货币出资足额存入准备设立的有限责任公司在银行开设的临时账户。股东以实物、知识产权、土地使用权以及其他可依法转让的非货币财产出资（如股权、债权等），必须进行评估价格，核实财产，不得高估或者低估作价，并依法办理财产权的转移手续。股东不按规定缴纳出资的，除应当向公司足额缴纳以外，还应向已按期足额缴纳出资的股东承担违约责任。有限责任公司成立后，发现作为设立公司出资的非货币财产的实际价额显著低于公司章程所定价额的，应当由交付该出资的股东补足其差额；公司设立时的其他股东承担连带责任。

---

**业务 4-2-2**

甲、乙、丙共同出资设立一有限责任公司。其中，丙以房产出资30万元。公司成立后又吸收丁入股。后查明，丙作为出资的房产仅值20万元，丙现有可执行的个人财产6万元。下列处理方式中，符合公司法律制度规定的是（　　）。

A. 丙以现有可执行财产补交差额，不足部分由丙从公司分得的利润予以补足

B. 丙以现有可执行财产补交差额，不足部分由甲、乙补足

C. 丙以现有可执行财产补交差额，不足部分由甲、乙、丁补足

D. 丙无须补交差额，甲、乙、丁都不承担补足出资的连带责任

【答案】B

【解析】股东丙出资不实，由股东丙补足其差额，公司设立时的其他股东（甲、乙）承担连带责任，与后加入的股东丁无关。

---

③ 股东共同制定公司章程。公司章程是指规范公司的组织及其活动的基本准则。有限责任公司的章程由股东共同制定，所有股东应当在公司章程上签名、盖章。有限责任公司的公司章程应当载明法定事项。

④ 有公司名称，并建立符合有限责任公司要求的组织机构。

⑤ 有公司的住所。

（2）有限责任公司设立的程序。有限责任公司的设立应由全体股东指定的代表或委托的代理人向公司登记机关申请公司名称预先核准，由发起人发起签订发起人协议共同制定公司章程。对于法律需要依法报经许可的公司营业项目应当依法报经行政许可。建立组织机构，并确定董事长、

董事、监事、经理的名单，在股东认足公司章程规定的出资后，由全体股东指定的代表或委托的代理人向公司登记机关申请设立登记。公司登记机关对符合公司法规定条件的，予以登记，发给公司营业执照；对不符合公司法规定条件的，不予登记。公司营业执照签发日期为有限责任公司的成立日期。公司自成立之日起，取得法人资格。

### 3．有限责任公司的组织机构

有限责任公司的组织机构包括股东会、董事会和经理以及监事会等。

（1）股东会。有限责任公司的股东会由全体股东组成。股东会是公司的权力机构，是公司最高决策机关，对公司的重大问题进行决策。

根据公司法规定，有限责任公司的股东会行使下列职权。

① 决定公司的经营方针和投资计划。

② 选举和更换由非职工代表担任的董事、监事，决定有关董事、监事的报酬事项。

③ 审议批准董事会的报告。

④ 审议批准监事会或者监事的报告。

⑤ 审议批准公司的年度财务预算方案、决算方案。

⑥ 审议批准公司的利润分配方案和弥补亏损方案。

⑦ 对公司增加或者减少注册资本做出决议。

⑧ 对发行公司债券做出决议。

⑨ 对公司合并、分立，变更公司形式，解散和清算等事项做出决议。

⑩ 修改公司章程。

⑪ 公司章程规定的其他职权。

股东会的首次会议由出资最多的股东召集和主持。公司设立董事会的，以后的股东会会议由董事会召集、董事长主持；公司不设董事会的，股东会会议由执行董事召集和主持。股东会会议分为定期会议和临时会议。定期会议应当按照公司章程的规定按时召开，临时会议可以由代表1／10以上表决权的股东，1／3以上的董事、监事会或者不设监事会的公司的监事提议召开。召开股东会议应于会议召开15日以前通知全体股东。并对会议所议事项及决定做会议记录，出席会议的股东应在会议记录上签名。股东会会议由股东按照出资比例行使表决权，但公司章程另有规定的除外。股东会的议事方式和表决程序除公司法有规定外，由公司章程规定。股东会会议做出修订公司章程、增加或者减少注册资本的决议，以及公司合并、分立、解散或者变更公司形式的决议，必须经代表2／3以上表决权的股东通过。

---

**业务 4-2-3**

甲、乙、丙、丁共同出资设立一个有限责任公司，4人均以25万元的货币出资。公司章程规定，召开股东会时，甲享有50%的表决权，乙享有7%的表决权，丙享有13%的表决权，丁享有30%的表决权。2015年4月1日，丙提议召开临时股东会，拟将该公司变更为股份有限公司。在表决时，丁未出席会议，甲和丙表示赞成，乙表示反对。根据公司法律制度的规定，下列表述中，正确的有（　　）。

A．丙有权提议召开临时股东会

B．丙无权提议召开临时股东会

C．因甲和丙所持的表决权已超过出席会议的股东所持表决权的 2／3，股东会可以通过该决议

D．因甲和丙所持的表决权未达到全部表决权的 2／3，股东会不能通过该决议

【答案】A，D

【解析】选项 A，B：代表 1／10 以上表决权（而非出资比例）的股东才有权提议召开临时股东会，在本题中，丙享有 13% 的表决权，有权提议召开临时股东会。选项 C，D：变更公司形式属于股东会的特别决议，必须经全部表决权的 2／3 以上通过。

（2）董事会和经理。有限责任公司的董事会是公司股东会的执行机构，对股东会负责，其成员为 3～13 人。两个以上的国有企业或者其他两个以上的国有投资主体投资设立的有限责任公司，其董事会成员中应当有公司职工代表；其他有限责任公司董事会成员中也可以有公司职工代表。董事会中的职工代表由公司职工通过职工代表大会、职工大会或者其他形式的民主选举产生。董事会设董事长一人，可以设副董事长。有限责任公司股东人数少和规模小的，可以不设董事会，只设一名执行董事，执行董事可以兼任公司经理。董事任期由公司章程规定，但每届任期不得超过三年。董事任期届满，连选可以连任。

有限责任公司的董事会行使下列职权。

① 负责召集股东会，并向股东会报告工作。

② 执行股东会的决议。

③ 决定公司的经营计划和投资方案。

④ 制订公司的年度财务预算方案、决算方案。

⑤ 制订公司的利润分配方案和弥补亏损方案。

⑥ 制订公司增加或者减少注册资本以及发行公司债券的方案。

⑦ 制订公司合并、分立、变更公司形式、解散的方案。

⑧ 决定公司内部管理机构的设置。

⑨ 聘任或者解聘公司经理，根据经理的提名，聘任或者解聘公司副经理、财务负责人，决定其报酬事项。

⑩ 制定公司的基本管理制度。

⑪ 公司章程规定的其他职权。

董事会会议由董事长召集和主持；董事长不能履行职务或者不履行职务的，由副董事长召集和主持；副董事长不能履行职务或者不履行职务的，由半数以上董事共同推举 1 名董事召集和主持。董事会决议的表决，实行一人一票。董事会应当对所议事项的决定做会议记录，出席会议的董事应当在会议记录上签字。

有限责任公司可以设经理，由董事会决定聘任或者解聘。经理对董事会负责，必须依法行使其职权。

▎业务 4-2-4 ▎

甲、乙、丙 3 个自然人共同出资设立了一个有限责任公司。根据公司法律制度的规定，下

列关于该有限责任公司董事会的表述中，正确的有（　　）。

　　A．董事会成员中必须包括职工代表

　　B．公司章程可以规定董事的任期为 2 年

　　C．该公司必须设 1 名副董事长

　　D．公司章程可以直接规定由甲担任董事长

【答案】B，D

【解析】选项 A：该公司（既非国有独资公司，也非两个以上国有企业投资设立的有限责任公司）董事会中可以不包括职工代表。选项 B：董事任期由公司章程规定，但每届任期不得超过 3 年。选项 C：有限责任公司可以不设副董事长。选项 D：有限责任公司董事长、副董事长的产生办法由公司章程规定。

　　（3）监事会。有限责任公司设监事会。监事会是公司的内部监督机构，其成员不得少于 3 人。股东人数较少或者规模较小的有限责任公司，可以设 1～2 名监事，不设监事会。监事会应当包括股东代表和适当比例的公司职工代表，其中职工代表的比例不得低于 1／3，具体比例由公司章程规定。监事会中的职工代表由公司职工通过职工代表大会、职工大会或者其他形式的民主选举产生。监事会设主席 1 人，由全体监事过半数选举产生。监事的任期每届为 3 年。监事任期届满，连选可以连任。监事任期届满未及时改选，或者监事在任期内辞职导致监事会成员低于法定人数的，在改选出的监事就任前，原监事仍应当依照法律、行政法规和公司章程的规定，履行监事职务。董事、高级管理人员不得兼任监事。监事会每年度至少召开一次会议，监事可以提议召开临时监事会会议。监事会决议应当经半数以上监事通过。监事会应当对所议事项的决定做会议记录，出席会议的监事应当在会议记录上签名。监事可以列席董事会会议，并对董事会决议事项提出质询或者建议。监事会、不设监事会的公司监事发现公司经营情况异常，可以进行调查；必要时，可以聘请会计师事务所等协助其工作，费用由公司承担。

　　监事会以及不设监事会的公司监事必须依法行使职权。

┃ 业务 4-2-5 ┃

　　甲、乙、丙 3 人共同出资 80 万元设立了一个有限责任公司，其中甲出资 40 万元，乙出资 25 万元，丙出资 15 万元。2010 年 4 月公司成立后，召开了第一次股东会。有关这次会议的下列情况中，符合公司法规定的有（　　）。

　　A．会议由甲召集和主持

　　B．会议决定不设董事会，由甲担任执行董事，甲为公司的法定代表人

　　C．会议决定设 1 名监事，由乙担任，任期 2 年

　　D．会议决定了公司的经营方针和投资计划

【答案】A，B，D

【解析】选项 A：有限责任公司首次股东会由出资最多的股东召集和主持。选项 B：股东人数较少或者规模较小的有限责任公司，可以不设董事会，只设 1 名执行董事。选项 C：股东人数较少或者规模较小的有限责任公司，可以不设监事会，只设 1～2 名监事，监事的任期为法定制 3 年。选项 D：决定公司的经营方针和投资计划属于股东会的职权。

### 4．有限责任公司股权转让

（1）股权转让。有限责任公司的股东之间可以相互转让股权。股东向股东以外的人转让股权，应当经其他股东过半数同意。股东应就其股权转让事项书面通知其他股东征求同意，其他股东自接到书面通知之日起满 30 日未答复的，视为同意转让。不同意的股东应当购买该转让的股权，如果不同意的股东不购买的，视为同意转让。经股东同意转让的股权，在同等条件下，其他股东有优先购买权。两个以上股东主张行使优先购买权的，协商确定各自的购买比例，协商不成的，按照转让时各自的出资比例行使优先购买权。公司章程对股权转让另有规定的，从其规定。

---

**业务 4-2-6**

甲、乙、丙共同出资设立了一个有限责任公司，一年后，甲拟将其在公司的全部出资转让给丁，乙、丙不同意。下列解决方案中，符合公司法律制度规定的有（　　）。

A．由乙或丙购买甲拟转让给丁的出资

B．由乙和丙共同购买甲拟转让给丁的出资

C．如果乙和丙均不愿意购买，甲无权将出资转让给丁

D．如果乙和丙均不愿意购买，甲有权将出资转让给丁

【答案】A，B，D

【解析】股东向股东以外的人转让股权，应当经其他股东过半数同意。不同意的股东应当购买该转让的股权，如果不同意的股东不购买的，视为同意转让。

---

（2）股东退出公司。有下列情形之一的，对股东会该项决议投反对票的股东可以请求公司按照合理的价格收购其股权，退出公司。

① 公司连续 5 年不向股东分配利润，而公司该 5 年连续盈利，并且符合法律规定的分配利润条件的。

② 公司合并、分立、转让主要财产的。

③ 公司章程规定的营业期限届满或者章程规定的其他解散事由出现，股东会通过决议修改章程使公司存续的。

自股东会决议通过之日起 60 日内，股东与公司不能达成股权收购协议的，股东可以自股东会决议通过之日起 90 日内向人民法院提起诉讼。

## 五、股份有限公司

股份有限公司是指将其全部资本分为等额股份，股东以其认购的股份为限对公司承担责任，公司以其全部资产对公司债务承担责任的公司。

### 1．股份有限公司的特征

股份有限公司与有限责任公司相比具有以下特征。

（1）股份有限公司具有资本划分为等额股份，每股金额与股份数的乘积即是股本总额。

（2）股份有限公司通过发行股票筹集资本。

（3）股份有限公司应当有 2 人以上 200 以下为发起人，其中须有半数以上的发起人在中国境

内有住所。

（4）股份有限公司的股东对公司承担的是有限责任，公司对公司债务承担的也是有限责任。

（5）股份有限公司的股票可以自由转让。

（6）股份有限公司的财务必须公开。

### 2. 股份有限公司的设立

（1）股份有限公司设立的条件。具体有以下几点。

① 发起人符合法定人数。发起人是指办理筹建股份有限公司事务的人。公司法规定设立股份有限公司应当有 2 人以上 200 人以下为发起人，其中须有半数以上的发起人在中国境内有住所。发起人应当签订发起人协议，明确各自在公司设立过程中承担公司筹办的事务。

② 有符合公司章程规定的全体发起人认购的股本总额或者募集的实收股本总额。

股份有限公司采取发起设立方式的，注册资本为在公司登记机关登记的全体发起人认购的股本总额。发起人认购的股份缴足前，不得向他人募集股份。股份有限公司采取募集方式设立的，注册资本为在公司登记机关登记的实收股本总额。以募集设立方式设立股份有限公司的，发起人认购的股份不得少于公司股份总数的 35%。发起人可以用货币出资，也可以用实物、知识产权、土地使用权等可以用货币估价并可以依法转让的非货币财产作价出资；但是，法律、行政法规规定不得作为出资的财产除外。对作为出资的实物、工业产权、非专利技术或者土地使用权，必须进行评估作价，核实财产，并折合为股份。土地使用权的评估作价，依照法律、行政法规的规定办理。

③ 股份发行、筹办事项符合法律规定。

④ 制定公司章程。发起人制定公司章程，采用募集方式设立的股份有限公司，应经创立大会通过。

⑤ 有公司名称，建立符合股份有限公司要求的组织机构。

⑥ 有公司的住所。

**业务 4-2-7**

下列各项中，符合公司法关于股份有限公司设立规定的是（      ）。

A．甲公司注册资本拟为人民币 300 万元

B．乙公司由 1 名发起人认购公司股份总数的 35%，其余股份拟全部向特定对象募集

C．丙公司的全部 5 名发起人均为外国人，其中 3 人长期定居北京

D．丁公司采用募集方式设立，发起人认购的股份分期缴纳，拟在公司成立之日起 2 年内缴足

【答案】A，C

【解析】选项 A：自 2014 年 3 月 1 日起，《公司法》取消了注册资本最低限额的规定，取消了全体股东的货币出资金额不得低于公司注册资本的 30% 的规定，取消了出资期限的规定，有限责任公司的股东和发起设立的股份有限公司的发起人实缴出资时无需验资。选项 B：股份有限公司的发起人为 2～200 人。选项 C：股份有限公司的发起人既可以是中国公民，也可以是外国公民，其中须有半数以上的发起人在中国境内有住所。选项 D：募集设立的股份有限公司注册资本为实收股本总额，不得分期出资。

（2）股份有限公司设立的程序。股份有限公司的设立方式分为有发起设立和募集设立。

发起设立是指由发起人认购公司应发行的全部股份而设立公司。以发起设立方式设立股份有限公司的，发起人应当书面认足公司章程规定其认购的股份；一次缴纳的，应即缴纳全部出资；分期缴纳的，应即缴纳首期出资。以非货币财产出资的，应当依法办理其财产权的转移手续。发起人交付全部出资后，应当选举董事会和监事会，由董事会向公司登记机关报送设立公司的批准文件、公司章程等文件，申请设立登记。

募集设立是指发起人只认购公司股份或首期发行股份的一部分，其余部分对外募集而设立公司的方式。以募集设立方式设立股份有限公司的，发起人认购的股份不得少于公司股份总数的 35%，其余股份应当向社会公开募集。发起人向社会公开募集股份，必须公告招股说明书，并制作认股书；应当由依法设立的证券公司承销，签订承销协议；应当同银行签订代收股款协议。

发起人应当自股款缴足之日起 30 日内主持召开公司创立大会，并在创立大会召开 15 日前将会议日期通知各认股人或者予以公告。创立大会应有代表股份总数过半数的发起人、认股人出席，方可举行。

创立大会行使下列职权：审议发起人关于公司筹办情况的报告；通过公司章程；选举董事会成员；选举监事会成员；对公司的设立费用进行审核；对发起人用于抵作股款的财产的作价进行审核；发生不可抗力或者经营条件发生重大变化直接影响公司设立的，可以做出不设立公司的决议。创立大会对前款所列事项做出决议，必须经出席会议的认股人所持表决权过半数通过。

董事会应该在创立大会结束 30 日内，依法向公司登记机关申请设立登记。公司登记机关自接到股份有限公司的设立申请之日起 30 日内，应当依法做出是否予以登记的决定。对符合公司法规定条件的，予以登记，并发给公司营业执照；对不符合规定条件的不予登记。公司营业执照签发的日期，即为公司成立的日期。

**3．股份有限公司的组织机构**

（1）股东大会。股份有限公司的股东大会由股东组成。股东大会是公司的权力机构。股份有限公司股东大会的职权与有限责任公司股东会的职权相同。

有下列情形之一的，应当在 2 个月内召开临时股东大会：董事会人数不足法定人数或公司章程所定人数的 2/3 时；公司未弥补的亏损达股本总额 1/3 时；持有公司股份 10%以上的股东请求时；董事会认为必要时；监事会提议召开时。

股东大会由董事会召集，董事长主持；董事长不能履行职务或者不履行职务的，由副董事长主持；副董事长不能履行职务或者不履行职务的，由半数以上董事共同推举 1 名董事主持。董事会不能履行或者不履行召集股东大会职责的，监事会应当及时召集和主持；监事会不召集和主持的，连续 90 日以上单独或者合计持有公司 10%以上股份的股东可以自行召集和主持。

召开股东大会，应当将会议召开的时间、地点和审议的事项于会议召开 20 日前通知各股东；临时股东大会应当于会议召开 15 日前通知各股东；发行无记名股票的，应当于会议召开 30 日前公告会议召开的时间、地点和审议事项。股东大会不得对通知中未列明的事项做出决议。

股东出席股东大会，所持每一股份有一表决权。但是，公司持有的本公司股份没有表决权。

股东可以委托代理人出席股东大会，代理人应当向公司提交股东授权委托书，并在授权范围内行使表决权。股东大会做出决议，必须经出席会议的股东所持表决权过半数通过。但是，股东大会做出修改公司章程、增加或者减少注册资本的决议，以及公司合并、分立、解散或者变更公司形式的决议，必须经出席会议的股东所持表决权的 2／3 以上通过。

股东大会选举董事、监事，可以依照公司章程的规定或者股东大会的决议实行累积投票制。累积投票制是指股东大会选举董事或者监事时，每一股份拥有与应选董事或者监事人数相同的表决权，股东拥有的表决权可以集中使用。

---

**业务 4-2-8**

甲公司是一家以募集方式设立的股份有限公司，其注册资本为人民币 6 000 万元。董事会有 7 名成员。最大股东李某持有公司 12% 的股份。根据公司法律制度的规定，下列各项中，属于甲公司应当在两个月内召开临时股东大会的情形有（ ）。

A．董事人数减至 4 人　　　　　　　　B．监事陈某提议召开

C．最大股东李某请求召开　　　　　　D．公司未弥补亏损达人民币 1 600 万元

【答案】A，C

【解析】临时股东大会的召开条件：①董事人数不足法定最低人数 5 人或者不足公司章程规定人数的 2／3 时（选项 A 正确）；②公司未弥补的亏损达实收股本总额的 1／3 时（选项 D 未达到 1／3）；③单独或者合计持有公司有表决权股份总数 10% 以上的股东请求时（选项 C 超过了 10%）；④董事会认为必要时；⑤监事会提议召开时（选项 B 单个监事不行）。

---

（2）董事会和经理。股份有限公司董事会对股东大会负责，董事会成员为 5～19 人。董事由股东会选举产生。董事会设董事长 1 人，可以设副董事长 1～2 人。董事长、副董事长由董事会以全体董事的过半数选举产生。股份有限公司董事会的职权与有限责任公司董事会的职权相同。

董事长召集和主持董事会会议，检查董事会决议的实施情况。副董事长协助董事长工作，董事长不能履行职务或者不履行职务的，由副董事长履行职务；副董事长不能履行职务或者不履行职务的，由半数以上董事共同推举 1 名董事履行职务。董事会每年度至少召开两次会议，每次会议应当于会议召开 10 日前通知全体董事和监事。代表 1／10 以上表决权的股东、1／3 以上董事或者监事，可以提议召开董事会临时会议。董事长应当自接到提议后 10 日内，召集和主持董事会会议。董事会会议应有过半数的董事出席方可举行。董事会做出决议，必须经全体董事过半数通过。董事会决议的表决，实行一人一票。董事会会议，应由董事本人出席；董事因故不能出席，可以书面委托其他董事代为出席，委托书中应载明授权范围。董事会应当对会议所议事项的决定做会议记录，出席会议的董事应当在会议记录上签名。

董事应当对董事会的决议承担责任。董事会的决议违反法律、行政法规或者公司章程、股东大会决议，致使公司遭受严重损失的，参与决议的董事对公司负赔偿责任。但经证明在表决时曾表明异议并记载于会议记录的，该董事可以免除责任。股份有限公司设经理，由董事会聘任或者解聘，对董事会负责。公司董事会可以决定由董事会成员兼任经理。

（3）监事会。股份有限公司设立监事会。监事会由股东代表和适当比例的公司职工代表组成，

具体比例由公司章程规定。监事会的成员不得少于 3 人。监事会设主席 1 人，可以设副主席。监事会主席和副主席由全体监事过半选举产生。监事会应在其组成人员中推选 1 名召集人。监事的任期每届为 3 年，任期届满连选可以连任。董事、经理及财务主管人员等高级管理人员不得兼任监事。监事会的议事方式和表决程序除公司法规定外，由公司章程规定。监事会每 6 个月至少召开一次会议。监事可以提议召开临时监事会会议。监事会决议应经半数以上监事通过。监事会应对所议的决定做会议记录，出席会议的监事应当在会议记录上签名。

┃业务 4-2-9┃

下列有关股份有限公司监事会组成的表述中，符合公司法律制度规定的是（　　）。

A. 监事会成员必须全部由股东大会选举产生

B. 监事会中必须有职工代表

C. 未担任公司行政管理职务的公司董事可以兼任监事

D. 监事会成员任期为 3 年，不得连选连任

【答案】B

【解析】选项 A：监事会由股东代表和职工代表组成。选项 C：董事、高级管理人员不得兼任监事。选项 D：监事的任期每届为 3 年，连选可以连任。

**4. 股份有限责任公司股票发行与股权转让**

（1）股票发行。股票的发行是指股份有限公司出售股票以筹集资本的过程。股票是公司签发的证明股东所持有股份的凭证，是股份的法律表现形式。股票采用纸质形式或者国务院证券监督管理机构规定的其他形式。股票的发行价格可以按票面的金额，也可以超过票面的金额，但是不能低于票面的金额。

公司发行的股票可以是记名股票亦可以是无记名股票，记名股票是指公司向发起人、法人发行的股票。公司发行的是记名股票的应当配置股东名册。公司发行的是无记名股票的，应记载其股票的数量、编号及发行日期。

股票的发行应遵循公平、公正的原则，同股同权，同股同利。股份有限责任公司股票发行方式有几种方式，按发行对象的不同，可以分为公募发行与私募发行；按有无发行中介，可以分为直接发行和间接发行；按发行目的的不同，可分为首次发行和增资发行。

（2）股份转让。根据公司法规定，股东持有的股份可以依法转让。股东转让其股份，应当在依法设立的证券交易场所进行或者按照国务院规定的其他方式进行。

公司法对股份转让做了必要的限制。

① 发起人持有的本公司股份，自公司成立之日起 1 年内不得转让；公司公开发行股份前已发行的股份，自公司股票在证券交易所上市交易之日起 1 年内不得转让。

② 公司董事、监事、高级管理人员应当向公司申报所持有的本公司的股份及其变动情况，在任职期间每年转让的股份不得超过其所持有本公司股份总数的 25%。

③ 公司董事、监事、高级管理人员离职后半年内，不得转让其所持有的本公司股份；所持本公司股份自公司股票上市交易之日起 1 年内不得转让。

公司章程可以对公司董事、监事、高级管理人员转让其所持有的本公司股份做出其他限制性规定。

公司不得收购本公司股份，但有下列情形的除外：减少公司注册资本；与持有本公司股份的其他公司合并；将股份奖励给本公司职工；股东因对股东大会做出的公司合并、分立决议持异议，要求公司收购其股份的。公司不得接受本公司的股票作为质押权的标的。

---

**▌业务 4-2-10 ▐**

甲上市公司在成立 6 个月时召开股东大会，该次股东大会通过的下列决议中，符合公司法律制度规定的是（　　）。

A. 公司董事、监事、高级管理人员持有的本公司股份可以随时转让

B. 公司发起人持有的本公司股份自即日起可以对外转让

C. 公司收回本公司已发行股份的 4% 用于未来 1 年内奖励本公司职工

D. 决定与乙公司联合开发房地产，并要求乙公司以其持有的甲公司股份作为履行合同的质押担保

【答案】C

【解析】选项 C：股份有限公司可以收购本公司股份用于奖励给本公司职工，但不得超过本公司已发行股份总额的 5%，用于收购的资金应当从公司的税后利润中支出，所收购的股份应当在 1 年内转让给职工。选项 D：股份有限公司不得接受以本公司的股票作为质押权的标的。

---

## 六、公司债券与公司财务会计

### 1. 公司债券的概念

公司债券是公司向债券持有人出具的债务凭证，是公司依照法定程序发行、约定在一定期限内还本付息的有价证券。

### 2. 公司债券的发行条件

公司发行公司债券应当符合《中华人民共和国证券法》规定的发行条件，具体包括以下内容。

（1）股份有限公司的净资产不低于人民币 3 000 万元，有限责任公司的净资产不低于人民币 6 000 万元。

（2）累计债券余额不超过公司净资产的 40%。

（3）最近 3 年平均可分配利润足以支付公司债券 1 年的利息。

（4）筹集的资金投向符合国家产业政策；债券的利率不超过国务院限定的利率水平。

（5）国务院规定的其他条件。

发行公司债券应由公司董事会制订方案，股东会或股东大会做出决议；经国务院管理机构授权的部门核准后，公告公司债券募集办法。

公司债券，可以为记名债券，也可以为无记名债券。公司发行公司债券应当置备公司债券存根簿。

按照公司法的规定，公司债券可以转让。其中，公司债券在证券交易所上市交易的，按照证

券交易所的交易规则转让。债券交易的价格由转让人与受让人协商约定。

凡是有下列情形之一的不得再次发行债券：前一次发行的公司债券尚未募足；对已经发行的公司债券或者债务有违约或延迟支付本息的事实，且仍处于继续状态；违反《证券法》规定，改变公司债券所募集资金用途的。

---

**┨ 业务 4-2-11 ┠**

某股份有限公司于 2014 年 1 月发行一年期公司债券 500 万元。2014 年 11 月，该公司又发行 3 年期公司债券 600 万元。2015 年 7 月，该公司拟再次发行公司债券，现有净资产 5 000 万元。根据公司法律制度的规定，该公司此次发行公司债券的最高限额为（　　）万元。

A. 2 000 　　　　 B. 1 500 　　　　 C. 1 400 　　　　 D. 900

【答案】C

【解析】一年期的公司债券截至 2015 年 7 月已经偿还完毕，本次发行前尚未偿还的金额为 600 万元。因此，本次发行公司债券的最高限额为 5 000×40%−600＝1 400（万元）。

---

### 3. 公司财务会计

（1）公司财务会计制度。公司财务会计制度主要包括财务会计报告制度和收益分配制度。财务会计报告制度是指反映公司生产经营成果和财务状况的总结性的书面文件。公司应当在每一会计年度终了时制作财务会计报告，并依法经审查、验证。公司财务会计报告由公司的会计报表构成。公司财务会计报告的内容包括资产负债表、财务状况变动表、损益表、财务情况说明书和利润分配表。有限责任公司应当按照公司章程规定的期限将财务会计报告送交各股东。股份有限公司的财务会计报告应当在召开股东大会年会的 20 日前置备于本公司，供股东查阅；公开发行股票的股份有限公司必须公告其财务会计报告。

（2）收益分配制度。依照公司法的相关规定，公司当年税后利润分配的顺序如下。

① 缴纳所得税，公司年终结算，在完税前不得向股东派发股利。

② 弥补亏损，即在公司已有的法定公积金不足以弥补上一年度公司亏损时，先用当年利润弥补亏损。

③ 依法提取法定公积金。公司应当提取利润的 10% 列入公司法定公积金，当公司法定公积金累计额为公司注册资本的 50% 以上的，可不再提取。公司用法定公积金转增资本时，转增后留存的法定公积金不得少于转增前注册资本的 25%。公司从税后利润中提取法定公积金后，经股东会或股东大会决议，还可以从税后利润中提取任意公积金。

④ 向股东分配利润。公司弥补亏损和提取公积金后所余税后利润，有限责任公司按照股东实缴的出资比例分配，但全体股东约定不按照出资比例分配的除外；股份有限公司按照股东持有的股份比例分配，但股份有限公司章程规定不按持股比例分配的除外。

---

**┨ 业务 4-2-12 ┠**

某公司注册资本为 100 万元。2015 年该公司提取法定公积金累计额为 60 万元，提取任意公积金累计额为 40 万元。当年，该公司拟用公积金转增公司资本 50 万元。下列有关公司拟用公积金转增资本的方案中，不符合公司法律制度规定的是（　　）。

---

A．用法定公积金10万元、任意公积金40万元转增资本

B．用法定公积金20万元、任意公积金30万元转增资本

C．用法定公积金30万元、任意公积金20万元转增资本

D．用法定公积金40万元、任意公积金10万元转增资本

【答案】D

【解析】用法定公积金转增资本时，转增后所留存的法定公积金不得少于转增前注册资本的25%，在本题中，法定公积金最多可以转增35万元；任意公积金不受25%的限制。

# 项目三 合同法律制度

【引例与分析】2015年5月10日，甲公司与乙企业签订了一份买卖合同，合同约定：乙企业向甲公司购买20吨药材；合同签订后5日内，乙企业向甲公司支付定金10万元；交货时间为7月底，交货地点为乙企业的库房，验货后3日内付清货款。

2015年7月10日，甲公司委托丙运输公司将药材发给乙企业。运输途中，因遇山洪暴发致使药材被洪水浸泡。乙企业收到药材后，请当地质量检查部门进行了检验，确认该批药材已不适于制作药品。乙企业立即电告甲公司，提出以下要求：①退货；②双倍返还定金；③赔偿因停工所造成的5万元损失。甲公司意识到事情对自己不利，遂提出该合同仅加盖了公章，未经其法定代表人签字确认，因而是无效合同。

问题：（1）货物在运输途中受损，损失应由谁承担？

（2）乙企业的要求哪一项是不合理的？

（3）甲公司主张合同无效是否合理？

分析：（1）损失应由甲公司承担。根据规定，标的物毁损、灭失的风险，在标的物交付之前由出卖人承担，交付之后由买受人承担。

（2）乙企业要求双倍返还定金和赔偿损失不合理。根据规定，因不可抗力、意外事件致使主合同不能履行的，不需要承担违约责任。

（3）甲公司主张合同无效不合理。根据规定，当事人采用合同书形式订立合同的，自双方当事人签字或者盖章时合同成立。

## 一、合同的概念、特征和分类

### 1．合同的概念及特征

合同是指平等主体的自然人、法人、其他组织之间设立、变更、终止民事权利义务关系的协议。

合同具有以下法律特征。

（1）合同当事人的法律地位平等。

（2）合同的主体是自然人、法人或其他经济组织。

（3）合同是设立、变更、终止民事权利、义务关系的协议。

（4）合同是两方以上当事人意思表示一致的民事法律行为。

### 2．合同的分类

合同可以进行如下分类。

（1）有偿合同与无偿合同。

（2）双务合同与单务合同。

（3）要式合同与不要式合同。

（4）诺成合同与实践合同。

（5）主合同与从合同。

（6）有名合同与无名合同。

## 二、合同法的概念和基本原则

合同法是调整合同关系的法律规范的总称。

合同法的基本原则主要有以下几点。

（1）平等、自愿原则。

（2）公平、诚实信用原则。

（3）遵守法律、不得损害社会公共利益原则。

## 三、合同的订立

### 1．合同订立的程序

合同必须经法律规定的程序才能成立，合同订立的程序是指当事人相互做出意思表示并就合同条款达成一致协议的具体过程，这个过程分为要约和承诺两个阶段。

（1）要约。要约是一方当事人以订立合同为目的，向对方当事人提出签订合同的条件，并希望对方当事人接受的意思表示，在商业活动和对外贸易中又称报价、发盘。发出要约的一方当事人称为要约人，接受要约的一方当事人称为受要约人。

① 要约的条件。具体如下。

· 必须是特定人的意思表示。要约是要约人向相对人做出的意思表示，目的是希望得到对方的承诺并订立合同。只有要约人是特定的，受要约人才能对其做出承诺。

· 要约必须是向相对人发出的意思表示。一个有效的要约应当是向一个或几个特定的人发出，即要有明确的对象作为受要约人。因为要约必须经相对人的承诺，要约人才能达到订立合同的目的。要约的相对人既可以是特定的人，也可以是不特定的人。例如，悬赏广告是以广告的方式对不特定人发出的要约，相对人一旦完成以一定的行为做出承诺，就成为特定的人，合同即成立。

· 要约必须以订立合同为目的。凡不是以订立合同为目的的，尽管也是当事人的意思表示，但不是要约。如邀请参加婚礼、校庆的请柬等，都不是要约。

要约邀请也称要约引诱，是希望他人向自己发出要约的意思表示。要约邀请的目的不是为了订立合同，而是希望他人向自己发出订立合同的意愿，如寄送价目表、拍卖公告、招标公告、招股说明书、商品广告等为要约邀请。但商品广告符合要约规定的，视为要约。要约邀请一般是针对不特定的人发出的，往往借助于传媒、公告、广告等形式。

- 要约的内容必须具体确定。要约的内容必须明确具体，一般应包括合同的主要条款，如标的、数量、质量、价款或者报酬、履行期限、地点和方式等。如果要约人发出的意思表示只包含订立合同的愿望，而未提出合同的主要内容，那么它就不是要约。

② 要约生效的时间。要约到达受要约人时生效。如果要约是以数据电文的形式发出，收件人指定系统接收数据电文的，该数据电文进入该特定系统的时间，视为到达时间；未指定特定系统的如没有提供特定的地址或账号，该数据电文进入收件人任何系统的首次时间，视为到达时间。

③ 要约的撤回和撤销。一般情况下，要约一经生效，要约人即受到要约约束，不得随意撤回、撤销或对要约内容加以限制、变更和扩张，但在一定条件下也可以撤回要约。要约的撤回是指要约在发生法律效力之前，要约人为了阻止要约发生法律效力而做出的意思表示。但是撤回要约的通知应当在要约到达受要约人之前或者与要约同时到达受要约人。

要约的撤销是指要约在发生法律效力之后，要约人为了撤销其法律效力而做出的意思表示。但撤销要约的通知应当在受要约人发出承诺通知之前到达受要约人。

如果有下列情形之一，要约不得撤销。

- 要约中明确规定了做出承诺的期限或者以其他形式明示要约不可撤销。

- 受要约人有理由认为要约是不可撤销的，并且已经为履行合同实施了准备工作。对要约人撤销要约进行限制，是为了避免要约人随意撤销要约，给受要约人造成不必要的损失。

④ 要约失效。要约失效是指要约丧失了法律效力，要约人和受要约人均不再受其约束。要约在以下四种情况下失效。

- 拒绝要约的通知到达要约人。

- 要约人依法撤回或者撤销要约。

- 承诺期限届满，受要约人未做承诺。

- 受要约人对要约内容做出变更。如果受要约人对要约的主要条款做出限制、更改或扩大，实际上已经构成反要约，即受要约人拒绝了原要约，同时又向原要约人提出了新的要约。

---

**业务 4-3-1**

根据合同法的规定，下列各项中，属于不得撤销要约情形的有（　　　）。

A．要约人确定了承诺期限　　　　　　B．要约已经到达受要约人

C．要约人明示要约不可撤销　　　　　D．受要约人已发出承诺的通知

【答案】A，C，D

【解析】选项 B：在要约生效后、受要约人承诺前，要约人可以撤销要约。

---

（2）承诺。承诺是受要约人完全同意要约的意思表示。受要约人无条件同意要约的承诺一经送达要约人就发生法律效力。承诺是合同成立的必经程序。

承诺的表示应当以通知的方式做出，但根据交易习惯或者要约表明可以通过行为做出承诺的除外。

① 承诺须具备以下条件。

● 承诺必须由受要约人做出。

● 承诺必须在合理期限内向要约人做出。如果要约明确规定了承诺的期限，则承诺应当在要约规定的期限内到达要约人。如果要约没有明确规定承诺的期限，而是以对话的方式做出，应当即时做出承诺，但当事人另有约定除外；要约以非对话方式做出的，承诺应当在合理期限内到达。

● 承诺的内容应与要约的内容完全一致。受要约人对要约的内容做出实质性变更的，为新要约。有关合同标的、数量、质量、价款或者报酬、履行期限、履行地点和方式、违约责任和解决争议方法等的变更，是对要约内容的实质性变更。

承诺对要约的内容做出非实质性变更的，除要约人及时表示反对或者要约表明承诺不得对要约的内容做出任何变更的以外，该承诺有效，合同的内容以承诺的内容为准。

要约人在要约中对承诺方式提出具体要求的，承诺必须按规定方式做出，否则承诺不发生效力。例如，要约人在要约中指定必须用电传的方式做出承诺，否则，承诺就不成立。

② 承诺的生效时间。承诺生效的时间，就是合同成立的时间。承诺需要通知的，以承诺通知到达要约人时生效。承诺不需要通知的，根据交易习惯或者要约要求做出承诺的行为时生效。

③ 承诺的撤回。承诺撤回是承诺人阻止承诺发生法律效力的行为。撤回承诺的通知应当在承诺通知到达要约人之前或者与承诺同时到达要约人。由于各种原因受要约人所做的承诺在承诺期限内并未到达要约人，主要包括逾期承诺和迟到承诺。合同法规定："受要约人超过承诺期限发出承诺的，除要约人及时通知受要约人该承诺有效的以外，为新要约。"合同法规定："受要约人在承诺期限内发出承诺，按照通常情形能够及时到达要约人，但因其他原因承诺到达要约人时超过承诺期限的，除要约人及时通知受要约人因承诺超过期限不接受该承诺的以外，该承诺有效。"

---

**业务 4-3-2**

根据合同法的规定，下列情形中，要约没有发生法律效力的是（　　）。

A. 撤回要约的通知与要约同时到达受要约人

B. 撤销要约的通知在受要约人发出承诺通知之前到达

C. 同意要约的通知到达要约人

D. 受要约人对要约的内容做出实质性变更

【答案】A

【解析】选项 A：要约的撤回是指"不让要约生效"，因此撤回要约的通知应当比要约先到，至少同时到。选项 B：要约的撤销是指"让生效的要约失效"，因此撤销要约的通知应当在要约生效后、对方承诺之前到达。尽管选项 B 可以依法撤销要约、使之失效，但要约生效在先。选项 C：承诺生效、合同成立。选项 D：受要约人对要约的内容做出实质性变更，视为新要约，原要约失效，但原要约生效在先。

---

### 2．合同成立的时间、地点

承诺生效时合同成立。但当事人采用合同书形式订立合同的，自双方当事人签字或者盖章时合同成立。当事人采用信件、数据电文等形式订立合同的，可以在合同成立之前要求签订确认书，签订确认书时合同成立。法律、行政法规规定或者当事人约定采用书面形式订立合同，当事人未采用书面形式但一方已经履行主要义务，对方接受的，该合同成立。采用合同书形式订立合同，在签字或者盖章之前，当事人一方已经履行主要义务，对方接受的，该合同成立。

承诺生效的地点为合同成立的地点。采用数据电文形式订立合同的，收件人的主营业地为合同成立的地点；没有主营业地的，其经营居住地为合同成立的地点。当事人另有约定的，按照其约定。当事人采用合同书形式订立合同的，双方当事人签字或者盖章的地点为合同成立的地点。

---

**业务 4-3-3**

根据合同法的规定，下列各项中，属于合同成立的情形有（　　）。

A. 甲向乙发出要约，乙做出承诺，该承诺除对履行地点提出异议外，其余内容均与要约一致

B. 甲、乙约定以书面形式订立合同，但在签订书面合同之前甲已履行主要义务，乙接受了履行

C. 甲、乙采用书面形式订立合同，但在双方签章之前，甲履行了主要义务，乙接受了履行

D. 甲于 5 月 10 日向乙发出要约，要约规定承诺期限截止到 5 月 20 日，乙于 5 月 28 日发出承诺信函，该信函 5 月 31 日到达甲

【答案】B，C

【解析】选项 A：受要约人对要约内容进行了实质性变更，应视为新要约，合同尚未成立。选项 B：合同当事人约定采用书面形式订立合同，当事人未采用书面形式但一方已经履行主要义务并且对方接受的，该合同成立。选项 C：合同当事人采用合同书形式订立合同，在签字或者盖章之前，当事人一方已经履行了主要义务并且对方接受的，该合同成立。选项 D：受要约人超过承诺期限发出承诺的为新要约，合同尚未成立。

---

### 3．合同的内容和形式

（1）合同的内容。合同的内容，又称合同的条款，是确定合同当事人权利、义务关系的根本依据，是判断合同是否有效的客观依据。合同的一般条款如下。

① 当事人的名称或者姓名和住所。

② 标的。

③ 数量。

④ 质量。

⑤ 价款或者报酬。

⑥ 履行期限、地点和方式。

⑦ 违约责任。

⑧ 解决争议的办法。

格式条款，是指当事人为了重复使用而预先拟定，并在订立合同时未与对方协商的条款。

合同法规定：采用格式条款订立合同的，提供格式条款的一方应当遵循公平原则确定当事人之间的权利和义务，并采取合理的方式提请对方注意免除或者限制其责任的条款，按照对方的要求，对该条款予以说明。

格式条款具有本法第 52 条和第 53 条规定情形的，或者提供格式条款一方免除其责任、加重对方责任、排除对方主要权利的，该条款无效。

对格式条款的理解发生争议的，应当按照通常理解予以解释。对格式条款有两种以上解释的，应当做出不利于提供格式条款一方的解释。格式条款和非格式条款不一致的，应当采用非格式条款。

> ┃ 业务 4-3-4 ┃
>
> 根据合同法律制度的规定，属于无效格式条款的有（　　）。
> A．有两种以上解释的格式条款
> B．恶意串通损害国家利益的格式条款
> C．损害社会公共利益的格式条款
> D．违反法律强制性规定的格式条款
> 【答案】B，C，D
> 【解析】选项 A：对格式条款有两种以上解释的，应该做出不利于提供格式条款一方的解释，但格式条款有效。选项 BCD：格式条款具有合同法第 52 条规定的情形时（损害社会公共利益、违反法律的强制性规定、以合法形式掩盖非法目的）无效。

（2）订立合同的形式。订立合同的形式有如下几种。

① 书面形式。

② 口头形式。

③ 其他形式。

### 4．缔约过失责任

缔约过失责任，是指当事人在订立合同的过程中，因违背诚实信用原则给对方造成损失时所应承担的法律责任。

缔约过失责任是区别于违约责任、侵权责任而独立存在的一种民事责任。它是一种在缔结合同中产生的、以诚信原则为法律基础的、以补偿对方损失为后果的民事责任。根据合同法规定，当事人在订立合同的过程中有下列情形之一，给对方造成损失的，应当承担损害赔偿责任。

（1）假借订立合同，恶意进行磋商。

（2）故意隐瞒与订立合同有关的重要事实或者提供虚假情况。

（3）有其他违背诚实信用原则的行为。

当事人在订立合同的过程中知悉的商业秘密，无论合同是否成立，都不得泄露或者不正当地使用。泄露或者不正当地使用该商业秘密给对方造成损失的，应当承担损害赔偿责任。

## 四、合同效力

### 1．合同效力概述

合同的效力，是指已经成立的合同具有的法律约束力。有效合同对当事人具有法律约束力，受到国家法律保护，无效合同则不具有法律约束力。合同法对合同的效力规定了 4 种情况：有效合同、无效合同、可变更可撤销合同、效力待定合同。

**2．有效合同**

（1）有效合同应当具备以下三个条件。

① 合同当事人的主体资格要合法。也就是合同当事人应具有相应的民事权利能力和民事行为能力。

② 合同当事人的意思表示真实。即行为人的意思表示应当真实反映其内心意愿。合同成立后，意思表示是否真实往往难以从外部判断，如果意思表示不真实，并不必然导致合同绝对无效。

③ 合同不违反法律或者损害社会公共利益。

（2）附条件、附期限的合同。附条件的合同，是指在合同中约定条件，将条件的成就与否作为该合同生效或者解除的依据。合同法规定："当事人对合同的效力可以约定附条件。附生效条件的合同，自条件成就时生效。附解除条件的合同，自条件成就时失效。当事人为自己的利益不正当地阻止条件成就的，视为条件已成就；不正当地促成条件成就的，视为条件不成就。"

合同中所附的条件可以是特定的事件，也可以是特定的行为。但并非所有的特定事实都能成为附加条件。作为合同生效的附加条件，应当符合下列要求：一是尚未发生的、不确定的客观事实；二是当事人任意选择的事实，行为人可以通过协议确定，它属于任意性条款；三是必须是合法的事实。附条件的法律后果是对合同效力的限制，而不涉及合同的内容。

附期限合同，是指在合同中指明一定期限，把期限的到来作为合同生效或终止的依据。所附的期限可分为生效期限和终止期限。合同法规定："当事人对合同的效力可以约定附期限。附生效期限的合同，自期限届至时生效。附终止期限的合同，自期限届满时失效。"

（3）合同生效的时间。依法成立的合同自合同成立时生效。

法律、行政法规规定应当办理批准、登记等手续生效的，依照其规定办理批准、登记等手续后生效。例如，《担保法》规定，以土地使用权、城市房地产、航空器、船舶、车辆等抵押的，应当办理抵押物登记，抵押合同自登记之日起生效。

当事人对合同的效力可以约定附条件。附生效条件的合同，自条件成就时生效。附解除条件的合同，自条件成就时失效。

当事人对合同的效力可以约定附期限。附生效期限的合同，自期限届至时生效。附终止期限的合同，自期限届满时失效。

合同法规定："合同生效后，当事人不得因姓名、名称的变更或者法定代表人、负责人、承办人的变动而不履行合同义务。"

**3．无效合同**

无效合同是指已经订立，但因违反法律、行政法规的规定，不受法律保护、不具有法律约束力的合同。合同无效，分为合同的全部无效和部分条款无效两种情况。合同部分无效并不影响其余条款的效力，其他部分仍然有效。

（1）合同无效的情形。

① 一方以欺诈、胁迫手段订立合同，损害国家利益。"欺诈"，是指合同一方当事人故意隐瞒真相或者制造假象，致使对方当事人产生错误的认识而同意与其订立合同。 "胁迫"，是指合同

的一方当事人采取要挟手段，迫使对方同意与其订立合同。采用欺诈、胁迫手段订立合同并且因此损害了国家利益，该合同是无效的。如果当事人采用欺诈、胁迫手段订立合同并没有因此损害国家利益则是作为可撤销合同，由当事人选择。

② 恶意串通，损害国家、集体或者第三人利益。恶意串通，是指行为人故意地与他人串通一气，目的在于坑害国家、集体或他人利益而使自己获利。

③ 以合法形式掩盖非法目的。其特点是行为人为了达到非法目的，故意采取迂回的方法避开法律或法规的强制性规定而订立的合同。合同履行的结果必然是违反法律规定。

④ 损害社会公共利益。损害社会公共利益，是指合同的订立以及履行合同造成的结果，违反了国家的政治、经济利益，如违反社会秩序、公序良俗，严重污染环境、破坏生态平衡等。凡是损害社会公共利益的合同都是无效合同。

⑤ 违反法律、行政法规的强制性规定。当事人在订立合同时，一定要遵守法律、行政法规，尤其是强制性规定，否则所订立的合同不仅是无效的，还应当承担相应的法律责任。

无效合同自始无效，即无效合同从订立之日起就不具有法律约束力。合同无效，不影响合同中独立存在的有关解决争议方法的条款效力。

（2）合同部分条款无效的情形。免责条款是合同中规定的在某些情况下免除一方当事人所负责任的条款。免责条款在一般情况下，是可以成立的。但免责条款如果造成明显的不公平，如在合同中约定：造成对方人身伤害，或者因故意或重大过失造成对方财产损失的不承担法律责任，则该约定无效。

**4．可变更、可撤销的合同**

可变更、可撤销的合同是指当事人的意思表示不真实，当事人可以请求人民法院或仲裁机构予以变更或撤销的合同。

（1）合同可变更、可撤销的情形。出现下列情况，当事人一方有权请求人民法院或者仲裁机构变更或者撤销合同。

① 因重大误解订立的合同。重大误解是指当事人对合同的内容或者条款存在认识上的显著缺陷或者重大错误，直接影响到当事人应享有的权利和义务。

② 在订立合同时显失公平。显失公平是指基于该合同所产生的民事权利、义务关系，严重破坏了民事法律关系中双方当事人权利、义务对等的原则。

③ 一方以欺诈、胁迫的手段或者乘人之危，使对方在违背真实意思的情况下订立的合同。常表现为一方利用自身所处的优势，借助虚假陈述或者隐瞒真相等欺诈手段，或者在对方当事人处于紧急状态或危险困难时，迫使对方接受自己的不公平条件。需要指出的是，在这种情形下，当事人一方主要损害了另一方的利益，没有直接损害国家利益。因此，受损害的当事人可以请求人民法院或者仲裁机构予以变更或撤销。但在当事人请求进行变更时，人民法院或者仲裁机构不得撤销。

（2）撤销权的行使与消灭。可撤销合同最终是否被撤销取决于享有撤销权的人在撤销期限内是否行使撤销权。享有撤销权的当事人一般为订立合同中的受欺诈人、受胁迫人和受误解人。

有下列情形之一的，撤销权消灭：一是具有撤销权的当事人自知道或者应当知道撤销事由之日起1年内没有行使撤销权；二是具有撤销权的当事人知道撤销事由明确表示或者以自己的行为放弃撤销权。

（3）合同无效或被撤销的法律后果。具体如下。

① 返还财产。由于合同无效或者被撤销后，自始没有法律效力。履行合同时所发生的一切变化，均应恢复到原来的状态。如果合同没有履行，则没有必要继续履行。如果已经履行，则应当恢复到合同未履行的状态。对于因合同取得的财产，应当返还给对方当事人。如果原物产生有孳息，除返还原物外，还应返还原物所生的孳息。

② 折价补偿。在财产不能返还或者没有必要返还的情况下，对当事人应进行折价补偿。

③ 赔偿损失。对于合同无效或者被撤销有过错的一方，应当赔偿对方因此遭受的损失。对于双方都有过错的，则应当根据其过错程度，各自承担其相应的法律责任。

④ 收归国家所有或者返还集体、第三人。对于无效合同，当事人恶意串通损害国家利益的，因此取得的财产收归国家所有。对于当事人恶意串通，损害集体或者第三人利益的，因此取得的财产则应返还集体、第三人。

---

业务 4-3-5

根据合同法的规定，下列各项中，属于可撤销合同的是（ ）。

A．一方以欺诈的手段订立合同，损害国家利益

B．限制民事行为能力人与他人订立的纯获利益的合同

C．违反法律强制性规定的合同

D．因重大误解订立的合同

【答案】D

【解析】选项A，C属于无效合同。选项B属于有效合同。选项D属于可撤销合同。

---

### 5．效力待定合同

效力待定合同是指合同虽然成立，但因欠缺有效要件，其效力能否发生尚未确定，有待于权利人予以追认，才能有效。如果在一定期限内没有得到追认则该合同无效。效力待定合同的类型主要有下列四种。

（1）限制民事行为能力人订立的合同。限制民事行为能力人只能从事与其年龄、智力和精神健康状态相适应的民事活动。其他的民事行为应当由其法定代理人代为进行。

限制民事行为能力人订立的合同并非一律无效，在以下几种情况下是有效的。

① 经过法定代理人追认。法定代理人享有追认权，限制民事行为能力人订立的合同经过法定代理人追认，即为有效合同。相对人在得知对方为限制民事行为能力人后，可以催告其法定代理人在1个月内予以追认。法定代理人应当明确其态度，在催告期满，法定代理人未做表示的，视为拒绝追认，此时，合同无效。在合同被追认之前，作为善意的相对人享有撤销合同的权利，撤销应当以通知的方式做出。

② 纯获利益的合同，即限制民事行为能力人不承担任何义务的合同，不必经法定代理人追认，即为有效合同。

③ 与其年龄、智力、精神健康状况相适应而订立的合同，因是在其民事行为能力范围内订立的合同，不必经法定代理人追认，合同有效。

（2）无权代理的行为人代订的合同。行为人没有代理权、超越代理权或者代理权终止后以被代理人名义订立的合同，未经被代理人追认，对被代理人不发生效力，由行为人承担责任。相对人可以催告被代理人在1个月内予以追认。被代理人未做表示的，视为拒绝追认。合同被追认之前，善意相对人有撤销的权利。撤销应当以通知的方式做出。可见，无权代理对被代理人一般是不发生法律效力的，合同责任由行为人自己承担。但是，如果经过被代理人追认，则合同对被代理人有效，代理人与第三人进行的合同行为其后果由被代理人承担。

表见代理是指行为人虽然没有代理权，但善意第三人有理由相信行为人有代理权而与之进行的民事法律行为。"相对人有理由相信行为人有代理权"的情形主要包括以下几种。

① 被代理人明知行为人以其名义订立合同而不否认的。

② 被代理人的高层管理人员从事与其职责相关的民事活动的。

③ 行为人持有被代理人的法人代表或者单位负责人签名并盖有单位印章的空白合同书和单位介绍信订立合同的。

④ 被代理人授权范围不明确的。

⑤ 代理权被终止或者被限制，但被代理人未及时通知相对人的；因表见代理而给被代理人造成损失的，被代理人可以向行为人追偿。

---

**业务4-3-6**

2016年4月5日，甲授权乙以甲的名义将甲的一台笔记本电脑出售，价格不得低于8 000元。乙的好友丙欲以6 000元的价格购买。乙遂对丙说："大家都是好朋友，甲说最低要8 000元，但我想6 000元卖给你，他肯定也会同意的。"乙遂以甲的名义以6 000元将笔记本电脑卖给丙。下列说法中，正确的是（    ）。

A. 该买卖行为无效 　　　　　　B. 乙是无权代理行为

C. 乙可以撤销该行为 　　　　　D. 甲可以追认该行为

【答案】B，D

【解析】选项A：该买卖合同属于效力待定合同，而非无效合同。选项B：乙超越代理权，构成无权代理。选项C：只有善意相对人才有撤销权，乙并非相对人，根本无撤销权，在本题中，丙属于恶意相对人，丙也不能行使撤销权。选项D：被代理人甲有追认权。

---

（3）法人或者其他组织的法定代表人、负责人超越权限订立的合同。合同法规定："法人或者其他组织的法定代表人、负责人超越权限订立的合同，除相对人知道或者应当知道其超越权限的以外，该代表行为有效。"

（4）无处分权人处分他人财产订立的合同。当事人通过合同处分财产，应当对财产享有处分权。无处分权人处分他人的财产，其处分权是有瑕疵的，但如果获得权利人追认或者无处分权人订立合同后取得处分权的，该合同有效。

### 五、合同履行

#### 1．合同履行中的具体规则

（1）当事人就有关合同内容约定不明确时的规则。合同生效后，当事人就质量、价款或者报酬、履行地点等内容没有约定或者约定不明确的，可以协议补充；不能达成补充协议的，按照合同有关条款或者交易习惯确定。仍不能确定的，按下列规则确定。

① 质量要求不明确的处理。对于质量要求不明确的合同，按照国家标准、行业标准履行；没有国家标准、行业标准的，按照通常标准或者符合合同目的的特定标准履行。

② 价款或者报酬不明确的处理。对于价款或者报酬约定不明确的合同，按照订立合同时履行地的市场价格履行，依法应当执行政府定价或者政府指导价的，按照规定履行。

③ 履行地点不明确的处理。履行地点不明确，给付货币的，在接受货币一方所在地履行；交付不动产的，在不动产所在地履行；其他标的，在履行义务一方所在地履行。

④ 履行期限不明确的处理。合同履行期限不明确的，债务人可以随时履行，债权人也可以随时要求履行，但应当给对方必要的准备时间。

⑤ 履行方式不明确的处理。履行方式是由合同的性质和内容所决定的，合同履行的方式多种多样，如全部履行、分期分批履行、定期履行方式等，既可由义务人直接履行，也可由第三人代为履行。在当事人没有约定或者约定不明，而协商又不成的情况下，则依照有利于实现合同目的的方式履行。

⑥ 履行费用的负担不明确的处理。履行费用的负担不明确的，由履行义务一方负担。即谁履行义务，谁负担履行费用。

---

**业务 4-3-7**

X 市甲厂因购买 Y 市乙公司的一批木材与乙公司签订了一份买卖合同，但合同中未约定交货地与付款地，双方就此未达成补充协议，按照合同有关条款或者交易习惯也不能确定。根据合同法律制度的规定，下列关于交货地及付款地的表述中，正确的有（　　）。

A．X 市为交货地　　　B．Y 市为交货地　　　C．X 市为付款地　　　D．Y 市为付款地

【答案】B，D

【解析】履行地点不明确的，给付货币的，在接受货币的一方所在地履行（选项 D 正确）；其他标的，在履行义务的一方所在地履行（选项 B 正确）。

---

（2）第三人代为履行和向第三人履行的规则。

当事人约定由第三人向债权人履行债务的，第三人不履行债务或者履行债务不符合约定，债务人应当向债权人承担违约责任。

向第三人履行是指债权人与债务人约定由债务人向第三人履行债务，原债权人的地位和性质不变。合同当事人协商同意由第三人接受履行，则债务人必须向债权人指定的第三人履行，否则，不发生清偿的法律效力。

**2．合同履行中的抗辩权**

抗辩权是指在双务合同中，一方当事人在另一方不履行义务或者履行不符合约定时，依法对抗另一方的要求或者拒绝其权利主张的权利。合同法规定了同时履行抗辩权、后履行抗辩权和不安抗辩权三种形式。

（1）同时履行抗辩权是指合同当事人的债务没有先后履行顺序，任何一方在对方当事人未履行合同之前，可以拒绝对方履行要求的权利。合同法规定："当事人互负债务，没有先后履行顺序的，应当同时履行。一方在对方履行之前有权拒绝其履行要求。一方在对方履行债务不符合约定时，有权拒绝其相应的履行要求。"

根据法律规定，同时履行抗辩权的适用条件如下。

① 基于同一双务合同。双方当事人因同一合同互负债务，在履行上存在关联性，形成对价关系。

② 根据合同约定或合同性质要求，互负的债务没有先后履行的顺序，如买卖合同、租赁合同等。

③ 双方债务已届清偿期。

④ 对方当事人未履行债务或者履行债务不符合约定的条件。

⑤ 须对方当事人履行债务是可能的。

同时履行抗辩权只是暂时阻止对方当事人请求权的行使，并非永久的抗辩权。当对方当事人履行了合同义务，同时履行抗辩权即消灭，主张抗辩权的当事人就应当履行自己的义务。

（2）后履行抗辩权是指合同当事人的债务有先后履行顺序，先履行一方未履行的，后履行一方可以拒绝对方履行要求的权利。合同法规定："当事人互负债务，有先后履行顺序，先履行一方未履行之前，后履行一方有权拒绝其履行要求，先履行一方履行债务不符合约定的，后履行一方有权拒绝其相应的履行要求。"

根据法律规定，后履行抗辩权的适用条件如下。

① 当事人基于同一双务合同互负债务。

② 债务的履行有先后履行顺序。

③ 应当先履行的当事人不履行债务或者履行债务不符合约定。

④ 应当先履行的当事人有履行债务的可能。

（3）不安抗辩权是指合同当事人的债务有先后履行顺序，应先履行义务的一方当事人，有确切证据证明对方不能履行债务或者有不能履行债务的可能时，在对方没有履行或者没有提供担保之前，有权中止履行合同义务。应当先履行债务的当事人，有确切证据证明对方有下列情形之一的，可以中止履行：经营状况严重恶化；转移财产、抽逃资金，以逃避债务；丧失商业信誉；有丧失或者可能丧失履行债务能力的其他情形。

根据法律规定，不安抗辩权的适用条件如下。

① 当事人基于同一双务合同互负债务。

② 债务的履行有先后履行顺序。

③ 后履行义务的当事人出现了丧失或者可能丧失履约能力的事由。

④ 先履行的当事人有对方丧失或者可能丧失履约能力的确切证据。

当事人没有确切证据中止履行的，应当承担违约责任。当事人行使不安抗辩权中止履行的，应当及时通知对方。对方提供适当担保时，应当恢复履行。中止履行后，对方在合理期限内未恢复履行能力并且未提供适当担保的，中止履行的一方可以解除合同。

---

**业务 4-3-8**

甲与乙签订一份买卖合同，双方约定，甲提供一批货物给乙，货到后一个月内付款。合同签订后甲迟迟没有发货，乙催问甲，甲称由于资金紧张，暂无法购买生产该批货物的原材料，要求乙先付货款，乙拒绝了甲的要求。乙拒绝先付货款的行为在法律上称为（　　　）。

A．行使先履行抗辩权　　　　　　　B．行使后履行抗辩权
C．行使同时履行抗辩权　　　　　　D．行使撤销权

【答案】B

【解析】合同当事人互负债务，有先后履行顺序，先履行一方（甲）未履行的，后履行一方（乙）有权拒绝其履行要求。

---

### 3．合同的保全

合同的保全是指合同履行中为防止因债务人财产的不当减少而给债权人的债权带来危害，允许债权人为保全其债权的实现而对债务人或者第三人采取的法律措施。

（1）代位权。代位权，是指因债务人怠于行使其到期债权，对债权人造成损害的，债权人可以请求人民法院以自己的名义代位行使债务人的债权。合同法规定："因债务人怠于行使其到期债权，对债权人造成损害的，债权人可以向人民法院请求以自己的名义代位行使债务人的债权，但该债权专属于债务人自身的除外。"其中，"怠于行使其到期债权"是指债务人不履行其到期债务，又不以诉讼或者仲裁的方式向其债务人主张其享有的具有现金给付的到期债权，致使债权人的到期债权未能实现。

根据法律规定，债权人提起代位权诉讼，应当符合下列条件。

① 债权人对债务人的债权合法。

② 债权人对第三人享有合法权利。

③ 债务人怠于行使其到期债权，对债权人的利益造成了损害。

④ 债务人的债权已到期。

⑤ 债务人的债权不是专属于债务人自身的债权。

专属于债务人自身的债权，主要是指基于扶养关系、赡养关系、继承关系产生的给付请求权和劳动报酬、退休金、养老金、抚恤金、安置费、人寿保险、人身伤害赔偿请求权等权利。

代位权的行使，需要由债权人向人民法院提出申请，请求人民法院批准。

债权人行使代位权的范围以债权人的债权为限。在行使代位权过程中所产生的一切必要的费用，如往返的差旅费等，由债务人负担。

（2）撤销权，是指因债务人放弃其到期债权、无偿转让或者以明显不合理的低价转让其财产，对债权人造成损害的，债权人可请求人民法院撤销债务人规避行为的权利。

① 撤销权的行使条件。债权人行使撤销权应具备下列条件。

- 债务人存在放弃债权、无偿转让财产或行以明显不合理的低价转让财产的行为。
- 这种行为对债权人的利益造成了损害。
- 以明显不合理的低价受让财产的受让人知道这种转让行为对债权人的利益造成了损害。

② 撤销权的行使范围和费用负担。撤销权的行使范围以债权人的债权为限。债权人因行使撤销权而付出的必要费用，如债权人行使撤销权所支付的律师代理费、差旅费等必要费用，应由债务人负担；第三人有过错的，应当适当分担。

③ 撤销权行使的期限。

- 撤销权自债权人知道或者应当知道撤销事由之日起一年内行使。
- 自债务人的行为发生之日起 5 年内没有行使撤销权的，该撤销权消灭。

需要注意的是，两个期限的起始点是不同的：行使期限以债权人知道或者应当知道撤销事由之日起，以 1 年为限；撤销权消灭的期限，以债务人的行为发生之日为起点，5 年内没有行使的，撤销权消灭。

---

**业务 4-3-9**

甲公司欠乙公司 30 万元，一直无力偿付，现丙公司欠甲公司 20 万元，已经到期，但甲公司明示放弃对丙的债权。根据合同法律制度的规定，对甲公司的行为，乙公司可以采取的措施有（　　　）。

A．行使代位权，要求丙偿还 20 万元

B．请求人民法院撤销甲放弃债权的行为

C．乙行使权利的必要费用可向甲主张

D．乙应在知道或者应当知道甲放弃债权 2 年内行使撤销权

【答案】B，C

【解析】选项 A、B：债务人放弃到期债权的，债权人可以行使撤销权（而非代位权）；选项 C：债权人行使撤销权所支付的律师代理费、差旅费等必要费用，由债务人负担；选项 D：自债权人知道或者应当知道撤销事由之日起 1 年内行使撤销权。

---

### 六、合同的变更、转让与合同权利、义务的终止

#### 1. 合同的变更

（1）合同变更的概念。合同的变更，是指合同依法成立后尚未履行或者尚未完全履行之前，由于某种情况的变化或双方当事人的同意，依照法律规定的条件和程序，对原合同条款进行的修改或补充。我国合同法所规定的变更仅指合同内容的变更。而将合同主体的变更称为合同的转让。

（2）合同变更的效力。合同法规定："当事人协商一致，可以变更合同。法律、行政法规规定变更合同应当办理批准、登记等手续的，依照其规定。"合同的变更，仅对变更后未履行的部分有效，对已履行的部分无溯及力。提出变更的一方当事人因合同的变更给对方造成损失的，应承担赔偿责任。

#### 2. 合同的转让

合同的转让，即合同主体的变更，是指当事人一方在不变更合同内容的前提下，将合同规定

的权利和（或）义务全部或部分转让给第三方，由受让方承担合同的权利和义务。根据转让的对象不同，可将合同的转让分为债权转让、债务转移及合同的概括转让三种。

（1）债权转让。债权转让，又称债权让与，是指债权人将其合同权利全部或部分转让给第三人的行为。在债权转让法律关系中，原债权人称为让与人或出让人，而接受债权转让的第三人称为受让人。

合同法规定，债权人可以将合同的权利全部或者部分转让给第三人，但有下列情形之一的除外：一是根据合同性质不得转让；二是按照当事人约定不得转让；三是依照法律规定不得转让。

债权人转让权利的，应当通知债务人。未经通知，该转让对债务人不发生效力。债权人转让权利的通知不得撤销，但经受让人同意的除外。债权人转让权利，法律、行政法规规定应当办理批准、登记手续的，依照规定办理相应的批准或者登记手续。否则，转让不具有法律效力。

（2）债务转移。债务转移，是指债务人将依据合同应承担的义务全部和部分转移给第三人的行为。债务转移有可能影响债权人的债权实现。债务人可以将合同的义务全部或者部分转移给第三人，但应经债权人同意。

（3）合同的概括转让。合同的概括转让是指原合同当事人一方将其债权、债务一并转让给第三人，由第三人概括地继受这些债权、债务的法律行为。在概括转让的情形下，当事人一方将其债权、债务一并转让给第三人，必须经对方当事人的同意。

◢ 业务 4-3-10 ▮

甲对乙享有 10 万元的合同债权，该债权具有可转让性，甲将其债权转让给丙。根据合同法律制度的规定，下列表述中，正确的是（     ）。

A. 如果甲未取得乙的同意，甲与丙之间的债权转让协议无效

B. 如果甲未通知乙，甲与丙之间的债权转让协议无效

C. 如果甲未通知乙，甲与丙之间的债权转让协议有效，但对乙不发生效力

D. 如果甲未通知乙，甲与丙之间的债权转让协议有效，该协议对甲、乙、丙均发生效力

【答案】C

【解析】债权转让不以债务人的同意为生效条件，但是要对债务人发生效力，则必须通知债务人。

**3．合同权利、义务的终止**

合同的终止是指因特定的法律事实发生，使合同当事人权利、义务关系归于消灭。根据合同法的规定，导致合同终止的原因主要有以下几个方面。

（1）债务已经按照约定履行。合同债务人已完全履行了自己的义务，合同当事人的权利因合同的履行而实现，合同的权利、义务关系归于消灭。所以，履行是合同终止最常见的方式。

（2）合同解除。合同解除，是指在合同尚未履行完毕之前，双方当事人经协商一致同意提前终止合同关系或者当事人一方基于法定事由行使解除权而提前终止合同关系。合同解除的方式分为两种：一种是协议解除，另一种是法定解除。

① 协议解除。当事人协商一致，可以解除合同。当事人可以约定一方解除合同的条件。解除合同的条件成就时，解除权人可以解除合同。

② 法定解除。合同成立后，没有履行或者没有履行完毕之前，当事人一方行使法定解除权而使合同效力消灭。合同法规定了当事人可以解除合同的法定情形。

- 因不可抗力致使不能实现合同目的。
- 在履行期限届满之前，当事人一方明确表示或者以自己的行为表明不履行主要债务。
- 当事人一方迟延履行主要债务，经催告后在合理期限内仍未履行。
- 当事人一方迟延履行债务或者有其他违约行为致使不能实现合同目的。
- 法律规定的其他情形。

解除合同时，提出解除合同的一方当事人应当通知对方。合同自通知到达对方时解除。对方有异议的，可以请求人民法院或者仲裁机构确认解除合同的效力。对于法律、行政法规规定解除合同应当办理批准、登记等手续的，依照其规定。

合同解除后，尚未履行的，终止履行；已经履行的，根据履行情况和合同性质，当事人可以要求恢复原状、采取其他补救措施，并有权要求赔偿损失。合同权利、义务终止，不影响合同中结算和清理条款的效力。

---

**业务 4-3-11**

某热电厂从某煤矿购煤 200 吨，约定交货期限为 2015 年 9 月 30 日，付款期限为 2015 年 10 月 31 日。9 月 30 日，煤矿交付 200 吨煤，热电厂经检验发现煤的含硫量远远超过约定标准，根据政府规定不能在该厂区燃烧。基于上述情况，热电厂的下列主张中，有法律依据的是(　　)。

A. 行使后履行抗辩权　　　　　　B. 要求煤矿承担违约责任

C. 行使不安抗辩权　　　　　　　D. 解除合同

【答案】A，B，D

【解析】选项 A，C：合同当事人互负债务，有先后履行顺序，先履行一方履行债务不符合约定的，后履行一方有权拒绝其相应的履行要求。选项 B：当事人履行合同义务，质量不符合约定的，应当按照当事人的约定承担违约责任。选项 D：对方当事人的违约行为（质量不符合约定）致使不能实现合同目的的，当事人可以解除合同（法定解除）。

---

（3）债务相互抵消。债务相互抵消，是指合同当事人双方相互负有给付义务，按照法律规定或者双方约定而将两项义务相互充抵。

（4）债务人依法将标的物提存。合同的债务人在债务已到履行期限时，因债权人无正当理由而拒绝接受债务的履行，或者因债权人的地址不明等原因无法向债权人履行债务，通过一定程序将其履行债务的标的物送交有关部门，称为提存。提存后，债务人免去了自己的债务，他与债权人之间的合同关系即消灭。

有下列情形之一的，债务人可以将标的物提存。

① 债权人无正当理由拒绝受领。

② 债权人下落不明。

③ 债权人死亡未确定继承人或者丧失民事行为能力未确定监护人。

④ 法律规定的其他情形。

对于提存的标的物不适于提存的，如货物不易保存、容易腐烂等，或者提存的费用过高的，债务人可以依法拍卖或者变卖标的物，提存所得的价款。

标的物提存后，除债权人下落不明的以外，债务人应当及时通知债权人或者债权人的继承人、监护人。标的物提存后，毁损、灭失的风险由债权人承担。提存期间，标的物的孳息归债权人所有。提存费用由债权人负担。

债权人可以随时领取提存物，但债权人对债务人负有到期债务的，在债权人未履行债务或者提供担保之前，提存部门根据债务人的要求应当拒绝其领取提存物。债权人领取提存物的权利，自提存之日起5年内不行使而消灭，提存物扣除提存费用后归国家所有。

---

**业务4-3-12**

甲与乙签订销售空调100台的合同，但当甲向乙交付时，乙以空调市场疲软为由，拒绝受领，要求甲返还货款。根据合同法律制度的规定，下列表述中，正确的是（ ）。

A. 甲可以向有关部门提存这批空调

B. 空调在向当地公证机关提存后，因遇火灾，烧毁5台，其损失应由甲承担

C. 提存费用应由乙支付

D. 若自提存之日起5年内乙不领取空调，则归甲所有

【答案】A，C

【解析】选项A：债权人无正当理由拒绝受领，债务人可以将标的物提存。选项B、C：标的物提存后，毁损、灭失的风险由债权人（乙）承担，提存费用由债权人（乙）负担，标的物的孳息归债权人所有。选项D：债权人领取提存物的权利，自提存之日起5年内不行使而消灭，提存物扣除提存费用后归国家所有。

---

（5）债权人免除债务。债权人免除债务，是指债权人免去债务人的部分或者全部债务，合同的权利、义务部分或全部终止。

（6）债权、债务同归于一人。债权、债务同归于一人，即合同的权利和义务全部归一人承受，合同的权利、义务关系即告消灭。

（7）法律规定或者当事人约定终止的其他情形。

## 七、合同担保

### 1. 合同担保的概念

合同担保是指根据法律规定或者合同约定，合同双方当事人为保障合同切实履行所采取的具有法律约束力的措施。

### 2. 合同担保的方式

（1）保证。保证是指保证人和债权人约定，当债务人不履行债务时，保证人按照约定履行债务或者承担责任的行为。保证是合同当事人以外的第三人以自己的名义做出的担保行为。因此，《担保法》规定，具有代为清偿债务能力的法人、其他组织或者公民，可以作为保证人。

（2）抵押。抵押是指债务人或者第三人不转移对财产的占有，将该财产作为债权的担保。债务人不履行债务时，债权人有权依照法律规定以该财产折价或者以拍卖、变卖该财产的价款优先受偿。债务人或者第三人为抵押人，债权人为抵押权人，提供担保的财产为抵押物。

（3）质押。质押是指债务人或者第三人将其动产或财产权利凭证转移给债权人占有，以作为债权担保。债务人不履行债务时，债权人有权依法就该动产或财产权利的价值优先受偿。债务人或者第三人为出质人，债权人为质权人，移交的动产或权利凭证为质物。

（4）留置。留置是指债权人因仓储保管合同、货物运输合同、加工承揽合同依法占有债务人的动产，债务人不按照合同约定的期限履行债务的，债权人有权依照法律规定留置该财产，以留置财产折价或者以拍卖、变卖该留置物，从所得价款中优先得到清偿。

（5）定金。定金是指合同当事人为了确保合同的履行，依据法律规定和合同的约定，由一方当事人预先支付对方一定金额的货币作为债权的担保。给付定金的一方不履行约定义务的，无权要求对方返还定金；接受定金的一方不履行约定义务时，应双倍返还定金。

定金应当以书面形式约定。当事人在定金合同中应当约定交付定金的期限。定金合同从实际交付定金之日起生效。定金的数额由当事人约定，但不得超过主合同标的额的 20%。对于数额过高或过低的，法院和仲裁机构根据当事人的请求有权予以适当增减。

## 八、违约责任

### 1．违约责任的概念

违约责任，即违反合同的民事责任，是指合同当事人一方不履行合同义务或者履行合同义务不符合约定时，依照法律规定或者合同约定所承担的法律责任。当事人双方都违反合同约定的，应当各自承担相应的责任。

### 2．承担违约责任的方式

（1）继续履行。当事人一方违反合同约定，不履行或者履行不符合约定，对方当事人有权要求其继续履行，以维护自己的合法权益。根据合同法的规定，当事人一方未支付价款或者报酬的，对方可以要求其支付价款或报酬。当事人一方不履行非金钱债务或者履行非金钱债务不符合约定的，对方可以要求其继续履行，但有下列情形之一的除外。

① 法律上或者事实上不能履行，如特定标的物已经灭失、提供劳务的一方当事人已经死亡等。

② 债务的标的不适于强制履行或者履行费用过高，如演出合同、科研开发合同，它们的标的是提供特定的劳务，这些特定的劳务是不可能被强制履行或履行费用过高的。

③ 债权人在合理期限内未按要求履行。

（2）采取补救措施。根据合同法的规定，质量不符合约定的，应当按照当事人的约定承担违约责任。对违约责任没有约定或者约定不明确的，当事人可以协议补充或按照合同有关条款或交易习惯确定，仍不能确定的，受损害方根据标的性质以及损失的大小，可以合理选择要求对方承担修理、更换、重做、退货、减少价款或者报酬等违约责任。

（3）赔偿损失，具体如下。

当事人一方不履行合同义务或者履行合同义务不符合约定的，在履行义务或者采取补救措施后，对方当事人还有其他损失的，应当赔偿损失。支付赔偿金也是承担违约责任的一种主要形式。它虽然是对违约方的一种经济制裁，但不具有惩罚性，主要目的在于弥补损失。

当事人一方不履行合同义务或者履行合同义务不符合约定，给对方造成损失的，损失赔偿额应当相当于因违约所造成的损失，包括合同履行后可以获得的利益，但不得超过违反合同一方订立合同时预见到或者应当预见到的因违反合同可能造成的损失。

当事人一方违约后，对方应当采取适当的措施防止损失的扩大；没有采取适当的措施致使损失扩大的，不得就扩大的损失要求赔偿。当事人为防止损失的扩大而支出的合理费用，由违约方承担。

（4）支付违约金。违约金是指一方当事人违反合同约定或者法律规定而向对方支付一定数额的金钱。合同法规定，当事人可以约定一方违约时应当根据违约情况向对方支付一定数额的违约金。只要一方违约，即使没有给对方造成损失，违约方也要按约定支付违约金。在这种情况下，违约金既具有补偿性，也具有惩罚性。

当事人可以约定一方违约时应当根据违约情况向对方支付一定数额的违约金，也可以约定因违约产生的损失赔偿额的计算方法。约定的违约金低于造成的损失的，当事人可以请求人民法院或者仲裁机构予以增加；约定的违约金过分高于造成的损失的，当事人可以请求人民法院或者仲裁机构予以适当减少。当事人就迟延履行约定违约金的，违约方支付违约金后，还应当履行债务。

（5）定金罚则。定金是指合同当事人为了确保合同的履行，依据法律规定和合同的约定，由一方当事人预先支付对方一定金额的货币作为债权的担保。当事人可以依照《担保法》约定向对方给付定金作为债权的担保。债务人履行债务后，定金应当用来抵价款或者收回。

给付定金的一方不履行约定的债务的，无权要求返还定金；收受定金的一方不履行约定的债务的，应当双倍返还定金。

当事人既约定违约金，又约定定金的，一方违约时，对方可以选择适用违约金或者定金条款，但二者不能并用。

定金的数额不得超过合同标的额的20%。对于数额过高或过低的，法院和仲裁机构根据当事人的请求有权予以适当增减。

---

**业务 4-3-13**

甲、乙订立买卖合同约定：甲向乙交付200吨铜材，货款为200万元；乙向甲支付定金20万元；如任何一方不履行合同应支付违约金30万元。甲因将铜材卖给丙而无法向乙交货。在乙向法院起诉时，既能最大限度地保护自己的利益，又能获得法院支持的诉讼请求是（　　）。

A．请求甲双倍返还定金40万元

B．请求甲支付违约金30万元

C．请求甲支付违约金30万元，同时请求甲双倍返还定金40万元

D．请求甲支付违约金30万元，同时请求甲返还定金20万元

【答案】D

【解析】选项A：20万元的定金本来就是乙的，如果请求甲双倍返还定金40万元，对甲的惩罚只有20万元；选项B：20万元的定金本来就是乙的，只请求甲支付违约金30万元，对甲的惩罚只有10万元；选项C：定金罚则、违约金罚则不能并用。

---

### 3．违约责任的免除

违约责任的免除是指在合同履行过程中，由于法律规定或当事人约定的免责事由致使当事人不能履行合同义务或履行合同义务不符合约定的，当事人可以免于承担违约责任。

（1）法定事由。法定事由主要包括不可抗力和法律的特别规定。

① 不可抗力。因不可抗力不能履行合同的，根据不可抗力的影响，部分或者全部免除责任，但法律另有规定的除外。但是，对于不可抗力发生在迟延履行期间造成的合同不能履行，则不能免除责任。发生不可抗力后，当事人一方应当及时通知对方，以减轻可能给对方造成的损失，并且应当在合理的期限内提供证明。如果由于当事人通知不及时，而给对方造成损失的扩大，则对扩大的损失部分不应当免除。

② 法律的特别规定。承运人对运输过程中货物的毁损、灭失承担损害赔偿责任，但承运人证明货物的毁损、灭失是因不可抗力、货物本身的自然性质或者合理损耗以及托运人、收货人的过错造成的，不承担损害赔偿责任。

（2）约定事由。约定的免责事由即免责条款，是指当事人通过合同的约定免除承担违约责任的事由，一般是由当事人在合同中预先约定，以限制或免除其未来责任的条款。免责条款必须是合法的，否则无效。

## 职业道德与素养

【案例背景】2015 年 6 月，张小姐去一家跨国公司应聘，称自己某名牌大学法学硕士毕业，并取得了司法考试资格证书。由于该公司急需法律顾问，遂以高薪聘请张小姐为公司的法律顾问，并签订了 5 年的劳动合同，试用期半年。但张小姐开始工作后频频出错，3 个月后，由于张小姐在合同审查过程中未发现合同的重大纰漏，导致公司发生巨额损失。公司于 2016 年 1 月证实张小姐的相关证书系伪造，随后解除了与张小姐的劳动合同。

【问题】公司是否有权解除与张小姐的劳动合同？该公司能否要求张小姐承担相应的损失？

【分析】张小姐以欺诈的手段蒙骗公司订立劳动合同，根据《劳动合同法》的相关规定，该劳动合同无效，公司可以解除与张小姐的劳动合同。按规定，由于张小姐的过错导致公司蒙受巨额损失，公司可以要求张小姐承担相应损失。

## 小结

| 子情境 | 学习目标 | 重难点 |
|---|---|---|
| 劳动合同法律制度 | 了解《劳动合同法》的调整对象、适用范围，熟悉劳动合同的主要条款及合同当事人双方的权利和义务，掌握劳动合同的订立、履行、变更和解除的有关法律规定 | 劳动合同的签订、劳动争议的处理 |
| 公司法律制度 | 了解公司的分类，掌握有限责任公司和股份有限公司设立的条件，熟悉有限责任公司和股份有限公司的组织机构，熟悉公司债券和公司财务会计制度 | 公司的设立及组织结构 |
| 合同法律制度 | 熟悉合同的分类以及履行、变更、解除和终止等有关法律规定，明确合同履行过程中当事人享有的权利和承担的义务内容 | 合同效力、合同违约责任 |

## 职业能力训练

### 一、单项选择题

1. 甲自 2008 年 1 月到乙公司工作至 2009 年 5 月，月工资为 3 000 元，公司一直未与其签订书面劳动合同，根据法律规定，甲可以获得补偿为（　　）元。

    A. 3 000　　　　　B. 33 000　　　　　C. 36 000　　　　　D. 48 000

2.《劳动合同法》规定，3年以上固定期限和无固定期限的试用期不得超过（　　）。

    A. 6 个月　　　　　B. 3 个月　　　　　C. 2 个月　　　　　D. 1 个月

3. 劳动者在试用期的工资不得低于本单位相同岗位最低档工资或者劳动合同约定工资的（　　）。

    A. 60%　　　　　B. 70%　　　　　C. 80%　　　　　D. 90%

4. 某企业为员工赵某支付培训费用 2 万元后，约定的服务期为 5 年。履行合同 4 年后，赵某单方解除合同，应支付的违约金为（　　）。

    A. 2 万元　　　　　B. 1.2 万元　　　　　C. 8 千元　　　　　D. 4 千元

5. 因特殊原因需要延长工作时间的，在保障劳动者身体健康的条件下延长工作时间，每月不得超过（　　）。

    A. 6 小时　　　　　B. 12 小时　　　　　C. 24 小时　　　　　D. 36 小时

6. 李某的日工资为 100 元，日工作时间是 8 小时。她在 2009 年的国庆节法定假期加班了两天，可以获得加班工资为（　　）元。

    A. 200　　　　　B. 400　　　　　C. 600　　　　　D. 800

7.《劳动合同法》关于职工带薪年假的规定，职工累计工作已满 1 年不满 10 年的，年休假为（　　）。

    A. 5 天　　　　　B. 10 天　　　　　C. 15 天　　　　　D. 20 天

8. 企业职工在医疗期内，其病假工资、疾病救济费和医疗待遇按照有关规定执行。病假工资或疾病救济费可以低于当地最低工资标准支付，但不能低于最低工资标准的（　　）。

    A. 60%　　　　　B. 70%　　　　　C. 80%　　　　　D. 90%

9. 经济补偿金按劳动者在本单位工作的年限，每满 1 年支付（　　）个月工资的标准向劳动者支付。

    A. 1　　　　　B. 2　　　　　C. 3　　　　　D. 5

10. 甲、乙两公司与郑某、张某欲共同设立一有限公司，并在拟订公司章程时约定了各自的出资方式。下列有关各股东的部分出资方式中，符合公司法律制度规定的是（　　）。

    A. 甲公司以其获得的某知名品牌特许经营权评估作价 20 万元出资

    B. 乙公司以其企业商誉评估作价 30 万元出资

    C. 郑某以其享有的某项专利权评估作价 40 万元出资

    D. 张某以其设定了抵押权的某房产作价 50 万元出资

11. 某股份有限公司有股东 80 人，注册资本 600 万元，经股东大会 2/3 以上表决权同意，决议将该公司变更为有限责任公司。对此，下列说法正确的是（　　）。

    A. 只有有限责任公司变更为股份有限公司，股份有限公司不得变更为有限责任公司

    B.《公司法》对股份有限公司的要求比有限责任公司高，所以直接变更就可以

    C. 股东人数必须减至 50 人以下，注册资本可不变

    D. 股东人数可不变，注册资本必须减至 10 万元以下

12. 根据公司法律制度的规定，下列有关有限责任公司股东出资的表述中，正确的是（　　）。

    A. 经全体股东同意，股东可以用劳务出资

    B. 不按规定缴纳所认缴出资的股东，应对已足额缴纳出资的股东承担违约责任

    C. 股东在认缴出资并经法定验资机构验资后，不得抽回出资

    D. 股东向股东以外的人转让出资，须经全体股东 2/3 以上同意

13. 甲、乙、丙三人共同出资成立了一家有限责任公司。甲、乙的出资各占 20%，丙的出资占 60%。现丙与丁达成协议，将其在该公司拥有的出资全部转让给丁。对此，下述解决方案中，不符合《公司法》规定的是（　　）。

    A. 如果甲不同意，应由甲购买丙欲转让给丁的出资

    B. 如果乙不同意，应由乙购买丙欲转让给丁的出资

    C. 如果甲和乙都不愿购买，丙有权转让该出资

    D. 如果甲和乙都不愿购买，丙应当取消与丁的出资转让协议

14. 某股份有限公司章程确定的董事会成员为 9 人，但截止到 2008 年 9 月 30 日时，该公司董事会成员因种种变故，实际为 5 人，下列说法正确的是（　　）。

    A. 该公司应当在 2008 年 11 月 30 日前召开临时股东大会

    B. 该公司应当在 2008 年 10 月 30 日前召开临时股东大会

    C. 该公司董事会人数不符合《公司法》的规定

    D. 由于该公司董事会成员没有少于《公司法》所规定的人数，因此该公司可以不召开临时股东大会

15. 根据《公司法》的规定，下列关于股份有限公司股份转让的表述中，不正确的是（　　）。

    A. 公司可以接受本公司的股票作为质押权的标的

    B. 无记名股票的转让，由股东在依法设立的证券交易场所将股票交付给受让人后即发生转让效力

    C. 发起人持有的本公司股份，自公司成立之日起 1 年内不得转让

    D. 公司董事在任职期间每年转让的本公司股份不得超过其所持有本公司股份总数的 25%

16. 根据我国《公司法》的规定，股份有限公司将公司法定公积金转增资本时，其留存的法定公积金最低比例应为（　　）。

    A. 转增前注册资本的 10%　　　　　　B. 转增前注册资本的 15%

    C. 转增前注册资本的 20%　　　　　　D. 转增前注册资本的 25%

17. 根据合同法的规定，合同格式条款的使用必须合法，否则格式条款无效。下列各项中，属于有效的格式条款有（　　）。

    A. 损害社会公共利益的格式条款　　　　B. 违反法律强制性规定的格式条款

    C. 有两种以上解释的格式条款　　　　　D. 以合法形式掩盖非法目的的格式条款

18. 根据合同法的规定，下列要约中可以撤销的是（　　）。

    A. 要约人确定了承诺期限的要约

    B. 要约人明示不可撤销的要约

    C. 已经到达受要约人但受要约人尚未承诺的要约

D. 受要约人有理由认为不可撤销，且已为履行合同做了准备的要约

19. 张某是某石油公司的业务员，一直代理公司与某农机站的石油供应业务。后张某被石油公司开除，但石油公司并未将此情况通知农机站，张某仍以石油公司的名义与农机站签订了合同，该合同属于（　　　）。

  A. 效力待定合同  B. 无效合同    C. 可撤销合同    D. 有效合同

20. 甲、乙双方订立买卖合同，甲为出卖人，乙为买受人，约定收货后 10 日内付款。甲在交货前有确切证据证明乙经营状况严重恶化。根据合同法的规定，甲可采取的措施是（　　　）。

  A. 行使同时履行抗辩权      B. 行使后履行抗辩权

  C. 行使不安抗辩权       D. 行使撤销权

## 二、多项选择题

1. 《劳动合同法》规定，不得约定试用期情形的有（　　　）。

  A. 以完成一定工作任务为期限的劳动合同  B. 劳动合同期限不满 6 个月的

  C. 劳动合同期限不满 3 个月的    D. 无固定劳动合同期

2. 不可以订立无固定期限劳动合同的法定情形为（　　　）。

  A. 严重违反用人单位规章制度的

  B. 严重失职，营私舞弊，给用人单位造成重大损害的

  C. 被依法追究刑事责任的

  D. 劳动者不能胜任工作，经过培训或者调整工作岗位，仍不能胜任工作的

3. 下列属于劳动合同必备条款的有（　　　）。

  A. 劳动内容    B. 工作时间    C. 培训    D. 试用期

4. 劳动者解除劳动合同不属于违反服务期情形的有（　　　）。

  A. 劳动者被依法追究刑事责任的

  B. 用人单位未按照劳动合同约定提供劳动保护或者劳动条件的

  C. 用人单位未及时足额支付劳动报酬的

  D. 用人单位未依法为劳动者缴纳社会保险费的

5. 不需事先告知即可解除劳动合同的情形为（　　　）。

  A. 用人单位以暴力、威胁或者非法限制人身自由的手段强迫劳动者劳动的

  B. 用人单位违章指挥、强令冒险作业危及劳动者人身安全的

  C. 用人单位未按照劳动合同约定提供劳动保护或者劳动条件的

  D. 用人单位未及时足额支付劳动报酬的

6. 劳动合同终止的情形有（　　　）。

  A. 女职工在孕期、产期、哺乳期的

  B. 在本单位连续工作满 15 年，且距法定退休年龄不足 5 年的

  C. 劳动合同期满的

  D. 用人单位被依法宣告破产的

7. 补偿基数的计算标准，工资按照劳动者应得工资计算，包括（　　　）

  A. 工资    B. 奖金    C. 津贴    D. 补贴

8. 某股份有限公司董事会由 11 名董事组成,下列情形中,能使董事会决议得以顺利通过的有(    )。

    A. 6 名董事出席会议,一致同意        B. 7 名董事出席会议,5 名同意

    C. 6 名董事出席会议,5 名同意        D. 11 名董事出席会议,7 名同意

9. 根据公司法律制度的有关规定,下列内容中,符合规定的有(    )。

    A. 股份有限公司和有限责任公司均具有发行公司债券的主体资格

    B. 有限责任公司的法定代表人可以是董事长、执行董事或者经理

    C. 经过公司章程的约定,财务负责人可以担任有限责任公司的监事

    D. 有限责任公司的董事会成员为 5～19 人

10. 根据公司法律制度的规定,下列事项中,属于上市公司股东大会决议应经出席会议的股东所持表决权 2／3 以上通过的有(    )。

    A. 修改公司章程

    B. 增加公司注册资本

    C. 公司的内部管理机构设置

    D. 公司在 1 年内担保金额超过公司资产总额 30%的事项

11. 下列有关股份发行的表述,正确的有(    )。

    A. 每一次发行的股份,发行条件和价格应当相同

    B. 公开原则是股份发行的核心原则

    C. 股份发行可以是平价发行、溢价发行和折价发行

    D. 公开发行新股的,应该具有持续盈利能力,财务状况良好

12. 甲公司是一家以募集方式设立的股份有限公司,其注册资本为人民币 8 000 万元。公司章程规定董事会有 9 名成员。最大股东李某持有公司 12%的股份。根据公司法的规定,下列各项中,属于甲公司应当在 2 个月内召开临时股东大会的情形有(    )。

    A. 董事人数减至 5 人        B. 监事陈某提议召开

    C. 最大股东李某请求召开        D. 公司未弥补亏损达人民币 1 600 万元

13. 甲、乙、丙共同出资设立了 A 有限责任公司,后丙与丁达成协议,准备将其在 A 公司的出资全部转让给丁,丙就此事书面通知甲和乙征求意见。下列解决方案中,符合规定的有(    )。

    A. 如果甲和乙接到书面通知之日起满 30 日未答复,视为不同意转让

    B. 由甲和乙共同购买丙的全部出资

    C. 如果甲、乙均不同意转让又不愿购买,丙无权将出资转让给丁

    D. 如果甲、乙均不同意转让又不愿购买,丙可以将出资转让给丁

14. 根据公司法律制度的规定,有限责任公司股东会做出的下列决议中,必须经代表 2／3 以上表决权的股东通过的有(    )。

    A. 对股东转让出资做出决议        B. 对发行公司债券做出决议

    C. 对变更公司形式做出决议        D. 对修改公司章程做出决议

15. 下列关于承诺的叙述中，正确的有（　　　）。

    A. 承诺的内容应当与要约的内容一致

    B. 受要约人对要约的内容做实质性变更的，为新要约

    C. 承诺对要约的内容做出非实质性变更的，除要约人及时表示反对或者要约表明承诺不得对要约的内容做出任何变更的以外，该承诺有效

    D. 受要约人对要约内容做出变更的仍然构成承诺

16. 关于合同的书面形式，下列说法准确的有（　　　）。

    A. 法律法规规定应采书面形式的，从其规定

    B. 当事人约定采用书面形式的，从其约定

    C. 以书面形式订立的合同，自双方当事人签字或盖章时合同成立

    D. 应采用书面形式订立的合同，当事人未采用书面形式但一方已履行主要义务，对方接受的，该合同成立

17. 下列关于合同履行的表述中，正确的有（　　　）。

    A. 履行地点不明确，给付货币的，在接受货币一方所在地履行

    B. 履行费用的负担不明确的，由履行义务一方负担

    C. 价款或者报酬不明确的，按照订立合同时履行地的市场价格履行

    D. 履行期限不明确的，债务人可以随时履行，债权人也可以随时要求履行

18. 根据合同法律制度的规定，发生下列（　　　）情况，允许当事人解除合同。

    A. 甲、乙双方经协商同意，且并不因此损害国家利益和社会公共利益

    B. 当事人一方迟延履行主要债务，经催告后在合理期限内仍未履行

    C. 合同成立后客观情况发生了无法预见的、非不可抗力造成的不属于商业风险的重大变化，继续履行合同不能实现合同目的，当事人请求人民法院解除合同

    D. 当事人一方迟延履行债务或者有其他违约行为致使不能实现合同目的

19. 张某超越王某授予的代理价格权限，以王某的名义与知情的赵某订立了买卖私房的合同。对此，下列说法正确的有（　　　）。

    A. 如果王某认可，该合同有效

    B. 如果王某不予认可，该合同对王某不发生效力

    C. 即使王某不予认可，王某也应承担责任

    D. 该合同应予以解除

20. 下列有关定金的说法中，正确的是（　　　）。

    A. 收受定金的一方不履行约定的债务的，应当双倍返还定金

    B. 定金的数额应当为主合同标的的20%，当事人不得自行约定

    C. 定金合同均自合同签订之日起生效

    D. 实际交付的定金数额多于约定数额的，视为变更定金合同

### 三、判断题

1. 事业单位与实行聘用制的工作人员订立、履行、变更、解除或者终止劳动合同，除法律、行政法规或者国务院另有规定的，依照《劳动合同法》的有关规定执行。　　　（　　　）

2. 劳动者在试用期内可以随时通知用人单位解除劳动合同。　　　（　　　）

3. 用人单位自用工之日起满 1 年不与劳动者订立书面劳动合同的，视为用人单位自用工之日起已经与劳动者订立无固定期限劳动合同。　　　　　　　　　　　　　（　　）

4. 某单位再次招用某劳动者的，可以再次约定试用期。　　　　　　　　　　　　（　　）

5. 劳动合同仅约定试用期的，试用期不成立，该期限为劳动合同期限。　　　　　（　　）

6. 如果劳动者在试用期间被证明不符合录用条件的，用人单位应当向劳动者说明理由，用人单位需要支付经济补偿金。　　　　　　　　　　　　　　　　　　　　　　　（　　）

7. 医疗期内合同终止，则合同自然终止不能延续。　　　　　　　　　　　　　　（　　）

8. 某公司的法定代表人变更，会影响劳动合同的履行。　　　　　　　　　　　　（　　）

9. 如果劳动者没有履行通知程序，则属于违法解除，如果对用人单位造成损失的，劳动者应对用人单位损失承担赔偿责任。　　　　　　　　　　　　　　　　　　　　　　（　　）

10. 经济补偿金主要是劳动者违反了服务期和竞业禁止的规定而根据劳动合同的约定向用人单位支付的违约赔偿。　　　　　　　　　　　　　　　　　　　　　　　　　　（　　）

11. 分公司不具有法人资格，不是经济法律关系的主体，所以不可以依法独立从事生产经营活动，其民事责任由设立该分公司的总公司承担。　　　　　　　　　　　　　　　（　　）

12. 高级管理人员包括公司的财务负责人、上市公司董事会秘书、经理等，但不包括公司的副经理。　　　　　　　　　　　　　　　　　　　　　　　　　　　　　　　（　　）

13. 股份有限公司监事会应当包括股东代表和适当比例的公司职工代表，其中职工代表的比例不得低于 1／2，具体比例由公司章程规定。　　　　　　　　　　　　　　　（　　）

14. 某股份有限公司于 2005 年 8 月 1 日注册成立，2009 年 5 月 1 日该公司股票在证券交易所上市交易。公司发起人甲未在公司担任任何职务，甲所持有的股份可以在 2009 年 8 月 1 日后转让。　　　　　　　　　　　　　　　　　　　　　　　　　　　　　　　　　（　　）

15. 有限责任公司监事会每年度至少召开 1 次会议，监事可以提议召开临时监事会会议。
　　　　　　　　　　　　　　　　　　　　　　　　　　　　　　　　　　　（　　）

16. 公司因章程规定的营业期限届满而解散的，可以通过修改公司章程而存续。公司依照规定修改公司章程的，必须经持有 2／3 以上表决权的股东通过。　　　　　　　　　　（　　）

17. 某股份有限公司的未弥补亏损达到了公司实收股本总额的 35%，该公司应当在 2 个月内召开临时股东大会。　　　　　　　　　　　　　　　　　　　　　　　　　　（　　）

18. 自然人订立合同，应当具有完全民事行为能力。　　　　　　　　　　　　　（　　）

19. 要约自发出时发生法律效力。　　　　　　　　　　　　　　　　　　　　　（　　）

20. 先履行合同的一方当事人行使不安抗辩权，因有确切证据证明另一方丧失履行债务的能力，因此无需通知对方当事人。　　　　　　　　　　　　　　　　　　　　　　（　　）

**四、案例分析题**

1. 2015 年 5 月，应届毕业生小王到开发区一公司应聘，该公司与其签订 1 年期的劳动合同，试用期为 6 个月，月工资 500 元。用人单位所在地的最低工资标准为 800 元。试用期到期前 10 天，该公司表示还要对其考察，如果小王同意，公司再与其续签 3 个月的试用期，小王为了今后能留在该公司工作，便同意再签 3 个月的试用期，合同到期前，该公司通知小王在试用期内达不到录用条件，不再录用。

要求：根据以上事实及《劳动合同法》的规定，回答下列问题。

（1）该公司对小王试用期的要求是否符合法律规定？

（2）用人单位如果违反法律规定，应如何处理？

2．中国证监会在对 A 上市公司（以下简称 A 公司）进行例行检查中，发现以下事实。

（1）A 公司于 2013 年 5 月 6 日由 B 企业、C 企业等 6 家企业作为发起人共同以发起设立方式成立，2014 年 8 月 9 日，A 公司获准发行社会公众股，并于同年 10 月 10 日在证券交易所上市。

（2）2016 年 3 月 5 日，B 企业将所持有的 A 公司的部分股份转让给了 D 公司，此项转让未征得其他股东的同意。

（3）2016 年 4 月 6 日，A 公司董事会召开会议，通过了拟定发行公司债券的方案和提议召开临时股东大会审议该发行公司债券方案的决议。

（4）2016 年 4 月 25 日，在临时股东大会上，除审议通过了发行公司债券的决议外，还根据 C 企业的提议，临时增加了一项增选一名公司董事的议案，以上两项经出席会议的股东所持表决权的过半数通过。

要求：根据以上的材料结合法律规定，回答下列问题，并说明理由。

（1）B 企业转让 A 公司股份的行为是否符合法律规定？

（2）A 公司董事会决议是否符合法律规定？

（3）A 公司临时股东大会通过发行公司债券的决议和增选一名公司董事的决议是否符合法律规定？

3．甲、乙两公司采用合同书形式订立了一份买卖合同，双方约定由甲公司向乙公司提供 100 台精密仪器，甲公司于 8 月 31 日前交货，并负责将货物运至乙公司，乙公司在收到货物后 10 日内付清货款。合同订立后双方均未签字盖章。

7 月 28 日，甲公司与丙运输公司订立货物运输合同，双方约定由丙公司将 100 台精密仪器运至乙公司。8 月 1 日，丙公司先运了 70 台精密仪器至乙公司，乙公司全部收到，并于 8 月 8 日将 70 台精密仪器的货款付清。8 月 26 日，甲公司通知丙公司将其余 30 台精密仪器运往乙公司，丙公司在运输途中因司机超速行驶发生交通事故，30 台精密仪器全部毁损，致使甲公司 8 月 31 日前不能按时全部交货，乙公司要求甲公司承担违约责任。

要求：根据以上事实及合同法的规定，回答下列问题。

（1）甲乙公司订立的买卖合同是否成立？并说明理由。

（2）乙公司 9 月 5 日要求甲公司承担违约责任的行为是否合法？并说明理由。

（3）丙公司对货物毁损应承担什么责任？并说明理由。

**五、技能强化训练**

**实训 1：创办公司——公司设立程序模拟**

（1）由教师组织若干学生模拟组成工商部门，其余学生分成若干组分别模拟创办有限责任公司或股份有限公司。

（2）各组学生拟定公司章程及相关申请文件。

（3）各组学生派一名代表到工商部门履行注册登记手续，工商部门对具备公司设立条件的予以核准注册，对不具备登记条件的提出改进建议。

（4）教师根据各组的设立情况给予综合点评。

**实训 2：**当你毕业进入社会后，首先面临着居住的选择，试从房东（出租方）和承租方安全的角度，拟定一份内容完整、考虑较周全的房屋租赁合同。

# 学习评价

## 一、职业核心能力测评表

（在□中打√，A 为通过，B 为基本通过，C 为未通过）

| 职业核心能力 | 评估标准 | 自测结果 |
|---|---|---|
| 自我学习 | 1. 能进行时间管理 | □A □B □C |
| | 2. 能选择适合自己的学习和工作方式 | □A □B □C |
| | 3. 能随时修订计划并进行意外处理 | □A □B □C |
| | 4. 能将已经学到的知识用于新的工作任务 | □A □B □C |
| 信息处理 | 1. 能根据不同需要去搜寻、获取并选择信息 | □A □B □C |
| | 2. 能筛选信息，并进行信息分类 | □A □B □C |
| | 3. 能使用多媒体等手段来展示信息 | □A □B □C |
| 数字应用 | 1. 能从不同信息源获取相关信息 | □A □B □C |
| | 2. 能依据所给的数据信息，做简单计算 | □A □B □C |
| | 3. 能用适当的方法展示数据信息和计算结果 | □A □B □C |
| 与人交流 | 1. 能把握交流的主题、时机和方式 | □A □B □C |
| | 2. 能理解对方谈话的内容，准确表达自己的观点 | □A □B □C |
| | 3. 能获取并反馈信息 | □A □B □C |
| 与人合作 | 1. 能挖掘合作资源，明确自己在合作中能够起到的作用 | □A □B □C |
| | 2. 能同合作者进行有效沟通，理解个性差异及文化差异 | □A □B □C |
| 解决问题 | 1. 能说明何时出现问题并指出其主要特征 | □A □B □C |
| | 2. 能做出解决问题的计划并组织实施计划 | □A □B □C |
| | 3. 能对解决问题的方法适时做出总结和修改 | □A □B □C |
| 革新创新 | 1. 能发现事物的不足并提出新的需要 | □A □B □C |
| | 2. 能创新性地提出改进事物的意见和具体方法 | □A □B □C |
| | 3. 能从多种方案中选择最佳方案，在现有条件下能实施 | □A □B □C |
| 学生签字： | 教师签字： | 20　年　月　日 |

## 二、专业能力测评表

| 评价内容 | 权重 | 考核点 | 考核得分 | | |
|---|---|---|---|---|---|
| | | | 小组评价 | 教师评价 | 综合得分 |
| 职业素养（20分） | 20 | 了解经济法律常识，在学习过程中注意归纳以后工作和生活中可能涉及的易犯错点 | | | |
| 案例分析（80分） | 80 | 能对相关法律纠纷案例进行简单分析，找出纠纷处理要点，对应法律条文逐一解析 | | | |
| 组长签字： | | 教师签字： | 20　年　月　日 | | |

# 模块五
# 财政金融基础知识

## 职业能力目标及主要概念

### 1. 专业能力

理解社会主义市场经济条件下财政的职能；认知财政收入的主要来源和财政支出的主要用途；理解金融的基本概念、货币流通的基本内容、信用形式、金融市场。

### 2. 职业核心能力

能运用财政的基本理论初步分析财政政策、方针、法规的变化对微观经济的影响；能运用金融的基本理论初步分析货币政策、金融法规的变化对微观经济的影响；具有实事求是的学风和创新意识、创新精神。

### 3. 主要概念

财政收入、财政支出、财政政策、货币、货币政策、信用、利率、外汇、外汇市场。

## 项目一  财政收入与财政支出

**【引例与分析】**长江三峡水电站，计划工程期为 17 年，总投资额以 1993 年价格计算为 999.9 亿元，主要是国家投资。我国十五期间的重点工程——西气东输，2002 年 7 月正式开工，投资约 14 000 亿元。

**问题：**谈谈你身边还有哪些财政现象。

**分析：**我国当前的经济生活中，从居民生活的衣食住行，到国家的政治活动和经济建设，时时处处都存在财政现象和财政问题。例如，农民减负，企业减税，道路、桥梁、水利设施建设，教育、医疗、国防开支问题等，都是重要的财政问题。

### 一、财政的一般概念

#### 1. "财政"一词的来历

从人类社会发展历史来考察，财政是一个古老的经济范畴，财政或自古有之，我国古代的"财用""出入""国用""国计""邦计""理财""度支""计财"等在不同程度上表达了财政的思想。

我国政府文献中最初启用"财政"一词是在 1898 年。

### 2．财政的一般概念

财政是以国家（或政府）为主体的经济（或分配）活动，是国家或政府为了实现其职能，凭借政治权力和财产权力，参与一部分社会产品和国民收入的分配活动。在当今的市场经济体制下，财政分配主要包括财政收入、财政支出、国家信用等内容。财政是一个历史范畴，是社会经济的重要组成部分。

财政的一般特征可以从以下方面进行分析。

（1）财政分配的主体是国家或政府。政府是财政分配的主体，说明财政分配的目的、方向、范围、结构、规模、时间等，都是由政府决定的。

（2）财政分配的对象是部分社会产品与服务。财政属于分配范畴，为了保证社会生产的正常进行，它所分配的对象只能是一部分社会产品，至于比例的多少，主要取决于社会经济发展水平、收入分配政策和政府需要等多种因素。

（3）财政分配的目的是满足社会公共需要。社会公共需要是指社会治安、国家安全、公民基本权利和经济发展的社会条件等方面的、全体社会成员的共同需要，如教育、卫生保健、社会福利，以及公路、铁路、航空等基础设施建设。

### 3．财政职能

财政职能是指财政作为一个经济范畴所固有的功能，就是政府的经济职能。财政本质决定的它是不以人的意志为转移而客观存在的，重点是克服市场失灵。包括资源配置职能、收入分配职能和经济稳定和发展职能。

（1）资源配置职能。资源配置职能是指通过财政收支活动以及相应财政政策、税收政策的制定、调整和实施，实现对社会现有人力、物力、财力等社会资源结构与流向的调整与选择。

资源配置是经济学的核心问题，主要是资源的使用效率问题，有两个方面：一是资源的充分利用；二是被充分利用的资源是否真正被用得恰到好处，即是否达到最优配置。财政资源配置职能的作用是通过财政收支活动引导资源的流向，弥补市场的资源配置失效，最终实现全社会资源配置的最优效率状态。

（2）收入分配职能。收入分配职能是指财政的经济职能中对参与收入分配的各主体利益关系的调节，达到收入公平合理分配目标。收入分配的目标是实现公平分配，而对公平的理解包括经济公平和社会公平。经济公平强调的是要素投入和要素收入相对称。社会公平是指将收入差距维持在现阶段社会各阶层居民所能接受的合理范围内。而财政关注的主要是社会公平。

（3）经济稳定与发展职能。经济稳定与发展职能是指通过财政政策的制定、实施与调整，使整个社会保持较高的就业率，实现物价稳定、国际收支平衡以及经济持续增长等政策目标，包括充分就业、物价稳定、国际收支平衡、保持经济持续增长等方面。

 议一议　我国社会主义财政与经济的联系是什么？

> **业务 5-1-1**
>
> 财政分配的对象主要是（　　）。
>
> A. 剩余产品　　　　B. 商品价值　　　　C. 国民生产总值　　　　D. 社会总产值
>
> 【答案】A

> **业务 5-1-2**
>
> 财政分配的目的是（　　）。
>
> A. 增加就业　　　　　　　　B. 调节社会收入
>
> C. 满足经济发展需要　　　　D. 满足社会公共需要
>
> 【答案】D

## 二、财政收入

　　财政收入是财政分配过程中的一个阶段，它是指政府为履行其职能，保证财政支出的需要，依据一定的权力原则，通过一定的形式和渠道筹措的所有货币资金的总和，即是以货币形式表现的社会总产品的一部分。在一定程度上反映了国家的财力规模。财政收入有狭义和广义之分，广义的财政收入是指为了满足公共需要，由政府部门所掌握和使用的资金，目前包括预算收入、预算外收入和非预算政府资金（各级地方政府和各级政府机构的自筹资金）三个部分。狭义的财政收入仅指预算收入。

 现实生活中哪些属于财政收入？

### 1. 财政收入的分类

　　财政收入的分类方法很多，亚当·斯密将财政收入分为国家资源收入和税收收入两类。我国从不同时期的实际国情出发，财政收入的分类经历了不同的变革。

　　（1）按财政收入的形式分类。国际上通常按政府取得财政收入的形式，将财政收入分为税收收入、国有资产收益、国债收入、收费收入和其他收入。

　　① 税收收入。税收是政府为实现其职能的需要，凭借政治权力，并按照特定的标准，强制、无偿地取得财政收入的一种特定分配形式，它是征收面最广、最稳定可靠的财政收入形式。税收是现代国家财政收入中最重要的收入形式和最主要的收入来源。

　　② 国有资产收益。国有资产收益是国家凭借国有资产所有权获得的利润、租金、股息、红利、资金使用费等收入。国有资产收益不具有强制性和固定性的特征。

　　③ 国债收入。国债收入是指国家通过信用形式取得的有偿性收入，包括国家在国内发行的国库券、经济建设债券，在国外发行的债券以及向外国政府和国际组织的借款。国债收入具有自愿性、有偿性、安全性和灵活性的特点。

　　④ 收费收入。收费收入是指国家政府机关或事业单位在提供公共服务，实施行政管理或提供特定设施的使用时，向受益人收取一定费用的收入形式。收费收入具体可分为使用费和规费。使

用费是政府对公共设施的使用者按一定标准收取费用，如对政府建设的高速公路、桥梁、隧道的车辆收取使用费。规费是政府对公民个人提供特定服务或特定行政管理所收取的费用，包括行政费用（护照费、商品检测费）和司法规费（民事诉讼费、证件登记费）。收费收入具有有偿性、不确定性的特点，不宜作为财政收入的主要形式。

⑤ 其他收入。其他收入包括基本建设贷款归还收入、基本建设收入以及捐赠收入等。

（2）按收入的性质分类。按收入的性质，可将财政收入分为以下几种。

① 无偿收入。无偿收入主要包括国家凭借政治权力征收的税收收入，这占整个财政收入相当大的份额。无偿取得的收入主要用以满足国家行政管理、国防、社会科学、文教卫生等消费性的经费支出。

② 有偿收入。有偿收入主要是指债务收入，主要用于国家的经济建设支出和弥补财政赤字。

（3）按收入的层次分类。按收入的层次，可将财政收入分为以下几种。

① 中央财政收入。中央财政收入是指按照财政预算法律和财政管理体制规定由中央政府集中和支配使用的财政资金。

② 地方财政收入。地方财政收入是指按照财政预算法或地方财政法规定划归地方政府集中筹集和支配使用的财政资金。

**2．财政收入的规模分析**

（1）衡量财政收入规模的指标。财政收入规模是一定时期（通常为一年）财政收入来源的总量。财政收入规模的大小可以采用绝对量和相对量两类指标来反映。

衡量财政收入规模的绝对量指标是财政总收入。例如，2015 年我国财政收入总额为 15.4 万亿元人民币，增长 7.3%，主要包括中央和地方财政总收入、中央本级财政收入和地方本级财政收入、中央对地方税收返还收入、地方上解中央收入、税收收入等。财政收入的绝对量指标反映了财政收入的数量、构成、形式和来源，适用于财政收入计划指标的确定、完成情况的考核以及财政收入规模变化的纵向比较。

衡量财政收入规模的相对指标反映政府对一定时期内新创造的社会产品价值总量（即国民收入 GDP）的集中程度，又称为财政集中率。它可以根据反映对象和分析目的不同，运用不同的指标口径，如中央财政收入、各级地方财政总收入等；同样，国民收入也可运用不同的指标口径，如国内生产总值、国民生产总值等，适用于衡量财政收入水平、分析财政收入的动态变化以及对财政收入规模进行纵向和横向比较分析。例如，我国财政收入总额 1950 年为 65.19 亿元，2002 年为 18 914 亿元，不考虑物价因素，50 多年增长了 290 倍，说明了我国财政收入规模呈现出随着社会经济的发展而不断增长的良好趋势。

（2）制约财政收入规模的因素。制约财政收入规模的因素主要有以下几种。

① 经济和生产技术的发展水平。经济发展水平和技术进步是决定财政收入规模的基础。两者之间是"源"和"流"的关系。源远则流长。一国的经济发展水平主要表现在人均占有 GDP 上，它表明一国生产技术水平的高低和经济实力的强弱，反映一国社会产品丰裕程度及其经济效益的高低，是形成财政收入的物质基础。一般来说，随着经济发展水平的不断提高，国民收入不断增长，该国的财政收入规模也会不断扩大。例如，英、法、美等西方发达国家，19 世纪末财政收入占国内生产总值的比重一般为 10% 左右，到 20 世纪末，上升到 30%～50%。经济发展水平较高的

发达国家财政收入水平一般高于经济发展水平较低的发展中国家。

② 收入分配政策和制度因素。在经济发展水平和技术进步既定的条件下，一国的财政收入规模还取决于收入分配政策和其他制度因素。一般来说，实行计划经济体制的国家，政府在资源配置和收入分配上起主导作用，会采取相应的收入分配政策使政府在一定的国民收入中掌握和支配较大份额，从而有较大的财政收入规模。而实行市场经济体制的国家，政府活动定位于满足社会公共需要，市场机制在资源配置及收入分配中发挥基础性作用。收入分配政策的选择和实施以弥补市场缺陷为主，财政收入的规模就相对较小。

此外，在国家基本制度制约下的产权制度、企业制度以及劳动工资制度等都会对财政收入分配政策产生影响，从而引起财政收入规模的变动。

③ 价格因素。由于财政收入是在一定价格体系下形成的货币收入，价格水平及比价关系的变化必然会影响财政收入规模。在其他因素不便的条件下，价格水平的上涨会使以货币形式表现的财政收入增加，价格水平的下跌则使财政收入减少，这实际上是价格水平的上涨或下跌引起的财政收入的虚增或虚减。

④ 政治及社会因素。一个国家的政局是否稳定，对财政收入规模的影响是相当大的。当一国政权更替或发生内乱、外部冲突时，财政支出规模必然会超常规化，引起相应的财政收入规模的变化。此外，人口状况、文化背景等社会因素，在一定程度上也影响着财政收入的规模。

┃ 业务 5-1-3 ┃

在财政收入形式中，占比重最大的收入是（　　　　）。

A．税收　　　　　　B．公债　　　　　　C．规费　　　　　　D．国有资产收益

【答案】A

## 三、财政支出

### 1. 财政支出的含义

财政支出又称预算支出，是财政分配的第二阶段，是指政府为履行其职能，对通过财政收入而筹集起来的财政资金，有计划地进行分配的过程，以满足社会公共需要和社会再生产的资金需要，促进经济的发展。它反映了国家的政策，规定了政府活动的范围和方向，鲜明地表现出不同社会形态下政府财政的特殊性质。

财政支出的内容应包括以下几个方面。

（1）提供公共秩序产品，包括行政司法和国防外交等。行政司法维护国内政治秩序，国防外交维护对外关系稳定。这一支出内容体现的是政府传统的政治职能。

（2）提供公共基础设施，主要包括交通、能源、水利、环保等内容。这一支出内容体现的是政府的经济职能。

（3）提供社会公共服务，主要包括教育、医疗、文化、气象等社会事业。这一支出内容体现的是政府的社会公共服务职能。

（4）提供社会保障，主要包括社会保险、社会救济、优抚等内容。这一支出内容体现的是政府的社会保障职能。

**2．财政支出的分类**

（1）按支出用途分类。按支出用途分类，是最基本的分类方法，主要有基本建设支出、企业挖潜改造资金、简易建筑费、地质勘探费、科技三项费用（即新产品试制费、中间实验费和重要科学研究补助费）、流动资金、支援农业生产支出、农业综合开发支出、农林水利气象等部门事业费、工业交通等部门事业费、流通部门事业费、文体广播事业费、教育事业费、科学事业费、卫生事业费、税务统计财政审计等部门事业费、抚恤和社会福利救济费、行政事业单位离退休经费、社会保障补助支出、国防支出、行政管理费、外交外事支出、武装警察部队支出、公检法支出、城市维护费、政策性补贴支出、对外援助支出、支援不发达地区支出、土地和海洋开发支出、专项支出、债务支出、其他支出等。

（2）按政府职能分类。按政府职能分类即按照国家职能的不同，可以将财政支出区分为经济建设支出、社会文教支出、国防支出、行政管理支出、社会保障支出和其他支出 6 大类。

① 经济建设支出。经济建设支出主要包括基本建设投资、企业挖潜改造资金、地质勘探费、科技三项费用、简易建筑费、支援农业支出、城市维护费、物资储备支出等。

② 社会文教支出。社会文教支出包括政府用于文化、教育、科学、卫生、出版、通信、广播、文物、体育、地震、海洋、计划生育等公共事业部门的支出。

③ 国防支出。国防支出包括各种武器和军事设备支出、军事人员给养支出、有关军事的科研支出、对外军事援助支出、民兵建设事业费支出等。

④ 行政管理支出。行政管理支出包括用于立法、司法、行政、外交及党派等方面的支出。

⑤ 社会保障支出。社会保障支出包括政府用于社会保险、抚恤和社会福利救济等方面的支出。

⑥ 其他支出。其他支出包括债务支出和财政补贴等。

（3）按经济性质分类。财政支出的经济性质，是就支出有无等值的补偿而言的。根据这一标准，可将财政支出分为购买性支出和转移性支出。

购买性支出（也称消耗性支出），是政府直接消耗一部分经济资源的支出，它表现为政府部门及其所属单位按照等价交换的原则，对商品和劳务进行购买的行为。

购买性支出包括两个部分：一是购买政府部门及其所属单位日常业务活动所需商品与劳务的支出；二是购买政府部门及其所属单位投资活动所需商品与劳务的支出。

转移性支出，是政府把一部分财政收入转移给居民、企业、地区和其他受益人所形成的财政支出，主要有社会保障支出、各种财政补贴、捐赠支出和债务利息支出等。

**3．财政支出规模分析**

财政支出规模是指政府在一定时期安排的财政支出的数量，通常表现为财政支出的总量。衡量财政支出活动的规模，通常可以使用两个指标：财政收入占 GDP 的比重和财政支出占 GDP 的比重。大多数国家的财政年度中，财政收入的量与财政支出的量是不相等的，通常是后者大于前者，财政支出占 GDP 的比重大于财政收入占 GDP 的比重。

影响财政支出规模的因素是多方面的，归纳起来有以下几个方面。

（1）经济因素。经济因素主要是指一国的经济发展水平和相应的经济体制及政府的经济干预政策等。经济规模决定财政支出规模，经济发展、生产力水平提高，财政支出规模也相应增大；

同时，一国的经济体制对财政支出规模也有很大影响，一般来说，实行高度集中的经济管理体制，其财政规模会较大。我国在实行计划经济体制时，财政支出规模相对较大，在改革开放初期，随着放权让利政策的实施，其相对规模不断减少。在我国建立市场经济体制后，我国政府比较注重提高财政支出的规模，近几年财政支出的相对规模有所增加。

（2）政治因素。政治因素对财政支出规模的影响主要体现在三个方面：一是政局是否稳定；二是政体结构的行政效率；三是机构设置是否科学。

（3）社会因素。人口状态、文化背景等社会性因素，在一定程度上也影响到财政规模。一国的人口基数大、增长快，相应地在城市基础设施、教育、医疗保健以及社会救济等方面的支出就要增大；对于一些出现人口老龄化问题的国家，公众要求改善生活质量，提高社会福利，从而财政支出增大。一国居民的文化背景也会影响财政支出规模。

■ 业务 5-1-4 ■

政府的投资性支出应主要用于（　　）。

A．国防费　　　　　　B．基础设施　　　　　　C．基础工业　　　　　　D．农业

【答案】B，C，D

## 四、财政政策

### 1．财政政策的含义

财政政策是国家在参与社会产品分配的过程中，利用一系列财政手段对社会经济活动和经济利益进行宏观调节和控制的政策措施。财政政策是政府目标、政策手段、政策效应三位一体的有机整体。财政政策的主体是国家财政机构；其调控机制主要是通过资金的无偿转移来实现对宏观经济的调控，是经济手段、法律手段和行政手段的统一；其调控对象主要是国民收入中的增量。通过财政政策手段可以实现对社会总供求、产业结构、收入分配和国际收支等方面的宏观调控。

### 2．财政政策的目标

（1）经济增长。经济增长是指一国的商品和劳务产出的增长以及相应供给能力的增长，一般采用 GDP 或者人均 GDP 扣除价格变动因素后的年增长率来测定。经济增长的源泉在于劳动供给增长率、资本存量增长率，以及这些要素的生产率；在当代，经济增长更多地依赖技术进步和创新速度。

经济增长是发展一切事业的根本，只有经济增长才有国富民强，各国政府都把经济增长作为财政政策的重要目标。我国是实行社会主义市场经济的发展中大国，经济增长是实现其他一切目标的基础，因此，这一目标应作为我国财政政策的首要目标。

（2）充分就业。充分就业一般是指一切要素都有机会以自己愿意接受的报酬参加生产的状态。在充分就业的情况下，生产总量达到最大化。西方经济学家通常以劳动力的失业率作为衡量充分就业与否的标准。较低的失业率就意味着充分就业。例如，美国规定 5%的失业率为充分就业率。

（3）物价稳定。物价稳定一般是指商品和劳务的价格总体水平的相对稳定。所谓价格总体水平的相对稳定，不是指冻结物价，而是把物价总体水平的波动约束在经济稳定发展可容纳的空间内，避免和抑制恶性通货膨胀。价格总体水平是用物价指数来衡量的，包括居民消费物价指数（Consumer Price Index，CPI）、批发物价指数（Producer Price Index，PPI）和国民生产总值平减指

数（Gross National Product Deflator，GNP Deflator）。

（4）国际收支平衡。国际收支是指一国与世界其他各国之间在一定时期（通常是一年）内全部经济往来的系统记录。在现实经济来看，一国的国际收支绝对相等是不存在的，通常不是逆差就是顺差，所以少量的顺差或逆差都视为国际收支平衡。

从经济影响来看，各国政府更关心国际收支赤字（逆差），因为长期的赤字会导致本国国际储备减少，动摇本币地位；国家被迫对外举债，从而导致本国资源大量流出，削弱本国的经济地位。因此，财政政策要把国际收支平衡作为一个战略性目标，通过税收、国债、补贴等手段的运用来实现本国国际收支平衡。

（5）收入的合理分配。收入的合理分配是市场经济条件下实现经济稳定与发展的关键因素，市场经济奉行的是按要素贡献大小进行分配的原则，它虽然能调动劳动积极性，但是难以兼顾公平与效率，会带来收入分配的悬殊差别，扩大贫富差距，加剧社会矛盾。因此，政府应在按要素分配的基础上实行再调节，通过税收和转移支付等手段实现收入分配均等化发展目标。

**3．财政政策工具**

财政政策工具是为财政政策目标服务的，没有财政政策工具，财政政策目标就无从实现。

（1）国家预算是财政政策的主要手段。其调控作用主要表现在两个方面。

① 通过预算收支规模的变动及收支对比关系的不同状态，可以有效地调节社会总供求平衡。一般来说，当总需求大于总供给时，可以通过紧缩预算进行调节；相反则扩张预算规模，从而实现总供求基本平衡。

② 通过预算支出结构的调整，调节国民经济中各种比例关系，形成合理的经济结构。

（2）税收的调控作用表现在三个方面。

① 调节社会总供给与总需求的平衡关系。流转税与所得税是我国税收的主体税种，二者具有不同的征税效应，从而对总供给与总需求产生不同的调节作用。

② 通过税率调整、税收减免或加征等措施调整产业结构，优化资源配置。

③ 调节收入分配，通过征收多种所得税使收入分配相对公平合理。

（3）国债是指财政政策工具中具有有偿特征的一种手段，具有财政调节与金融调节的双重特征和功能。国债的调节作用主要表现在三个方面。

① 调节国民收入的使用结构。

② 调整产业结构。国家将以国债形式筹集的资金投入到那些微观效益较低，但社会效益和宏观经济效益较高的项目上（如农业和"瓶颈"产业、基础工业等）。

③ 在金融市场健全的条件下，通过增加或减少国债的发行量，调高或调低国债利率，可以有效调节资金供求和货币流通，进而影响社会总供给与总需求。

（4）财政补贴是配合价格政策和工资政策发挥宏观调控作用的重要政策工具。其调节作用主要表现在：通过减少补贴或增加税收抑制社会总需求；或者通过增加生产领域的补贴、减税，从而刺激生产、促进供给增加。

（5）财政投资是指国家预算安排的生产建设性支出，是国家重点建设和大中型项目建设的主要资金来源。财政投资建设的项目，都是关系国家经济全局的重点建设项目，这些项目直接关系到我国经济的持续、稳定和协条发展。因而，财政投资是调整和改善国民经济结构的有力手段。

业务 5-1-5

下面属于财政政策工具的有（　　）。

A. 国家预算　　　　B. 利率　　　　　　C. 税收　　　　D. 公开市场业务

【答案】A，B，C

# 项目二 货币与信用

【引例与分析】我考入了湖南财经工业职业学院，入校时由于匆忙，秋冬的服装没有带全。"十·一"长假期间，我在商场看到一件羽绒服，价格还不贵，标价200元人民币，于是我毫不犹豫地掏出200元人民币买了回去。晚上，我想给妈妈打个电话，可是手机欠费停机了，于是我用银行卡充值了100元人民币，向妈妈报了平安。妈妈对我说，最近要去香港旅游，明天准备去银行换一些港币和美元，我对妈妈说，美元在持续贬值，你可千万不要多换。

问题：找出故事包括了货币的哪些职能？

分析：在这个故事里，一件羽绒服标价200元人民币体现了货币的价值尺度的职能；掏200元人民币买羽绒服体现了货币的流通手段的职能；用银行卡充值则体现了货币的支付手段的职能；而美元则充当了世界货币的职能。

## 一、货币制度

### 1. 货币的含义与形式

货币是固定地充当一般等价物的特殊商品。

货币形式的发展经历了实物货币（商品货币）、金属货币、代用货币、信用货币、电子货币5个阶段。

很多物品曾经充当了实物货币，像古希腊用牛、羊，非洲用象牙，我国古代用龟壳、海贝、农具、皮革等，美国用金子、烟草、大米、威士忌等。我国西周时代开始出现金属货币，到春秋战国时代，开始使用青铜铸造的"刀币""铲币"。秦统一中国后，铜钱在全国通行，当时的布帛和货布、楚金版、刺字空首布、汉伕二体钱如图5-2-1所示。

图 5-2-1　秦统一后流通的货币

我国是最早使用纸币的国家，北宋的"交子"，明、清发行的"宝钞"等都是纸币。

信用货币是由政府或银行通过信用程序发行和创造的能行使货币职能的金融工具。信用货币经过了可兑换信用货币到不可兑换信用货币的发展过程。可兑换信用货币是早期的银行券，不可兑换信用货币是指纸币，它是以国家政权为基础的、由国家强制发行和流通的纸质货币，包括现金和存款货币。随着计算机技术的发展和互联网的普及，出现了电子货币，包括信用卡、储值卡、电子钱包等。

### 2. 货币的职能

一切商品的价值固定地由一种特殊商品来表现，这种价值表现形式称为货币价值形式。

价值尺度、流通手段、贮藏手段、支付手段和世界货币是货币的五大职能。

（1）价值尺度。货币在表现和衡量商品价值时，便执行价值尺度职能。执行价值尺度职能的货币必须具备两个特点：一是货币本身必须有价值，因为货币最初就是从商品世界中产生的，具有价值和使用价值；二是货币执行价值尺度时，可以是观念中的货币，而并不一定需要现实的货币。

（2）流通手段。在交换过程中发挥媒介作用时，便执行流通手段职能。执行流通手段职能的货币的特征是：一是必须是现实的货币；二是可以用不足值的铸币或仅仅是货币符号的纸币来代替足值的金属货币执行流通手段职能。因为货币本身并不是人们所需要的，人们关心的只是它的购买力，即能否买到等值的商品，货币在人们手中只是作为交易的媒介。

（3）贮藏手段。货币退出流通领域进入贮藏时，便执行贮藏手段职能。货币的贮藏手段有两个特点：一是作为贮藏的货币必须是有十足价值的贵金属，不能是不足值的货币或货币符号，因为后者有贬值的可能，一旦发生贬值，对所有者将造成经济损失；二是作为贮藏的货币必须是现实的货币，而不能是观念上的货币。

（4）支付手段。在交换价值转移后不是马上支付货币，而是约定期限后支付，这种伴随价值运动而做单方面转移的货币，执行的便是支付手段职能。作为支付手段的货币具有的特点是：货币的流通手段表现的是商品或劳务与货币的价值的互换；而支付手段表现的是价值互换后，商品或劳务的让渡在先，货币的支付在后，两者在时间上有一定的间隔，因此货币支付时是作为价值的单方面的转移。

（5）世界货币。当货币超越国界，在世界市场上发挥一般等价物作用时，便执行世界货币的职能。世界货币的职能是货币其他各职能在国际市场上的延伸和发展。作为世界货币的货币特点是：不能是没有十足价值的铸币或以某国家名义发行的纸币，而必须是有十足价值的金块或银块，以其实际重量直接计算。现代一些发达国家的信用货币，已成为世界上普遍接受的硬通货，许多国家都把这些硬通货作为本国储备的一部分，并用来作为国际间的购买和支付手段。这一方面是因为经济发达国家国力强大，在国际上的政治经济地位较高，因此其货币币值比较稳定；另一方面欧洲美元市场、离岸金融市场的发展，促进了这些信用货币的全球化。

### 3. 货币制度

（1）货币制度的含义。货币制度是指国家通过法律确定的货币流通的结构和组织形式。货币制度的确定可以使一个国家的货币流通有一定的规范。一般而言，货币制度由以下四个要素构成。

① 确定货币材料。货币币材是指用来充当货币的物质。历史上先以白银为货币金属，随着黄金的开采逐渐过渡到黄金。现代不可兑换的信用货币，在选择货币币材上其技术意义已经超过经济意义，防伪成为关键技术。

② 规定货币单位。货币单位即货币的计量单位。货币单位的规定主要有两个方面：一是规定货币单位的名称；二是确定货币单位的"值"。例如，我国货币名称为人民币，单位是"元"。

③ 各种通货的铸造、发行和流通程序。在金属货币制度下，货币的铸造权通常由国家垄断，由国家铸币厂按标准规格铸造。流通中的货币分为本位币和辅币两种。在信用货币制度下，纸币由一国的中央银行垄断发行，分现金流通和非现金流通两种渠道。

④ 准备制度。在金本位制度下建立的是黄金准备，又称金储备，其用途是作为国际支付的准备金。在信用货币制度下，黄金外汇储备的作用一是用来作为国际支付清算的准备金，二是用来维护本币币值的稳定。

（2）货币制度的演变。历史上最早出现的货币制度是金属货币制度，如今大量流行的则是纸质的货币符号。

16 世纪以后，国家货币制度发生了数次大的变化，这些变化的轨迹如图 5-2-2 所示。

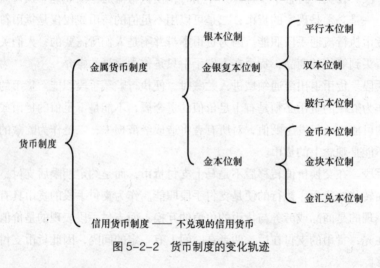

图 5-2-2  货币制度的变化轨迹

① 银本位制。银本位制是一种以银为本位币的货币制度。

② 金银复本位制。金银复本位制是法律规定金、银两种金属同时作为本位币的材料。金银复本位制的特点表现为：金、银币都可以自由铸造；金、银币都有无限法偿力；金、银都可以自由输出、输入国境。金银复本位制的类型：在金银复本位制下，由于金、银同时流通，需要建立金、银的比价，于是形成了金银复本位制下的两种类型：其一是平行本位制，即金、银按它们内在的实际价值量流通，两者的兑换比例随金、银市场价格的变动而变动；其二是双本位制，是国家通过法律规定金、银的比价，金、银按它们的法定比价流通。无论是平行本位制，还是双本位制，都是一种不稳定的货币制度。

为了克服双本位制下"劣币驱逐良币"的现象，许多国家实行了跛行本位制。在这种货币制度下，金币和银币仍然同为本位币，仍然按法定比价流通和兑换，都具有无限法偿能力，但是只有金币可以自由铸造，银币则不能自由铸造。由于限制银币自由铸造，这样银币的价值不是取决于金属银而是取决于金属金，银本位币的地位大打折扣，银币称为金币的附属货币，起辅助作用。在这种货币制度下，两种货币的地位不平等，所以，叫跛行本位制。跛行本位制不完全具备复本位制的特征，严格地讲，跛行本位制已经不是复本位制，而是由复本位制向金本位制过渡的一种形式。

③ 金本位制。金本位制包括金币本位制、金块本位制和金汇兑本位制。

金币本位制是以黄金为货币金属，实行金币流通的一种典型的金本位制。金币本位制的特点表现为以下三点。

- 金铸币为本位货币，可以自由铸造、自由熔化。
- 辅币、银行券和金币同时流通，辅币和银行券可按面值自由兑换金币。
- 黄金和金币可以自由地输出、输入国境，保证了世界黄金市场的统一和外汇行市的相对稳定。

金币本位制是货币制度史上比较稳定的货币制度，对资本主义经济的发展具有积极的促进作用。

金块本位制是指国内不铸造也不流通金币，只发行和流通代表一定重量黄金的银行券或纸币，银行券或纸币不能自由兑换黄金或金币，只能按一定条件向发行银行兑换金块。这种制度又称为生金本位制。

金汇兑本位制是指国家仍规定货币单位的含金量，但国内不铸造也不使用金币，而是流通银币或银行券等，银币或银行券在国内不能兑换黄金，只能兑换外汇，然后用外汇可在国外兑换黄金。金块本位制和金汇兑本位制是残缺不全的、不稳定的货币制度。

（3）我国的货币制度。我国现行的货币制度是人民币制度。人民币最初是 1948 年 12 月 1 日在中国人民银行成立时发行的。它标志着新中国货币制度的建立。1955 年 3 月 1 日，我国又发行了新版人民币，同时建立了辅币制度。这种货币制度一直保持到现在。现在流通的是第五套人民币，是 1999 年 10 月 1 日，在中华人民共和国建国 50 周年时发行的。

**业务 5-2-1**

货币执行（　　）职能的具体表现是将价值表现为价格。

A．价值尺度　　　　B．流通手段　　　　C．支付手段　　　　D．贮藏手段

【答案】A

**业务 5-2-2**

货币制度的内容包括（　　）。

A．货币金属　　　B．货币单位　　　C．准备制度　　　D．货币的发行与流通

【答案】A，B，C，D

## 二、信用与金融工具

在商品货币经济条件下，货币从商品中分离出来以后，充当价值尺度和流通手段的职能，当货币被人们用来偿还债务时，又发挥了支付手段的职能。通过使用货币建立起来的债权、债务关系，是当代信用经济的一大基本特征，也是信用存在的基础。

### 1. 信用及其特征

信用是一种商品货币经济条件下的借贷行为，是以偿还为条件的价值暂时让渡，是一种价值运动的特殊形式。在实际生活中，人们往往把"债务"与"信用"混为一谈，但二者在理论上是有区别的。严格地说，它们是同一行为的两个方面。在每一次借贷行为中，债务是指借款人将来

还款的义务，而信用则是贷款人将来收款的权利，又称债权。在任何时候，整个社会的信用总额与债务总额必定是相等的。因此，我们常把债权、债务的关系说成是"信用关系"。

现代信用制度是信用经济的基础。现代信用制度的建立，取代了在资本主义社会以前的高利贷信用在市场上的垄断地位，但高利贷信用并未消失，如在民间的典当业、小生产者的借贷等方面，仍部分保留着高利贷的性质，这将成为现代信用的补充。

 你借过钱吗？你试过到商店买东西，先拿走货物，以后再付款吗？一个非常没有信用的人找你借钱，你借给他吗？为什么？

### 2. 信用的形式

按照债权人和债务人之间的关系，可将信用分为直接信用和间接信用两种形式。直接信用是指资金盈余单位通过签署借款协议或债务证书的方式直接向资金短缺单位提供的信用；间接信用则是通过银行和金融机构进行的。在市场经济条件下，除银行信用是间接信用外，其他信用形式基本上都属于直接信用。

按债权人和债务人所在地域，可将信用分为国内信用和国际信用。国内信用是指债权人和债务人都在一国范围内的信用；国际信用则是债权人或债务人有一方在国外的信用。

（1）商业信用。商业信用是企业在出售商品时，售货方向购货方所提供的信用。商业信用主要采取赊销和预付货款两种基本形式。商业信用具有以下特点。

① 商业信用是以商品形态提供的信用。

② 商业信用的债权人和债务人都是企业。

③ 商业信用的盛衰和经济周期的变化相一致。

由于商业信用是与商品交易相联系的，其基本形式是赊销和预付货款，因此，在我国社会主义市场经济条件下，商业信用必然普遍存在。到目前为止，我国已采用的商业信用形式主要有以下几种。

① 赊销商品。这种方法能够有效地处理积压商品。有些积压商品并不是没有人需要，而是需要者暂时没有资金购买，或觉得条件不够优惠而不愿购买。如果对这些商品采用赊销的方法，就能很快地售出。赊销有助于企业加速资金的周转，避免损失和浪费，增加再生产所需的资金和物资。

② 预付货款。只要是生产期限较长的产品，在必要时均可预收一定比例的货款或定金。这可以使生产企业提前获得资金，保证产品的正常生产；同时也有利于巩固买卖双方的赊销关系，严格执行经济合同。

③ 补偿贸易。所谓补偿贸易，是指某企业用其他企业的设备进行生产，然后用生产的产品来归还设备的价款。如果乙企业用甲企业提供的设备生产，然后用产品逐步归还设备价款，在设备价款未还清之前，乙企业就同甲企业发生了商业信用。

除以上三种形式以外，还有委托代销、分期付款等形式的商业信用。

商业信用作为银行信用的补充，具有以下两大优点：一是商业信用是直接的信用；二是商业信用的合理运用，有利于推销新产品和滞销产品，减少资金积压。但是商业信用也存在一定的局限性：一是受到规模上的限制；二是受到方向上的限制。

（2）银行信用。银行信用是商业银行或其他金融机构以货币形态向企业提供的信用。银行信用是现代信用的典型形态，它是在商业信用发展的基础上产生的。银行信用克服了商业信用的局限性，因而对商品经济的发展起了巨大的推动作用，并成为现代信用经济的主体。银行信用克服了商业信用的局限性，不受借贷资金数量和方向的限制。相对于商业信用，银行信用具有以下特点。

① 银行信用是以货币形态提供的信用。

② 银行信用的债权人是银行或金融机构，债务人则是企业。

③ 银行信用的盛衰与经济周期的变化不一致。

（3）国家信用。国家信用是政府以举债的方式要求其公民提供的信用。在国家信用中，以债务人资格出现的是国家或政府；以债权人资格出现的则是本国公民、企业、银行或金融机构等。

（4）消费信用。消费信用是由企业、银行或其他消费信用机构向消费者个人提供的信用，通常采用以下两种形式：直接消费信用，即直接贷款给消费者，用于购买商品和支付各种劳务；间接消费信用，即向消费者间接提供信用。

**3. 金融工具**

（1）金融工具的含义及特征。金融工具是借贷双方建立信用关系的一种书面凭证，又称信用工具。在一般情况下，它对于发行者来说是一种债务，对于购入者或持有者来说则是一种债权。金融工具具有以下基本特征。

① 偿还期。偿还期是指债务人在必须全部偿还债务之前所经历的时间。

② 流动性。金融工具的流动性是指金融工具在短时间内转变为现金，而在价值上不受损失的能力，又称为变现能力。

③ 本金安全。本金安全是指金融工具的本金免于遭到损失的风险。

④ 收益率。收益率是指金融工具能够定期或不定期带来的收益与其本金的比率。现代西方经济学家将金融工具的收益率与利率视为同一概念。金融工具的收益率可分为名义收益率、即期收益率和到期收益率。

a. 名义收益率是金融工具上载明的票面收益率。

b. 即期收益率是有价证券按当时的市场价格出售时，所获得的收益率，即为票面收益与市场价格之比。

c. 到期收益率。到期收益是指将金融工具持有到偿还期所获得的收益，包括到期的全部利息。到期收益率又称最终收益率，它相当于投资者按照当前市场价格购买并且一直持有到满期时可以获得的年平均收益率，其中隐含了每期的投资收入现金流均可以按照到期收益率进行再投资。

（2）金融工具的种类及其运用。随着信用制度的不断发展和完善，特别是金融创新的蓬勃兴起，金融工具的种类日益增多。金融工具按其发行者的性质不同，划分为直接金融工具和间接金融工具。直接金融工具是指非银行或金融机构，如工商企业、政府和个人所发行或签署的商业票据、股票、公司债券、公债和抵押契约等。间接金融工具是指银行或金融机构所发行的银行券（或纸币）、存款单、人寿保险单和各种银行票据等。

① 货币市场常用的金融工具有如下几种。

● 票据。票据的含义有广义和狭义之分。广义的票据包括各种有价证券和商业凭证，如股票、股息单、国库券、发票、提单和仓单等。狭义的票据仅指汇票、本票和支票。汇票是指出票人委托付款人于指定到期日，无条件支付一定金额给持票人的票据。我国《票据法》对汇票的定义是：汇票是出票人签发的，委托付款人在见票时或者在指定日期无条件支付确定的金额给收款人或者持票人的票据。汇票是票据的典型代表，它最集中地体现了票据所具有的信用、支付和融资等各种经济功能。本票是出票人承诺于到期日或见票时，由自己无条件支付一定金额给收款人或持票人的票据。根据出票人的不同，本票可以分为商业本票和银行本票。支票是出票人（即活期存款的存户）签发的，委托办理支票存款业务的银行或者其他金融机构在见票时无条件支付确定的金额给收款人或者持票人的票据。

• 大额可转让定期存单。大额可转让定期存单是国际上广泛使用的一种金融工具，20世纪60年代首先由美国纽约花旗银行开办。我国于1987年开办这种业务。中国人民银行规定，大额可转让定期存单可在存期内委托经营证券的柜台交易金融机构进行转让。

• 信用卡。信用卡是产生于消费信用的工具。

② 资本市场常用的金融工具有以下几种。

• 债券。债券是国家、地方政府或企业为向社会筹措资金而发行的，约定在一定日期支付利息，并在一定期限内偿还本金的一种债权、债务关系的凭证。

债券按发行方式，可分为公募债券和私募债券；按券面的形式，可分为记名债券和不记名债券；按有无担保，可分为信用担保债券、实物担保债券和无担保债券；按债券的期限，可分为短期债券、中期债券和长期债券；按债券的利率，可分为固定利率债券、浮动利率债券、累进利率债券和贴水债券；按债券发行和流通的区域，可分为国内债券和国际债券等。

我国已发行的债券有下列几种。

a. 国库券。国库券是国家为了解决急需的预算支出，而由财政部发行的一种国家债券。由于是由政府保证本金及利息的支付的，所以它在各种债券中享有最高的信誉。

b. 公债券。公债券是由国家发行的，用于重点建设项目投资的债券。由于其筹措资金的用途不同，所以名称也不同，其信誉则与国库券相当。公债券可由中央政府发行，也可由地方政府发行。由中央政府发行的为国家公债，由地方政府发行的为地方政府公债。

c. 金融债券。金融债券是由银行或金融机构发行的债券的总称。

d. 企业债券。企业债券又称公司债券，是公司企业为了筹集追加资本而发行的债务凭证。

• 股票。股票是以股份公司形式组织的企业发给股东，以证明其入股，并可取得股息的凭证。股票可以分为普通股票和优先股票两种。相对于债券，股票具有以下基本特征。

a. 不可偿还性。股票是一种无偿还期限的有价证券，投资者认购股票后，就不能再要求退股，只能到二级市场交易。

b. 参与性。股东有权出席股东大会，参与选举及公司重大决策。

c. 收益性。股东有权从公司领取股息和红利，获取收益。股息或红利的大小取决于公司的盈利水平及分配政策。

d. 流动性。股票的流动性是指股票在不同投资者之间的可交易性，通常以可流通的股票数量、股票成交量以及股价对交易量的敏感程度来衡量。

e. 价格波动性和风险性。股票在交易市场作为交易对象，和商品一样，有自己的市场行情和市场价格。由于股票价格受到公司经营状况、资金供求关系、银行利率、国家经济政策、大众心理等多种因素的影响，其波动有很大的不确定性。价格波动的不确定性越大，投资风险也越大。

• 证券投资基金。证券投资基金是指由众多投资者出资、专业基金管理机构和人员管理的资金运作方式，是一种间接的证券投资方式。基金管理公司通过发行基金单位，集中投资者的资金，由基金托管人托管，由基金管理人管理和运用资金，从事股票、债券等金融工具的投资，然后共担投资风险、分享收益。

- 衍生金融工具。衍生金融工具即金融衍生产品，是一种金融合约。其价值取决于一种或多种基础资产或指数。合约的基本种类包括期货、掉期和期权等。与传统的金融产品相比，金融衍生产品是以传统的金融产品如债券、外汇、股票、贵金属、商品及其指数或组合为标的的合同。除期货与部分期权外，其他类型的金融衍生工具基本在场外市场进行交易。

**业务 5-2-3**

消费贷款属于（　　）。

A. 商业信用　　　　　B. 银行信用　　　　　C. 国家信用　　　　　D. 消费信用

【答案】D

**业务 5-2-4**

必须经过承兑才能生效的信用工具是（　　）。

A. 银行本票　　　　　B. 银行汇票　　　　　C. 商业汇票　　　　　D. 支票

【答案】C

### 三、利息与利率

#### 1. 利息的性质

在现代信用制度下，信用采取货币形态，即借贷资金的典型形态。由于在社会再生产过程中，借款人和贷款人把货币（借贷资金）作为资本来借贷，因此又称为借贷资本。

从借贷资金的让渡形式来看，利息是借贷资金的"价格"。

马克思主义认为，利息是剩余价值的转化形式。雇佣劳动者创造的剩余价值，在产业资本家之间进行划分，扣除职能资本家的利润以后，借贷资本家获取让渡借贷资金的报酬，即为利息。按马克思主义的理论，社会主义市场经济条件下的利息，应是社会再生产过程中创造的利润的一部分，即企业使用借贷资金向债权人支付的报酬。

利息的计量方法有两种，即单利法和复利法。

单利法是指在计算利息时，不论期限长短，只按本金计算利息，所生利息不再加入本金重复计算利息。其计算公式如下。

$$I = P \cdot R \cdot n$$

其中，$I$ 代表利息额；$P$ 代表本金；$R$ 代表利率；$n$ 代表时间。

复利法是指计算利息时，要按一定期限（如一年），将所生利息加入本金再计算利息，逐期滚算，利上加利。其计算公式如下。

$$S = P(1+R)^n$$
$$I = S - P$$

其中，$S$ 代表本息合计；$I$，$P$，$R$，$n$ 与上式相同。

【典型案例 5-2-1】银行向企业发放一笔贷款，额度为 20 000 元，期限为 5 年，年利率为 7%。使用单利和复利两种计算方式计算 5 年后的本息和。

解析：

单利法：$I=P \cdot R \cdot n$

$\qquad = 20\,000 \times 7\% \times 5 = 7\,000$（元）

所以，本息和 $= 20\,000 + 7\,000 = 27\,000$（元）

复利法：$S = P\,(1+R)^{\,n}$

$\qquad = 20\,000 \times\,(1+7\%)^{5}$

$\qquad = 28\,051.3$（元）

### 2．利率及其种类

利率是在一定时期内利息额与借贷资金（本金）之间的比率。利率是衡量利息高低的指标，其公式如下。

$$\text{利率} = \text{利息额} / \text{借贷本金额}$$

利率是一种体系，按照不同的标准可以划分为许多种类型。

（1）名义利率和实际利率。按照利率与通货膨胀的关系，利率有名义利率和实际利率之分。名义利率是不剔除通货膨胀的因素，随物价水平的变化而调整的利率；实际利率则是剔除通货膨胀的因素，能够精确地反映真实筹资成本的利率。

（2）基准利率和市场利率。根据利率是否由中央银行控制，可以将其分为基准利率和市场利率。基准利率又称为中心利率，是带动或影响市场利率的利率，一般由中央银行决定。市场利率是由市场因素决定的利率，中央银行不加以直接控制。

（3）长期利率和短期利率。根据信用期限的长短，利率可以分为长期利率和短期利率。长期利率是指信用期限超过一年的利率；短期利率则指信用期限在一年以内（包括一年）的利率。

（4）固定利率与浮动利率。根据信用期限内利率是否调整，利率可以分为固定利率和浮动利率。固定利率是指在信贷期限内保持不变的利率。浮动利率是指在信贷期限内根据市场利率的变化定期调整的利率。

（5）优惠利率和惩罚利率。根据借款人的资信程度，利率可分为优惠利率和惩罚利率。优惠利率低于同类贷款利率，是银行竞争的一种手段。惩罚利率高于同类正常贷款利率，是对那些超过贷款限额、透支额度及偿还期限的贷款所规定的特殊利率。惩罚利率是银行对企业违约的一种制约手段。

（6）年利率、月利率和日利率。根据计算利息的期限单位，利率可划分为年利率、月利率和日利率。年利率以年为计算单位，以百分之几来表示，按年利率计算的利息为年息；月利率以月为计算单位，以千分之几来表示，按月利率计算的利息为月息；日利率以日为计算单位，以万分之几来表示，按日利率计算的利息为日息，日息按每月 30 天计算。

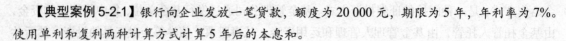

业务 5-2-5

在计算利息时，按一定期限，将所生利息加入本金再计算利息的计息方法是（　　）。

A．单利计息　　　　B．复利计息　　　　C．存款计息　　　　D．贷款计息

【答案】B

### 四、货币政策

货币政策是指中央银行为实现其特定的经济目标所采用的各种控制和调节货币供应量、信贷规模的方针和措施的总和。

**1．货币政策的目标**

中央银行的货币政策目标就是中央银行通过调节货币和信用解决经济问题。这些经济问题有稳定物价、经济增长、充分就业和国际收支平衡 4 项。

（1）稳定物价。稳定物价是使一般物价水平在短期内不发生显著的或急剧的波动。这里指的是一般商品和劳务的价格水平，而不是个别商品和劳务的价格水平。稳定物价不是说把物价冻结在一个绝对不变的水平上，这是不可能的，也是不正常的，而是把物价控制在一个可承受的限度内。各国各地区因为各自的承受能力不同而对这个可承受的限度的理解各有不同，但是把物价水平控制在最低限度上，则是大众所希望的。控制物价，就必须控制通货膨胀。

（2）经济增长。经济增长是指一国国民（内）生产总值的增加，即生产商品和劳务能力的增长，或指人均国民（内）生产总值的增长。现在世界各国一般是以扣除价格变化因素后的人均实际国民（内）生产总值或国民收入来近似地衡量一国经济的增长状况。

（3）充分就业。充分就业，最理想的境界就是所有的劳动力都有固定的职业，但实际上这是办不到的。我们一般以所有愿意就业者都有一个适当的工作为衡量标准，以失业人数占愿意就业的劳动力的比例表示失业率，以失业率衡量就业状况。

（4）国际收支平衡。国际收支平衡，是指一国对其他国家的全部货币收入和货币支出持平或略有顺差或逆差。

由于在不同的时期，经济运行中存在的主要问题是不同的，在实际执行货币政策时很难同时达到上述四项目标，一般只能有所侧重，选定一项或两项主要目标，再兼顾其他目标。

**2．货币政策的工具**

中央银行对经济的宏观调节是通过货币政策工具的运用来实现的。中央银行货币政策工具就是中央银行为实现货币政策目标，进行金融控制和调节所运用的策略手段。中央银行的货币政策工具有一般性使用的货币政策工具和选择性使用的货币政策工具。

（1）一般性使用的货币政策工具。一般性使用的货币政策工具即再贴现政策、存款准备金政策和公开市场政策，我们称其为传统的三大货币政策工具，也有人称之为"三大法宝"，因为这些手段的实施对象是整体经济，而非个别部门或个别企业。

① 再贴现政策。再贴现政策是中央银行通过制定或调整再贴现利率，来干预和影响市场利率以及货币市场的供应和需求，从而调节市场货币供应量的一种货币政策。再贴现率是中央银行对商业银行的票据进行贴现所收取的利息的比率。

再贴现政策的效果包括四个方面：第一，可以影响商业银行的资金成本和超额准备，从而改变其放款和投资活动；第二，可以产生告示性效果，从而影响商业银行和公众的预期，引导金额市场利率；第三，通过决定何种票据具有再贴现资格，从而影响商业银行资金运用的方向，起到抑制和扶植的效应；第四，再贴现率的调整，对货币市场具有较广泛的影响。

再贴现政策的局限性包括三个方面：第一，如果再贴现率过高，商业银行就不会去中央银行再贴现，而是通过其他渠道获得资金，中央银行不能强迫商业银行一定要到中央银行申请再贴现，中央银行处于被动地位；第二，中央银行调整再贴现率，只能影响利率水平，不能改变利率结构；第三，中央银行的再贴现政策缺乏弹性，因为中央银行如果经常调整再贴现率，会引起市场利率的经常性波动，使企业和商业银行无所适从。

② 存款准备金政策。存款准备金政策是指中央银行在法律所赋予的权力范围内，通过调整商业银行交存中央银行的存款准备金比例，以改变货币乘数，控制金融机构的信用扩张能力，间接控制社会货币供应量，从而影响国民经济活动的一种制度。存款准备金与金融机构存款总额的比例就是存款准备金率。

存款准备金政策的效果：第一，可以将金融机构分散保管的准备金集中起来，防止存款人集中、大量挤提存款而导致支付能力削弱，对经济金融产生破坏性影响，保证金融机构的清偿力和金融业的稳定；第二，用于调节和控制金融机构的信用创造能力和贷款规模，控制货币供应量；第三，增强中央银行的资金实力，使中央银行不仅有政治实力，还有强大的经济实力作为后盾。

存款准备金政策的局限性：中央银行难以确定存款准备金率调整的时机和幅度，商业银行难以迅速调整准备金数额以符合提高的法定限额，如果少量的超额准备金难以应付，会使商业银行资金周转不灵，因此，这一工具是一件威力巨大但不能经常使用的武器。

③ 公开市场政策。公开市场政策是指中央银行在公开市场上买进或卖出有价证券、外汇，以吞吐基础货币，实现货币政策目标的行为。

公开市场政策的效果：第一，中央银行在市场上大量买进有价证券，相当于向市场上投放了一笔资金，增加了市场货币供应量，如果是流入商业银行，将会导致信用的扩张，货币供应量成倍增加，相反，当中央银行大量卖出有价证券，使市场资金流回中央银行，会引起信用规模的收缩，货币供应量减少，因此，公开市场政策可以达到适时、适量地按任何规模扩张和收缩信用，调节货币供应量的目的，比调整法定存款准备金率灵活；第二，公开市场政策比贴现政策具有"主动权"，可以根据不同的情况和需要，随时主动出击，而不是被动等待；第三，中央银行可以根据金融市场的信息不断调整业务，产生一种连续性的效果，这种效果使社会对货币政策不易做出激烈的反应，而其他两个政策只能产生一次性的效果，易引起社会的强烈反应。

公开市场政策的局限性：第一，传导机制较缓慢，其影响需经过一段时间后才能见效；第二，公开市场政策对各种有价证券的价格和收益率影响很大，需要发达的金融市场和多样的证券种类；第三，当商业银行的行动不配合中央银行货币政策时，公开市场政策的作用就不能得到充分发挥。

（2）选择性使用的货币政策工具。选择性使用的货币政策工具是中央银行针对不同的部门、不同的企业和不同用途的信贷而采取的政策工具，可以影响金融机构体系的资金运用方向以及不同信用方式的资金利率，起到鼓励或抑制的作用，达到结构调整的目的。这些工具包括对消费信用的支持或控制、房地产信贷管制、贷款限制、信用分配、证券保证金比例、利率调整、道义劝说和窗口指导。

业务 5-2-6

下列货币政策工具中，属于一般性货币政策工具的是（　　）。

A．道义劝说　　　　B．信用分配　　　　C．公开市场业务　　　　D．证券市场信用控制

【答案】C

# 项目三　金融市场

【引例与分析】企业在经营过程中，总是会遇到资金短缺的情况，或者要投资新项目，或者为购置新设备，甚至仅仅是为了日常周转。

问题：遇到这种情况，假如你是企业老板，你将如何解决企业资金缺口问题？

分析：企业通常通过筹资活动来解决经营过程中遇到资金短缺的问题，企业的筹资渠道通常有两种：①内源融资即企业内部资本——企业的盈余公积和未分配利润。②外源融资即通过金融市场筹资。

金融市场就是金融商品买卖的地方。金融商品包括银行存贷款、股票、债券、票据、黄金、外汇、投资基金等。

金融市场的组织体系主要包括市场的交易者、市场的交易工具、市场的媒体（如经纪人）、交易商、金融中介机构和市场组织机构等。

随着金融工具的多元化及交易方式的多样化，金融市场逐渐演变成为一个许多子市场组成的庞大的金融市场体系。按照金融市场的定义及金融工具的品种，金融市场可以分为多种类型。

（1）按品种可将金融市场分为货币市场、资本市场、外汇市场、黄金市场。

（2）按期限可将金融市场分为短期金融市场和长期金融市场。短期金融市场就是指专门融通期限在一年以内的短期资金的场所。短期资金多在流通领域起着货币作用，所以又称货币市场。长期金融市场是指专门融通期限在一年以上的中长期资金的市场。

（3）按方式可将金融市场分为现货交易、期货交易和期权交易。现货交易是买卖成交后，当场或几天之内即办理交割清算，钱货两清。期货交易是买卖成交后按合同规定的价格、数量和期限进行交割清算的交易方式。期权是指在未来特定时期内按约定价格买进或卖出一定数量证券的权利，期权交易是指对这种权利的买卖。

（4）按范围可将金融市场分为地方性市场、全国性市场、区域性市场和国际市场。

## 一、货币市场

货币市场是指期限在一年以内的金融工具交易的市场。根据交易对象的不同，货币市场可分为同业拆借市场、票据市场、短期政府债券市场、回购市场和大额可转让定期存单市场。

货币市场有以下四个特点：①交易期短，一般在3～6个月，最短的只有半天，最长不超过1年；②所交易的工具有较强的流动性；③风险相对较低，货币市场交易对象期限短、流动性强、不确定性因素较少，因而风险较低；④参与者主要是金融机构，交易金额大。

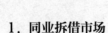
### 1．同业拆借市场

同业拆借市场是指金融机构之间短期互相借用资金所形成的市场。银行等金融机构由于进行存贷款和票据清算业务活动，总会有一些机构发生头寸不足，而另一部分机构则可能出现头寸多余的情况。为了互相支持对方业务的正常开展，并使多余资金产生短期收益，需要进行短期资金融通，这种融通在金融术语上称为拆借。

同业拆借具有以下特点：①同业性，参加同业拆借市场活动的各方都是银行及其他金融机构，非金融机构不能参加同业拆借；②期限短，一般在1～5天，最短的只有半天，最长不超过1年；③无担保性，金融机构之间的拆借大多凭借信誉，不需要担保品；④交易金额大，一般在1 000万元左右；⑤拆借利率由交易双方协定，通常低于中央银行的再贴现利率而高于存款利率。

同业拆借利率是市场利率体系中对中央银行的货币政策反应最为敏感和直接的利率之一，成为中央银行货币政策变化的"信号灯"。尤其是伦敦同业拆借利率（London InterBank Offered Rate，LIBOR）成为国际上通用的基础利率。

### 2．票据市场

票据市场是以票据作为交易对象，通过票据的承兑、票据贴现、票据转让和票据抵押进行融资活动的货币市场。我国目前使用的票据有三种：汇票、银行本票和支票。

票据市场分为票据承兑市场和票据贴现市场。票据承兑市场是指汇票到期前，汇票付款人或指定银行确认票据证明事项，在票据上做出承诺付款的文字记载、签章的一种手续。承兑后的汇票才是市场上合法的票据。票据承兑一般由商业银行办理。票据贴现是指在票据持有人在票据到期前，为获取现款向金融机构贴付一定的利息所做的票据转让。

我国直到1982年2月，中国人民银行才试办同城商业承兑汇票贴现业务，1986年专业银行银行正式开办票据承兑、贴现和再贴现业务。2009年10月28日，中国人民银行建成电子商业汇票系统（Electronic Commercial Draft System，ECDS）并正式投产运用，标志着中国票据市场以革新交易的方式启动了建设全国性票据市场的新征程。

### 3．短期国债市场

短期国债是一国政府为弥补国库资金临时不足而发行一年期以内的政府债券，也称为国库券，一般期限为3个月、6个月、9个月等。短期国债市场是货币市场最重要的组成部分。发行量和交易量都非常巨大，在满足政府短期资金周转需要方面发挥着重要作用。

短期国债市场的特点是安全性高、流动性强、享受税收优惠。它不仅是投资者的理想场所，还有其他货币市场不可替代的作用。一是有助于协调商业银行经营的"三性"的矛盾，是商业银行调节二级准备金的重要渠道；二是有助于弥补财政临时性、季节性的收支短缺，是政府调整国库收支的重要场所。

世界上最早的国库券出现在1877年的英国。美国首次发行国库券是在1929年。美国的短期国债市场非常活跃，而我国由于发行的品种和数量相对较少，限制了这一市场作用的发挥。

### 4．大额可转让定期存单市场

大额可转让定期存单是银行发行的具有固定期限和利率，并且可以转让的金融工具。这种金融工具发行和流通的市场成为大额可转让定期存单市场。

我国的大额可转让定期存单业务随着相关政策的变化经历了曲折的发展历程。1986年，交通银行首次发行大额可转让定期存单，其中对个人发行的存单面额分别为500元、1 000元、5 000元，对单位发行的存单面额分别有1万元、5万元、10万元、50万元和100万元等几种。期限分别为1个月、3个月、6个月、9个月和12个月5个档次。利率由中国人民银行定出最高限，具体由发现者自行调整。为吸引投资者，一般利率比定期存款利率要高。

大额可转让定期存单作为商业银行的主动负债工具，能拓宽银行的资金来源，增加市场投资品种，丰富风险控制手段，对商业银行的资产负债管理有着不可估量的推动作用，也曾被许多国家作为利率市场化建设的突破口。

> **业务5-3-1**
>
> 下列不属于货币市场的是（　　）。
>
> A．银行同业拆借市场　　　B．票据市场　　　C．大额可转让存单市场　　　D．证券市场
>
> 【答案】D

## 二、资本市场

资本市场又称长期资金市场，是融资期限在一年以上各种资金借贷和证券交易的场所。资本市场的交易对象是一年以上的有价证券，如股票、中长期债券、投资基金等，主要满足政府和企业对长期资金的需求。资本市场可分为证券市场和长期抵押放款市场，证券市场按交易对象的不同又分为股票市场和债券市场。与货币市场相比，资本市场具有以下特点。

（1）融资期限长。至少一年以上，也可长达几十年，甚至无到期日。

（2）流动性相对较差。在资本市场上筹集到的资金多用于解决长期融资需求，故流动性和变现性相对较弱。

（3）高风险、高收益。由于融资期限较长，发生重大变故的可能性也大，市场价格容易波动，投资者须承受较大的风险。同时，作为对风险的报酬，其收益也较高。

（4）参与者主要是社会公众，这与货币市场的参与者主要是金融机构形成鲜明的对比。资本市场的金融机构只作为市场融通的中介，而不是主要的买卖者。

（5）资本市场的交易方式以证券发行和证券交易为主。

### 1．证券发行市场

证券发行市场也称为一级市场或初级市场，是证券由发行者向投资者出售所形成的市场，包括各个经济主体和政府部门从筹划发行证券、证券承销商承销证券、认购人购买证券的全过程。新成立的股份有限公司、原有的股份有限公司增资扩股，政府和企业为特定目的筹资等，都要通过证券发行市场。

（1）证券发行市场的构成。证券发行市场由证券发行人、证券认购人、证券承销商和专业服务机构构成。

① 证券发行人又称发行主体，是指为筹集资金而发行股票或债券的企业单位、政府机构、金融机构或其他团体。证券发行人是证券发行市场存在和发展的首要因素。

② 证券认购人是以取得利息、股息或资本收益为目的，根据发行人的招募要约认购证券的个

人或机构。在证券发行市场，投资者数量的多少、购买能力的强弱、收益要求的高低以及承担风险能力的大小等，直接影响和制约着证券发行的数量。

③ 证券承销商。证券承销商主要是指媒介证券发行人和投资者交易的证券中介机构。承销商接受发行人的委托，通过一定的发行方式和发行渠道，向认购人销售发行人的证券。我国目前从事证券承销业务的机构是经批准有承销资格的证券公司、金融资产管理公司和金融公司。

④ 专业服务机构。专业服务机构包括证券服务类机构和经济鉴证类机构以及其他服务机构。证券服务机构包括证券登记结算公司和证券信用评级机构等；经济鉴证类机构包括会计师事务所、资产评估机构、律师事务所等。它们共同为证券发行提供服务。

证券发行市场是整个证券市场的基础，它的内容和发展决定着证券交易市场的内容和发展方向。它不仅是发行主体筹集资金的市场，也是给投资者提供投资机会的市场。

（2）证券发行方式。证券发行方式是指证券推销出售的方式，从不同的角度可进行不同的分类。

① 公募发行。公募发行也称公开发行，是指发行人向不特定的社会公众投资者发售证券的发行方式。在公募发行的情况下，任何合法的投资者都可以认购。

采用公募发行的有利之处在于：首先，以众多投资者为发行对象，证券发行的数量多，筹集资金的潜力大；其次，投资者范围大，可避免发行的证券过于集中或被少数人操控；最后，只有公开发行的证券才可申请在证券交易所上市，公开发行可增强证券的流动性，有利于提高发行人的社会信誉。

② 私募发行。私募发行也称不公开发行、内部发行，是指以少数特定投资者为对象的发行。具体来说，私募发行的对象大致有两类：一类是公司的老股东或内部员工；另一类是投资基金、社会保险基金、保险公司、商业银行等机构投资者。私募发行有确定的投资者，发行手续简单，可节约发行时间和发行费用；不足之处就是投资者数量有限，证券流通性差，而且不利于提高发行人的社会信誉。

③ 直接发行。直接发行是指发行者不委托其他机构，而是自己组织认购，进行销售，从投资者手中直接筹措资金的发行方式。直接发行使发行者能够直接控制发行过程，实现发行意图。直接发行发行成本较低，节约发行费用。但是，直接发行方式得不到证券中介机构的帮助和证券市场的密切配合，发行的社会影响较小，发行时间较长，而且发行责任和风险由发行者自己承担，一旦发行失败则要承担全部的损失。因此，直接发行方式比较适合于公司内部融资，或者发行量小、其投资者主要面向与发行者有业务往来的机构。

④ 间接发行。间接发行是指证券发行者委托一家或几家证券中介机构（如证券公司、投资银行等）代理出售证券的证券发行方式。间接发行根据受托证券发行责任不同，可分为包销、代销和助销等多种具体推销方式。间接发行由于借助于中介机构的支持和证券市场机制，能在较短的时间内筹足所需资金，并及时投入生产经营，风险小，但是发行成本高，而且发行者还需提供证券发行所需有关资料。因此，间接发行比较适合于那些已有一些社会知名度、筹资额大而急的公司。这样，既可以在短时间内筹足所需资本，还可以借助证券中介机构进一步提高公司的知名度，扩大社会影响。

（3）证券发行价格。证券发行价格主要有以下四种形式。

① 平价发行。平价发行是指股票或债券的发行价格与面额相等，即按面额发行。这种发行方式不能针对市场上证券价格的波动水平及时、合理地确定适宜的发行价格，缺乏灵活性和市场性。

② 溢价发行。溢价发行是指发行价格高于面值发行。溢价发行广泛适用于股票和投资基金发行，在债券发行中较少采用。

③ 市价发行。市价发行适用于股票发行，是指股票的发行价格以当时的股票市场价格为基准。

④ 折价发行。折价发行即发行公司将股票或债券以低于面值的价格发行。

我国目前使用最多的发行价格是溢价发行，其次是平价发行，其他发行价格很少使用。

**2．证券流通市场**

证券交易市场也称证券流通市场、二级市场、次级市场，是指对已经发行的证券进行买卖、转让和流通的市场。在二级市场销售证券的收入属于出售证券的投资者，而不属于发行该证券的公司。

（1）证券交易形式。证券交易市场为证券持有者提供证券变现的场所，也为新的投资者提供投资机会。该市场由证券交易所市场和证券公司开设的场外交易市场构成。各类有价证券在二级市场上的顺利流通，有利于形成一个公平合理的价格，实现货币资本与证券资本的相互转换。

① 场内交易市场。场内交易市场是指由证券交易所组织的集中交易市场。证券交易所是证券买卖双方公开交易的场所，有固定的交易场所和交易活动时间，是一个高度组织化、集中进行证券交易的市场。

证券交易所是整个证券市场的核心。它本身不进行证券买卖，也不决定证券价格，只为证券交易提供一定的场所和设施，配备必要的管理和服务人员，并对证券交易进行周密的组织和严格的管理，为证券交易的顺利进行提供一个稳定、公开、高效的市场。

证券交易所的特征：一是有固定的交易场所和交易时间；二是参加者为具备会员资格的证券经营机构，交易采取经纪制；三是交易对象限于上市证券；四是通过公开竞价方式决定交易价格；五是实行"公平、公正、公开"的交易原则。

 我国目前有两个证券交易所：上海证券交易所成立于 1990 年 11 月 26 日，同年 12 月 19 日开业；深圳证券交易所成立于 1990 年 12 月 1 日。两个交易所由中国证券监督管理委员会监督管理。2004 年 5 月，中小企业板正式推出；2006 年 1 月，中关村科技园区非上市公司股份报价转让开始试点；2009 年 10 月，创业板正式启动，深圳证券交易所主板、中小企业板、创业板以及非上市公司股份报价转让系统协调发展的多层次资本市场体系架构基本确立。

② 场外交易市场。场外交易市场又称柜台交易市场或店头交易市场，是指在交易所外由证券买卖双方当面议价成交的市场。它没有固定的场所，其交易主要利用电话进行，交易的证券以非上市证券为主。

（2）证券交易所的交易程序。证券交易所的交易程序一般包括以下几个环节。

① 开户。投资者在买卖证券之前，要到证券经纪人处同时开立证券账户和资金账户，开户之后才有资格委托经纪人代为买卖证券。

② 委托。委托是指投资者委托证券经纪人买卖某种证券，委托内容包括买卖股票名称、股票价格、买卖数量、时间等。

③ 竞价与成交。经纪人在接受投资者委托指令后，在交易所进行申报竞价，然后拍板成交。我国沪、深证券交易所目前同时采用集合竞价和连续竞价两种方式。在每个交易日上午 9:15～9:25 电脑撮合系统对接收的全部委托进行集合竞价处理，对其余交易时间的委托进行连续竞价处理。

④ 清算与交割。证券清算与交割是指一笔证券交易达成后的后续处理，是价款结算和证券交收的过程。它是证券交易的关键一环，关系到买卖达成后交易双方责、权、利的了结。我国目前证券结算对 A 股实行 T＋1 交易，对 B 股实行 T＋3 交易。

⑤ 过户。我国证券交易所的股票实行"无纸化交易"结算的完成即实现了过户，所有手续电脑自动一次完成。

（3）股票价格和股票价格指数。股票代表着持有者的股东权。这种股东权的直接经济利益表现为股息、红利收入。股票的理论价格就是为获得这种股息、红利收入的请求权而付出的代价，是股息资本化的表现。

股票市场价格又称股票行市，是指股票在证券市场买卖的价格。股票理论价格不等于股票市场价格，两者之间有着相当大的差距。影响股票市场价格的因素主要有以下几种。

① 宏观因素，包括对股票市场价格可能产生影响的社会、政治、经济、文化等方面。

② 产业和区域因素，主要是指产业发展前景和区域经济发展状况对股票市场价格的影响。它是介于宏观和微观之间的一种中观影响因素，因而它对股票市场的影响主要是结构性的。

③公司因素，即上市公司的运营对股票价格的影响。

④ 市场因素，即影响股票市场的各种股票市场操作。

股票价格指数是指用以反映股票市场上各种股票市场价格的总体水平及其变动情况的指标，简称股票指数。股价指数（Indexes）是反映不同时点上股价变动情况的相对指标。通常将报告期的股票价格与选定的基期价格相比，并将两者的比值乘以基期的指数值，即为报告期的股价指数。目前，上海证券交易所股价指数系列共包括四类指数：一是成分指数，包括上证 180 指数、上证 50、沪深 300；二是综合指数，包括上证综合指数、新综指、综合指数；三是分类指数，包括上证 A 股指数、上证 B 股指数、上证工业类指数、上证商业类指数、上证房地产业类指数、上证公用事业类指数、上证综合业类指数；四是基金指数，包括上证基金指数。以上指数中，上证综合指数最为常用。深圳证券交易所股价指数共有三类 13 项，其中最有影响的是深证成分指数。世界上影响较大的股票价格指数有香港恒生指数、伦敦金融日报指数、日本日经指数、美国道·琼斯工业指数。

业务 5-3-2

下列金融工具不属于资本市场工具的是（　　）。

A．股票　　　　　　B．投资基金　　　　　　C．信用卡　　　　　　D．债券

【答案】C

### 三、外汇与黄金市场

 你用过外币吗？你知道哪些外币？什么情况下你需要外币？可以从哪里获得外币？

随着国际收支的发生，产生了外汇、汇率问题。它既是国际间货币收支往来的产物，同时又影响着国际间收支往来关系。

#### 1．外汇与汇率

（1）外汇的含义。外汇有动态的和静态的两种含义。动态含义的外汇（抽象意义的外汇），是指将一国货币转换成另一国货币，以适应各种目的的国际支付或清偿的货币兑换行为或业务活动。静态含义的外汇（具体意义的外汇），是指以外国货币表示的，可以用于国际支付和清偿国际债务的金融资产，其主要形式为外币存款、外币票据、外币证券以及外币债权。

（2）汇率的概念。外汇同其他商品一样，在国际经济交往中被经常地、广泛地买卖。外汇汇率，是两种不同货币之间的比价；是一个国家的货币折算成另一个国家货币的比率；是用一国货币单位所表示的另一国货币单位的价格。它在实际业务中又叫外汇行市。

（3）影响汇率变动的因素（纸币流通条件下）。一国货币汇率往往受到多种复杂因素的影响而变动，一般情况下，影响一国汇率的主要因素有以下几种。

① 国际收支。一国国际收支状况良好与否，是影响该国币值升降的直接因素。特别是在固定汇率制下，国际收支状况对一国汇率的水平有着最直接的影响。如果国际收支平衡，则外汇供求平衡，汇率相对稳定；如果国际收支顺（逆）差，则外汇供过于求（供不应求），本币汇率水平趋于上升（下降），如布雷顿体系前、后期的"美元荒"和"美元过剩"。国际收支状况与汇率变动互为因果、互相影响。

② 通货膨胀。通胀率是浮动汇率制下影响一国汇率最直接的因素。通胀率越高，单位纸币所代表的实际含金量就越少，国内物价就上涨得越厉害；国内物价的上涨一般会直接削弱出口商品在国际市场上的价格竞争力，从而减少出口而增加进口，最终导致贸易逆差和外汇供不应求，从而本币汇率下跌。同时，国内通胀和货币对内贬值必然影响该货币（自由兑换货币）的对外价值，削弱该货币在国际市场上的信用地位，使国际市场上该种货币供过于求，从而汇率下跌。

③ 货币利率。在国际金融市场上游资充斥（据统计，目前全球至少7万亿美元）、国际资本流动规模急剧膨胀的今天，一国货币利率水平的高低及其与他国利率水平的差异是影响汇率变动日益重要的因素。

④ 国民经济宏观状况和经济实力。一国的宏观经济状况和经济实力，是决定该国货币汇率持续稳定的基本因素，一国生产持续增长，财政收支平衡，货币供应量正常，物价平衡，会使其商品的市场竞争力增强，对外贸易特别是出口贸易发达，经济实力增强，必然有力地支持其货币汇率的稳定。

⑤ 政府经济政策措施。各国政府都通过采用各种经济政策和措施进行干预调节，使汇率水平尽量保持在有利于本国的合理水平上。特别是货币政策的实施会在一定程度上影响汇率水平，而

各国央行干预和调节汇率的三大措施（调整贴现率、直接买卖外汇和外汇管制）更是直接影响汇率水平的高低。

⑥ 国际性重大突发事件的冲击。国际上重大经济、政治和军事突然事件的爆发，会对一国汇率产生很大的冲击；当然，这种因素对汇率的影响往往是突然或暂时的。

（4）汇率变动对经济的影响。汇率变动不仅受各种因素的影响，而且也将反过来影响一国国民经济的各个方面。这种影响可以从国内经济活动和国际经济活动两个方面来分析。

① 汇率变动对国内经济的影响。汇率变动对一国国内经济的影响主要表现于对物价的影响；物价的涨落又不同程度地对国内其他各经济部门产生作用，从而影响整个国民经济的稳定和发展。

一国货币汇率下跌，引起进口消费品、资本品国内价格的上涨。这不仅提高生产成本、妨碍生产发展，还使出口商品成本提高，从而削弱出口商品的竞争能力，给出口贸易带来困难并使依靠出口的生产部门陷入不景气的状况。同时，汇率变动会通过影响进出口商品及其同类商品的国内价格而带动整个国内物价的变动，这必然使生产停滞、税收减少、财政赤字增加。

② 汇率变动对国际经济的影响。

第一，汇率波动增加了国际贸易活动的风险，不利于进出口成本和利润的核算，不利于进出口商及时报价和迅速做出买卖决策，所以不利于贸易活动的正常开展。

第二，汇率波动对国际资本流动的影响。汇率稳定，必然有利于资本输出和输入的顺利进行，保证投资者能够获得稳定的利息或利润收入；筹资者也可避免或减轻外汇风险，能以合理的成本及时筹集到所需要的资金。反之，若汇率波动频繁，就会给国际资本流动带来消极的影响。

第三，汇率变动对国际旅游业及相关产业的影响。若本币贬值则外国货币的购买力相对增强；因而对外国旅游者来说，该国商品和劳务的价格都显得便宜，有利于促进该国旅游业及其相关产业的发展，增加旅游和其他非贸易外汇收入。相反，若本币升值，则会增加本国人去国外旅游的刺激，从而增加非贸易外汇支出。

第四，汇率变动对外汇储备的影响。外汇储备是一国主要的物质储备力量之一，它的变化直接受国际收支状况的影响，但在一定条件下，汇率的波动往往对一国外汇储备产生重大的影响，会直接影响该国外汇储备的实际价值。同时，货币汇率的变动会通过资本转移和进出口贸易影响外汇储备的增减。

**人民币汇率的发展历程**

改革开放前，人民币长期实行固定汇率制度，长期高估。

1981 年起，人民币实行复汇率，牌价按一篮子货币加权平均的方法计算。

1985 年 1 月 1 日起，取消贸易内部结算价，重新实行单一汇率，1 美元合 2.796 3 元人民币。

1990 年 11 月 17 日，由 1 美元换 4.722 1 元人民币调到 1 美元换 5.222 1 元人民币，贬值对宏观经济运行的冲击相当大。

1994 年 1 月 1 日，汇率体制重大改革，实施有管理浮动汇率制。人民币一步并轨到 1 美元兑换 8.70 元人民币，国家外汇储备大幅度增加。

2005 年 7 月 21 日，中国人民银行正式宣布废除原先盯住单一美元的货币政策，开始实行以市场供求为基础、参考一揽子货币进行调节的浮动汇率制度。当天，美元兑人民币官方汇率由 8.27 调整为 8.11，人民币升幅约为 2.1%。

2007 年 1 月 11 日，人民币对美元 7.80 关口告破，自 1994 年以来首次超过港币。

2008 年中期至 2010 年 6 月，人民币自 2005 年汇率制度改革以来已经升值了 19%，但受到 2008 年美国金融危机的影响，人民币停止了升值走势；同时，在危机爆发后，人民币开始紧盯美元。

2010 年 6 月 19 日，中国人民银行宣布，重启自金融危机以来冻结的汇率制度，进一步推进人民币汇率形成机制改革，增强人民币汇率弹性。

2009 年 7 月，中国人民银行推出跨境贸易人民币结算试点项目。

2013 年 6 月，英国银行成为第 20 个与中国人民银行签订货币互换协议的央行。

2014 年 6 月，中国外汇储备攀升到 3.9 万亿美元的峰值，然后由于中国人民银行出售美元以支撑人民币，外汇储备开始下降。

2014 年 11 月，"沪港通"的开通允许两大金融中心的股市之间跨境投资。

2014 年 12 月，由于市场看跌人民币压力加大，人民币现货价格进入交易区间的弱端；中国经常账户的余额达到 GDP 的 2%，消除了市场上对人民币具有结构性低估的说法。

2015 年 3 月，美国财政部长 Jacob Lew 表示，人民币被纳入国际货币基金组织（International Monetary Fund，IMF）特别提款权（Special Drawing Right，SDR）一揽子货币的前提条件是中国放松金融管制。

2015 年 7 月，由于人民币达到 14% 的实际升值，打压了出口产品的竞争力，中国出口年跌幅达 8.9%。

2015 年 8 月，中国人民银行下调人民币汇率中间价 1.9%，使人民币中间价和现货价格趋同；IMF 称其为一项"值得欢迎的举措，因为这使市场力量在决定汇率上扮演更重要的角色"。

人民币升值有利于美国吗？

### 2. 外汇市场

外汇市场，是指由各国中央银行、外汇银行、外汇经纪人和客户组成的买卖外汇的交易系统。世界主要的外汇市场有伦敦外汇市场、纽约外汇市场、巴黎外汇市场、东京外汇市场、香港外汇市场。

外汇交易的方式主要有即期外汇交易、远期外汇交易、套汇交易、套利交易。

外汇市场的作用有以下几点。

（1）实现购买力的国际转移。国际经济交往的结果需要债务人（如进口商）向债权人（如出口商）进行支付，这种购买力的国际转移是通过外汇市场实现的。

（2）为国际经济交易提供资金融通。外汇市场作为国际金融市场的一个重要组成部分，在买卖外汇的同时也向国际经济交易者提供了资金融通的便利，从而使国际借贷和国际投资活动能够顺利进行。

（3）提供外汇保值和投机的场所。二者区别在于前者关闭原先暴露的头寸，后者故意敞开头寸获取风险利润。

### 3. 黄金市场

黄金是世界上最古老和最被普遍接受的货币形式，自从原始社会末期成为货币以后，无论世界经济如何发展与变化，黄金的货币价值、储备价值、支付价值就始终没有发生变化过。从某种角度来看，黄金是最可信任的可以长期保存的财富，同时也是获得掌握钱财自由的源泉和标志。

黄金市场是黄金生产者和供应者同需求者进行交易的场所。世界各大黄金市场经过几百年的发展，已形成了较为完善的交易方式和交易系统。其构成要素，从作用和功能上来考虑，主要有如下几种。

（1）为黄金交易提供服务的机构和场所。

（2）黄金市场买卖的参与者。国际黄金市场的参与者，可分为国际金商、银行、对冲基金等金融机构、各个法人机构、私人投资者以及在黄金期货交易中有很大作用的经纪公司。

（3）有关的监督管理机构。

（4）有关的行业自律组织。世界黄金协会是一个由世界范围的黄金制造者联合组成的非营利性机构，其总部设在伦敦，在各大黄金市场都设有办事处。

全球的黄金市场主要分布在欧、亚、北美三个区域。欧洲以伦敦、苏黎世黄金市场为代表，亚洲主要以中国香港、日本为代表，北美以纽约、芝加哥和加拿大的温尼伯为代表。全球各大金市的交易时间，以伦敦时间为准，形成伦敦、纽约、香港连续不断的黄金交易。

---

│ 业务 5-3-3 │

下列哪些属于外汇？（　　　）

A. 外国货币　　　　B. 外币支付凭证　　　　C. 外币有价证券　　　　D. 特别提款权

【答案】A，B，C，D

---

知识链接　中国黄金市场的发展历程

　　1950 年 4 月，中国人民银行制定下发《金银管理办法》（草案），冻结民间金银买卖，明确规定国内的金银买卖统一由中国人民银行经营管理。1982 年，中国人民银行开始发行熊猫金币。

　　1982 年 9 月，在国内恢复出售黄金饰品，迈出中国开放金银市场的第一步。

　　1999 年 12 月 10 日，中国首次向社会公开发售 1.5 吨"千禧金条"。

1999 年 12 月 28 日，白银取消统购统销，放开交易，上海华通有色金属现货中心批发市场成为中国唯一的白银现货交易市场。白银的放开被视为黄金市场开放的"预演"。

2001 年 6 月 11 日，时任中国人民银行副行长史纪良主持会议，宣布成立上海黄金交易所筹建小组。2002 年 10 月 30 日，上海黄金交易所正式开业。黄金走过了一条从管制到开放的漫长历程。随着我国黄金市场化的改革，黄金投资逐渐走进了千家万户。

# 职业道德与素质

【案例背景】17 世纪末到 18 世纪初，英国正处于经济发展的兴盛时期。长期的经济繁荣使得私人资本不断集聚，社会储蓄不断膨胀，投机机会却相应不足，大量暂时闲置的资金有待寻找出路，而当时股票的发行量极少，拥有股票还是一种特权。在这种背景下，1711 年南海公司成立。

通过与政府交易换取经营特权并以此谋取暴利，是南海公司的经营策略。当时，英国战争负债有一亿英镑，为了应付债券，南海公司与英国政府协议债券重组计划，由南海公司认购总价值近 1 000 万英镑的政府债券。作为回报，英国政府对南海公司经营的酒、醋、烟草等商品实行永久性退税政策，并给予对南海（即南美洲）的贸易垄断权。

1719 年，英国政府允许中奖债券与南海公司股票进行转换，随着南美贸易障碍的清除，加之公众对股价上扬的预期，促进了债券向股票的转换，进而又带动股价的上升。次年，南海公司承诺接收全部国债，作为交易条件，政府逐年向公司偿还。为了刺激股票的发行，南海公司允许投资者以分期付款的方式购买新股票。当英国下议院通过接受南海公司交易的议案后，南海公司的股票立即从每股 129 英镑跳升到 160 英镑；而当上议院也通过议案时，股票价格又涨到每股 390 英镑。投资者趋之若鹜，其中包括半数以上的参议员，就连国王也禁不住诱惑，认购了 10 万英镑的股票。由于购买踊跃，股票供不应求，因而价格狂飙，到 7 月，每股又狂飙到 1 000 英镑以上，半年涨幅高达 700%。然而，公司的真实业绩与人们期待的投资回报相去甚远，公司泡沫随时都可能破灭。

1720 年 6 月，为了制止各类"泡沫公司"的膨胀，英国国会通过了《泡沫法案》，即《取缔投机行为和诈骗团体法》。自此，许多公司被解散，公众开始清醒，对一些公司的怀疑逐渐扩展到南海公司。从 7 月起，南海股价一落千丈，12 月更跌至每股 124 英镑，"南海泡沫"由此破灭。

【问题】运用所学知识，结合我国当前的经济形势，分析南海泡沫的原因和启示。

【分析】"南海泡沫"事件在资本市场历史上是著名的事件，长期以来对该事件的评价大都是负面的，然而深入地研究分析该事件的产生、发展和处理过程中的经济现象，我们会了解到虚拟经济大大增加了实体经济运行的不确定性和风险。虚拟经济的发展使得波动的原因不仅来自宏观经济的变化，更受到金融市场投机活动的影响。

这一事件给我们的启示有如下两点。

（1）金融工具如果运用不当，企业没有确定的发展前景和业绩支撑，就会形成泡沫。

（2）政府信用在各类市场主体中信用最高。

# 小结

| 学习目标 | 掌握财政、货币、信用、外汇、金融市场的含义和一般特征，认知金融市场的功能；理解我国财政政策与货币政策对微观经济的影响，具有能运用财政、金融基本知识观察社会经济现象的专业能力 |
| --- | --- |
| 相关知识 | 基本知识：财政、财政收支、财政政策、货币、货币制度、货币政策、信用、利息与利率、金融工具与金融市场、货币市场、资本市场、发行市场、流通市场、外汇、外汇市场；<br><br>扩展知识：货币史、我国支票、信用卡种类、假币识别、家庭理财法、证券交易、外汇、黄金交易 |
| 能力训练 | 阅读我国的现实的财政、金融、证券市场资料和案例，培养阅读财政经济性新闻和资料的兴趣和能力；具有分析财政金融体制改革和经济形势变化对企业、单位财务状况影响的能力 |

# 职业能力训练

**一、单项选择题**

1. 金融市场主体是指（　　）。
   A. 金融工具
   B. 金融中介机构
   C. 金融市场的交易者
   D. 金融市场价格

2. 金融市场的客体是指金融市场的（　　）。
   A. 交易对象　　　B. 交易者　　　C. 媒体　　　D. 价格

3. 机构投资者买卖双方直接联系成交的市场称为（　　）。
   A. 店头市场　　　B. 议价市场　　　C. 公开市场　　　D. 第四市场

4. 银行汇票是指（　　）。
   A. 银行收受的汇票
   B. 银行承兑的汇票
   C. 银行签发的汇票
   D. 银行贴现的汇票

5. 承兑是（　　）独有的票据行为，目的在于确定付款人的责任。
   A. 支票　　　B. 汇票　　　C. 本票　　　D. 货币头寸

6. 在我国，证券公司在业务上必须接受（　　）的领导、管理、监督和协调。
   A. 国务院证券委员会
   B. 中国证监会
   C. 中国人民银行
   D. 财政部和国家计划委员会

7. 同业拆借市场是指（　　）。
   A. 企业之间的资金调剂市场
   B. 银行与企业之间资金调剂市场
   C. 金融机构之间资金调剂市场
   D. 中央银行与商业银行之间资金调剂市场

8. 债券市场是一种（　　）市场。
   A. 资本　　　B. 货币　　　C. 直接融资　　　D. 间接融资

9. 股票流通中的场内交易其直接参与者必须是（　　　）。

    A. 股民             B. 机构投资者         C. 证券商         D. 证券交易所会员

10. 股份公司在发行股票时，以票面金额为发行价格，这种发行是（　　　）。

    A. 市价发行         B. 平价发行         C. 中间价发行         D. 溢价发行

11. 股票在证券交易所挂牌买卖，称为（　　　）。

    A. 场内交易         B. 场外交易         C. 柜台交易         D. 店头交易

12. 股票实质上代表了股东对股份公司的（　　　）。

    A. 产权             B. 债权             C. 物权             D. 所有权

13. 财政分配的主体是（　　　）。

    A. 国家             B. 企业             C. 社会团体         D. 社会组织

14. 在财政收入形式中，占比重最大的收入是（　　　）。

    A. 税收             B. 公债             C. 规费            D. 国有资产收益

15. 在财政收入形式中，国家采取有偿方式获取的是（　　　）。

    A. 税收             B. 公债             C. 规费            D. 国有资产收益

16. 以下金融工具中，不具有偿还性的是（　　　）。

    A. 政府债券         B. 回购协议         C. 大额可转让存单   D. 股票

17. 在现代信用中，最主要的信用形式是（　　　）。

    A. 商业信用         B. 银行信用         C. 国家信用         D. 消费信用

18. 证券交易所的交易价格是由（　　　）决定的。

    A. 证券交易所      B. 证券公司         C. 管理者         D. 买卖双方

## 二、多项选择题

1. 货币政策有三大工具分别为（　　　）。

    A. 公开市场业务    B. 再贴现率         C. 法定存款准备    D. 贷款业务

2. 宏观经济政策主要包括（　　　）。

    A. 利率政策         B. 财政政策         C. 货币政策         D. 外汇政策

3. 财政政策主要包括（　　　）。

    A. 政府支出         B. 税收行为         C. 公共事业支出    D. 政府行为

4. 外汇市场的交易方式有（　　　）。

    A. 即期交易         B. 现货交易         C. 远期交易

    D. 套期保值         E. 投机交易

5. 资本市场上的交易工具主要有（　　　）。

    A. 货币头寸         B. 票据            C. 债券

    D. 股票             E. 外汇

6. 同业拆借市场具有（　　　）特点。

    A. 期限短             B. 交易手段先进        C. 流动性高

    D. 利率敏感         E. 交易额大

7. 社会公共需要所包括的范围是（　　　）。

    A. 国家职能需要

    B. 大型工程设施需要

    C. 社会再生产需要

    D. 宏观调控需要

8. 财政分配的主体是国家，其包括的含义有（　　　）。

    A. 财政是集中性分配

    B. 财政随国家的产生而产生

    C. 财政分配中国家处于主导地位

    D. 财政分配的是货币资金

9. 货币发展的具体形态有（　　　）。

    A. 实物货币　　　　B. 金属货币　　　　C. 兑现的银行券

    D. 支票　　　　　　　　　　　　　　E. 不兑现的银行券

10. 金融市场的构成要素，主要包括（　　　）。

    A. 交易主体　　　　B. 交易客体　　　　C. 交易对象

    D. 交易媒介　　　　　　　　　　　　E. 交易价格

11. 按国务院公布的《中华人民共和国外汇管理条例》第一章第三条规定，我国所称外汇包括（　　　）。

    A. 外国货币　　　　B. 外币支付凭证　　C. 外币有价证券

    D. 特别提款权　　　　　　　　　　　E. 欧洲货币单位

12. 影响财政收入规模的因素有（　　　）。

    A. 经济发展水平　　B. 生产技术水平　　C. 收入分配政策

    D. 价格　　　　　　　　　　　　　　E. 自然条件

13. 政府的投资性支出应主要用于（　　　）。

    A. 国防费　　　　　B. 基础设施　　　　C. 基础工业

    D. 农业　　　　　　　　　　　　　　E. 医疗卫生

14. 商业信用的局限性表现在（　　　）。

    A. 在提供对象方面有限制

    B. 在提供方向方面有限制

    C. 在提供数量方面有限制

    D. 在提供性质方面有限制

15. 金融工具具有（　　　）特点。

    A. 风险性　　　　　B. 偿还性　　　　　C. 流动性

    D. 收益性　　　　　　　　　　　　　E. 虚拟性

16. 世界四大黄金市场是指（　　　）。

    A. 伦敦　　　　　　B. 法兰克福　　　　C. 苏黎世

    D. 纽约　　　　　　　　　　　　　　E. 中国香港

17. 下面属于货币政策工具的有（　　　）。

    A. 国家预算　　　　B. 利率　　　　　　C. 税收

    D. 公开市场业务　　　　　　　　　　E. 国债

### 三、判断题

1. 商业票据都需要承兑。　　　　　　　　　　　　　　　　　　　　　（　　　）

2. 证券交易所只能交易上市证券。 （　　）

3. 证券经纪人自己不可以买卖证券。 （　　）

4. 狭义的金融市场就是指证券市场。 （　　）

5. 我国财政支出中的转移性支出占主要地位。 （　　）

6. 一般来说，发达国家转移支付的比重比发展中国家低。 （　　）

7. 二级市场的主要场所是证券交易所，但也扩及交易所之外。 （　　）

8. 新证券的发行，有公募和私募两种形式。 （　　）

9. 货币政策的充分就业目标通俗地解释就是不能有人失业。 （　　）

10. 现金是信用货币，银行存款不是信用货币。 （　　）

**四、技能强化训练**

实训内容：进入中国人民银行、中国银监会网站，查看最新的存、贷款利率表，结合我国资本市场和房地产市场的实际，分析、了解我国未来宏观经济环境的变动，并尝试做出个人或家庭理财规划。

# 学习评价

**一、职业核心能力测评表**

（在□中打√，A 为通过，B 为基本通过，C 为未通过）

| 职业核心能力 | 评估标准 | 自测结果 |
|---|---|---|
| 自我学习 | 1. 能进行时间管理 | □A □B □C |
| | 2. 能选择适合自己的学习和工作方式 | □A □B □C |
| | 3. 能随时修订计划并进行意外处理 | □A □B □C |
| | 4. 能将已经学到的知识用于新的工作任务 | □A □B □C |
| 信息处理 | 1. 能根据不同需要去搜寻、获取并选择信息 | □A □B □C |
| | 2. 能筛选信息，并进行信息分类 | □A □B □C |
| | 3. 能使用多媒体等手段来展示信息 | □A □B □C |
| 数字应用 | 1. 能从不同信息源获取相关信息 | □A □B □C |
| | 2. 能依据所给的数据信息，做简单计算 | □A □B □C |
| | 3. 能用适当的方法展示数据信息和计算结果 | □A □B □C |
| 与人交流 | 1. 能把握交流的主题、时机和方式 | □A □B □C |
| | 2. 能理解对方谈话的内容，准确表达自己的观点 | □A □B □C |
| | 3. 能获取并反馈信息 | □A □B □C |
| 与人合作 | 1. 能挖掘合作资源，明确自己在合作中能够起到的作用 | □A □B □C |
| | 2. 能同合作者进行有效沟通，理解个性差异及文化差异 | □A □B □C |

续表

| 职业核心能力 | 评估标准 | 自测结果 |
|---|---|---|
| 解决问题 | 1. 能说明何时出现问题并指出其主要特征 | □A  □B  □C |
|  | 2. 能做出解决问题的计划并组织实施计划 | □A  □B  □C |
|  | 3. 能对解决问题的方法适时做出总结和修改 | □A  □B  □C |
| 革新创新 | 1. 能发现事物的不足并提出新的需要 | □A  □B  □C |
|  | 2. 能创新性地提出改进事物的意见和具体方法 | □A  □B  □C |
|  | 3. 能从多种方案中选择最佳方案，在现有条件下实施 | □A  □B  □C |

学生签字：　　　　　　　　教师签字：　　　　　　　20　年　月　日

## 二、专业能力测评表

| 评价内容 | 权重 | 考核点 | 考核得分 | | |
|---|---|---|---|---|---|
|  |  |  | 小组评价 | 教师评价 | 综合得分 |
| 职业素养<br>（20分） | 10 | 能正确理解财政、金融的相关概念 |  |  |  |
|  | 10 | 能阅读和理解国家财政金融政策法规；养成关注国内、国际经济发展动态的职业素养 |  |  |  |
| 作品<br>（80分） | 80 | 掌握各种计算利息的方法；能制定合理的家庭理财规划设置方案；数据完整、正确，操作规范；上交及时 |  |  |  |

组长签字：　　　　　　　　教师签字：　　　　　　　20　年　月　日

# 模块六
# 创业基础知识

## 职业能力目标及主要概念

### 1. 专业能力

掌握企业法律组织形式的类型；掌握创建新企业的基本步骤；掌握几种典型的企业组织结构设置。

### 2. 职业核心能力

掌握主要的创业融资方式以及各种融资方式的特点；掌握创业融资需求量的预算和资金来源的选择方法；理解创业企业成长规律及其方式；掌握创业企业快速增长的原因、手段和成长中可能存在的问题以及解决方法；掌握创业企业危机处理的相关问题。

### 3. 主要概念

企业法律组织形式、企业组织管理、企业组织结构、债务性融资、权益性融资、风险投资、天使投资、企业成长、危机管理。

## 项目一 ︱ 创办企业

【引例与分析】

### 大学生创业未开业先陷困境

4位梦想创业的大学生，每人凑齐4 000元，准备在校园附近开一间精品店。当他们和房屋转租者签好转让协议，对店面进行装修时，房东突然出现并进行阻挠。16 000元创业资金已经花光，门面却无法开张。昨日，中南大学铁道校区4名学生联系本报，希望记者能够帮帮他们，同时也提醒其他大学生：创业要谨慎！

### 四人一拍即合忙创业

小王是中南大学铁道校区大三学生，大二时他就忙着在学校做市场调查，他认为定位中高档的男士精品店会很受学生欢迎。这学期开学不久，他和另外三位有创业想法的同学一拍即合，每人投资4 000元准备开店。校园附近的孙老板有一个闲置门面。孙老板同意以12 000元的价格转让门面两年的使用权。小王告诉记者，当时孙老板说她有这个门面三年的使用权，但不要让房东知道房子已经转租给他们了，就说几个大学生是帮她打工的，以此避免房东找麻烦。"我们虽然知道孙老板不是房东，只是租用了房东的房子，但我们不知道一定要经过房东的同意才能租房。"9月10日，涉世未深的几名大学生和孙老板签下了门面转让协议书，并支付了7 000元钱。当他们开始对门面进行装修时，房东闻讯赶来。房东表示，他和孙老板签订的合同上明确写了该房子只允许做理发店，并且不允许转租。房东阻止他们装修，并和孙老板发生了冲突。

### 一扇门挂上三把锁

记者来到中南大学铁道校区，在店面前透过破璃门看到，几个玻璃柜凌乱地摆放着，地上刨花满地。前不久，小王和另外三个同学还在一边贴墙纸，一边憧憬着美好前景。当时为了不影响上课，他们利用晚上来装修，忙到深夜两三点是常事。现在门上已经挂了三把锁。9月份房东将第一把锁挂了上去，接着孙老板也挂了一把锁。小王等人的玻璃货架等物品都被锁在里面，无奈之下他们也挂了一把锁。现在要进入这个门面，要过三道关。几把锁锁死了他们的创业之路。孙老板从9月20日起就无影无踪，手机也不开机，不做任何解释。房东也不愿意和他们协商，反正房租已经收到了年底。这可苦了几个大学生，交给孙老板的7 000元房租，加上门面装修的5 000多元，以及进货花去的钱，4人凑的16 000元已经所剩无几。近日，孙老板终于出现，她提出，几个大学生将剩下的5 000元交上，再想办法和房东协商。如果要退还7 000元的房租，必须把已经装修了的门面恢复原状并补偿她两个月的误工费。这些钱来之不易，其中两个家庭条件并不是很好的学生拿出的是自己的学费，他们希望通过创业来缓解家庭的经济压力。黄同学告诉记者，他的4 000元钱是软磨硬泡从父亲那里"借"来的。

湖南万和联合律师事务所刘大华律师说，根据我国法律规定，没有经过房东同意擅自转租房屋是无效行为，所签订的门面转让协议也无效。刘律师表示，在协议双方都知情的情况下，因合同无效造成的损失应由双方共同承担。小王等所支付的装修费用以及孙老板的门面误工费加在一起，双方应各承担一半。如果孙老板不接受这样的条件采取逃避的方式，那么小王应该向法院提起诉讼，用法律的手段解决纠纷。

**分析：**大学生就业形势紧张，自主创业成为很多毕业生的选择，国家也出台了很多政策予以鼓励。但是大学生社会经验不足，所以在创业前应多学习《合同法》《公司法》《产品质量法》等有关法律。在利益受到侵犯时以法律为武器，保护自己的合法权益。

创业者要创办企业，要了解相应的法律法规，掌握一定的法律知识，以免因不懂法律而陷入不必要的困境。首先，要考虑好准备创办什么样法律形式的企业，要了解不同法律形式的企业的优势和不足，以选择合适的企业法律形式；其次，要掌握企业设立的程序和登记注册的一些相关内容，做好创办企业的充分准备；再次，创业者要认识企业的相关法律责任，如工商登记注册的责任、合法经营和依法纳税的责任、履约的责任、尊重职工权益的责任，以及企业的社会责任和伦理，要做负责任的创业者；最后，创业者还要了解企业名称、企业品牌、知识产权方面的法律问题，加强企业品牌建设，依法保护好自己的权益。

## 一、创建新企业的相关法律问题

在创建新企业阶段，创业者会面临一些法律方面的问题，如确定企业的法律组织形式、设立税收记录、起草合同、申请专利、商标和版权的保护、企业人事用工方面等。作为创业者，应该了解相关法律知识，并处理好企业创建过程中遇到的法律问题，以免以后因为法律问题给企业带来不必要的损失，影响其发展。

创业者创建新企业需要了解的主要法律法规包括以下几个方面。

### 1. 企业组织形式方面的法律法规

企业组织形式是指企业财产及其社会化生产的组织状态，它表明一个企业的财产构成、内部分工协作与外部社会经济联系方式。

由于如今设立各类企业基本不存在资金门槛了，因此创业者应根据个人的具体情况，结合各种形式企业的责任承担模式，选择合适的组织形式。根据市场经济的要求，现代企业的组织形式按照财产的组织形式和所承担的法律责任来划分。不同的组织形式的责任承担方式不同，目前关于我国企业组织形式的法律法规主要有《个人独资企业法》《合伙企业法》和《公司法》。

### 2. 知识产权方面的法律法规

知识产权，也称为知识所属权，是指"权利人对其所创作的智力劳动成果所享有的财产权利"，一般只在有限时间期内有效。各种智力创造如发明、文学和艺术作品，以及在商业中使用的标志、名称、图像以及外观设计，都可被认为是某一个人或组织所拥有的知识产权。知识产权是关于人类在社会实践中创造的智力劳动成果的专有权利。随着科技的发展，为了更好地保护产权人的利益，知识产权制度应运而生并不断完善。在 21 世纪，知识产权与人类的生活息息相关，到处充满了知识产权，在商业竞争中关于知识产权纠纷的案例更是比比皆是，如加多宝与王老吉的商标权之争、奇瑞腾讯 QQ 商标争议、猎豹浏览器不正当竞争案、稻香村商标异议、作家维权联盟诉苹果 App 侵犯著作权等。

知识产权的地位越来越重要，国家对知识产权的宣传和保护力度也越来越强，不断健全和完善保护知识产权的法律法规制度。《民法通则》中规定了知识产权的民法保护制度。《刑法》中对知识产权犯罪的有关内容进行了规定，并确定了知识产权的刑法保护制度。《反不正当竞争法》《专利法》《商标法》《著作权法》等法律法规也对相关知识产权做了规定。

创业者在创业初期，对个人和企业的知识产权要寻求法律保护。对外签订合同时，涉及专利、商标、著作权的需要查看是否为专利、商标、著作权的所有权人，若不能很确切地做出判断，可以聘请律师做资信调查，到工商局等相关行政管理部门查询相关情况并分析得出资信结论。总之，要用法律手段保护好自己的合法权益。

### 3. 企业注册登记方面的法律法规

新企业必须经工商行政管理部门核准登记注册，成为企业法人后才能开展经营活动。登记注册方面的法律制度有《企业法人登记管理条例》《个人独资企业登记管理办法》《合伙企业登记管理办法》《公司登记管理条例》《外商投资合伙企业登记管理规定》。

### 4. 劳动方面的法律法规

企业在成立之初，需要招聘人员，与员工签订劳动合同，这方面的法律法规有《合同法》《劳动法》等。

除以上 4 个方面的法律法规外，创业者还需要了解融资、安全、质量、环保、竞争等方面的法律法规。

## 二、企业法律组织形式及选择

在市场经济条件下，企业必须依法建立。但是，在创建企业时，创业者需要认真考虑的是选择一个什么样的企业法律组织形式。在选择具体的企业组织形式之前，创业者首先要了解我国企业哪几种企业法律组织形式，以及它们各自的优、缺点，然后，根据自己的实际情况，选择适合自己的组织形式。目前，我国企业主要有个人独资企业、合伙企业、公司制企业三种基本法律组织形式。

### 1．各种企业法律组织形式的优劣比较

（1）个人独资企业。

优点如下。

① 企业设立手续非常简单、费用低。

② 所有者对企业拥有控制权。

③ 可以迅速对市场的变化做出反应。

④ 只需要缴纳个人所得税，无需双重课税。

⑤ 易于保密。因为一人独有，所以在技术和经营方面易于保密。

缺点如下。

① 投资者风险巨大。创业者对企业负无限责任，在硬化了企业预算约束的同时，也使创业者承担了较大的风险、过大的问题，从而限制了业主向风险较大的部门或领域进行投资的活动。这对新兴产业的形成和发展极为不利。

② 难以筹集大量资金。因为一个人的资金终归有限，以个人名义借贷款难度也较大。因此，独资企业限制了企业的扩展和大规模经营。

③ 企业连续性差。企业所有权和经营权高度统一的产权结构，虽然使企业拥有充分的自主权，但这也意味着企业是自然人的企业，业主的病、死，他个人及家属知识和能力的缺乏，都可能导致企业破产。

④ 创业投资的流动性低，产权转让困难。

（2）合伙企业。

优点如下。

① 企业设立手续简单、费用低。

② 经营者即出资者人数的增加，突破了单个人在知识、阅历、经验等方面的限制。众多经营者在共同利益驱动下，集思广益，各显所长，从不同的方面进行企业的经营管理，必然有助于企业经营管理水平的提高。

③ 企业资本来源比个人独资企业广泛，一定程度上突破了企业资金受单个人所拥有的量的限制，并使得企业从外部获得贷款的信用增强，扩大了资金的来源。

④ 只需缴纳个人所得税，无需双重课税。

缺点如下。

① 合伙人承担无限责任，风险大。

② 决策时滞性。由于所有合伙人都有权代表企业从事经营活动, 重大决策都需得到所有合伙人的同意, 因而很容易造成决策上的延误与差错。

③ 企业存续期不长久。由于合伙企业具有浓重的人合性, 任何一个合伙人破产、死亡或退伙都有可能导致合伙企业解散, 因而其存续期限不可能很长。

④ 合伙人的投资流动性低, 产权转让困难。

（3）有限责任公司。

优点如下。

① 股东承担有限责任。

② 股权集中, 便于股东对公司的监控, 有利于增强股东的责任心; 同时, 有限责任公司的财务报表一般不予以公开, 公司易于保密。

③ 公司具有独立寿命, 存续期长。

缺点如下。

① 只能以发起人集资的方式筹集资金, 且人数有限, 不利于资本大量集中; 不能公开发行股票, 筹资规模受限, 企业规模也受限。

② 存在双重纳税问题, 税收负担较重。

③ 股东股权的转让受到严格的限制, 资本流动性差, 不利于用股权转让的方式规避风险。

（4）股份有限公司。

优点如下。

① 股东只承担有限责任。

② 筹资能力强。股份有限公司可以通过发行股票迅速聚集大量资本, 从而广泛聚集社会闲散资金形成资本, 有利于公司的成长。

③ 公司由职业经理人管理, 管理水平较高; 股份有限公司多元化的产权结构有利于科学决策。

④ 有利于接受社会监督。

⑤ 股份转让比较自由, 产权可以以股票的形式充分流动, 资产运作容易。

缺点如下。

① 设立的程序比较复杂、费用较高。

② 存在双重纳税问题, 税收负担比较重。

③ 要定期报告公司的财务状况、公开财务报表, 公司的商业秘密容易暴露。

④ 政府限制较多, 法律要求比较严格。

（5）一人责任有限公司。

优点如下。

① 可以节省时间和金钱, 提高工作效率。由于一人公司内部管理结构一般比较简单, 股东和董事往往由同一个人兼任, 在遇到大事、急事时就可以无需或减少股东会、董事会的召开、召集、决议等繁琐事项, 可以避免公司僵局, 从而及时、有效地做出决策以应对市场变化, 提高了企业的竞争力。

② 可以使风险可控。一人有限公司的股东承担有限责任, 使股东的投资风险预先已确定。另

外，一人公司可实现公司财产和股东个人财产的分离，可以避免投资者因为一次的投资失败而无法翻身。

③ 易于保守商业秘密。一人公司制度中，由于接触到商业秘密的人比较少，股东可有效地采取措施保护这些发明创造、专有技术，对企业有很大的实惠。

缺点如下。

① 公司的组织机构难以健全，缺乏制衡机制。

② 由于一人公司仅有一个股东，股东可以利用公司法人人格为个人谋私利，从而使利益由其独享而责任则由公司承担。

③ 不利于公司的发展壮大。由于一人责任有限公司股东的唯一性，所以公司资金筹措能力就会受到限制。并且因为一人公司的组织机构往往不健全，公众可能对这类公司缺乏信任。

**2．企业法律组织形式的选择**

企业的组织形式反映了企业的性质、地位、作用和行为方式；规范了企业与出资人、企业与债券人、企业与企业、企业与职工等内、外部的关系。影响企业组织形式选择的因素有很多，必须对各种因素进行综合分析，权衡利弊，才能做出选择。影响企业组织形式选择的主要因素如下。

（1）法律上对某些产业、行业的限制。原则上企业对于组织形式有选择的自由，但对于从事某些产业的企业，法律上会给与一定的组织形式的限制。例如，对于一些专门职业（律师、注册会计师等）被要求以合伙方式组成。此外，如银行、保险等金融事业，基于特殊的行业特质或者管制要求，法律要求必须以公司的形式进行组织。

（2）税收政策。税收与企业组织形式的选择息息相关，企业组织形式不同，所承担的税负也存在着较大的差别，这将直接关系到企业和投资者个人投资回报的大小。不同组织形式的企业税收政策存在差异，创业者需要根据自己的情况进行仔细权衡后选择适当的企业组织形式。

我国对独资企业、合伙企业和公司制企业实行不同的税收政策。国家对公司制企业的营业利润在企业环节上课征企业所得税，税后利润作为股利分配给投资者，投资者取得的这部分股利还需要缴纳一次个人所得税。而个人独资企业和合伙制企业则不然，它们取得的营业利润不需要缴纳企业所得税，只是投资者（或合伙人）取得的投资收益需要缴纳个人所得税。如果综合考虑企业的税基、税率、优惠政策等多种因素，公司制企业也有有利的一面，因为，国家的税收优惠政策一般都是只为公司制企业所适用。一般情况下，规模较大的企业应选择股份有限公司，规模不大的企业采用合伙企业比较合适。因为，规模较大的企业需要的资金多，筹资难度大，管理较为复杂，如采用合伙制形式运转比较困难。

（3）利润分享和亏损承担方式。个人独资企业，投资者无需和他人分享利润，但其要一人承担公司的亏损，自负盈亏。合伙企业，如果合伙协议没有特别规定，利润和亏损由每个合伙人按相等的份额分享和承担。有限责任公司和股份有限制公司，公司的利润是按股东持有的股份比例和股份种类分享的，对公司的亏损，股东不承担投资额以外的责任。

（4）资本和信用的需求程度。通常，投资人有一定的资本，但尚不足，又不想使事业规模太大，或者扩大规模收到客观条件的限制，适合采用合伙制或有限责任公司的形式；如果希望经营事业规模宏大，且所需资金巨大，可以采用股份制；如果开办人愿意以个人信用为企业信用的基础，且不准备扩展企业的规模，可以采用独资的方式。

（5）承担的责任范围。对于企业的投资者而言，面对商业环境中各式各样的经营风险，企业组织形式在法律上的责任形式自然是其所关注的焦点。个人独资企业和合伙企业对企业承担无限责任，风险大，对经营中所产生的债务，如企业财产不足以清偿，则投资人须以个人所有的其他财产来清偿债务。公司制企业对企业承担有限责任，有限责任的范围是以股东的投资额为限，风险比较小。

此外，企业的企业组织正式化程度与运营成本、企业经营期间、管理的集中程度、权益移转的自由性等因素都会对投资人选择企业组织形式产生影响。投资者在选择企业的组织形式时，应综合多方面的因素进行考虑。

### 三、企业名称及视觉识别系统的设计

#### 1．企业名称的设计

企业名称是企业的代号，是企业的标志，是社会大众了解企业的第一途径，是品牌的第一构成要素。一个具有鲜明个性和丰富文化内涵的名字，对一个企业来说非常重要。因此，在激烈的市场竞争环境中，企业一定要重视企业名称的选择。

企业名称的设计应易读、易记，为此商店命名要简洁、独特、新颖、响亮、有气魄，同时，企业名称也要具有丰富的内涵，能启发消费者的积极联想，也要适合消费者的文化价值观。

企业名称的取名方法很多，常用的起名方法有：以经营者本人的名字命名；以经营团队命名；以地域文化及五行学说命名；以典故、诗词、历史轶事命名；以英文谐音命名等。不管如何命名，设计企业名称时需要注意：名称要合理、合法；要符合企业理念；要具有唯一性；要有鲜明的个性；要好听、好看、好读，易记、易写、易传。

#### 2．企业视觉识别系统的设计

企业视觉识别系统是企业识别系统的重要组成部分，它是企业形象最直观的表现，它通过一系列形象设计，将企业经营理念、行为规范等，即企业文化内涵，传达给社会公众的系统策略，是企业全部视觉形象的总和。企业视觉识别系统的基本要素主要包括企业名称、品牌名称、企业商标、宣传标语等。企业的视觉识别系统需要保持内在的一致性和外在的差异性，即企业所有视觉设计都要严格地遵循统一的标准，同时要与其他企业保持鲜明的差异，以便促进客户产生强烈的共鸣。一个优秀的视觉识别系统可以使人们快速理解企业希望传递的信息。

企业视觉识别系统的设计必须把握同一性、差异性、民族性、有效性等基本原则。

（1）同一性。企业标志代表着企业的理念、公司的规模、经营的内容、产品的特质，是企业的象征。因此，公众对于企业标志的认同就是对企业的认同。企业标志一经确定，在一个时期内，绝不允许任意更改，否则会引起企业形象识别上的混乱，削弱消费者的信心，给企业带来负面的影响。为了达到企业形象对外传播的一致性与一贯性，企业视觉识别系统要予以标准化，应该统一设计，将各种形式传播媒体上的形象进行统一，创作能储存与传播的统一的企业视觉形象。要达到同一性，企业视觉识别系统的设计须做到简化、统一、系列、组合、通用。

（2）差异性。企业形象为了能获得社会大众的认同，必须是个性化的、与众不同的，因此差

异性的原则十分重要。差异性首先表现在不同行业的区分，因为，在社会性大众心目中，不同行业的企业与机构均有其行业的形象特征，如化妆品企业与机械工业企业的企业形象特征是截然不同的。在设计时必须突出行业特点，才能使其与其他行业有不同的形象特征，有利于识别认同。其次，必须突出与同行业其他企业的差别，才能独具风采，脱颖而出。例如，享誉世界的苹果公司，其企业形象别具一格，十分个性化，有效地获得了消费大众的认同，在竞争激烈的电子产品市场上独树一帜。

（3）民族性。企业形象的塑造与传播应该依据不同的民族文化，美、日等许多企业的崛起和成功，民族文化是其根本的驱动力。美国企业文化研究专家秋尔和肯尼迪指出："一个强大的文化几乎是美国企业持续成功的驱动力。"驰名于世的"麦当劳"和"肯德基"独具特色的企业形象，展现的就是美国生活方式中的快餐文化。塑造能跻身于世界之林的中国企业形象，必须弘扬中华民族文化优势。灿烂的中华民族文化，是我们取之不尽、用之不竭的源泉，有许多我们值得吸收的精华，有助于我们创造中华民族特色的企业形象。

（4）有效性。有效性是指企业视觉识别系统设计计划能得以有效地推行运用，能够操作和便于操作。有效的企业视觉识别系统设计计划能够有效地发挥树立良好企业形象的作用。

## 四、企业地址的选择

企业地址的选择是建立、组织和管理企业的第一步，也是企业最重要的一项投资决策，对企业的生产经营及发展将产生深远而持久的影响。它不仅关系到设施建设的投资和建设的速度，而且很大程度上决定了所提供的产品的成本，从而影响到企业的生产管理工作活动和经济效益。

### 1. 选址需要考虑的主要因素

选址需要综合考虑多方面因素，既包括经济技术因素，又包括政治因素、社会因素和自身情况等。所以，需要采取综合评价方法来对企业选址问题进行评价。总的来说，企业选址应综合考虑以下几方面因素。

（1）经济技术因素。成本是企业选址考虑的一个重要因素，选址成本既包括固定成本，又包括变动成本。固定成本，就是维持企业可以正常运作而必须开支的成本，如制造业企业的厂房和机器设备的折旧。所以，由于企业选址位置不同，固定成本也会有地区性的差异。企业经营的变动成本主要包括原材料、燃料、动力等生产要素的价值，由于在不同的地区和位置，其原材料、燃料以及动力价格会有所不同，所以变动成本也是企业选址所要考虑的重要因素。

同时，企业选址时也需要考虑运输便利程度、劳动力资源、地方政策以及生活条件等诸多因素，对于制造业企业而言，产品和原料的运输成本在总成本中占有较大的比重。交通条件的好坏、运输距离的远近、运输环节的多少、运输手段及运输时间的不同，均对交通运输成本构成直接的影响。因此，合理选址可以使运输成本最低、服务最好。

（2）政治因素。要考虑地方政府对产业发展的法律法规和政策规划在金融、财税方面的政策支持，考察当地是否有好的投资环境。创业者到国外投资，还要考虑国家局势是否安全稳定。

（3）社会因素。企业在进行选择时还要考虑许多社会因素，如待选地区的社会治安是否良好、当地的文化教育水平和流动管理水平如何、当地居民的消费能力等。服务业企业一般适合设在人口密集、消费能力足够强的地区；大型企业、噪声污染不易控制的企业适合在郊区或农村地区设厂。

（4）自然因素。企业在选址时还要注意当地的地理环境和气候等自然环境是否能够满足企业的生产和发展。

综上所述，企业的选址对于一个企业经营的成败起着决定性的作用，越来越多的企业将选址问题视为企业建立的头等大事。

**2．选址的一般步骤**

第一步：明确选址的总体目标。

第二步：收集与选址目标和目标地区有关的资料。

第三步：评价各目标地区，确定候选区域。汇总、整理所收集的各种信息，分析各种选址方案的利弊，根据总体目标对各种方案进行权衡取舍，拟定候选区域。

第四步：综合分析，确定具体企业地址。从企业的经济效益、社会效益和长远利益出发，采取科学的定性和定量的分析方法对候选地区的方案进行综合评价，选出最佳方案。

## 五、企业的登记注册

在完成了企业组织形式的选择、企业名称和场地的确定以及企业人、财、物配置等各项准备工作后，就可以开始进行登记注册工作了。企业被国际机关核准注册后，就可以开始正式运营了。

企业的登记注册工作涉及工商部门、税务部门、质量监管部门等多个部门，同时还涉及银行、会计师事务所、资产评估等机构。自 2015 年 10 月 1 日起，全面实行工商营业执照、组织机构代码证和税务登记证"三证合一""一证一码"登记制度，简化手续，缩短了注册时限，企业的登记注册包括以下几个基本流程，如图 6-1-1 所示。

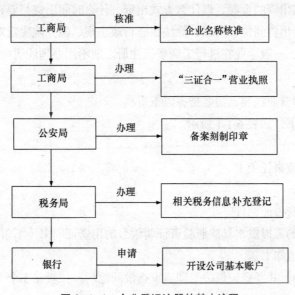

图 6-1-1　企业登记注册的基本流程

### 1．核准企业名称

我国实行企业名称预先核准制度。企业在进行注册登记之前需要将企业拟定好的企业名称预先提请当地的工商局核准。

首先，要到工商局去领取一张企业名称预先核准申请表进行填写或者直接在当地工商局的官网上办理企业名称预先核准申请。申请表填好后，工商局工作人员会在工商局内部网上检索是否有重名，如果没有重名，经核准后就可以适用这个名称，5个工作日内会核发一张企业名称预先核准通知书。如果是在网上办理的核准，若网上名称预先核准状态显示为"已通过"，就可直接去当地工商局办理登记注册了。

### 2．验资

首先是到会计师事务所领取银行询证函。然后，到银行开立注册验资的银行账户。开立验资账户时，需要持企业章程、企业名称预先核准通知书、法定代表人和股东私章、身份证和银行询证函。银行核实验资账户中的资金与所需要实缴的资金相符时，会在银行询证函上加盖银行公章，并会给每个股东发股东缴款单。再是办理验证报告。持银行出具的股东缴款单、银行询证函、企业名称预先核准通知书、租房合同、房产证复印件，到会计师事务所办理验证报告，会计师事务所出具验证报告。

但2014年3月1日实施的《新公司法》中规定，除法律、行政法规、国务院决定对公司注册资本实缴另有规定的27类行业外，如银行业金融机构、证券公司、期货公司、基金管理公司、保险公司、小额贷款公司等仍然实行注册资本实缴登记制，其他公司全部实行注册资本认缴登记制。公司股东对其认缴的出资额、出资方式、出资期限等自主约定，并记载于公司章程；同时还规定，除法律、行政法规以及国务院决定对特定行业注册资本最低限额另有规定的外，取消有限责任公司最低注册资本3万元、一人有限责任公司最低注册资本10万元、股份有限公司最低注册资本500万元的限制。《新公司法》的这些规定极大地降低了企业的准入门槛。例如，注册一个100万元的公司，各股东对其出资的金额、以什么方式出资、什么时间出资只要在章程中约定即可，不必在办理工商执照时就出资到位。所以，除法律、行政法规、国务院决定对公司注册资本实缴另有规定的27类行业外，一般企业在进行工商登记注册之前不用办理注册验资。

### 3．工商注册登记

到工商局现场办理营业执照，需要带齐以下资料。

① 公司设立申请书，如表6-1-1所示。

② 公司章程。

③ 董事、法人、监事任免书。

④ 总经理任免书。

⑤ 全体股东法人身份证原件。

⑥ 实收资本备案的需提供出具注册验资证明编号的出资证明书（不需要认缴制证明书）。

⑦ 名称预先核准通知书。

在提交了上述资料，并经登记机关受理、审查没问题后，一般在5个工作日内登记机关给申请的企业颁发营业执照。

表 6-1-1　　　　　　　　　　　公司登记（备案）申请书

注：请仔细阅读本申请书《填写说明》，按要求填写。

| √基本信息 | | | |
|---|---|---|---|
| 名　称 | 湖南南蒂建材有限公司 | | |
| 名称预先核准文号/注册号/统一社会信用代码 | （湘）名私字[20××]第××××号 | | |
| 住　所 | ___湖南___ 省（市/自治区）___长沙___ 市（地区/盟/自治州）___天心___ 县（自治县/旗/自治旗/市/区）_____ 乡（民族乡/镇/街道）___芙蓉南路___ 村（路/社区）___25___ 号 | | |
| 生产经营地 | _____ 省（市/自治区）_____ 市（地区/盟/自治州）_____ 县（自治县/旗/自治旗/市/区）_____ 乡（民族乡/镇/街道）_____ 村（路/社区）_____ 号（如无，可以不填写） | | |
| 联系电话 | 139×××××××× | 邮政编码 | 410004 |
| √设立 | | | |
| 法定代表人姓　名 | 张文 | 职　务 | □董事长√执行董事√经理 |
| 注册资本 | ___1 000___ 万元 | 公司类型 | 有限责任公司 |
| 设立方式（股份公司填写） | □发起设立 | | □募集设立 |
| 经营范围 | 建筑材料的销售 | | |
| 经营期限 | √___50___ 年　　□ 长期 | 申请执照副本数量 | _2_ 个 |
| □变更 | | | |
| 变更项目 | 原登记内容 | | 申请变更登记内容 |
|  |  | |  |
|  |  | |  |
|  |  | |  |
| √备案 | | | |
| 分公司□增设□注销 | 名　称 | | 注册号/统一社会信用代码 |
|  | 登记机关 | | 登记日期 |
| 清算组 | 成　员 | | |
|  | 负责人 | | 联系电话 |
| 其　他 | √董事　√监事　√经理　√章程　□章程修正案　√财务负责人　√联络员 | | |
| √申请人声明 | | | |

本公司依照《公司法》《公司登记管理条例》相关规定申请登记、备案，提交材料真实有效。通过联络员登录企业信用信息公示系统向登记机关报送、向社会公示的企业信息为本企业提供、发布的信息，信息真实、有效。

　　　　法定代表人签字：张文（手迹）　　　　　　公司盖章（无）

　　　　（清算组负责人）签字：　　　　　　　　20××年××月××日

附表 1 　　　　　　　　　　　法定代表人信息

| 姓　名 | 张文 | 固定电话 | 8258×××× |
|---|---|---|---|
| 移动电话 | 139×××××××× | 电子邮箱 | ××××@×××× |
| 身份证件类型 | 身份证 | 身份证件号码 | 4301041966×××××××× |

（身份证件复印件粘贴处）

法定代表人签字：　张文（手迹）　　　　　　　20××年××月××日

附表 2 　　　　　　　　　　　董事、监事、经理信息

姓名　张文　职务执行董事、经理 身份证件类型 身份证 身份证件号码4301041966××××××××

（张文身份证件复印件粘贴处）

姓名李立　职务　监事　身份证件类型　居民身份证　身份证件号码4301041977××××××××

（李立身份证件复印件粘贴处）

姓名_____职务_____身份证件类型_____身份证件号码_____

（身份证件复印件粘贴处）

附表3　　　　　　　　　　　　股东（发起人）出资情况

| 股东(发起人)名称或姓名 | 证件类型 | 证件号码 | 出资时间 | 出资方式 | 认缴出资额（万元） | 出资比例 |
|---|---|---|---|---|---|---|
| 张文 | 身份证 | 4301041966×××××××× | 2025年12月31日 | 货币 | 800 | 80% |
| 李立 | 身份证 | 4301041977×××××××× | 2025年12月31日 | 货币 | 200 | 20% |
| | | | | | | |
| | | | | | | |
| | | | | | | |
| | | | | | | |

附表4　　　　　　　　　　　　财务负责人信息

| 姓　　名 | 王芳 | 固定电话 | 8567×××× |
|---|---|---|---|
| 移动电话 | 137××××××× | 电子邮箱 | ××××@×××× |
| 身份证件类型 | 身份证 | 身份证件号码 | 430101×××××××××××× |

（王芳身份证件复印件粘贴处）

附表5　　　　　　　　　　　　联络员信息

| 姓　　名 | 李明 | 固定电话 | 8567×××× |
|---|---|---|---|
| 移动电话 | 135××××××× | 电子邮箱 | ××××@×××× |
| 身份证件类型 | 身份证 | 身份证件号码 | 430102×××××××××××× |

（李明身份证件复印件粘贴处）

注：联络员主要负责本企业与企业登记机关的联系沟通，以本人个人信息登录企业信用信息公示系统依法向社会公示本企业有关信息等。联络员应了解企业登记的相关法规和企业信息公示的有关规定，熟悉操作企业信用信息公示系统。

**4. 刻公章**

凭营业执照、法人身份证到公安局指定的专业刻章店刻印公章、财务章。

**5. 税务信息补充登记**

目前实行的"三证合一"登记制度并非是将税务登记取消了，税务登记的法律地位仍然存在，只是政府简政放权将此环节改为由工商行政管理部门一口受理，核发一个加载法人和企业组织机构代码营业执照，这个营业执照在税务机关完成信息补录后具备税务登记证的法律地位和作用。

**6. 开立企业基本银行存款账户**

基本存款账户是指存款人为办理日常转账结算和现金收付而开立的银行结算账户，是存款人的主办账户，经营活动的日常资金收付以及工资、奖金和现金的支取均可通过该账户办理。存款人只能在银行开立一个基本存款账户，并且在其账户内应有足够的资金支付。存款人的基本存款账户实行人民银行当地分支机构核发开户许可证制度。开立基本存款账户是开立其他银行结算账户的前提。

持营业执照、组织机构代码证、税务登记证等资料，到银行申请开立基本存款账户。

**7. 申请领购发票**

依法办理税务登记的企业，在领取税务登记证后，向主管税务机关申请领购发票，经主管税务机关审核后，发放《发票领购簿》。

## 六、企业组织管理

**1. 企业组织管理的内涵**

新企业登记注册后，便进入企业的运营管理阶段。创业企业的运营管理与传统企业运营管理的本质差别在于，创业企业的管理是零起步和资源有限的管理，它主要是依靠团队的力量、依靠创新和理性冒险来推动创业企业的起步和发展。

企业经营管理的第一步便是企业组织管理。企业组织管理，具体地说就是为了有效地配置企业内部的有限资源，通过建立组织结构，规定职务或职位，明确责权关系，以使组织中的成员互相协作配合、共同劳动，有效实现组织目标的过程。企业组织管理，应该使组织成员明确组织中有些什么工作，谁去做什么，谁承担什么责任，具有什么权力，与组织结构中上、下、左、右的工作关系如何等。

**2. 企业组织结构的设置**

企业组织结构是指企业组织内各构成要素以及它们之间的相互关系，是组织的框架体系。组织结构的主要目的是更有效地利用资源、实现企业目标。组织结构是组织在职、责、权方面的动态结构体系，其本质是为实现组织战略目标而采取的一种分工协作体系。组织结构必须随着组织的重大战略调整而调整。

刚刚起步的新企业往往不可以一开始就设置了非常规范的组织结构，不过企业想要做大做强，组织结构需要在日后逐步规范完善。为了给创业者选择企业的组织结构提供参考，并为今后逐步规范企业组织结构打下基础，下面介绍几种典型的企业组织结构形式的特点、各自的优缺点及适用的范围。

（1）直线制组织结构。直线制组织结构又称单线型组织结构，是最古老、最简单的一种组织结构类型。其特点是组织系统职权从组织上层"流向"组织基层。上、下级关系是直线关系，即命令与服从的关系，呈金字塔结构，如图 6-1-2 所示。

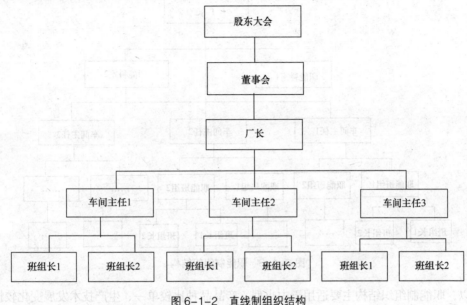

图 6-1-2 直线制组织结构

组织中每一位管理者对其直接下属有直接职权；每一个人只能向一位直接上级报告，即"一个人，一个头"；管理者在其管辖的范围内，有绝对的职权或完全的职权。

优点：结构简单，命令统一；责权明确；联系便捷，易于适应环境变化；管理成本低。

缺点：在组织规模较大的情况下，所有管理职能都集中由一个人承担，比较困难；权力过分集中，易导致权力的滥用；部门间协调性差。

因此，直线制适用于劳动密集、机械化程度比较高、规模较小的企业。

（2）职能制组织结构。职能制组织结构又称多线型组织结构，它是各级行政单位除主管负责人外，还相应地设立一些职能机构。例如，在厂长下面设立职能机构和人员，协助厂长从事职能管理工作。这种结构要求行政主管把相应的管理职责和权力交给相关的职能机构，各职能机构就有权在自己业务范围内向下级行政单位发号施令。因此，下级行政负责人除了接受上级行政主管人指挥外，还必须接受上级各职能机构的领导。职能制组织结构如图 6-1-3 所示。

优点：能适应现代化工业企业生产技术比较复杂、管理工作比较精细的特点；能充分发挥职能机构的专业管理作用，减轻直线领导人员的工作负担。

缺点：妨碍了必要的集中领导和统一指挥，形成了多头领导；不利于建立和健全各级行政负责人和职能科室的责任制，在中间管理层往往会出现"有功大家抢，有过大家推"的现象；另外，在上级行政领导和职能机构的指导和命令发生矛盾时，下级就无所适从，影响工作的正常进行，容易造成纪律松弛、生产管理秩序混乱。

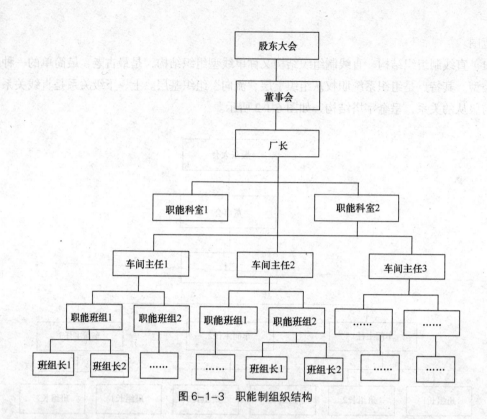

图 6-1-3　职能制组织结构

　　所以，职能制组织结构主要适用于中小型、产品品种比较单一、生产技术发展变化较慢、外部环境比较稳定的企业。具备以上特性的企业，其经营管理相对简单，部门较少，横向协调的难度小，对适应性的要求较低，因此职能制结构的缺点不突出，而优点却能得到较为充分的发挥。当企业规模、内部条件的复杂程度和外部环境的不确定性超出了职能制结构所允许的限度时，不应再采用这种结构形式，但在组织的某些局部，仍可部分运用这种按职能划分部门的方法。例如，在分权程度很高的大企业中，组织的高层往往设有财务、人事等职能部门，这既有利于保持重大经营决策所需要的必要的集权，也便于让这些部门为整个组织服务。

　　（3）直线—职能制组织结构。直线—职能制，也叫生产区域或直线参谋制。它是在直线制和职能制的基础上，取长补短，吸取这两种形式的优点而建立起来的。目前，我们绝大多数企业都采用这种组织结构形式。这种组织结构形式是把企业管理机构和人员分为两类：一类是直线领导机构和人员，按命令统一原则对各级组织行使指挥权；另一类是职能机构和人员，按专业化原则从事组织的各项职能管理工作。直线领导机构和人员在自己的职责范围内有一定的决定权和对所属下级的指挥权，并对自己部门的工作负全部责任。而职能机构和人员，则是直线指挥人员的参谋，不能对直接部门发号施令，只能进行业务指导。直线—职能制组织结构如图 6-1-4 所示。

　　优点：既保证了企业管理体系的集中统一，又可以在各级行政负责人的领导下，充分发挥各专业管理机构的作用。

　　缺点：职能部门之间的协作和配合性较差，职能部门的许多工作要直接向上层领导报告请示才能处理，这一方面加重了上层领导的工作负担，另一方面也造成办事效率低。为了克服这些缺点，可以设立各种综合委员会，或建立各种会议制度，以协调各方面的工作，起到沟通作用，帮助高层领导出谋划策。

直线-职能制组织结构主要适应于简单而且稳定的外部环境,适用于标准化技术下进行常规性大批量生产的产业和企业,是现实中运用得最为广泛的一种组织形态。

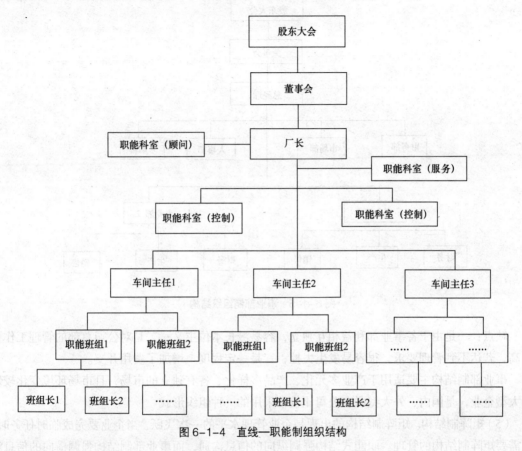

图 6-1-4　直线—职能制组织结构

（4）事业部制组织结构。事业部制是指在总公司的领导下按地区、产品或顾客类型设立多个事业部,从产品的研究开发、原材料采购、成本核算、产品制造,一直到产品销售,均由事业部及其所属工厂负责,各事业部有各自独立的产品或市场,在经营管理上有很强的自主性,实行独立核算、自负盈亏,公司总部只保留人事决策、预算控制和监督大权,并通过利润等指标对事业部进行控制,是一种分权式管理结构。事业部制是多单位企业、分权组织结构。事业部制组织结构如图 6-1-5 所示。

事业部制组织结构有专门化管理;集中政策,分散经营;独立核算、自负盈亏;职能机构可以根据组织的具体境况进行设计等特点。

优点:一是每个事业部都有自己的产品和市场,能够规划其未来发展,也能迅速地适应市场上出现的新情况,有良好的适应性;二是有利于最高领导层摆脱日常繁琐事务而成为有力的决策机构,同时又能使各事业部发挥经营管理的积极性和创造性,从而提高企业的整体效益;三是由于事业部自成系统、独立经营,相当于一个完整的企业,这有利于培养全面管理人才,为企业的未来发展储备人才;四是事业部独立核算,便于建立衡量事业部及其经理工作效率的标准,进行严格的考核;五是按产品划分事业部,便于组织专业化生产,形成经济规模,有利于提高劳动生产率和企业经济效益；六是各事业部之间可以进行比较，形成各事业部之间的竞争，由此增强企业活力，促进企业发展。

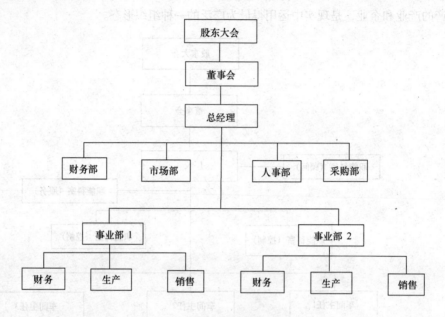

图6-1-5 事业部制组织结构

缺点：一是由于各事业部利益相互独立，容易滋长本位主义；二是对公司总部的管理工作要求高，若达不到管理要求，很容易发生失控；三是一定程度上增加了费用开支。

事业部制结构主要适用于产业多元化、产品多样化、各有独立的市场，且市场环境变化较快的大型企业，是国内、外大型联合公司比较常采用的一种组织形式。

（5）矩阵制结构。矩阵制结构的出现是企业管理水平的一次飞跃。当企业要完成临时任务时，就需要矩阵制结构的管理。职能式结构强调纵向的信息沟通，而事业部制结构强调横向的信息流动，矩阵制就是将这两种信息流动在企业内部同时实现。

在组织结构上，矩阵制就是把按职能划分的部门和按产品（项目）划分的小组结合起来组成一个矩阵结构，小组人员既同原职能部门保持组织与业务上的联系，又参加项目小组的工作。职能部门是固定的组织，项目小组是临时性组织，完成任务后就自动解散，其成员回原部门工作。矩阵制组织结构如图6-1-6所示。

矩阵制组织结构的特点是能很好地围绕完成某项专门任务成立跨职能部门的专门机构。例如，组成一个专门的项目小组从事新产品的开发工作，在研究、设计、试验、制造各个不同阶段，由有关部门派人参加，力图做到条块结合，以保证任务的顺利完成。项目小组人员是临时组织的，项目小组的负责人也是临时委派的，任务完成后就解散。

优点：组织结构机动、灵活，可随项目的开发与结束进行集中或解散；将企业的横向和纵向相结合，有利于协作生产；针对特定的任务进行人员配置，有利于发挥个体优势，集众家之长，提高项目完成的质量和效率；各部门人员不定期地组合，有利于信息交流，增加互相学习的机会，提高专业管理水平。

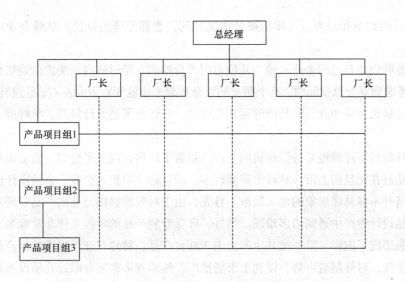

图 6-1-6　矩阵部制组织结构

缺点：项目负责人的责任大于权利，因为参加项目的人员都来自不同的部门，隶属关系仍在原单位，只是为了完成一个项目而来，所以项目负责人对他们的管理困难，没有足够的激励和惩治手段。由于项目一般涉及较多的专业，这就要求项目负责人具有较高的协调能力和丰富的经验。

矩阵制结构适用于一些需要横向协作的重大攻关项目，可用来完成涉及面广的、临时性的、复杂的重大工程项目或管理改革任务，特别适用于以开发与实验为主的单位，如科研机构等。

> **想一想** 广东一个年产值 3 400 万元的企业，下面有 5 个业务部（实际上是以车间为主体的小业务部）。2012 年前，这个企业有 4 个职能部门和 5 个车间，其中市场部是企业的龙头部门，全厂 160 多名职工全靠市场部的 8 个人拿订单吃饭。随着市场竞争的加剧，市场部的订单不能满足生产的需要，于是个别车间依靠自己的力量，在市场上拉私活。渐渐地，统一的经营体制被打破，车间逐渐成为经营性主体。但因为订单主要是由各车间自己争取来的，总部也在生产及质量管理等方面逐渐失去实际控制。在这种变化的过程中，总部相关部门和车间之间经常发生管理上的冲突，本质上是集权与分权的冲突。到 2012 年，公司对业务部门进行了重组，并重新设计了组织结构：将 5 个车间重组为 5 个独立的产品部门，并称为业务部，取消了市场部、生产管理部、技术质量部，相应工作和权力下放给各业务部，总部仅保留了原办公室、人事部和财务部，并增设综合管理部，负责一般性的协调和统计工作。各业务部自主经营、自我发展，总部仅从其业务收入中提存 15%。
>
> 【讨论】这家企业原先采用的是什么样的组织结构形式？这家企业为什么要进行组织结构调整？调整后的组织结构形式有哪些优势和不足？

# 项目二 ｜ 创业融资

【引例与分析】

林峰在本科毕业后进入国家机关工作。1994 年初，他辞职进入一家食品机械公司做销售代表，凭借着自己的勤奋和努力，几年后被公司提升到销售部经理的位置。林峰在业内也渐渐有了些名气。

林峰期望能够创立自己的企业。他与几位志同道合的朋友经过磋商，决定做烧烤机。这样的决定，首先是考虑到资金总量问题，几个朋友的资金加起来也就300万元左右，经过林峰的测算，对于投资生产烧烤机来说300万元是能够运转企业的。一切都策划设计好后，林峰辞去了现有的工作。

辞职后的林峰马不停蹄地筹备烧烤机的生产，租赁了厂房，成立了公司，资金也基本募集到位，他希望产品赶在元旦前上市。林峰出资额较多，而且是全职投入企业，自然出任法人代表。

然而，事情并不像林峰想象的那么简单，首先，由于对餐饮机械行业的产品管理规则不太熟悉，林峰在产品设计生产中遇到诸多难题。另外，环保专利产品的申报工作非常麻烦，原计划年底回笼资金的愿望成了泡影。第一批共生产出来300台产品。林岭召开了隆重的新产品发布会，希望对内鼓舞士气，对外制造声势，以利于市场推广，然而效果非常有限，几乎没有媒体跟踪支持。接下来的市场销售更是不顺畅，由于是新产品，许多客户根本不认识，最多答应留下来免费试用。销售不畅，销售人员情绪低落，队伍很不稳定。于是林峰加大了提成力度，连续两三次提高产品销售提成后，公司留下的收入还不够产品的制造成本，但为了打开市场，只能是先赔本销售了。终于，产品于10月下旬卖出去12台，但是第二天销售部经理就接到买家的投诉，列举了烧烤机的四大问题，食客投诉比较多，影响了他们的生意。虽然几经协调和道歉，烧烤店仍不依不饶，最终以抵消60%余款了事。

新的产品设计很快出来了，然而新的问题又出现了，原来筹集的300万元此时基本用尽，预留的30万元的预备金也都用完了，第一批赊欠的原材料钢板钱还没有还，临近年底，对方的销售老总找上门来要款了。资金紧张引发了一系列问题，首先是员工的工资发不出来，林峰开始拖欠员工工资。

问题还远不止这些，按照协议上半年的房租该付了，这是一笔不小的数目，大约16万元左右，还有水电费和管理部门的费用。越是这时，企业内部的管理问题越多，林峰急得如同热锅上的蚂蚁。

于是，林峰把其他3个股东叫到一块儿开会商量对策，最后决定按比例再投入一笔资金，共计50万元，这次林峰几乎把家底儿全掏出来了。50万元真是杯水车薪。林峰非常清楚，还了各种年底必须还的欠款后剩下的10多万元过春节后不要说开展生产，就连维持日常的公司运营都支持不了一个月，所以春节期间又召集几位股东商量对策，其中有两位股东明确表示不能再继续投资了，也投不起了，林峰清楚自己也投不起了，只有融资这条路了。于是大家商量了一个大致的融资办法，分头找投资商。

在融资没什么希望的情况下，他和几位股东通了电话，商量着干脆把公司卖掉。最初有人有意向以150万元全盘接收，不负担债务，但几位股东商量了几个来回都没有取得一致意见。一星期后，买主不干了。过了两个星期，几位股东都知道公司不是那么好卖，而且新的债务不断生成，所以干脆最后委托给林峰全权处理，卖多少钱都行。然而，真正下决心处理的时候反而找不到买家了。最后，林峰跟几位股东通了电话，开了一个散伙会。大家决定申请破产。

林峰的创业梦想就此烟消云散。

**分析**：从这个案例中我们不难看出，忽视财务融资规划、对创业过程需要多少资金、成本收益如何、后续资金如何筹集等重大财务事项，没有一个清晰的规划，导致步步被动。这反应了创业者在财务方面的短视造成的严重后果。财务资源是公司正常经营所必需的资源，创业企业更是如此。创业过程是一个长期的过程，创业者自身的启动资金很难满足创业发展的需要，因此，创业者及创业企业应有一个融资计划或规划以指导企业的融资行为，确保创业企业的发展能够得到源源不断的资金支持。反之，如果创业者过多关注创业项目本身而忽视了融资工作，易犯财务短视行为，即使是再好的项目，也会由于市场的不确定性带来毁灭性的打击。所以，进行融资之前，创业者应该要了解几种主要的融资方式，以及每个融资方式的特点和适用范围；根据企业的具体情况，选择正确的融资方式；了解各种融资风险，并学习甄别和规避融资中可能带来的融资风险。

进入 21 世纪以来，财富与创业的热潮在中华大地上愈加涌动。奋斗、创业，成就人生梦想，成为当代青年人的追求。环视中外，随着科技进步和新经济的蓬勃发展，创业也更多地成为年轻人的特长：他们有梦想、有激情、有闯劲、有用之不竭的创新力和创造力，但他们缺乏经验和必要的知识与技能，而财务知识的匮乏成为限制许多人创业成功的最大短板。经常听到一些青年朋友感叹"给我一个支点，就能撬起整个地球，可是支点在哪里呢？"于是，我们看到了"一分钱难倒英雄汉"和"出师未捷身先死，常使英雄泪满襟"的唏嘘场面。

那么，创业资金从何而来，又怎样管理？融资与财务问题是创业者需要解决的主要难题之一。作为一名创业者，可以不管财务，但绝不能不懂财务。

## 一、融资的含义

从狭义上讲，融资即是一个企业筹集资金的行为与过程，也就是企业根据自身生产经营状况、资金拥有状况、未来经营发展的需要等，通过科学的预测和决策，采用一定的方式，从一定的渠道向企业的投资者或债权人去筹集资金，并组织资金的供应，以保证正常生产需要以及经营管理活动需要的理财行为。

从广义上讲，融资也叫金融，就是货币资金的融通，是当事人通过各种方式到金融市场上筹措或寻求贷放资金的行为。

所谓创业融资，是指创业者根据其创业计划，通过不同的融资渠道，并运用一定的融资方式，经济有效地筹集所需资金的财务活动。从现代经济发展的角度看，企业比以往任何时候都需要更加深刻、全面地了解金融知识、金融机构、金融市场，因为企业的发展离不开金融的支持，企业必须与之打交道，创业企业更应如此。

## 二、融资方式

### 1. 债务性融资

债务性融资是借款性融资，是指资金需求者向资金供给者借款，约定时间换回本金并支付预先约定的资金使用成本（利息）。只要企业按期偿还借款，债权方就无权过问公司的管理，只按要求享有固定的利息，到期收回本金，不分享企业的收益，也不承担企业的风险。

（1）债务性融资的特点。债务性融资具有以下特点。

① 短期性。债务性融资筹集的资金具有使用上的时间限制，需要到期还本。

② 可逆性。企业采用债务性融资方式获取资金，负有到期还本付息的义务。

③ 负担性。企业采用债务性融资方式获取资金，需支付债务利息，从而形成企业的固定负担。

（2）债务性融资的具体方式。债务性融资的具体方式如下。

① 亲戚朋友借款。新创企业早期需要的资金量少且具有高度的不确定性，对银行等金融机构缺乏吸引力，这使得向亲朋好友融资成为创业者此时可选的主要融资渠道之一。家庭或朋友除直接提供资金外，更多的是为贷款提供担保。家庭或朋友的特殊关系使得这一融资渠道有效地克服了信息不对称的问题。但是由于家庭或朋友这一特殊关系的存在，使得这一融资渠道很容易引发纠纷。因此，应将家庭或朋友提供的资金与其他投资者提供的资金同等对待。

② 商业银行贷款。银行贷款对于需要融资的创业者来说往往是首选的外源融资渠道。目前，银行贷款主要有以下几种。

- 抵押贷款，即向银行提供一定的财产作为贷款的保证方式。它是银行的一种放款形式。抵押品通常包括有价证券、国债券、各种股票、房地产，以及货物的提单、栈单或其他各种证明物品所有权的单据。贷款到期，借款者必须如数归还，否则银行有权处理抵押品，作为一种补偿。

- 信用贷款，即银行仅凭对借款人资信的信任而发放的贷款，借款人无须向银行提供抵押物。一般贷款银行要对借款方的经济效益、经营管理水平、发展前景等情况进行详细的考察，以降低风险，而且额度不会太高。

- 担保贷款，即以担保人的信用为担保而发放的贷款。在这当中政府对创业者融资有一项专门的政策，即小额担保贷款，扶持范围包括城镇登记失业人员、大中专毕业生、军队退役人员、军人家属、残疾人、低保人员、外出务工返乡创业人员。对符合条件的人员，贷款额度一般为 5 万元，最高不超过 8 万元；高校毕业生贷款额度最高不超过 10 万元。贷款期限一般为 2 年，最长不超过 3 年。对合伙经营和组织起来就业的，贷款额度最高不超过 50 万元。

- 贴现贷款，即借款人在急需资金时，以未到期的票据向银行申请贴现而融通资金的贷款。

近年来，随着商业银行自身业务的不断创新和国家对创业企业政策的扶持，商业银行也不断推出新的业务类型为创业者提供创业资金。例如，个人生产经营贷款、个人创业贷款、个人助业贷款、个人小型设备贷款、个人周转性流动资金贷款、下岗失业人员小额担保贷款和个人临时贷款等不同类型的贷款。这些新业务的开展不仅拓宽了银行自身业务领域，也为创业企业融资提供了新的途径。这种做法目前在国际社会中也得到广泛应用。

银行贷款融资的优点如下。

- 贷款种类较多，便于企业根据需要进行选择。

- 弹性大、灵活性强。贷款在使用期内，如经营状况发生变化，可以与有关金融机构协商，增减借款数量或延长、缩短借款时间，便于企业降低融资成本。

- 贷款利息计入企业成本，合理利用贷款，可在财务杠杆的作用下，提高权益资本的收益率。

- 融资费用相对较低。企业还款时只需按规定的利率付息，除此之外，没有其他融资费用。

银行贷款融资的缺点如下。

- 没有融资主动权。企业申请贷款的种类、数记、期限、利率都由银行对企业借款申请审核后决定，企业处于被动地位。

- 融资规模有限，不可能像发行债券融资那样一下子筹集到大笔资金。
- 到期必须归还，财务风险较大。另外，有时银行还会在借款时规定一些资金使用方向上的限制，从而影响企业的投资活动。
- 受国家政策影响强烈。当中央银行实行扩张型货币政策时，银行会扩大信贷规模，企业取得贷款比较容易；当中央银行实行紧缩型货币政策时，银行会收缩贷款规模，企业取得贷款则相对困难。

③ 发行债券。债券是债务人为筹集资金而发行的、约定在一定期限内还本付息并反映债权、债务关系的一种有价证券。债券按发行主体不同，分为政府债券、金融债券和企业债券，如果是股份制企业发行的债券则称之为公司债券。当前，在我国按《公司法》规定，只有股份有限公司、国有独资公司和两个以上的国有企业或者两个以上的国有投资主体投资设立的有限责任公司，才具有发行债券的资格。虽然中小民营企业目前还无法通过这一方式融资，但随着国家政策和市场环境的变化，债券融资的可能性将会增大。

发行债券融资的优点如下。

- 资本成本低。债券的利息可以税前列支，具有抵税作用；另外，债券投资人比股票投资人的投资风险低，因此其要求的报酬率也较低。故公司债券的资本成本要低于普通股。
- 具有财务杠杆作用。债券的利息是固定的费用，债券持有人除获取利息外，不能参与公司净利润的分配，因而具有财务杠杆作用，在息税前利润增加的情况下会使股东的收益以更快的速度增加。
- 所筹集资金属于长期资金。发行债券所筹集的资金一般属于长期资金，可供企业在 1 年以上的时间内使用，这为企业安排投资项目提供了有力的资金支持。
- 债券筹资的范围广、金额大。债券筹资的对象十分广泛，它既可以向各类银行或非银行金融机构筹资，也可以向其他法人单位、个人筹资，因此筹资比较容易并可筹集较大金额的资金。

发行债券融资的缺点如下。

- 财务风险大。债券有固定的到期日和固定的利息支出，当企业资金周转出现困难时，易使企业陷入财务困境，甚至破产清算。因此，筹资企业在通过发行债券来筹资时，必须考虑利用债券筹资方式所筹集的资金进行的投资项目的未来收益的稳定性和增长性问题。
- 限制性条款多，资金使用缺乏灵活性。因为债权人没有参与企业管理的权利，为了保障债权人债权的安全，通常会在债券合同中包括各种限制性条款。这些限制性条款会影响企业资金使用的灵活性。

④ 融资租赁。融资租赁是指出租人根据承租人对租赁物件的特定要求和对供货人的选择，出资向供货人购买租赁物件，并租给承租人使用，承租人则分期向出租人支付租金。在租赁期内，租赁物件的所有权属于出租人所有，承租人拥有租赁物件的使用权。租期届满，租金支付完毕并且承租人根据融资租赁合同的规定履行完毕义务后，对租赁物的归属没有约定的或者约定不明的，可以协议补充；不能达成补充协议的，按照合同有关条款或者交易习惯确定；仍然不能确定的，租赁物件所有权归出租人所有。

融资租赁是现代化大生产条件下产生的实物信用与银行信用相结合的新型金融服务形式，是集金融、贸易、服务为一体的跨领域、跨部门的交叉行业。由于其融资与融物相结合的特点，出现问题时租赁公司可以回收、处理租赁物，因而在办理融资时对企业资信和担保的要求不高，所以非常适合于中、小企业融资。大力推进融资租赁的发展，有利于转变经济发展方式，促进二、三产业的融合发展，对于加快商品流通、扩大内需、促进技术更新、缓解中小企业融资困难、提高资源配置效率等方面发挥重要作用。积极发展融资租赁业，是我国现代经济发展的必然选择。

2015 年 8 月 26 日，国务院总理李克强主持召开国务院常务会议，确定加快融资租赁和金融租赁行业发展的措施，更好地服务于实体经济。会议指出，加快发展融资租赁和金融租赁，是深化金融改革的重要举措，有利于缓解融资难、融资贵，拉动企业设备投资，带动产业升级。会议确定，一是厉行简政放权，对融资租赁公司设立子公司不设最低注册资本限制。对船舶、农机、医疗器械、飞机等设备融资租赁简化相关登记许可或进出口手续。在经营资质认定上同等对待租赁方式购入和自行购买的设备。二是突出结构调整，加快发展高端核心装备进口、清洁能源、社会民生等领域的租赁业务，支持设立面向小微企业、"三农"的租赁公司。鼓励通过租赁推动装备"走出去"和国际产能合作。三是创新业务模式，用好"互联网+"，坚持融资与融物结合，建立租赁物与二手设备流通市场，发展售后回租业务。四是加大政策支持，鼓励各地通过奖励、风险补偿等方式，引导融资租赁和金融租赁更好地服务于实体经济。同时，有关部门要协调配合，加强风险管理。融资租赁是新的金融模式，融资公司和承租人所承担的风险都相对比较低，所以非常适合于中小企业融资。

⑤ 政府创业扶持基金。在国家提出建设创新型社会的经济发展理念的引导下，我国已出台了若干政策，鼓励创业，设立了科技型中小企业技术创新基金。各地设立了若干"孵化器"，提供融资服务。各地政府也根据地方经济发展特点和需要相继出台了各种各样的政府创业扶持基金政策，其内容多变、形式多样，包含了从税收优惠到资金扶持，从特殊立项到特殊人群的各种创业基金。例如，近年来为解决大学生就业难问题，鼓励大学生自主创业，各地政府设立了大学生创业基金，为有创业梦想但缺乏资金的大学生提供创业启动资金，以最低的融资成本满足大学生创业者的最大资金需求。当前，大学生创业基金已成为大学生圆梦创业的助跑器，为切实解决大学生创业资金紧缺问题起到了重要作用。

政府引导基金是支持地方经济发展、解决中小企业融资难题的重要手段，同时也是政府培育战略性新兴产业的重要途径。近年来，不仅北京、上海、深圳、天津等资本云集的城市政府引导基金发展势头强劲，民间企业与产业园区云集的一、二线城市也先后设立引导基金扶持当地产业发展。引导基金正式成为政府支持战略性新兴产业发展的全新平台。

根据中小企业项目的不同特点，政府创业扶持创新基金支持的方式主要有如下几种。

- 贷款贴息。对已具有一定水平、规模和效益的创新项目，原则上采取贴息方式支持其使用银行贷款，以扩大生产规模，一般按贷款额年利息的 50%～100%给予补贴，贴息总金额一般不超过 100 万元，个别重大项目可不超过 200 万元。

- 无偿资金补助。无偿资金补助主要用于中小企业技术创新中产品的研究、开发及调试阶段的必要补助、科研人员携带科技成果创办企业进行成果转化的补助，资助额一般不超过 100 万元；资本金投入，对少数起点高、具有较广创新内涵、较高创新水平并有后续创新潜力、预计投产后有较大市场、有望形成新兴产业的项目，可采取成本投入方式。

### 2．权益性融资

权益性融资又称股权融资，是通过扩大企业的所有权益，如吸引新的投资者、发行新股、追加投资等来实现的，而不是出让所有权益或出卖股票。权益融资的后果是稀释了原有投资者对企业的控制权。权益资本的主要渠道有自有资本、风险投资公司、发行股票等。

（1）权益性融资的特点。股权融资的特点在于引入的资金无须还，不需要支付利息，但需按企业的经营状况支付红利；但同时企业引入新股东，在股权融资中，投资者以资金换取公司的股权后，使企业的股东构成和股权结构发生了变化，股东的权利和义务也将进行重新调整，创业者有可能失去创业企业的控制权，企业发展模式和经营模式也可能随之相应地改变。

（2）权益性融资的具体方式。权益性融资主要有以下几种方式。

① 自我融资。创业是有风险的，但每一个创业者都应该明白，应将自有资金的大部分投入到新创的企业中。创业融资面临着不确定性和信息不对称等诸多困难，自我融资本身是一种很好的承诺。如果创业者在创业的过程中投入自己的大部分资金，对其他投资者而言，本身就是一种信号，投资者花的是自己的钱，一定会谨慎地使用每一分钱；说明创业者对自己认定的商业机会十分有信心，对自己的新创企业充满信心，是全心全意、踏踏实实地干事业。另外，创业虽然有风险，但创业的目的是为了取得成功。创办新企业是创业者捕捉的商业机会实现价值的过程，创业者在新创企业中尽可能多地持有股份，有利于很好地管控企业，一旦创业成功，将获得最大的创业回报。

当然，创业者个人的资金对于新创企业而言，总是十分有限的。自我筹资虽然是新企业融资的途径之一，但它不是根本性的解决方案，特别是当新创企业规模较大时。

② 风险投资。风险投资是指具备资金实力的投资家对具有专门技术并具备良好市场发展前景，但缺乏启动资金的创业家进行资助，帮助其圆创业梦，并承担创业阶段投资失败的风险的投资。投资家投入的资金换得企业的部分股份，并以日后获得红利或出售该股权获取投资回报为目的。风险投资的特色在于甘冒高风险以追求最大的投资报酬，并将退出风险企业所回收的资金继续投入"高风险、高科技、高成长潜力"的类似高风险企业，实现资金的循环增值。投资家以筹组风险投资公司、招募专业经理人、从事投资机会评估并协助被投资事业的经营与管理等方法，早日实现投资收益，降低整体投资风险。

风险投资在我国是一个约定俗成的具有特定内涵的概念，其实把它翻译成"创业投资"更为妥当。广义的风险投资泛指一切具有高风险、高潜在收益的投资；狭义的风险投资是指以高新技术为基础，生产与经营技术密集型产品的投资。

风险投资具有与一般投资不同的特点，表现在以下几个方面。

• 高风险性。风险投资的对象主要是刚刚起步或还没有起步的中小型高新技术企业，企业规模小，没有固定资产或资金作为抵押或担保。由于投资目标常常是"种子"技术或是一种构想创意，而它们处于起步设计阶段，尚未经过市场检验，能否转化为现实生产力有许多不确定因素。因此，高风险性是风险投资的本质特征。

• 高收益性。风险投资是一种前瞻性投资战略，预期企业的高成长、高增值是其投资的内在动因。一旦投资成功，将会带来十倍甚至百倍的投资回报。高风险、高收益在风险投资过程中充分体现出来。

- 低流动性。风险资本在高新技术企业创立初期就投入，当企业发展成熟后，才可以通过资本市场将股权变现，获取回报，继而进行新一轮的投资运作。因此，风险投资的投资期较长，通常为 3～7 年。另外，在风险资本最后退出时，若出口不畅，撤资将十分困难，导致风险投资的流动性降低。

从本质上来讲，风险投资是高新技术产业在投入资本并进行有效使用过程中的一个支持系统，它加速了高新技术成果的转化，壮大了高新技术产业，催化了知识经济的蓬勃发展，这是它最主要的作用。当然，对于整个国家经济而言，风险投资在推动企业技术创新、促进产业结构的调整、改变社会就业结构、扩大个人投资的选择渠道、加强资本市场的深度等方面都有重要的意义。

所以，风险投资所指的风险不是一般的风险（risk），而是冒险创新之险（venture）。从另一方面看，同是融资行为，与银行贷款相比，风险投资家投资的是未来，试图驾驭风险，即不是单纯给钱，还有创新的战略制定、技术评估、市场分析、风险及收益回收和评估、以及培养先进的管理人才等。银行贷款考虑的则是一般的回避风险以及财产抵押的现在行为。当然，趋之若鹜的真实动机，还是风险投资的高额回报。

无论风险投资机构的目的如何，风险投资的加入在缓解中小企业融资困境的问题上发挥着不可替代的作用，能够为企业研发新产品、开拓新市场提供必要的资金支持，从而促进中小企业的快速成长。另一方面，风险投资的目的是在被投资企业成熟后，以上市、转股、兼并等方式退出企业，实现高额回报，完成一个投资周期。所以，促进企业快速成长是风险投资的宗旨。为此，风险投资除了资金投入外，还会积极参与被投资企业的经营管理，为企业提供行业经验、管理技术和专业人才等，从而促进企业治理结构的完善和企业的不断创新。

③ 天使投资。天使投资起源于纽约百老汇，是自由投资者或非正式机构对有创意的创业项目或小型初创企业进行的一次性的前期投资，是一种非组织化的创业投资渠道。天使投资具有直接向企业进行权益性投资、不仅提供现金还提供专业知识和社会资源方面的支持、程序简单、短时期内资金就可到位等特征。

天使投资虽然是风险投资的一种，但两者有着较大差别。其一，天使投资是一种非组织化的创业投资形式，其资金来源大多是民间资本，而非专业的风险投资商。其二，天使投资的门槛较低，有时即便是一个创业构思，只要有发展潜力，就能获得资金，而风险投资一般对这些尚未诞生或嗷嗷待哺的"婴儿"兴趣不大。对刚刚起步的创业者来说，既吃不上银行贷款的"大米饭"，又沾不上风险投资的"维生素"的光，在这种情况下，只能靠天使投资的"婴儿奶粉"来吸收营养并茁壮成长。

④ 发行股票。股票发行是指符合条件的企业按照法定的程序，向投资者或原股东发行股票的融资方式。

发行股票是公司筹集资金的一种基本方式，其优点主要如下。

- 筹资风险小。由于普通股票没有固定的到期日，不用支付固定的利息，不存在不能还本付息的风险。

- 股票融资可以提高企业的知名度，为企业带来良好的声誉。发行股票筹集的是主权资金。普通股本和留存收益构成公司借入一切债务的基础。有了较多的主权资金，就可为债权人提供较大的损失保障。因而，发行股票筹资既可以提高公司的信用程度，又可为使用更多的债务资金提供有力的支持。

- 股票融资所筹资金具有永久性，无到期日，不需归还，在公司持续经营期间可长期使用，能充分保证公司生产经营的资金需求。

- 没有固定的利息负担。公司有盈余，并且认为适合分配股利，就可以分给股东；公司盈余少，或虽有盈余但资金短缺或者有有利的投资机会，就可以少支付或不支付股利。

- 股票融资有利于帮助企业建立规范的现代企业制度。

发行股票筹资的缺点主要有以下几点。

- 资本成本较高。一般来说，股票筹资的成本要大于债务资金，股票投资者要求有较高的报酬。而且股利要从税后利润中支付，而债务资金的利息可在税前扣除。另外，普通股的发行费用也较高。

- 容易分散控制权。当企业发行新股时，出售新股票、引进新股东，会导致公司控制权的分散。

- 新股东分享公司未发行新股前积累的盈余，会降低普通股的净收益，从而可能引起股价的下跌。

近年来，在工作之余到野外走走、呼吸一下新鲜空气，是很多上班族缓解压力的选择。相对于跟团旅游，新鲜、刺激的自助游更吸引年轻人。目前，经营旅游用品的市场情景很大。

假如你准备开一家户外运动品商店，准备一张 A4 纸，大致估算出你的投资预算，并写下你打算怎样筹到这笔资金？目的是了解创业资金的来源与融资方式。尽可能多地列出你能想到的可利用的融资方式。

### 三、融资方式的选择

创业融资有鲜明的阶段性特点，只有了解不同阶段的特点，做到融资阶段、融资数量与融资渠道的合理匹配，才能有的放矢，化解融资难题。

虽然在字面上，创业被理解为创办新企业，但创业过程并不是在注册完一个新企业后就结束了。企业注册只是完成了法律形式上的创业，只有在实现机会开发并创造价值后，创业过程才算结束。不能把创业融资仅仅理解为筹集创业的启动资金。创业融资不是一次性融资，而是包括了整个创业过程的所有融资活动。创业者需要了解不同阶段的融资需求。创业者在进行融资方式的选择时，应结合创业企业发展的不同阶段，制定相应的融资决策。

创业企业不同发展阶段融资方式的选择如下。

#### 1. 种子阶段

此阶段企业处于技术、产品研发阶段。企业可能刚刚建立或者正在筹建中，没有完整意义上的组织结构，企业规模很小，基本上没有管理队伍，企业的生死存亡依托在掌握关键技术的少数技术人员和业务人员身上，而且他们同时还担任着经营管理的角色。

主要风险：存在很大的技术风险和市场风险，此阶段的投资风险也很高。

融资方式：由于技术风险和市场风险大，加之企业规模和价值小，银行贷款困难，风险投资也很难取得。此阶段主要靠创业者前期的个人积累和亲戚朋友的资助，或天使投资人提供的股本金作为企业的"种子资金"，同时有极少量的政策资助拨款、大学及科研机构的研究基金。私人资

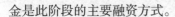

金是此阶段的主要融资方式。

### 2. 创建阶段

创业期的企业已经完成了公司筹建、产品研发、生产组织等工作。但人员、设备、技术、市场等方面还未能协调配合。由于创建阶段的技术风险和市场风险未得到有效的释放，企业仍处于现金流出远大于现金流入的阶段。此时，创业者也可能会请求银行给予贷款，但可能性较小，即使能得到此类贷款，也大都是短期贷款，且数额不大。同时，此阶段由于企业的获利能力较差，如果所借的短期贷款过多，其负债率越高，利息负担越重，资本结构就会越不合理，严重的可能产生财务危机。非营利机构如政府基金在此阶段由于受法律条件限制不再适用。

主要风险：此阶段的主要风险是技术风险、市场风险和管理风险，特别是管理风险凸显。但此阶段的投资风险有所下降。

融资方式：综合考量，企业在这一时期最好选择风险投资。风险投资基金或风险投资公司将以战略伙伴或以战略控股者的身份参股，有的风险投资基金或风险投资公司除了资金外，还能为企业提供管理等方面的支持和辅导，从而降低创建期的企业风险。除此之外，这个阶段的资金来源主要还包括创业者的自有资金、向亲戚朋友借入的资金、民间借贷、吸收合伙人投资。

### 3. 成长阶段

这时由于中小企业已经渡过生存难关，企业的发展前景也已基本明朗，企业形象、产品品牌在社会上有了一定的知名度和良好的信誉，其发展潜力已初露端倪。

成长阶段的企业，产品和服务已经进入开发阶段，并拥有了少量客户，产品和服务的费用较高，销售收入不高。到了该阶段末期，企业完成产品定型，着手实施市场开拓计划。在这一阶段，企业的新产品已进入市场并不断得到推广，发展前景明朗，风险有所下降，但资金需求量仍较初创期有大幅的提高。

成长阶段企业的资金需求特征有以下特点。

（1）企业需要在短时间内获得大量的资金，以便迅速组织生产，抢占市场，资金需求规模较初创期大幅提高。成长期企业产品不具备大批量生产的条件，单位制造成本较高，销售收入有限，企业财务仍处于亏损阶段，但亏损额随产品销量的增加呈不断缩小的趋势。因此，需要大量外部资金的投入，主要用于以下两个方面：一是用于"中试"以形成市场化生产能力，虽然企业在该阶段掌握了较为成熟的技术和新产品的生产工艺、方法等，但通过产品的试销收集到的反馈信息表明产品仍然存在需要改进的地方；二是用于开拓市场，主要体现为广告投入、产品的批量生产和市场试销工作。

（2）企业技术风险明显降低，财务风险与市场风险日益突出。高新技术产品的市场风险总是在产品的推广时期发挥着决定性的作用。另外，对于一个新的投资项目来说，其项目成本核算、投资收益预测、资金回收周期等方面都存在着不确定性，因此企业在财务管理上也存在较大的风险。

主要风险：技术风险大幅下降，此阶段可能会出现经营者管理不力、制造成本过高、财务失控、市场增长缓慢等风险。

融资方式：此阶段资金需求量迅速上升，企业已经具备一定的资产规模，具有一定的融资能力。此阶段创业企业很难靠自我累积和向亲友融资等方式来解决迅速增长的资金需求，银行信贷、风险投资成为其主要融资形式。对于银行信贷，绝大部分企业仍需借助第三方信用担保公司才能取得银行的信贷支持。风险投资主要针对高新技术的中小企业，比较少进入传统产业。绝大部分劳动密集型、技术含量较低的企业，获得风险投资的可能性不大，仍要以民间资金为主要融资方式。

### 4．成熟阶段

成熟阶段是技术成熟并且市场需求迅速扩大时进行大规模生产的阶段。企业已形成稳定的盈利能力，企业规模较大，拥有客观的企业资源。企业在这一阶段所要解决的主要难题是，既要不断地研发新技术、新产品，更要完善公司的治理结构。

主要风险：这一阶段的市场已经比较稳定，风险降为最小，企业大量盈利，已经渡过危险期，基本上可算是比较成功的企业。

融资方式：资金需求量相对稳定并达到自种子期以来的最高水平。本阶段的企业拥有、控制较多的资源，一般拥有自己的厂房、设备等硬资产，同时控制一定的上、下游资源。银行信贷仍然占有重要地位，但一般不再需要第三方担保机构的介入，同时通过对上、下游的资金延伸来缓解财务压力，因此本阶段融资成本大幅下降。同时，规模比较大的保守的投资机构更愿意在此阶段对企业进行股权投资。部分企业具备上市条件，风险投资机构开始考虑撤出。此阶段企业可以采用多种融资方式筹资。对于企业来说，在这一阶段筹集资金的最佳方法是通过上市发行股票。

### 5．衰退期

在没有创新的情况下，企业经历了相当长一段成熟期后往往会步入衰退期，企业的技术装备日趋落后、产品老化；销量、利润下降，呈现负增长态势；企业内部闲置的人力资源也不断增加；现金流量逐步下降、萎缩，甚至出现赤字，财务状况日益恶化，企业资金周转发生困难，债务不断加重，但随着问题的逐渐暴露，银行不但会停止新的融资，还会向企业催收现有未偿贷款，使企业走向死亡的边缘。此时的企业往往失去了经营目标。为尽快摆脱困境、获得新生，企业会通过收缩战线、转产转型、技术创新、重组等手段进行蜕变。

主要风险：此阶段各种风险增大，主要风险是市场风险、技术风险、财务风险、管理风险等。

融资方式：此阶段除获得银行的部分贷款外，商品贸易融资、租赁融资、票据融资、典当融资都可使企业获得部分资金，还可以通过企业内部职工借款、企业间的商业信用、民间借贷、信用担保机构担保获得债务性融资，或是通过产权交易市场、股权的场外交易获得权益性融资。

**【典型案例 6-2-1】**

#### 为降低融资成本 TCL 将与东亚银行组建财务公司

当年，TCL 公司董事会批准公司与香港东亚银行组建一家财务公司的计划，此举的主要目的是降低 TCL 集团的融资成本。TCL 集团表示，该公司计划出资人民币 3.1 亿元持有上述财务公司62% 的股权；而东亚银行则将以外汇现金出资人民币 1 亿元持有财务公司 20% 的股权；由该公司的关联公司 TCL 多媒体全资拥有的 TCL 王牌电器（呼和浩特）有限公司将出资人民币 700 万元持有新公司 14% 的股权；TCL 集团子公司 TCL 通讯全资拥有的子公司 TCL 移动通信（呼和浩特）有限公司将出资人民币 200 万元持有财务公司 4% 的股权。集团表示，新成立的财务公司将为 TCL 集团的子公司提供存款、贷款和结算方面的服务。新公司将有助于降低 TCL 集团的融资成本，因为从该财务公司获得的贷款利率可低于银行利率。TCL 集团是在效仿其他几家中国工业公司的做法，这些公司都建立了财务子公司来管理各自公司的财务。TCL 集团的上述财务公司已注册登记。该财务公司已获得了中国银行业监督管理委员会的批准，东亚银行拒绝就 TCL 集团上述财务公司的组建发表评论。但有消息称，东亚银行将投资人民币 100 亿元，持有这家财务公司 20% 的股权，这家公司将为 TCL 的子公司提供存贷款和结算服务，预计可使融资成本下降，因它放贷的利率能够更低些。但由于投资额不大，对东亚银行的盈利贡献可能很小。

解析：(1) 降低融资成本是降低创业风险、提高创业成功率的一个有效途径。创业企业在创业融资过程中应树立融资成本观念，并积极采取各种措施，降低融资成本。

(2) 降低融资成本的方法有贷款货比三家、合理选择贷款期限、享受银行和政府的低息待遇、向亲朋好友借款、提高资金使用效率等。

### 四、创业融资的步骤

在现实生活中，有些人有很好的创意，但筹集不到资金；有些人虽然自己没有资金，但凭专业、信息和技术优势以及个人信誉和人脉关系，总能一次次幸运地找到资金，实现企业梦想，成就财富人生。机会总留给有准备的人，创业融资不仅是个技术问题，也是一个社会问题。在创业前或融资前做好充分的准备，有助于创业融资的成功。

#### 1．建立个人信用并积累人脉资源

市场经济是一种信用经济，信用对国家、企业、个人都是一种珍贵的资源。在创业融资中，良好的信用会起到很重要的作用。人都生活在一定的社会群体中，创业者也不例外。创业者因为具有创业精神和创新意识，可能在思维方法和行为方式上会有不同之处，显示出异质型人才的特征，但信任是一种市场规则，谁违背了，信息就会在社群内通过口碑传播，而创业最初的融资往往来自亲人、朋友和同事，如果口碑太差，信任度太低，融资难度就会加大。因此，创业者应广结善缘，建立健康、有益的人脉关系，创造和积累基于同事关系、师生关系和亲友关系的社会资本。为创造财富人生、实现自我奠定基础。

#### 2．测算融资需求量

融资需求量的测算是融资的基础。对于创业者来说，首先需要清楚创业所需资金的用途。任何企业的经营都需要一定的资产，资产以各种形式存在，包括现金、材料、产品、设备、厂房等。创业所筹集的资金一方面用来购买企业经营所需的这些资产，另一方面还要用来支付企业的营运开支，如员工工资、水电费等。从资本的形式来看，可以将其分为固定资本和营运资本。固定资本包括用于购买设备、建造厂房等固定资产的资本，这些资本被长期占用，不能在短期内收回，因此，在筹集这类资本时，要考虑资本的长期性。营运资本包括用于购买材料、支付工资及各种日常支出的资本，这些资本在一个营运期内就能收回，可以通过短期自筹解决。此外，创业企业还面临着成长的问题，在成长阶段，单靠初始的启动资本和企业盈利无法满足成长的需要，还要从外部筹集用于扩大再生的资本，即发展资本。

(1) 估算启动资金。企业要开始运营，首先要有启动资金，启动资金用于购买企业运营所需的资产及支付日常开支。对启动资金进行估算，需要具备足够的企业经营经验，并对市场行情有充分的了解。创业者在估算启动资金时，既要保证启动资金能够满足企业运营的需要，又要想方

设法节省开支，以减少启动资金的花费。

具体购买固定资产所需资金和企业运营所需的流动资金估算如下。

① 固定资产所需资金估算。

- 企业用地、厂房、办公用房，可以选择建房、租房或自家用房改造等。
- 生产经营用机器、车辆等设备，可以考虑租赁或购买。
- 与生产经营有关的器具、工具。
- 办公设备和家具。

② 流动资金估算。流动资金主要用于原材料、产品；员工工资；促销费用；保险；水电费；办公费用；开办费；利息支出及其他。

在企业起步阶段，还要支付一些其他费用，如交通费、差旅费、业务招待费等。有的企业需要足够的流动资金来支付 1 年的全部费用，也有的只需支付 6 个月的费用，甚至只需支付 3 个月左右，不同的企业，运营周期不同，所以预算的时间也有所不同，原则是必须预测到获得稳定销售收入之前。一般而言，刚开始的时候销售并不顺利，因此，流动资金要计划得富余些。

【学以致用】

### 开办一家中老年服饰公司的资金预算

王刚大学毕业工作十年后决定自己创业，准备开办一家中老年服饰公司。下面是他开办公司前进行的资金预算。

创业投资预算表

| 项目 | 数量 | 费用（元） | 月份 | 总额（元） |
|---|---|---|---|---|
| 创业者工资 | 5 | 4 000 | 3 | 60 000 |
| 员工工资 | 40 | 3 000 | 3 | 360 000 |
| 原料费用 | | 100 000 | 3 | 300 000 |
| 流动现金 | | 100 000 | | 100 000 |
| 一次性费用 | | 20 000 | | 20 000 |
| 装修费 | | 30 000 | | 30 000 |
| 水电费 | | 2 000 | 3 | 6 000 |
| 保险费 | | | | 400 |
| 广告费 | | 20 000 | | 20 000 |
| 设备费 | | | | 63 500 |
| 税费 | | | 3 | 2 000 |
| 设备维修费 | | 1 000 | 3 | 3 000 |
| 押金 | | 10 000 | 3 | 30 000 |
| 库存 | | 20 000 | 3 | 60 000 |
| 工厂租金 | | 2 500 | 3 | 7 500 |
| 店铺租金 | | 8 000 | 3 | 24 000 |
| 杂费 | | 1 000 | 3 | 3 000 |
| 合计 | | | | 1 023 500 |

（2）编制预计财务报表。编制预计财务报表，不仅是为预测资金需求量提供依据，也是下一步编写商业计划的需要。商业计划的主要内容就是企业未来 3～5 年的财务分析预测，而财务分析预测是在预计财务报表的基础上进行的。所以，编制预计财务报表是企业融资的一项重要工作。

预计财务报表包括预计利润表、预计资产负债表和预计现金流量表。预计财务报表的内容和格式与实际的财务报表完全相同，只不过数据是面向预算期的。

① 预计利润表。预计利润表又称为利润表预算，是反映企业预算期的财务成果的报表。它是在汇总销售成本、销售及管理费用、营业外收支、资本支出等预算的基础上进行编制的。通过编制预计利润表，可以了解企业预期的盈利水平，预测企业未来可留用的利润，进而预测企业内部融资数额。

② 预计资产负债表。预计资产负债表是反映企业预算期末财务状况的报表。它是以本年度的资产负债表、各项经营业务预算、资本支出预算以及财务预算为基础来编制的。预计资产负债表的编制方法主要有两种：一是预算汇总法；二是销售百分比法。其中，预算汇总法是依照实际资产负债表调整而来。首先按照下列会计方程式逐项调整出每一项目的金额，然后根据会计恒等式验证其左右方，使之达到平衡即可。这两步的公式如下。

$$期末余额＝期初余额＋本期增加额－本期减少额$$
$$资产＝负债＋所有者权益$$

上式中的期初余额可取自预算年度前的实际资产负债表，本期增减数则取自各有关的预算表。可见，预计资产负债表必须其他各项预算同步进行。

销售百分比法是假定某些资产和负债项目与销售额保持一定的百分比率关系，随着预算年度销售额的增加，这些资产和负债项目也需要随之增加。因此，该方法对销售额的依赖性较大，所以，运用此法，首先要用统计的方法计算出预计销售额；其次，判断各项目与销售额是否存在固定的比率关系，这也是运用此法成功的关键；最后，再对除了调整项目以外的其他项目，按照会计衡等式原理进行资产负债的左右平衡。

③ 预计现金流量表。预计现金流量表是反映企业预算期内现金和现金等价物流入和流出状况的报表。它是在现金预算的基础上，结合企业预算期内相关现金收支资料编制的。

预计现金流量表的编制，有利于了解预算期内企业的资金流转状况和企业经营能力，它是企业能否持续经营的基本保障预算，而且能突出表现资金筹集与使用的方案对预算期内企业的影响。如果预计现金流量不能保证企业的正常运营，就必须要提高启动资金数额和外部融资数额。

（3）结合企业发展规划预测融资需求量。上述财务指标及报表的预估是创业者必须了解的财务知识，即使企业设有专门的财务人员，创业者也应该大致掌握这些方法。需要指出的是，融资需求量的确定不是一个简单的财务测算问题，而是一个将现实与未来综合考虑的决策过程，需要在财务数据的基础上，全面考察企业的经营环境、市场状况、创业计划以及内外部资源条件等因素，再做出最终的决策。

**3．编写商业计划书**

商业计划书，是公司、企业或项目单位为了达到招商融资和其他发展目标，根据一定的格式和内容要求而编辑整理的一份向受众全面展示公司和项目目前状况、未来发展潜力的书面材料。商业计划书是一份全方位的项目计划，其主要意图是递交给投资商，以便于他们能对企业或项目做出评判，从而使企业获得融资。商业计划书有相对固定的格式，它几乎反映包括从企业成长经历、产品服务、市场营销、管理团队、股权结构、组织人事、财务、运营到融资方案等投资商所有感兴趣的内容。只有内容翔实、数据丰富、体系完整、装订精致的商业计划书才能吸引投资商，让他们看懂企业的商业运作计划，才能使融资需求成为现实，商业计划书的质量对企业融资至关重要。

商业计划书可被视为创业者的游戏计划，它把促使创业者致力于创建企业的理想和希望都具体化了，是创业者对预建企业最初 3～5 年内的销售、经营和财务方面做出的计划。一份成熟的商业计划书不但能够描述出公司的成长历史，展现出未来的成长方向和愿景，还将量化出潜在的盈利能力。这都需要创业者对自己的公司有一个通盘的了解，对所有存在的问题都有所思考，对可能存在的隐患做好预案，并能够提出行之有效的工作计划。同时，在编写商业计划书的过程中，能帮助创业者认清挡路石，从而绕过它。很多创业者都与他们的雇员分享商业计划书，以便让团队更深刻地理解自己的业务到底走向何方。

### 4．确定融资来源

测算完融资的需求量之后，接下来的工作就是确定资金的来源，即融资渠道和融资对象。此时，创业者需要对自己的人脉关系进行一次详尽的排查，初步确定可以成为资金来源的各种关系。同时，还要收集各方面的信息，以获得包括银行、政府、担保机构、行业协会、旧货市场、拍卖行等各种能够提供资金支持的资料。现在政府出台了很多政策，其中有一些好的政策，很多创业者不了解，从而失去了获得有关支持的机会。同时，创业者也应对企业股权和债权的比例安排进行考虑。

### 5．融资谈判

融资谈判是企业成功融资过程中的关键一环，充分发挥融资谈判技巧，能帮助企业更好地把握融资的主动性，争取更多有利于自己的条件。在进行融资谈判时，需要坚持一定的原则和掌握一定的谈判技巧。

融资谈判虽然不同于外交谈判，但也要求参与者有很高的政治业务素质。一是要熟悉政策法规；二是要了解投资环境；三是要清楚项目状况；四是要具备谈判所需的策略和艺术。因此，谈判无论规模大小、层次高低，参与者都要严肃、认真地对待，绝不允许草率行事。因为协约合同是企业的生死状，一旦失误就会造成难以挽回的经济损失和不良的政治影响。

（1）融资谈判的基本原则。一切融资活动都是以企业为基础，以谈判、签约为先导的。谈判、签约的水平如何，关系到企业的经济利益和政治影响，所以，一些基本的原则必须坚持。

① 有备而谈的原则。"凡事预则立，不预则废。"招商谈判也是如此，事先要做好充分的准备。一是谈判人员的组成，谁主谈，谁配合，谁翻译，谁做顾问，各色人等要备齐，并且事先要有明确的分工和职责；二是方案准备，包括政策法规、投资环境概况、企业的具体情况、合作条件；三是合同、协约文本及相关的资料文件准备；四是承诺与保证措施。有备无患，才会赢得谈判的主动权，达到预期的效果。

② 利益原则。融资合作的目的是促进共同的发展，所以必须根据实际计算核定合理的利益标准。互惠互利可以说是融资的主题。

③ 平等原则。投资者可以是不同国度、地区，不同制度、体制下的人，意识形态有差别，贫富有差距，但作为合作者，双方在法律地位上是平等的。对谈判要不卑不亢，进退自如，有利有节。

④ 政策策略原则。融资不是乞讨、求人，与资金方打交道也不仅仅是资金技术问题。所以，不仅要讲政策，还要讲策略。在谈判中，谈判的策略是原则性和灵活性相统一的表现。事先要筹谋，当事要随机应变，注意方式、方法，做到有利、有理、有节，这才是谈判的最高水准。

（2）谈判过程中需要注意的几点问题。创业者所面对的投资人并不是一个，更多时候，创业者会同时面对多个投资人，他们的背景、喜好、知识结构等都不一样，因此，他们所关心的问题及提问方式也不尽相同。所以，在谈判过程中，创业者需要注意以下几个方面，以增加自己的自信，弱化自己的弱势。

① 重视投资方的关注点。在投资家看来，项目的价值在于优秀的管理团队、独特的产品、足够大的市场三者的组合。谈判时，创业企业应该从这三个方面来突出自身的价值，吸引投资商；同时要告诉对方自己在市场中的位置，包括是处于早期还是晚期、每年的销售额、在市场中的份额等，让投资者可以区分开创业企业与竞争对手的不同之处，以强化自己的项目优势。

② 介绍自己时不要说很多描述性的话。要从几个点去定位，让对方清楚地知道你在做什么、企业的状况如何。如果站在投资商角度想问题，会更容易地抓住其注意力。因为每个投资商都会接到很多商业计划书，会见到很多人，关键在于怎样把你与别人区分开来。然后，告诉对方未来的发展规划。此时，投资商会把握自己的投资定位。如果正好符合，自然会感兴趣。

③ 要突出企业的投资回报率。企业的核心问题是财务预测，如商业模式、团队、现有的市场形式、竞争环境、服务对象、未来 3～5 年的收入与利润等。财务预测反映出来的是商业模式与盈利模式，同时需要说服投资商确实能够实现这样的目标。投资商给企业估价的方式非常简单：一个方式是市盈率法，对未来的盈利预测乘以 PE 值就是公司的价值。正常的 PE 值为 10～15。如果企业增长非常快，PE 值会达到 30、50 甚至 1 000。投资商会据此估算出企业的最低价值，并在内部形成一个报告，说明预计在 3 年之后这家公司值多少钱、现在投资能够赚多少钱等。如果项目的投资回报率达到或者超过投资的预期，拿下融资合同的可能性就非常大了。

④ 坚持保留股份比例和企业控制权上的主动权。在项目的前期规划或在谈判时，创业者应该保持自己的主动权以及合作底线，不要为了获得资金而过分地出卖自己应有的利益和权利，否则，投资人可能会决定放弃投资。创业者在没取得融资之前，拥有 100%的股份，现在为了吸引些资金，愿意转让一点点，而不是变成为投资者打工。所以在谈判的时候，底线不要太低，更不要轻易地被打破。

## 五、创业融资的风险

### 1．企业融资面临的主要风险

（1）债务融资风险。债务融资方式的特点是，融资过程简易、融资速度快、融资成本低，企业还能享受财务杠杆作用等多种因素带来的好处。但这种融资方式也有其致命的缺点：通过债务融资的企业会承受较大的债务性资金风险，因为企业一旦取得债务性资金，就必须按期还付本息，对企业的生产经营来说有不小的压力；如果企业无法按时还清本息，那债务危机就会变成企业内部的财务危机，企业所欠的债务越多，财务危机就越大，越难以控制，一旦处理不当，企业便有破产的危险。

（2）股权融资风险。股权融资中股本没有固定期限，无需偿还。股权融资渠道的优点就是企业不用承受股票到期还本付息的压力，也没有股利负担，相对而言，风险较小。一般的股权融资会构成权益性资本，可有效提高企业的信誉度。普通股股本在运行中会产生资本公积金和盈余公积金等，这就是企业负债的基础，它能有效地扩展企业的融资渠道，提高公司的融资能力，降低融资风险。不过，股权融资方式也存在一些风险：①控制权稀释风险，当投资者获得了企业的一些股份之后，企业原本股东的股权就会被分割、减弱，有的小股东甚至会失去控股权；②机会风险，企业由于参与了股权融资，便会失去其他融资方式给自己带来的融资机会；③经营风险，企业股东在公司的战略、经营管理方式上与投资人会有较大的分歧，企业进一步的经营决策变得困难而摇摆不定。

（3）国家政策和外部市场环境的影响。国家政策和外部市场环境对企业融资都有很大影响，如产业政策、利率、资本市场的发达程度、通货膨胀等，而利率和汇率水平的高低情况对企业融资成本也有直接影响。当国家经济处在货币紧缩的环境下时，企业可能会面临贷款难、利息高、成本上升、无法还本付息的风险，这时，企业的融资成本高，内部财务风险增加，容易遭受损失。当然，国际货币市场汇率的变化也会为企业带来外币的收付风险，尤其是以出口贸易为主的企业。持续的通货膨胀会让企业所需求的资金不断增加，资金的供应就会出现不足，货币性资金不断贬值，市场物资的价值上升，资金成本也不断提高。这些因素都会给企业带来不小的冲击，如果融资失误，企业财务风险便会直线上升。

（4）企业融资过程中的陷阱。风险投资、私募股权等各种融资方式的出现带给了企业更多的融资机会，也让融资渠道变得更广泛，但机遇始终与挑战并存，一些错误的融资信息也会给企业带来严重的损失。例如，在目前融资市场中，一些以投资为名的诈骗手段纷纷出现，它们会先用优越的条件吸引企业，然后要求企业做商业计划书或请律师做尽职调查，先收取一部分费用，再接着就是考察费、调研费、接待费，最后谈到融资时，就会让企业去指定的融资机构交评估费，最后直接找个借口说不投资，而在这个过程中产生的大笔费用都需要企业来买单，这无疑给企业带来了严重的融资风险。

**2. 防范融资风险的主要策略**

（1）建立有效的风险评估和分析模式。企业应及时确定风险预防目标，建立和完善风险预警系统，对企业在融资过程中可能出现的各种风险进行评估和分析。企业必须对市场融资环境和自身的融资能力进行判断，保证融资决策的正确性、科学性，促进企业在市场经济中能健康发展。企业应结合风险预警目标和风险管理队伍水平，合理选择风险评估方式，对风险程度、结果等进行分析，便于及时做出融资对策。

（2）合理确定资金的需求量，控制资金的投放时间。企业的融资数量和资金投放使用时间都是根据企业实际的资金需求量及其使用时间决定的。不管企业通过何种融资方式、融资途径，都必须首先确定融资量。资金量对企业选择一个合理的融资方式有重大意义；确定一个融资限度也有利于企业控制融资、降低风险。如果融资量不够，对企业的日常生产经营就会造成不良影响；而融资过剩，又会增加企业的融资资本，降低企业资金的有效使用率。因此，在融资前，企业必须根据自身的实际情况制定融资量计划，根据现有资金的使用情况，确定筹资的数量。

（3）认真选择融资模式，努力降低资金成本。市场经济体制的建立和发展给整个中国创造了新的发展环境，尤其是资金市场的完善，让企业的融资渠道越来越广泛，融资方式越来越多，但不管通过哪种方法进行融资，企业都要付出一定的代价，代价就是企业会出现不同的资金成本。融资过程中，企业要严格遵守国家制定的融资政策、方针和法律规范，科学地选择融资方式，并注意融资成本的占用；综合考察各种融资方式，研究各种资金来源的构成，从不同的资金需求和企业的经营条件出发，寻找一种最适合企业的融资方式，真正降低企业的融资成本。

（4）健全企业融资风险防范机制。企业通过融资促进自身发展，提高竞争力，扩大生产规模，但在此过程中需增强风险意识，全面考虑可能会引发风险危机的各种因素，完善企业内部的融资机制，加强融资监督，将融资风险防范工作落实在企业生产发展的各环节中，只有这样，企业才能在竞争激烈的市场环境中勇往直前。企业还应建立融资风险评估制度和重大风险报告制度，在未得到董事会批准的情况下，一律不得对外融资，对于违反融资规范的行为，企业有权力追究其责任。

（5）防止骗贷，落入陷阱。为了预防融资陷阱风险，企业可委托律师对投资方的具体信息进行调查，以便预防受骗，并签订临时合同，首先约定好违约责任，预防因落入陷阱而造成不必要的损失。企业无论采用何种方式吸引投资，都需要在初始股权的结构设置上保证企业的绝对控股权，同时也要考虑到失去控股权的风险。

（6）增强法律意识。我国的各种法律制度、规范陆续出台，企业融资也在法律的规范下显得井然有序，企业的融资空间在法律的监控下有所缩小，而那些违反法律的融资行为必定会受到制裁。企业管理者应从现在开始，转变观念，遵守法律的规定，规避法律风险，使企业走上健康发展的道路。

企业要发展，必定会承受各种风险，但风险始终与危机并存，只要合理规避风险，便能抓住机遇，为自己创造发展机会。企业通常是利用融资方式来扩大发展规模，但在此过程中一定要加强融资管理，规范资本运营，防范和化解融资风险，实现全面快速发展。

# 项目三　新创企业的成长

【引例与分析】

### 屡败屡战的孙剑波

稀饭网 CEO 孙剑波在创业的头两年，曾经和好友做过出版、广告、媒体及代理等多个行当，但很少人知道他刚出校门的第一个项目其实是设计一种"卫比斯心情 T 恤"，想用可怜的资金打造一个个性 T 恤衫的品牌。这并非一个很差的创意，个性 T 恤在美国流行文化的带动下确实开创了很大的市场，而两个年轻小伙子也确实具备打造一个品牌的创意能力和设计能力。但是，他们忽略了国内消费者的成熟程度和服饰市场渠道的复杂局面，更为关键的是，忽略了盗版服装的巨大威胁。更加雪上加霜的是非典的袭击，使得他们开店卖 T 恤的计划彻底破产了。于是，他们只得先开一个电子商务网站来销售 T 恤。客观上说，正是这样的无奈让他们节约了部分资金，而不至于让这第一跤跌得更惨。

这一段短短的创业历程，几乎成为接下来两年间他们转而从事出版和广告等行当的缩影。用孙剑波的话来说，就是一个挫折接着一个挫折，一个失败接着一个失败。创业者犯过的错误，他们都犯过了。创业者可能遇到的艰辛险阻，他们也都遇到过。创业者传奇中的好故事，他们倒是一个都没碰上。短短两年，他们以极大的密度经受了别人在其他环境下十年才能经受的磨难，用最短的时间从学校人变为了社会人。

"我创业 3 年多，从来不知道什么叫一帆风顺。"孙剑波说，"挫折和困难甚至让我丧失了尊严和自信，但而今回头去看，全是财富。"

**分析**：打算创业的人，在开始时就应该耐得住寂寞，守得住目标，自暴自弃是创业成功的头号天敌。其实，大部分创业者在创业过程中都难免会遇到一些挫折，真正一帆风顺的创业者微乎其微。在失败和挫折面前，是用积极态度还是消极态度面对，直接决定了创业者未来的命运。向挫折和失败投降的人，将永远失去成功的可能性，而乐观的态度对一个创业者和企业来说是至关重要的，跌倒了，可以重新站起来。在企业成立初期，会面临许多风险和危机，创业者除了需要具备屡败屡战的勇气，还有具备一双慧眼，时时关注企业的发展趋势，识别企业可能面临的危机，并及时化解危机，规避企业失败的因素。

## 一、新企业的成长规律及方式

创业企业如何顺利度过创业期是很重要的，但更重要的是如何管理创业企业的快速成长阶段。一些创业企业没有死在创业期，却在企业快速成长阶段难逃厄运。原因之一是在企业成长的同时，创业者团队的能力和企业的核心能力没有随之成长，表现在团队能力和核心能力与企业规模的增长不相匹配。所以，创业者需要了解和掌握创业企业成长的一般规律、方式、扩张战略，以及创业者在创业企业成长过程中角色的转变。

### 1．新创企业的扩张战略

尽管创业企业做出了详尽的战略规划，但有时还是难逃失败的命运。一组数据表明：中国企业的平均寿命为 7 年左右，民营企业的平均寿命只有 3 年，中关村电子一条街上的 5 000 家民营企业的生存时间超过 5 年的不到 99 家。很多创业企业走过了艰难的创业初级阶段，却失败于成长阶段。新创企业在创业之后的迅速成长阶段，虽然成长速度快，但成长轨迹中的波动性相对也大；它们富于创新，但同时也面临着很多成长的"痛苦"；销售收入增长很快，但盈利性较差等。创业企业成长阶段的管理是创业者面临的又一大挑战。对于一个创业者来说，如果不能在创业后的一定时期内使企业健康成长起来，将会使创业家壮志难酬。因而，管理创业企业的成长，是创业者在经过创业初期之后面临的主要任务。

当创业企业平安度过了创业阶段，营销模式、管理模式已经形成，市场份额逐步扩大并趋于稳定的时候，创业者就应该思考企业的扩张战略，包括内部扩张和外部扩张两种途径。

（1）内部扩张战略。内部扩张战略是企业最常见的一种扩张途径。采用这种战略的企业力图增加现有产品或服务的市场份额。内部扩张战略特别适用于那些产品或服务在进入其寿命周期衰退阶段前的创业企业，如图 6-3-1 所示。

|  | 现有产品 | 新产品 |
|---|---|---|
| 现有市场 | Ⅰ<br><br>市场渗透 | Ⅲ<br><br>产品开发 |
| 新市场 | Ⅱ<br><br>市场开发 | Ⅳ<br><br>增加新产品、开发新市场 |

图 6-3-1　新创企业的内部扩展战略

① 市场渗透策略（现有产品和现有市场组合）。企业主要是分析市场需求是否得到了最大的满足及有没有渗透机会。如果有，企业就需要采取相应的市场渗透策略。企业需要设法在现有市场上提高现有产品的市场份额。当企业在对市场机会进行分析、判断后，决定采取渗透战略时，需要做好以下三个方面的计划。

- 确定市场领域。一是选择现有市场需求未被满足的产品市场；二是进入现有产品具有需求的其他市场，包括其他消费群体、其他地理区域的市场在内的企业还未进入的所有市场。企业既可以对上述市场采取依次进入的方式，也可以采取同时进入的方式。

- 分析市场吸引力。市场吸引力是指企业进入目标市场后可能创造的最大利益。衡量市场吸引力的指标主要有市场需求规模、利润率、发展潜力等。在一定条件下，市场需求规模越大，则表明该市场的吸引力越大；利润率即市场需求中单位需求量可以为企业带来的最大利益，利润率与市场需求规模一起决定了企业抓住市场机会进入特定市场可以创造的最大利益；发展潜力反映特定市场为企业提供的市场需求规模、利润率的发展趋势及其速度。即使某一市场目前提供的市场需求规模很小或利润率很低，但由于整个市场规模或该企业的市场份额、利润率有迅速增大的趋势，则该市场对企业而言仍可能具有相当大的吸引力。

- 确定企业在市场上的竞争优势。从质量、成本、技术、服务、客户关系、营销渠道等方面分析企业采取渗透战略的可能性。分析当现有市场的其他竞争对手采取策略性行为后，企业如何长久地保证自己的竞争优势。市场渗透内部扩张战略有三种方法：一是尽力鼓励现有顾客多购买本企业的产品或劳动；二是设法将购买竞争者产品的顾客吸引到购买自己的产品或服务上来；三是说服没有用过本企业产品的人使用本企业的产品。这种策略的实施办法是变动价格或者促销。这种扩张战略适用于那些其产品处于生产周期的成长阶段或成熟阶段、市场份额较小的企业。

② 市场开发战略（现有产品和新市场组合）。商业机会分析主要是考察在其他市场（新市场）是否存在对企业现有产品的需求。这里所说的新市场，是指包括其他消费群体、其他地理区域的市场在内的企业还未进入的所有市场。如果在其他市场上存在对企业现有产品的需求，就是一种商业机会，企业就应该采取市场开发战略。具体需要进行以下几个方面的分析。

- 市场需求饱和度分析。若市场需求非饱和，则为企业开发该市场提供了良机。

- 市场竞争状况分析。若当地市场需求处于非饱和状态，并且进入者不多或者进入者竞争不充分，就表明市场份额有待进一步分配。

- 市场的竞争秩序分析。如果市场可以相对公平、公开地进入，不存在操纵市场、控制价格、限制交易等非正当竞争现象，并且政府政策环境有利于进入，则企业可以进入。

对于刚刚进入扩张阶段的企业而言，在进入新市场时，一般都采取先易后难、先简后繁的办法，逐步深入。这样既能够在市场开发中积累丰富的经验，又能够在一定时期做到资源集中利用，节约经营成本。

③ 产品开发战略（现有市场和新产品组合）。企业主要是分析现有市场上是否有其他未被满足的需求存在。如果有，经过分析和评价，这种商业机会适合企业的目标和能力，企业就要开发出新产品满足这种需求，这种策略就是产品开发策略。例如，某生产手机的公司，可以考虑开发手机的一些新特色，也可以开发一些随着生活水平的提高而产生新需求的电子产品等。

企业在开发新产品时可以采取以下方式。

- 独立研制。采取这种方式开发的一般是全新的或者换代的产品，要求企业具有较高的技术水平，有较雄厚的人力和财力资源，因此处在创业阶段的企业，最好是开发不太复杂的产品或仿制型、改良型的产品。

- 技术引进。采用这种方式，企业投资少，并且可以较快地掌握产品制造技术，争取时间把产品制造出来，因此较适用于刚开始创业的企业。

- 协作开发。这是一种由企业、高等院校或科研机构协作进行新产品开发的方式。这种方式花钱少、见效快，又能促使企业提高开发能力，是一种较好的方式。

④ 多元化战略（新市场与新产品组合）。企业主要是分析新的市场中存在哪些未被满足的需求。如果经过分析和评价后，发现这些需求大多属于企业原有经营范围之外，企业就应该采取相应的多元化战略。企业在实施多元化战略时，必须考虑内、外部资源条件。多元化战略往往引起企业定义的改变。对于处于扩张期的新创企业，采取多元化经营需要注意以下问题。

- 多元化战略的实施时机。在企业规模较小而产品及市场都在不断增长的情况下，不宜采用多元化战略，而应集中资本扩大生产原有产品。在这个时机采用多元化战略是不明智的。

- 多元化的方式。企业的领导者必须深入研究本企业在何种领域采取何种多元化战略，战略实施到何种程度才能最大限度地发挥企业潜力，并使资源达到充分运用。多元化程度低，管理相对简单；多元化程度高，管理难度加大，甚至可能超过现有管理水平。因此，不能盲目决策。

- 处理好专业化与多元化的关系。企业应分析实施专业化战略或多元化战略后企业的竞争优势如何、市场竞争对手的反应如何，并从中找出适合本企业实际情况的战略。

（2）企业外部扩张战略。企业也可以运用外部扩张战略，即通过合资、兼并等方式获得其他企业有利资源的战略。创业企业的外部扩张手段主要有以下几种。

① 合资。随着商业风险的增加、竞争的日趋激烈，以及企业失败率的增大，合资因其较高的规范性和涉及广泛的参与者而成为创业企业进行扩张的常用方法。

合资是指由两个或两个以上的公司形成一个新的公司，成为合资企业。合资企业是一个独立实体，又称为战略联盟，这涉及各种伙伴，包括大学、非营利组织、企业和公共部门。合资是创业企业进入新市场的良好渠道。合资企业的类型包括以下三种。

- 私营企业合资。最常见的合资是在两个或两个以上的私营企业之间进行。私营企业合资行为的主要目标有：分享技术和降低成本（如通用公司和丰田公司在汽车制造领域携手合作）、进入新市场、开拓海外市场、融资和市场扩展等。

- 校企合作。在校企合作中，只要避开可能侵害专利的关键信息，大学也有权公开发表研究成果等。

- 国际合资企业。这种方式由于能获得比较优势而迅速增长。

创业者必须根据环境合理判断合资究竟能否提供发展机会，或是否会对企业产生不利影响。

② 收购。这是创业者扩大企业规模的另一个有力手段。收购是一种通过购买现有企业进入新市场或新产品领域、实现企业扩张的妙方。收购可以是购买一个完整的企业，也可以是仅购买企业的一部分。对创业者而言，收购一家现存的企业有许多优点，也存在不少缺点。

收购优点：获取已正常开展的业务、获得已有的客户基础、获得已确立的营销组织、节约成本、获得现有员工以及他们所附带的各种资源、获得更多的创新机会。

收购缺点：差强人意的经营业绩记录、关键员工的流失、高估收购价格。

最常用的收购方式是创业者直接收购企业的所有股票或资产，或者根据自己的能力购入相应的资产。无论采取哪种形式，创业者都需全面考虑、妥善安排、量力而行。

> **知识链接**
>
> **杠杆收购**
>
> 对于创业企业来说，国外越来越流行的扩张方式是杠杆收购。杠杆收购是创业者通过借贷，利用现金来收购一家现存的企业。由于收购者的个人资产相对于收购所需现金而言十分有限，收购者往往需要大量外部资金的支持。银行、风险投资者和保险公司都是杠杆收购中所需资金的最积极的提供者。
>
> 在具体应用杠杆收购时一般按以下步骤进行。
>
> 第一阶段：杠杆收购的设计准备阶段，主要是由发起人制订收购方案，与被收购方进行谈判，进行并购的融资安排，必要时以自有资金参股目标企业，发起人通常就是企业的收购者。
>
> 第二阶段：集资阶段，并购方先通过企业管理层组成的集团筹集收购价 10%的资金，然后以准备收购的公司的资产为抵押，向银行借入过渡性贷款，相当于整个收购价格 50%～70%的资金，向投资者推销约为收购价 20%～40%的债券。
>
> 第三阶段：收购者以筹集到的资金购入被收购公司期望份额的股份。
>
> 第四阶段：对并购的目标企业进行整改，以获得并购时所形成负债的现金流量，降低债务风险。
>
> 杠杆收购的优势如下。
>
> ① 并购项目的资产或现金要求很低。
>
> ② 运营效率得到提高。
>
> ③ 领导力与管理得到改进。
>
> ④ 杠杆作用。当债务比率上升时，收购融资的股权就会做一定程度的收缩，使得私募股权投资公司只要付出整个交易 20%～40%的价格就能够买到目标公司。
>
> 杠杆收购的缺点：杠杆收购最大的风险存在于出现金融危机、经济衰退等不可预见事件，以及政策调整等。这将会导致定期利息支付困难、技术性违约、全面清盘。

③ 兼并。企业扩张的另一种方法是兼并，即两个或者两个以上的企业合并为一个企业。兼并与收购非常相似，以至于有时候两个概念可以互相替代。兼并或收购的关键问题是购入程序的合法性。

创业者需要对兼并做出周密的计划，需要明确兼并的目的，尤其是那些涉及未来收益的兼并更是如此，必须明确两个企业的所有者从兼并中最终获益的情况。

创业者还必须仔细评估兼并对象企业的经营管理状况，以确保原有的管理层在未来企业的发展中保持竞争力。现存资源的价值和适用性也应考虑在内。实际上，这涉及对双方企业的仔细分析，从而保证兼并能够取长补短。

创业者应尽量营造一种相互信任的环境和氛围，以消除管理中可能存在的隐患。

④ 特许经营。特许经营可以定义为有注册商标的产品或服务的制造者或独家分销商将一个地区的排他性营销权授予独立的分销商，被授权者需要支付一定的特许费和遵守标准化运营程序的一种制度安排。向外授权方称为特许方，接受授权方是被特许方。通过购买特许权，被特许方就能获得进入新市场的机会，其获得成功的可能性要远远大于自己从零开始经营一个新企业。

特许经营也是创业者扩大业务的一种方法。在特许经营中，创业者可以作为被特许方接受特许方在营销方面的培训和支持，并使用已经建立了知名度和美誉度的品牌；也可以作为特许方，让他人为使用自己的品牌、名称、工艺、产品、服务等付费，从而扩张自己的业务。

• 机会。对于被特许方来说，购买特许权最重要的优点是创业者不需要承担一个全新的企业所涉及的各种风险。特许经营拥有这样的资源：产品或服务拥有较高知名度和美誉度；配方或设计拥有专利权；自有商标或品牌；控制财务收支的财务管理系统；该领域专家提供的经营管理咨询；广告和原材料采购的规模经济效应；总部提供的服务；已经接受市场检验的经营理念等。正因如此，创业者在创立新企业时遇到的诸如产品不能被顾客迅速接受、缺乏管理经验、筹集资金困难、对市场不了解以及经营和组织控制不当等问题及其风险在特许经营中都可以被化解或减少到最低限度。对特许方而言，特许经营的好处是随着购买能力的不断增强，企业扩张风险、资金需求量和成本都会降低。

• 风险。对被特许方而言，特许经营的缺点通常集中在特许方可能不提供服务、广告和选址上。一旦特许方没有实现其在特许协议中所做的承诺，被特许方也许在某些重要的方面就得不到任何支持，从而举步维艰；另外，还面临着特许方破产或被另一家公司买断的棘手问题。对于特许者而言，选择这种扩张方式也面临着一定的风险和不利之处。有时特许方很难找到素质合格的被特许方。尽管进行了大量的培训和控制，管理不善依然会导致某些特许经营的失败，这对整个特许经营系统都会产生严重的负面影响。随着被特许方数量的不断增加，进行有效管理、控制会变得越来越难。

### 2．新创企业的成长特点

创业企业在创业期以自由精神、不规范的体系、不完善的系统等为特征，而规范期的企业以专业化的、利润为导向的经营模式而著称，管理体系更加规范，系统更加完善。发展期的企业介于两者之间。归纳起来，创业期、发展期和规范期企业之间最重要的区别集中体现在利润、计划、组织、控制、培训、创新、领导风格和文化这几个方面，如表 6-3-1 所示。

表6-3-1　　　　　　　　　　创业期、发展期和规范期企业的主要特征

| 区别要素 | 创业期 | 发展期 | 规范期 |
|---|---|---|---|
| 利润 | 将利润视为副产品 | 以业务增长为主导、利润为辅助 | 以利润为导向，把利润作为明确的目标 |
| 计划 | 不规范、非正式的计划 | 随着业务的增长，对计划开始重视，逐渐规范 | 规范、系统的计划过程，涵盖了战略规划、运营计划、应急计划 |
| 组织 | 职位重叠，责任不明 | 机构增加，分工开始专业化 | 规范、明确的职位描述，分工专业化 |
| 控制 | 局部非正式的控制，很少使用规范的评估 | 开始关注对业务单元整体绩效的评估和控制 | 规范的、有计划的组织控制系统，包括明确的目标、目的、措施、评估和奖励 |
| 培训 | 非正式的培训，主要是在岗培训 | 应急式的培训，以应对业务增长的需要 | 有计划的培训，建立完善的培训体系 |
| 创新 | 以重大创新为主，愿意承受重大风险 | 以局部创新为主，对风险的承受能力减弱 | 以局部创新为主，愿意承受适度风险 |
| 领导风格 | 创业团队的个人风格千差万别，尚未形成统一的风格 | 创业团队调整、磨合，在碰撞中有所趋同 | 伴随职业经理人员的加盟，磋商式、参与式的风格逐渐显现 |
| 文化 | 宽松自由的"家庭式"企业文化 | 个人行为习惯与组织要求剧烈碰撞，趋同 | 明确界定的组织主导的企业文化 |

## 二、新创企业成长中的问题

### 1．新创企业快速增长的原因

企业在成长的过程中能否实现快速增长，取决于多方面的因素，其中有内部因素，也有外部因素，有成功的管理，也有机遇。外部因素包括主要政府管制（劳工管制、投资管制、准入管制、地方市场保护管制等）和环境因素（地理、文化、法律、市场等）。而在外部环境既定的条件下，从企业自身来说，尽管其失败的原因各有不同，但创业成功的原因却趋同。

（1）善于识别和把握机会。对机会准确而及时的捕捉是创业成功的核心。新经济时代，变化快速而非渐变，其特征是收益增加、正反馈、规模经济性弱、进入障碍低，脑力和智力成为关键资产。新经济是双赢博弈，其核心是探寻机会而不是避免风险。交易成本的降低、经济全球化趋势、知识价值的提升、信息收集的方便性、新技术的应用导致一些产业的最小规模经济点下降，以及服务业等创业门槛低的产业日趋增多等，社会的发展与进步为企业家创业与发展创造了良好的环境。

知识链接

**牛仔服的诞生**

李维公司的创始人李维·施特劳斯（Levis Strauss）从德国追随哥哥到美国做杂货商。19世纪40年代后期，美国加利福尼亚州掀起了"淘金热"。一次，他乘船到旧金山开展业务，带来了一些线团类的小商品和一批帆布供淘金者搭帐篷，下船后巧遇一个淘金的工人。李维忙迎上去问："你要帆布搭帐篷吗？"那个工人却说："我们这儿需要的不是帐篷，而是淘金时穿的耐磨、耐穿的帆布裤子。"李维深受启发，当即请裁缝给那位淘金者做了一条帆布裤子。这就是世界上第一条工装裤。如今，这种工装裤已经成了一种世界性服装——牛仔服。

（2）富于创新和变革。大部分企业在创业初期资金不多、融资能力较差、技术能力和经营管理能力有限，只有通过创新才能争取行业的领先地位。创业企业最突出的标志就是创新，许多企业每年都会拿出占销售额 10%的经费进行新产品的研究开发。市场上日益迅速地推出新的或改进的产品，使创新在创业企业中日趋重要。一方面，创新导致新产品的增加和新产品开发速度的加快；另一方面，新产品更快地不断出现，迫使公司不断创新。正是由于这种不断的创新，成为创业企业快速增长的重要原因。

（3）注重整合外部资源，追求外部成长。新创企业的人力、物力、财力资源相对匮乏，注重借助别人（既包括竞争对手，也包括合作者）的力量使自身发展壮大便显得更加重要，这也是其快速成长的原因，具体包括融资、开设分支机构等。

（4）注重人力资源管理。快速成长企业的经营者并不一定要受过高等教育，但他们要雇用一大批有能力的下属，并为他们提供良好的工作环境和成长机会，同时分享企业成功的经验，使员工有较好的安全感和主人翁意识，从而愿意承担企业生产经营风险，并更积极地投入到工作当中。

（5）灵活、有效的管理策略。创业企业所需的人才、设施、资金以及信息等条件比较缺乏，在成长与发展中难以抽出用于技术创新的各种资源，甚至没有资源。在这种情况下，创业企业的发展取决于该企业的管理能力，如采用什么样的战略、怎样营销、怎样创新等。

面对成长过程中出现的问题，快速增长的企业应善于推动并领导变革，并且敢于打破传统的竞争模式，引入新的游戏规则。

**2．新创企业成长中的问题**

企业成长不会一帆风顺，会遇到许多障碍，归纳起来主要表现在以下方面。

（1）复杂性及管理难度加大。随着企业的发展，企业所面临的内外环境更加复杂。需要与越来越多的顾客及供应商建立并维护关系。吸引众多竞争对手，改变行业内的竞争状况：一方面可能面临大企业的打压，另一方面需应对小企业"搭便车"的行为。

地域因素也会带来的文化、法律和市场环境的影响。

（2）成长的资源限制。

① 管理能力的制约。企业在某个时点拥有的管理服务数量是固定的，这些管理服务一部分要用于目前企业的日常运作，另一部分要用于扩张性活动。如果管理企业当前事务所需的管理服务与企业规模成一定比例，而且企业扩张所需新增的管理服务与扩张规模也成一定比例，则企业只能按照这一固定比率成长，否则就会出现管理危机，影响效率。

② 市场容量的限制。一旦企业实现了初期的快速成长，很快就会有其他企业跟进。众多竞争对手的加入使顾客有更大的选择空间。随着顾客对产品和市场的更加了解，企业往往要求较高的产品质量或索取更多的服务项目和更低的价格。顾客竞价力增强使成长中的企业不得不调整市场战略，以赢得新顾客和维持已有顾客。

在企业自身方面，新创企业随着规模的增大，初期的目标市场容量将无法支撑企业快速发展的需求，创业者必须寻求扩张。但企业的扩张往往又受到地域、环境以及多元化经营障碍等方面的制约，使得管理变得更加复杂，造成了极大的障碍。

③ 资金的约束。企业的快速成长需要企业具备相应的资产。如果不能得到新的资金，就会严重制约企业的成长。

（3）持续创新的不足。富于创新是推动企业成长的主要动力。企业创立之后，创业者关注的核心问题是生存，初期创新的推动力量会随着创业者投入资源的减弱而减弱，也会随着消费者熟悉程度的增强和竞争对手模仿行为的增多而减弱。

（4）创业者的角色转换以及团队建设滞后。在企业的成长阶段会发生一些关键的转变，这时需要创业者转变管理方式，要做到这一点并不容易。在所有可能的不同转变中，最难做到、可能也是对组织发展最重要的是从一个一人的创业型管理公司转变成为一个经营上有组织的、专业的管理团队控制的公司。在这个转型的过程中会出现很多问题，特别是如果这个企业有这样的特征——一个高度集中的决策系统、对一两个高度关键人物的过度依赖、没有足够的管理技巧和训练、家长式作风，那么，将对公司的成长和发展构成一种威胁，会降低创业者成功管理企业成长阶段的能力，从而限制企业的发展。因此在成长阶段，创业者的角色要适时转换。

除了创业者自身的角色转变，还需要加强管理团队的建设。在一些新创企业中仍然有这方面的问题。他们在企业内部培植个人英雄主义，把企业的竞争力建立在个人能力的基础之上，遇到问题多采用更换个别高层管理者的做法来解决，结果不仅无法解决问题，反而制约了企业的发展。

要解决创业企业成长中的问题，关键是要实现两个转变，即创业者角色的转变和企业经营管理的转变。

### 三、新创企业的危机管理

创业企业的快速成长带来了一些综合征，如掩盖了管理薄弱、计划不力和资源浪费等现象；削弱了管理者控制企业发展方向的能力；使企业偏离既定的发展目标；阻碍了各部门和个人间的沟通；忽略了员工培训；使人们过度乐观或过度紧张；通常无法授权，权力集中于创始人，造成管理决策的瓶颈问题；质量控制难以保证；忽视创新和长期投资。

这些症状极易引发创业企业陷入成长中的危机。危机是指危及企业形象和生存的突发性、灾难性事件，它通常会给企业带来较大损失，严重破坏企业形象，甚至使企业陷入困境乃至破产。危机作为一种事件，具有突发性、预知性、破坏性和紧迫性。企业危机管理是指企业在经营过程中针对可能面临或正在面临的危机，就危机预防、危机识别、危机处理和企业运营恢复等行为所进行的一系列管理活动的总称。

#### 1．危机分类

真正的危机在于企业内部经营管理的危机，概括起来有以下几种表现形式。

（1）产品危机。产品是企业参与市场竞争的主要载体，过硬的产品是企业各种竞争实力的集中体现。如果企业在生产经营中，其产品在结构、质量、品种、包装、更新换代速度等方面与市场需求脱节，产品缺乏竞争力，就会造成产品大量积压，甚至完全被市场淘汰，企业甚至可能被迫停止运营。

（2）价格危机。企业在产品定价策略上可能低估了竞争对手的能力，或过高估计了目标顾客的接受能力。当竞争对手采取低价策略时，本企业则碍于自身的生产条件、技术、规模的限制，无法压低产品价格，使企业的产品销售困难。

（3）信用危机。企业信誉反映了社会公众对企业的整体印象和评价。在很多情况下，它超过了产品对消费者的吸引力。消费者在众多企业生产的几乎无差异的产品面前，选择的依据主要是企业的信誉。企业如果由于在产品质量、包装、性能以及售后服务等方面与消费者产生纠纷，甚至造成消费者的重大损失，就会使企业整体形象严重受损、信誉降低，进而被要求巨额赔偿，甚至被责令停产，企业将从此陷入危机。

（4）财务危机。企业在投资、融资上决策失误，受股票市场的非正常波动、贷款利率和汇率的调整等不利因素的影响，应收账款因债务人破产而无法收回，或因内部子公司破产等原因而导致企业资金入不敷出，若企业无法寻觅更好的融资渠道，则将不可避免地导致企业资金断流，财务难以维持，最后造成企业生产瘫痪。

（5）资产危机。资产危机是指因地震、海啸、水灾及风暴等不可抗拒的自然灾害，或因人为失职、人为破坏等给企业财产造成不应有的损失而给企业带来危机。

（6）信息危机。商情变幻，企业必须准确、及时、灵敏地掌握商情信息。信息失误会给企业带来损失，或使企业处于竞争劣势。

（7）战略危机。企业因战略选择失误而导致的危机，即战略危机。

（8）人才危机。人才危机是指掌握企业核心技术、商业秘密的人员以及生产经营方面的骨干突然流失，使企业的生产经营活动难以为继，从而造成巨大损失。

**2．危机的预防**

危机管理从危机的预防开始划分为危机的预防、危机的确认、危机的控制和危机的化解4个时期。俗话说："防火胜于救火，防灾胜于救灾。"危机管理最有效的措施应该是危机的预防。危机的预防和规避可以从以下几个方面来进行。

（1）自我诊断。企业诊断通常分自我诊断和委托专家诊断，企业通常是将两类诊断结合起来使用。企业进行自我诊断的最核心的工作就是要注重前期的预警。企业由于自身精力有限而往往聘请外部的诊断机构、咨询机构来为自己做诊断。

企业诊断通常包括三个阶段：一是对企业经营状况进行调查研究；二是提出改善企业经营的具体方案；三是指导企业实施诊断方案。企业进行自我诊断时主要根据以下两点：一是看结果与年度目标的差异，不论是超额还是不足，如果差异大，就要进行差异分析，寻找原因，从而采取措施；二是针对计划外的突发事件、问题，积极寻找原因，并解决问题。

（2）公司治理结构。公司治理的核心是建立一种在股东、董事和高层经理之间相互监督、相互制约的体系和制度安排，促使企业有一个明确的经营目标、组织结构、决策系统和激励机制。公司治理结构是企业长期发展的制度基础，是企业必须用好的工具之一。很多新创企业早期往往采用家族式的管理模式，在创业之初没有规范化的管理，靠着创业者的拼搏而取得了成功。但是随着企业的发展，只有建立起科学的现代化制度，企业才会做大、做强。公司治理不规范是新创企业的突出难题之一，导致每年大批企业关门和倒闭。

（3）接班人计划。所谓接班人计划，指的是一套培育各级领导的流程工具。培育过程包括以下三个步骤。

第一步，理清企业的经营策略与长期、短期目标。

第二步，根据企业的经营策略，判断现有领导人的品质与深度，即领导人必须具备哪些能力才能达成企业的目标。

第三步，找出企业未来的关键人才，锁定最有成功潜力的人选，投入最多的资源加以栽培。

（4）生命周期。有两种主要的生命周期方法。一种是传统的产品/行业生命周期方法。这种方法假定企业在生命周期中的发展、成长、成熟、衰退各个阶段，面对的竞争状况是不一样的，因此应该采取不同的竞争策略。另一种是需求生命周期理论。这种理论假定不同的顾客会有不同的需求，同一顾客的需求在不同的时间段、技术、政治等环境下也会有所不同。因此，企业要及时改变自己，与之相适应。

新创企业资源有限，运用生命周期理论可以帮助新创企业在瞬息万变的市场竞争环境中找准位置，最大限度地发挥资源的作用，谋求自身的发展、壮大。

（5）内部控制。对于新创企业，要特别注意以下三个方面的控制：成本控制、风险控制和业务流程控制。一般企业对于成本控制都给予了较多的关注，但对风险控制和流程控制关注不够。

在风险控制中，要特别关注三种致命的风险。

① 财务风险，如流动资金、投资、汇率等。

② 法律风险，如倾销、合作等的诉讼。

③ 咨询风险，如知识产权、商业机密等。

流程控制的要点如下。

① 找出 5～10 个最重要的流程。

② 设法让员工知道这些重要流程，并让其了解自己负责的工作与这些流程有何关联。

③ 以满足顾客与股东的需要为出发点，先针对一个流程建立起应用绩效衡量指标，评估流程绩效，同时设定想要达成的目标。

④ 指定流程负责人。

⑤ 挑选两三个流程，重新设计整个流程，并改进步骤，选择适当的时机进行实验。

⑥ 待这些流程步入正轨后，设法与公司的管理制度进行有效的结合。

### 3. 危机处理

当企业面临各种危机时，不同的危机处理方式将会给企业带来截然不同的后果。成功的危机处理不仅能将企业所面临的危机化解，而且还能够通过危机处理过程中的种种措施增加外界对企业的了解，并通过这种机会重塑企业形象。与此相反，不成功的危机处理或者不进行危机处理，则会将企业置于极其不利的位置，将会导致以下后果：以新闻媒介为代表的社会舆论压力将使企业形象严重受损；危机来源一方的法律诉讼或者其他形式的追究行动将使企业遭受巨大的经济损失；企业员工因无法承受危机所带来的压力而信心动摇甚至辞职；新老客户纷纷流失等。

危机化解是危机管理的主要环节。一旦企业发生危机事件，危机化解就显得极为重要，因为它事关企业的生死存亡。危机化解是一个综合性、多极化的复杂问题。危机化解大致分为以下五步，如图 6-3-2 所示。

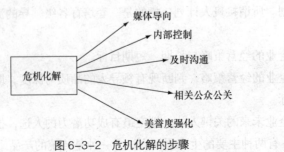

图 6-3-2　危机化解的步骤

第一步，听取危机事件报告及评估，密切关注媒体的反应。当危机发生时，企业最高负责人应保持冷静。首要的是召集企业高层听取关于危机事件的报告。同时，要注意媒体的反应，采取适当的措施，引导媒体报道向有利于企业的方向发展。当最高负责人和高层人员听取完汇报之后，必须在最短的时间内对危机事件的发展趋势、对公司可能带来的影响和后果、公司能够和可以采取的应对措施以及对危机事件的处理方针、人员、资源保障等重大事件做出初步的评估和决策。

第二步，内部控制。组建危机处理小组，制订危机处理计划，全面调配物质资源。

第三步，及时沟通。在进行危机处理的过程中，企业要注意与内外的沟通。一方面，对企业内部员工进行安抚，稳定军心；另一方面，与外部媒体公众联系，让他们了解企业对待危机的态度和措施，维护企业的声誉和形象。

第四步，相关公众公关。危机即危险+机会。如果危机事件已经遭到媒体曝光，则危机处理的重点应转到媒体公关上来。如果事实真相对企业不利，则危机处理小组应表示出真诚的悔改之意，并强调这次事件的偶然性，拿出企业的改进措施和时间表以及企业承担责任的方式和范围，以取信于媒体和受众。如果事实真相对企业有利，则危机处理小组应充分利用媒体揭露真相，并引导其对事件本身进行客观的报道和评论，努力塑造企业受害者的形象，博取舆论的同情。与此同时，危机处理小组还需通过法律专家和顾问，向危机事件另一方施加法律行动的压力，迫使其承认过错和责任，达成解决方案。对于媒体的负面报道，不可指责，而应引导其视线，唤起其良知和正义之心。

### 危机：危险+机会

"泰诺"是美国约翰逊联营公司生产的治疗头痛的止痛胶囊，是一种家庭用药，在美国的销路很广，每年销售额达 4.5 亿美元，占约翰逊联营公司总利润的 15%。突然有一天，有消息报道，芝加哥地区有人因服用"泰诺"止痛胶囊而死于氰中毒。随着新闻媒体的传播，这一数字从开始的 3 人增至 2 000 人（实际死亡人数是 7 人），一时舆论哗然。约翰逊联营公司面临着一场生死存亡的巨大危机。

面对危机，该公司毅然决定在全国范围内立即全部回收"泰诺"止痛胶囊（5 天内完成），价值近 1 亿美元。公司还花 50 万美元通知医生、医院、经销商停止继续使用和销售此药。约翰逊联营公司以这样的重大牺牲表示对消费者健康的关切和高度责任感。这一决策立即受到舆论的广泛赞扬。公司还积极配合美国公众和医药管理局的检查，及时向公众公布检查结果。

之后，美国政府和芝加哥地方当局发布了新的药品包装规定。约翰逊公司借助这一良机，进行了重返市场的公关策划，并为"泰诺"设计了防污染的新式包装，重新将产品推向市场。在一年的时间内，"泰诺"重新占据了大部分的市场，恢复了其领先地位。公司和产品重新赢得了公众的信任，在绝境中转危为安，从危机中找到了商机。

第五步，美誉度强化。企业不但要善于总结经验教训，还可以通过危机处理来积累包括危机处理经验在内的各种经验，建立起一些平时没有机会建立的社会关系资源，如媒体关系和政府关系，或是与消费者的互信关系。通过危机处理来对企业进行广泛的正面宣传，扩大企业的社会影响，提升企业的知名度和美誉度，从而积累企业的品牌资源。

#### 4．创业失败分析

如果企业不能处理好成长过程中的危机，则难逃失败的命运。究其原因，既来源于内部，又来源于外部。通过一组企业家和一组风险投资家对企业成败的内部因素（I）和外部因素（E）进行的区分和排序，发现企业家通常将企业失败原因的89%归因于当时的内部因素，而风险投资家则将大多数新创企业投资项目的失败归于内部原因（84%），如表6-3-2所示。

表6-3-2　　　　　　　　　　　新创企业失败的决定因素

| 创业家方面 | 等级 | 风险资本家方面 | 等级 |
| --- | --- | --- | --- |
| I—缺少管理技能 | 1 | I—缺少管理技能 | 1 |
| I—战略差 | 2 | I—战略差 | 2 |
| I—缺少资本 | 3 | I—缺少资本 | 3 |
| I—缺乏远景 | 4 | E—外部市场差 | 4 |
| I—产品设计差 | 5 | I—产品设计差 | 5 |
| I—关键人员缺乏 | 6 | I—产品引入时机不佳 | 6 |
| E—外部因素 | | I—内部因素 | |

（1）市场方面。市场方面的因素有如下几种。

① 分销策略不当。无论是基于委托代销制，还是交易会直销制，分销策略都必须面向产品和顾客。

② 业务界定不清楚。缺乏准确的定位，会使企业不断改变，缺乏稳定性。

③ 过度依赖于一个消费群。这将导致企业不能够实现多种经营，当细分市场发生较大变动或者消费者偏好突然发生转移时，企业将会陷入困境，甚至可能失败。

④ 广告等促销手段执行不力，公共关系没有做好，或者存在其他一些营销问题。这些因素都将导致销售量较低，使新创企业走向灭亡。

（2）财务方面。财务方面的因素有如下几种。

① 资金不足。初始投资不足或者企业对外融资渠道有限都会导致周转资金不足、现金流量不足等问题。

② 过早举债。过多的初始负债将导致严重的财务问题。

③ 与风险资本的关系问题。企业家与风险投资家之间在目标、观念和动机方面的分歧会导致企业问题。

（3）经营管理方面。经营管理方面的因素有以下几种。

① 团队发展观念。选拔人才依赖关系而非个人素质；与风险投资家的关系紧张；企业创建者更关心他们的弱点而非强项；缺少合格的专业服务对公司予以支持。

② 生产运营管理。存在质量管理不过硬，原材料、资源供给不足等生产运作管理问题。

③ 人力资源管理。所有者自我的恶性膨胀、与雇员间的关系及控制因素均可能导致企业失败。

④ 创业企业的独裁体制。中国企业家在建立企业的同时，并没有建立起一套完善的制约和监督机制。中国的企业大多集创业者、所有者、决策者和执行者为一身，这些必将大大增加创业企业的经营失误机会和决策失误机会。

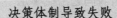

**决策体制导致失败**

巨人集团的史玉柱在检讨失败时曾坦言："巨人的董事会是空的，决策是一个人说了算。因我一个人的失误，给集团利益带来了巨大的损失。"他还指出："决策权过度集中在少数高层决策人手中，尤其是一人手中，负面效果同样突出，特别是这个决策人兼具所有权和经营权，而其他人很难干预其决策时，风险会更大。"

不仅是巨人集团，很多创业企业在决策方面基本上都是独断体制。因此，没有人能够阻止飞龙集团姜伟"决策的浪漫化、决策的模糊性、决策的急躁化"，也没有人能对吴炳新的"三株年销售额达到 900 亿元"的宏伟目标提出质疑（按这一目标，三株早就可跻身于世界 500 强）。

（4）创业者的因素。创业企业的一个典型特征就是对创业者的依赖程度较大，创业者的个人因素会对企业造成极大影响。通常，创业者的投机心理和创业经验、知识的缺乏是创业者因素中的主要方面。

① 创业者的投机心理。以软件起家的巨人集团，意图纵横电脑、保健品和房地产三大领域，最终却因规模太大、战线太宽而陷入资金危机不能自拔；秦池妄想通过"竞标"来开创营销时代等，无一不是投机心理在作祟。

② 专业知识和创业经验缺乏。大多数的创业者并不具备丰富的专业知识和创业经验，完全是凭自己的满腔热血，这样的结局可想而知会导致失败。创业者应该善于吸取前人的经验，利用丰厚的资本来引进成功的商业模式以及具有丰富经验的创业人才。

此外，外部因素如经济萧条、倒退，市场的不确定性，市场上突然出现强有力的竞争对手等也都会导致创业企业走向失败。总之，导致创业失败的因素是多方面的，有时这些因素交错在一起，有时一个因素引发连锁反应，最终导致失败。

# 职业道德与素质

【案例背景】案例之一：20 世纪 80 年代，英国的巴林银行计划在新加坡设立分行。时任新加坡总理李光耀派人考察后，发现该银行信用不佳，遂毅然拒绝。英国首相为此多次向李光耀交涉，亦无结果，以致两国关系也一度受到影响。几年后，巴林银行破产，英、美、法、日等发达国家因此蒙受了巨大损失。直到这时人们才发现，新加坡的信用环境是最好的。国际资本开始向新加坡聚集，新加坡逐渐成为亚洲金融中心。新加坡的经济腾飞也从此开始。

案例之二：早在 1858 年，恩格斯就称汕头为"中国唯一有些商业意义的口岸"。但是，近几年，这个百年商埠和中国改革开放的特区，因为信用缺失，经济开始萎缩。2002 年，国家在这里查出 1 000 多家偷税漏税企业，涉及金额 200 多亿元。这个时期，汕头走私、假冒伪劣商品、地下六合彩泛滥成灾。作为一种必然结果，全国有 18 个地区向辖区经济实体发出警告——"不能、不要、不和汕头人做生意"。在一些城市，商家甚至打出了"本地无潮货"的广告，以显示其诚信。2000 年，汕头 GDP 增长首次低于两位数；2001 年，汕头 GDP 首次出现 2.5% 的负增长。信用环境不好，投资环境不好，导致从 1999 年到 2001 年，迁出汕头的企业多达 1 200 家。

【问题】将两个案例进行对比，看看问题出在哪儿？

【分析】不讲信用就不能做生意。在商业社会中，最大的危险就是不诚实和欺骗。

# 小结

| 项目 | 学习目标 | 重难点 |
|---|---|---|
| 新创企业 | 了解创建新企业需要掌握的基本理论知识和具体的操作步骤。 | 企业组织形式、企业注册登记的程序 |
| 创业融资 | 了解企业融资方式、融资的步骤、融资面临的主要风险。 | 融资方式、创业融资的步骤、融资风险 |
| 新创企业成长 | 了解新创企业的成长规律和成长方式，了解新创企业成长中将遇到的问题，掌握如何对新创企业所遇到的问题进行危机管理。 | 新创企业危机管理 |

# 职业能力训练

## 一、思考题

1. 简述新企业的设立流程。

2. 简述债务融资的方式和特点。

3. 简述融资租赁的特点。

4. 简要分析各种筹资方式的利弊。

5. 分析创业失败的主要影响因素和主要原因。

6. 简述新企业成长的方式及其特征。

7. 新创企业的危机有哪些？如何防范？

8. 试述解决创业企业危机的措施和途径。

## 二、讨论题

美国花旗银行原亚太地区 CEO 夏保罗认为融资的次序很重要。

第 1 个阶段一定是利用自有资金。

第 2 个阶段要找战略合作伙伴，打造一个能赢的团队。

第 3 个阶段才去找风险投资者，这个时候要讲一个有吸引力的故事让风险投资者感兴趣。

第 4 个阶段是到相对保守的商业银行去贷款。

第 5 个阶段是到货币市场去发行债券。

夏保罗强调："对照这 5 个阶段，不同的阶段找不同的融资者，次序不要搞错。"

你认为他说的话有道理吗？请举个例子进行说明。

## 三、案例分析

### 豆瓣网的融资历程

"豆瓣面对的其实并不是一个小众市场。"杨勃的理由在于书籍、电影、音乐其实是一个非常普遍的需求，其背后的人群也是非常庞大的。"关键在于如何在现存的基础上找到一条合理的路径以吸引更多的用户。"

其实，豆瓣本身也不是杨勃创建的第一家企业。

### 1. 连续创业者

早在 2000 年，杨勃就辞掉了 IBM 顾问科学家的工作回到了北京。在北京国贸的星巴克，杨勃在清华时的老同学说服了他。"其实我参加进去的时候，他们已经快要拿到投资了。"杨勃当时在这家名为"快步易捷"的企业里的职位是首席技术官。

杨勃坦诚对于那次创业并不是很喜欢，"更多的是受到了当时创业热潮的感染，没有想好自己能做什么。跟当年很多怀有远大理想的企业一样，'快步'的目标是成为中国最重要的物流 E 化方案供应商。但是经历了融资、烧钱等过程之后，'快步'却没能朝着目标再前进一步。"

2004 年 7 月中旬，决定不再坚持的杨勃跑到美国去转了两周后发现，自己"再也无法想象回到大公司去上班会是一种什么样的景象"。

回国后不久，一个名叫"驴宗"的网站就在杨勃的计算机里成型了。"驴宗"的想法跟杨勃的爱好密切相关。当杨勃还在美国的时候，他就曾经靠着打工挣来的钱在美国、欧洲等地跑了一大圈。不过在某种程度上，"驴宗"只是后来的"豆瓣"的试验品。"相对旅游而言，看书、听音乐、看电影是一种更加普遍的需求，也是我的爱好。"

2004 年 9 月间，离开曾经居住的北京豆瓣胡同，杨勃决定在网上给自己也给大家建一个"豆瓣"网站。

### 2. 另类天使

"我觉得用 20 万元人民币（约 2.5 万美元）差不多就可以做出一个雏形来。"不过二次创业的杨勃当时手里就是连这 20 万元也拿不出来。"我自己的钱都砸在了快步易捷里头了。"开始设计豆瓣网站程序后不久，杨勃就想到了天使投资。在美国待了将近 10 年的杨勃找起这点钱来也没有费多大劲。"梁文超给我投了 1.5 万美元，他的一个同事也跟着投了 1 万美元。"梁文超是杨勃在清华大学物理系读书时同寝室的同学。当时梁文超正在硅谷工作。

"我们当时就说好了，1 年后他们可以选择是让我还钱还是转换成公司的股票，而且他们可以把这笔钱按照对自己有利的方式转换成股票。"杨勃解释说，如果 1 年内有投资人进来，而且投资人给出的估价高于企业的价值，那么梁文超和他的同事就可以按照企业的价值来获得相应的公司股份；反之亦然。这种做法相当于把风险都留在了杨勃这边。"当时我们也没有签什么协议，只是口头上的君子协定。"梁文超只是出于信任才把钱"借"给了杨勃。"在硅谷的时候，我和他是我们班仅有的两个还没有结婚的，相互之间交流比较多。"杨勃嘴边流露出了些许自嘲的口气。

1 年后，即 2005 年年底，梁文超和他同事的"借款"如约转换成了豆瓣的股票。按照 1 年前的约定，对豆瓣的估值大约是 67 万美元。没过多久，杨勃又开始了寻找第二轮天使投资的工作。"原定的目标是十多万美元。"杨勃很快就觉得一时花不了那么多钱，最后只要了 6.5 万美元。2006 年春节前后，这笔钱陆续打到了杨勃的个人账户上。豆瓣的估值也随之涨到了百万美元以上。"我的确跟陈一舟有过接触，当时是希望他个人能够做豆瓣的天使投资人。"由于双方在预期上存在差距，因此也就没有什么结果。"陈一舟更希望以千橡集团作为投资主体。我并不希望那么早就有公司资本进来。"

### 3. 从用户到投资人

杨勃原本并不打算过早地给豆瓣寻找机构投资。但是2005年以来，中国创业投资市场上，竞争的加剧却使得杨勃很快就跟风险投资（VC）接上了头。最先找到杨勃的是IDGVC的投资经理高强。早在2000年，IDGVC就投资了杨勃参与创建的快步易捷。2005年6月，拥有广泛触角的IDGVC再次注意到了刚刚起步的豆瓣。

从IDGVC开始算起到最终拿到投资，杨勃或被动或半推半就地总共建了15家左右的创投机构。

"我们感觉刚刚进来的国际VC。跟在本土打拼过一段时间已经完成了本上化的VC之间最大的差距其实不是在信息的获取上，而是表现在对市场的深深层理解上。"虽然杨勃跟纯粹国外背景的VC在语言沟通上并不存在什么障碍，但是他最终还是选择了由本土背景的冯波和Chris联手创建的策源基金。冯波早年在亚信、新浪等企业的私募融资过程中发挥了关键性的作用。此前，他还曾经出任过China Vest中国首席代表。

不过，冯波第一眼并没有看上豆瓣。尽管冯波很早就已经是豆瓣的注册用户。但是对于上线不到半年，也没有多少用户的豆瓣，冯波还是很难找到足够的理由来说服自己。

2006年4月，断断续续地接触了半年之后，逐渐被豆瓣粘住的冯波和策源的投资经理原野才开始认真讨论起杨勃和他的豆瓣。经过两个月的讨论，2006年6月1日，杨勃和冯波正式签署了"Term Sheet"。6月下旬，策源基金的200万美元投资就到了豆瓣的账户。

### 4. 先路径依赖

"通过长期的观察和接触，我们逐步感觉到杨勃是一个实实在在做事情的人。"原野如此解释策源基金态度的转变。"在相当长的一段时间内，基本上都只是杨勃一个人在做豆瓣，而且做得越来越有声色。"

"一开始，豆瓣只需要关注书评、书籍推荐等网友看中的核心价值就可以了。"美国加利福尼亚大学圣迭哥分校博士毕业的杨勃觉得自己一个人就可以先把网站做起来。"没有必要一开始就把架子搭得那么大。"杨勃说，"当时我也请不起那么多人。"

豆瓣功能的添加和完善都是杨勃在跟网友的互动过程当中逐步实现的。在书评的基础上，豆瓣逐渐增添了"以书会友""价格比较""二手交换"等功能，同时还增加了电影和音乐等方面的内容。

有了这些功能做基础，通过跟当当、卓越等网上书店的链接而产生的购买行为，豆瓣开始有了一些分成收入以应付日常的开支。与此期间，豆瓣最初的一些用户也开始完成了身份的转换。

2006年3月，豆瓣正式上线一周年之际，迎来了自己的第2位正式员工——Brant。Brant是豆瓣的第212个用户。截至2006年6月30日，连同杨勃在内，豆瓣一共拥有5名正式员工。这个数字正好和快步易捷创始人的数量相同。不仅如此，这5个人还都是豆瓣的前2 500名注册用户。

"从用户当中发展员工有一个明显的好处，那就是他们对豆瓣比较熟悉，有感情。"杨勃觉得这样大家的理念会比较接近。

获得融资后的豆瓣还将开通旅游板块。杨勃本来担心这将会分散豆瓣的核心价值，但现在"驴友俱乐部"是豆瓣最活跃的小组之一，"原来豆瓣的用户大多数也都是驴友一族"。

【案例讨论】

（1）杨勃采用了什么样的融资策略？

（2）试着想想为什么杨勃并不希望那么早就有公司资本进来？

（3）从上述材料中，你觉得有哪些值得学习的地方？

### 四、创业实训

**1. 自己的社交圈子（20分）**

一些大学教授、培训教师、记者、演员、作家，他们绝大部分是从自己的知识圈子走向创业成功的。成龙、周星驰等人都是从自己大半生的演艺生涯成功地步入了导演的创业道路；一些大学教授、培训师正是根据自己在专业知识行业里的地位和影响力成功地走向了职业培训业的创业道路。类似的创业成功的案例还有很多，当然也有很多人的创业走向失败。在演艺圈里，就有不少人依仗自己充裕的资金开创了餐饮公司，虽然在很大程度上，名气起到了招揽客户的作用，但因为与自己的知识圈跨越太大、不能有效管理而导致血本无归的大有人在。

给自己的社交圈子打分（20分）。

☐自己在宿舍内具有较强的影响力（5分）

☐自己在班里具有较强的影响力（10分）

☐自己在学院里具有一定的影响力（15分）

☐自己在学校里具有影响力（20分）

**2. 自己的技术圈子（30分）**

我国大力鼓励个人创业，一大批专业技术人员从稳定的技术岗位走向创业的道路，尤其在沿海一带这样的例子不胜枚举。很多建筑人才创办了装潢公司、建筑设计公司；律师创办了律师事务所；财务人才创办了会计师事务所等，这也是创业的基础圈子。一般新型的技术人材创业成功率比较高，技术越是发展到普及程度，创业的成功率就越低。因此，在这些热门行业有一技之长的朋友要创业就要认真评价一下自己在其他圈子的资源，只有在几个圈子拥有多元化的优势才有成功的创业机会。

给自己的技术圈子打分（30分）。

☐自己的专业知识掌握得扎实（5分）

☐参加创新创业比赛获得过优异成绩（10分）

☐参加创业企业活动获得了一定经验（15分）

☐独立创办过创业企业（20分）

**3. 自己的人际圈子（30分）**

在自己的人际圈子里创业的人成功率一般比较高，而且比较轻松。据统计，所谓的暴发户绝大部分都是属于在这类圈子里创业成功的人。有很多人利用自己的家族地位、关系等优势结合自己的圈子创业而走向成功。

给自己的家庭圈子打分（30分）。

☐父母家人具有一定的社会地位（5分）

☐父母从事专业技术、管理活动（10分）

☐父母支持自己从事风险活动（15分）

☐父母拥有自己的创业企业（20分）

**4. 自己的经济圈子（20分）**

没钱的人用身体和脑子赚钱，有钱的人用钱赚钱。要做一名成功的商人一定要学会用钱赚钱。其实在自己的经济圈子里创业的成功率也是非常高的，但是从这个圈子里进行创业的人却不是很多，因为很多人在创业的问题上把这个圈子作为附加条件总是捆绑在其他的圈子上，重点依附于其他的圈子创业，结果导致失败。经常遇到很多朋友、陌生人谈到自己这几年有一点积蓄想找些投资领域自己创业，可是由于技术力量不够以及综合能力不强而茫然没有头绪，即使匆忙地走上创业的道路，结果还是竹篮打水一场空，赔了夫人又折兵。现在有很多社会金融投资渠道，如股票、国债、黄金等，很多人利用自己的经济优势抓住了正确社会投资信息而发家。利用自己资金投资成功的渠道基本上有两种。第一种是自己创业，利用其他的圈子优势，又有足够的资金优势，锦上添花，自然成功率很高。这种创业者一定要把握好一个投资比例，就是自己其他圈子的能力与自己投入资金的比例是否吻合。第二种就是利用自己的资金优势参与金融投资，找理财行家借助理财投资，或者嫁接于别人的投资事业从事融资投资。现在有很多风险投资公司以及很多风险投资个人就成功地做到了这点。

给自己的融资圈子打分（20分）。

□自己积攒下了一笔不小的资金（5分）

□父母同意资助一笔不小的资金（10分）

□亲朋好友同意资助一笔不小的资金（15分）

□风险投资基金同意资助一笔不小的资金（20分）

**5. 判断**

（1）自己的总分是多少？

（2）自己的优势在哪里？

**6. 问题**

（1）总分高低与创业成败正相关吗？

（2）优势到底是创业的资本，还是创业的包袱？

# 学习评价

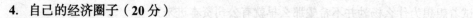

## 一、职业核心能力测评表

（在□中打√，A为通过，B为基本通过，C为未通过）

| 职业核心能力 | 评估标准 | 自测结果 |
| --- | --- | --- |
| 自我学习 | 1. 能进行时间管理 | □A　□B　□C |
| | 2. 能选择适合自己的学习和工作方式 | □A　□B　□C |
| | 3. 能随时修订计划并进行意外处理 | □A　□B　□C |
| | 4. 能将已经学到的知识用于新的工作任务 | □A　□B　□C |
| 信息处理 | 1. 能根据不同需要去搜寻、获取并选择信息 | □A　□B　□C |
| | 2. 能筛选信息，并进行信息分类 | □A　□B　□C |
| | 3. 能使用多媒体等手段来展示信息 | □A　□B　□C |

续表

| 职业核心能力 | 评估标准 | 自测结果 | | |
|---|---|---|---|---|
| 数字应用 | 1. 能从不同信息源获取相关信息 | □A | □B | □C |
| | 2. 能依据所给的数据信息，做简单计算 | □A | □B | □C |
| | 3. 能用适当的方法展示数据信息和计算结果 | □A | □B | □C |
| 与人交流 | 1. 能把握交流的主题、时机和方式 | □A | □B | □C |
| | 2. 能理解对方谈话的内容，准确表达自己的观点 | □A | □B | □C |
| | 3. 能获取并反馈信息 | □A | □B | □C |
| 与人合作 | 1. 能挖掘合作资源，明确自己在合作中能够起到的作用 | □A | □B | □C |
| | 2. 能同合作者进行有效沟通，理解个性差异及文化差异 | □A | □B | □C |
| 解决问题 | 1. 能说明何时出现问题并指出其主要特征 | □A | □B | □C |
| | 2. 能做出解决问题的计划并组织实施计划 | □A | □B | □C |
| | 3. 能对解决问题的方法适时做出总结和修改 | □A | □B | □C |
| 革新创新 | 1. 能发现事物的不足并提出新的需要 | □A | □B | □C |
| | 2. 能创新性地提出改进事物的意见和具体方法 | □A | □B | □C |
| | 3. 能从多种方案中选择最佳方案，在现有条件下进行实施 | □A | □B | □C |

学生签字：　　　　　　教师签字：　　　　　　　20　　年　　月　　日

## 二、专业能力测评表

| 评价内容 | 权重 | 考核点 | 考核得分 | | |
|---|---|---|---|---|---|
| | | | 小组评价 | 教师评价 | 综合得分 |
| 职业素养<br>（20分） | 20 | 分析创业融资成功的关键之处 | | | |
| 案例分析<br>（80分） | 80 | 做一个创业规划设计书 | | | |

组长签字：　　　　　　教师签字：　　　　　　　20　　年　　月　　日

# 参考文献

[1] 财政部会计资格评价中心 初级会计资格 初级会计实务[M]. 北京:中国财政经济出版社，2015

[2] 财政部会计资格评价中心 中级会计资格 中级会计实务[M]. 北京:中国财政经济出版社，2015

[3] 财政部会计资格评价中心 中级会计资格 财务管理[M]. 北京:中国财政经济出版社，2015

[4] 张建伟. 经济学基础（第2版）[M]. 北京：人民邮电出版社，2015

[5] 李志强. 经济学基础[M]. 北京：北京出版社，2014.

[6] 梁伟样. 税费计算与申报（第二版）[M]. 北京：高等教育出版社，2014.

[7] 孙德林. 创业基础教程[M]. 北京：高等教育出版社，2012.

[8] 曲振涛. 经济法（第五版）[M]. 北京：高等教育出版社，2014

[9] 倪成伟. 财政与金融（第三版）[M]. 北京：高等教育出版社，2014